# 民國歷史與文化研究

七 編

第 **6** 冊

京劇知識形成、商業宣傳與演員中心現象
——由 1917 至 1938 京劇報紙期刊探討京劇之發展

李 湉 茵 著

花木蘭文化事業有限公司

國家圖書館出版品預行編目資料

京劇知識形成、商業宣傳與演員中心現象——由 1917 至 1938
京劇報紙期刊探討京劇之發展／李湉茵 著─初版─新北市：
花木蘭文化事業有限公司，2018〔民 107〕
目 2+270 面；19×26 公分
（民國歷史與文化研究 七編：第 6 冊）
ISBN 978-986-485-259-8（精裝）
1. 京劇 2. 宣傳 3. 傳播研究
628.08                                                    107001280

ISBN-978-986-485-259-8

9 789864 852598

民國歷史與文化研究
七 編 第 六 冊
ISBN：978-986-485-259-8

# 京劇知識形成、商業宣傳與演員中心現象
## ——由 1917 至 1938 京劇報紙期刊探討京劇之發展

作　　者　李湉茵
總 編 輯　杜潔祥
副總編輯　楊嘉樂
編　　輯　許郁翎、王 筑 美術編輯　陳逸婷
出　　版　花木蘭文化事業有限公司
發 行 人　高小娟
聯絡地址　235 新北市中和區中安街七二號十三樓
　　　　　電話：02-2923-1455／傳眞：02-2923-1452
網　　址　http://www.huamulan.tw 信箱 hml 810518@gmail.com
印　　刷　普羅文化出版廣告事業
初　　版　2018 年 3 月
全書字數　232517 字
定　　價　七編 8 冊（精裝）台幣 15,000 元

# 京劇知識形成、商業宣傳與演員中心現象
## ——由 1917 至 1938 京劇報紙期刊探討京劇之發展

李湉茵 著

## 作者簡介

李湉茵，現任台灣大學戲劇學系博士後研究人員、清華大學中國文學系兼任助理教授，研究專長為近現代戲曲、當代戲曲、明清傳奇、《紅樓夢》等。台灣大學中國文學系碩士，清華大學中國文學系博士，博士畢業論文為《京劇知識形成、商業宣傳與演員中心現象──由1917至1938京劇報紙期刊探討京劇之發展》。單篇論文〈由私寓歌郎到職業崑伶的表演藝術轉型──朱蓮芬演藝生涯新探〉。

## 提　　要

　　本書大略分四部分：「1917年前到抗戰前夕新舊劇理論互動論點析辯」、「京劇期刊對京劇知識規模建立的貢獻」、「京劇期刊的商業宣傳活動反映的京劇演員中心現象」、「四大名旦與京劇報刊」。第一章講述新舊劇理論互動的發展，特別以《新青年》為主要討論對象。知識分子如胡適等，以有系統有邏輯的論述方式，抨擊舊劇在劇詞與臉譜、扮相的落伍與不科學性，這些論點對後來的京劇界影響甚大，爬梳中國戲劇為論述基礎的方式，也啟發了支持舊劇的知識份子可以藉由建構京劇知識系統，彰顯京劇的進步性與民族藝術代表性之思維。第二章，則爬梳京劇鼎盛期建構京劇知識系統的重要書籍、期刊，如齊如山《劇學叢書》以及與之差不多同時的大量京劇期刊劇論文章，這些不同撰著者所作的京劇文獻，討論的京劇元素幾乎都相同，顯示當時劇論文章的撰著者，對京劇中那些元素屬於基礎知識的一員有共識。第三章轉向京劇的宣傳效應與商業手法。名伶出現在商品廣告的頻率越高，表示越受歡迎。戲園廣告的宣傳方式必然直接受觀眾之喜好左右，因此戲園廣告宣傳伶人重於宣傳劇目，代表觀眾對伶人的注目遠多於劇目，亦即觀眾進戲園要看的是名伶。第四章則以四大名旦作案例，四大名旦，是由報紙期刊漸進式建立，證實第三章所論京劇演員地位與報刊宣傳之關係。

# 目次

# 緒　論

## 第一節　研究動機與研究範圍界定

　　根據《中國京劇史》的分期，1917～1937 年這二十年間，爲京劇之鼎盛期。〔註1〕鼎盛期，意味京劇發展到巔峰。京劇鼎盛期對京劇界影響較大的事件，時間較早的是從京劇鼎盛期初期，由五四新文化運動延伸出來的新舊劇之爭，其論戰具體且集中的刊登於 1918 年的《新青年》上，而這場論爭中，舊劇支持者明顯落居下風，但京劇的鼎盛期並未因此中斷或消亡。在鼎盛期的中期，1927 年開始，當年 6～7 月，北京《順天時報》舉辦了「五大名伶新劇奪魁」票選活動，這五大名伶分別是梅蘭芳、尙小雲、程豔秋、荀慧生、徐碧雲等五位旦角演員。1930 年 8 月到 1931 年 1 月上海《戲劇月刊》又舉辦了「『現代四大名旦』徵文活動」，四大名旦即爲我們今天熟知的梅、尙、程、荀。五大名伶到四大名旦，這兩次票選是名伶間較量地位高低的重大事件，而且從選劇（五大旦角新劇）到選人（四大名旦之排序），演員的扮像、身段、嗓音、新戲……各方面都能攤在大眾面前以供評選，顯示當時京劇相關活動已成爲大眾傳媒力量所及處的全體民眾都有機會參與之活動。雖然大陸學者么書儀在《程長庚・譚鑫培・梅蘭芳》一書中如此評價「五大名伶新劇奪魁」票選：「它只是當時無數次選名伶、排座次之中的一次，也可以說是作爲媒體的《順天時報》，爲了引人注意而製造的一次新聞宣傳而已。」

---

〔註 1〕 北京藝術研究所、上海藝術研究所：《中國京劇史》（北京：中國戲劇出版社，
　　　　　2005 年），中卷上，頁 609。

〔註 2〕即使《順天時報》的票選只是「無數次選名伶、排座次之中的一次」，
么氏之反駁其實從另一方向證實了京劇深受廣大觀眾喜愛，如果歡迎京劇的
觀眾數量不夠龐大，票選是不可能一波接一波舉辦的。畢竟同時間，藉由新
知識分子的強力論述，而聲勢浩大的現代戲劇〔註3〕雖也同時在發展，卻未能
出現由報紙票選「明星」的盛況。

《中國京劇史》認為此時期的京劇，在劇目、表演藝術、音樂舞美、理
論研究、宣傳活動等層面都有長足發展，尤其表演藝術中的「流派」一項，
更是所有學者都認為是鼎盛期的代表特色。筆者更感興趣的是，這些由學者
歸納研究出來的京劇鼎盛期特點，在「當時」到底是以甚麼方式呈現，當時
的觀眾是如何看待今天我們視為京劇鼎盛期的各種特徵。最能真實反映上述
京劇鼎盛期樣貌與觀眾觀點的，非報紙期刊莫屬。也就是筆者希望透過第一
手資料，去還原更細膩的京劇鼎盛期樣貌，並藉此建構當時京劇是以甚麼形
式與外界交流並影響整個社會的現場狀況。

筆者進一步翻閱這個時代的報紙與京劇期刊時，首先對當時報紙、期刊
出現與京劇有關的廣告數量與刊登位置頗感訝異。「與京劇有關的廣告」，並
非僅止於京劇演出廣告，更包括了與京劇毫無關係的其他商業廣告。在今天
幾乎不讓廣告商感興趣的傳統表演藝術類期刊，當時居然能吸引到五花八門
的商品廣告，甚至還有不少廣告借用了京劇元素，包括：京劇人物造型、名
伶名字、名伶親筆信……等，來作為廣告素材，而這些使用京劇元素的廣告，
即使在如《申報》這樣的綜合性報紙中也屢現蹤跡，甚至曾出現於頭版頭。
在綜合性報紙的頭版頭刊登廣告，眾所皆知所需廣告費用必定不斐，廣告是
商業活動的產物，因此廣告商刊登廣告的行為一定受獲利左右，表示京劇對
廣告商而言，是很有消費者號召力的文化活動。除了商品廣告這樣的活動，
如何密切與京劇發生聯繫，還有本與京劇演出相生相隨的演出宣傳、京劇觀

---

〔註 2〕 見么書儀：《程長庚‧譚鑫培‧梅蘭芳：清代至民初京師戲曲的輝煌》（北京：
北京大學出版社，2009 年），頁 304。

〔註 3〕 這裡的現代戲劇即指話劇，晚清話劇剛引進中國劇壇時，因為是從「文明的
西方」傳入，稱為「文明戲」，到五四時代，因為舊有的文明戲已證明無法擔
任改革劇壇之重任，又要與稱為舊劇京劇相抗衡，因此推崇更現代的話劇形
式，稱為新劇，以話劇一詞作為現代戲劇之名，則是洪深於 1928 年 4 月首創，
洪氏並於次年撰寫〈從中國的「新戲」說到「話劇」〉一文，刊登於 1929 年 2
月的廣州《民國日報》。見洪鈐編：《洪深文抄》（北京：人民文學出版社，1991
年），頁 90～104。

眾對京劇演出的評賞，以及因西方戲劇引進中國後的刺激，而產生對京劇本
身知識體系的建構等現象，都不只出現在京劇期刊，連綜合性報紙都屢現蹤
跡，足以向我們勾勒京劇當時是以甚麼樣態、透過那些途徑、層面展現它的
盛大流行。因此筆者希望從京劇鼎盛期的報刊資料著手，去還原當時一個更
細節更眞實的京劇活動。

## 第二節　文獻回顧

　　本文的論題有四大部分：一是從晚清到抗戰前新舊劇理論的發展與交
鋒，此新舊劇互動之影響，貫串整個京劇鼎盛期之發展，是重要的背景思想。
二是京劇演員中心現象如何在當時的商業宣傳呈現。三是京劇研究者建立甚
麼樣的京劇知識系統以回應新劇支持者的批評。四是京劇中最重要的流派代
表梅尚程荀其個人藝術風格在當時劇評中的呈現。

　　關於晚清以及五四運動時期的新舊劇之爭，學者論著頗多。如北京大學
教授夏曉虹的《閱讀梁啓超》一書，〔註4〕詳細討論開啓了晚清中國文人對中
西戲劇觀察比較風氣的梁啓超，其曲論與劇作的觀念、特性及優缺點。中研
院史語所學者李孝悌《清末下層社會的啓蒙運動》一書，〔註5〕以一章的篇幅
討論了「戲曲」在清末的啓蒙運動中，對下層社會啓蒙的重要性，因為過去
戲曲與宗教是形塑中國下層社會心靈世界兩種最重要工具，在宗教大受知識
分子撻伐而新教化媒體尚未出現前，戲曲自成為知識份心中再造人心最佳選
擇。〔註6〕陳芳的《晚清古典戲劇的歷史意義》，〔註7〕則由創作旨趣、在戲劇
文學與藝術上的特質、反映晚清政治社會現象、反映的晚清思潮等層面，分
析了晚清由知識分子撰著的古典戲曲在戲劇史上的意義。五四時期的新舊劇
論爭，雖然已多有學者論述，如馬少波等所著《中國京劇史》、〔註8〕馬奎元
《五四現代戲劇中的文化衝突與轉變》〔註9〕等，但他們強調的是新劇派與舊

---

〔註4〕　夏曉虹：《閱讀梁啓超》（北京：三聯書店，2006 年）。
〔註5〕　李孝悌：《清末下層社會的啓蒙運動》（台北：中研院近史所，1992 年）。
〔註6〕　見《清末下層社會的啓蒙運動》，頁 150。
〔註7〕　陳芳：《晚清古典戲劇的歷史意義》（台北：學生書局，1988 年）。
〔註8〕　北京藝術研究所、上海藝術研究所：《中國京劇史》（北京：中國戲劇出版社，
　　　　2005 年）。
〔註9〕　馬奎元：《五四現代戲劇中的文化衝突與轉變》（台北：台北藝術大學戲劇系
　　　　研究所博士論文，2008 年）。

劇派主張之要旨，並闡述這些主張在戲劇史之地位與影響，而對更細膩的挖掘胡適、傅斯年、錢玄同……等新劇派成員之間的論述異同之論題還沒開始深入討論。因為胡適等人雖然都主張以新劇取代舊劇，但論述的內容取徑卻不盡相同，（見論文第一章第二節）新劇支持者並非僅以西方戲劇之表現批判舊劇，有部分論述是從中國戲曲史脈絡出發。也很少人討論支持舊劇的張厚載是如何對這麼多成員提出的不同類型論點一一回應，雖然張厚載論戰失敗，但其優缺點為何。

關於京劇的商業宣傳，主要是報刊與戲單等媒介。鍾欣志《走向現代：晚清中國劇場新變》〔註 10〕，以《圖畫劇報》、《順天時報》、《游戲報》、《申報》……等報紙資料觀察晚清以上海為中心的中國劇場，整體在西方文化影響下，如何產生現代性之歷程。鍾文之討論重點在整體劇場文化，焦點更偏向話劇，所引用的報刊資料種類較多，且不集中於廣告或戲單層面。學者引用報刊之廣告研究某時代京劇劇壇狀況的，如林幸慧《《申報》戲曲廣告所反映的上海京劇發展脈絡：1872～1899》〔註 11〕，林文討論焦點集中於《申報》的京劇演出廣告，因為《申報》為上海發行年代最久發行量最大的報紙，對上海京劇發展歷程反映得相當完整。林文以報紙刊載的戲園廣告形式、宣傳重點之變遷，挖掘上海的京劇如何在題材、表演形式、舞台形式等面向發展建構屬於「上海」的地域特色，研究對象集中於晚清二十多年的《申報》廣告，縝密梳理了上海京劇自我風格建立的脈絡。以戲園戲單作為研究對象，如蔡欣欣《圖文顯影：「戲單」史料的解構與重整》，〔註 12〕分析近代北京、上海與台灣戲單形式與內容變遷，及戲單這些資訊在戲曲史上具備何種價值與意義。但林文重點在報紙戲曲廣告如何反映上海一地，京劇特色的建立與變化，蔡文之研究重點則在分析與重組戲園戲單傳遞之資訊，兩文關注的重點都不是京劇「演員中心」的特質，但在如何以京劇宣傳品作為研究對象，探討宣傳品中透露的京劇特質，則使本論文獲益良多。

〔註 10〕 鍾欣志：《走向現代：晚清中國劇場新變》（台北：台北藝術大學戲劇系研究所博士論文，2012 年）。

〔註 11〕 林幸慧：《《申報》戲曲廣告所反映的上海京劇發展脈絡：1872～1899》（台北：里仁書局，2008 年）。

〔註 12〕 蔡欣欣：〈圖文顯影：「戲單」史料的解構與重整〉，白鷺鷥文教基金會、國立臺灣戲曲專科學校、漢學研究中心：《戲話粉墨：2005 戲曲藝術國際研討會論文集》（臺北：國立臺灣戲曲專科學校，2005 年），頁 111～179。

　　京劇知識系統的建立，是爲了回應新劇支持者的批評產生的，當時京劇知識相關書籍與文章，主要由齊如山的《劇學叢書》，以及上海與北京出版的京劇期刊如《戲劇月刊》《劇學月刊》……等京劇期刊發表。研究齊如山劇學的學術論文，專書較全面且具代表性者爲梁燕《齊如山劇學研究》，〔註13〕單篇論文包括沈達人〈齊如山及其劇學〉、〔註14〕苗懷明〈齊如山的戲曲研究與治學特色〉、〔註15〕王蘇生〈論齊如山戲曲本體研究的創新精神〉〔註16〕等數十篇，以上專書與單篇論文的重點，梁書與沈文對齊如山現存之劇學論著中之京劇觀點，作了全面而詳細的闡述整理，清楚勾勒了齊如山劇學系統的面貌，使我們對齊如山的劇學及其對京劇知識系統的貢獻清楚了解。苗文與王文則重點分析了，齊如山之劇壇經歷對其劇學之側重點有何影響。以上學術論著都對本論文頗有參考價值。但是齊如山作爲有計畫以條理邏輯的方式，建立京劇知識系統的開山祖師，齊氏之論述與現代對京劇知識研究的定論傳承性與差異性這樣更進一步之比較，以上學術文章與書籍並未論及。至於探討當時京劇期刊如《戲劇月刊》、《劇學月刊》、《戲劇叢刊》……等刊物中，建構京劇知識系統相關文章的學術論文，數量則少得多，學位論文如王烜《論《劇學月刊》時期文人與伶人的戲曲理論革新：以徐凌霄和程硯秋爲主》，〔註17〕單篇期刊論文如孫俊士〈《劇學月刊》：劇學理論建構的嘗試〉、〔註18〕陶靜〈無可奈何花落去：《十日戲劇》對於舊劇保存和改良的探索〉。〔註19〕因爲《劇學月刊》關注的劇學理論不只京劇，還包括了崑曲、地方戲、西洋戲劇等方面，因此聚焦於《劇學月刊》的王文與孫文，都把《劇學月刊》對劇學理論的挖掘與研究，做了有系統地整理闡述，使我們了解《劇學月刊》

〔註13〕梁燕：《齊如山劇學研究》（北京：學苑出版社，2008 年）。

〔註14〕沈達人：〈齊如山及其劇學〉，《戲曲藝術》第 35 卷第 1 期（2014 年 2 月），頁 1～11。

〔註15〕苗懷明：〈齊如山的戲曲研究與治學特色〉，《上海師範大學學報（哲學社會科學版）》第 40 卷第 6 期（2011 年 11 月），頁 87～95。

〔註16〕王蘇生：〈論齊如山戲曲本體研究的創新精神〉，《山西師大學報（社會科學版）》（2011 年 5 月），頁 63～67。

〔註17〕王烜：《論《劇學月刊》時期文人與伶人的戲曲理論革新：以徐凌霄和程硯秋爲主》（天津：南開大學中國古代文學領域碩士論文，2010 年）。

〔註18〕孫俊士：〈《劇學月刊》：劇學理論建構的嘗試〉，《戲曲研究》第 85 輯（2012 年 2 月），頁 299～312。

〔註19〕陶靜：〈無可奈何花落去：《十日戲劇》對於舊劇保存和改良的探索〉，《藝術百家》2006 年第 2 期，頁 63～67。

的劇學理論系統的面貌。把焦點放在《十日戲劇》的陶文，探討的是《十日戲劇》中對於舊劇改良主題的討論，包括舊劇到底該不該以向新劇靠攏的方式改良，若要改良又該在哪些方面作改變，改變程度為何。但上述之學位論文與期刊論文關注的僅為單一期刊，且如上所述，《劇學月刊》的劇學理論涵蓋的範圍不只京劇，京劇的基礎知識亦非《劇學月刊》關注的重點，《十日戲劇》雖有京劇相關知識系統的闡述文章，但陶文關注的新舊劇之爭並不含括在京劇本身知識系統範圍裡。因此都與本論文關注的方向不同。

梅尚程荀其個人藝術風格在當時劇評中的呈現。四大名旦是京劇中最具代表性的流派開山祖師，且在抗戰前，劇壇雖也有余叔岩、馬連良、言菊朋等後來成為老生流派開山宗師的著名老生，但以當時的劇壇聲勢與地位來說，這幾位老生是遠及不上四大名旦的。現代京劇的學術研究中，對流派的研究論文數量龐大，專書中較具代表性的如林幸慧《京劇發展 VS.流派藝術》，[註20] 詳細討論流派形成的基礎、條件以及流派從京劇初創期到 1949 年後的改變，在 1949 年以前，整個京劇劇壇，無論是觀眾、戲班、劇本、宣傳……等，都是以演員為中心運作，因此，一部京劇史確實可將流派作為書寫核心。李元皓《京劇老生、旦行流派之形成與分化轉型研究》，[註21] 京劇表演體系扎根於角色行當，開花結果於流派，本書即將京劇中最重要的老生與旦行之表演體系，如何由老生行開始形成發展定型，進而影響長期與老生合作的旦行，也形成了表演體系並出現表演體系的分化、表演藝術的發展之過程，詳盡論述挖掘，並大量引用伶人回憶、當時劇評以及伶人唱腔集作具體例證，清楚剖析了京劇表演體系確立之意義。專書中的單篇論文，具有代表性的，如王安祈《為京劇表演體系發聲》一書，所收〈京劇梅派藝術中梅蘭芳主體意識之呈現〉一篇論文，[註22] 以京劇中聲勢最浩大的「梅派」為例，詳細分析了流派藝術實際上就是演員與劇中人形象疊映的過程，演員將自身的氣質投射於劇中人身上，使眾多劇中人在不同的性格與身分之外，卻都能融於一種共同的隱約形象，揭示了流派藝術發展的共性。曾永義《戲曲之雅俗、折子、流派》一書中，〈論說「京劇流派藝術」之建構〉一篇論文，

---

〔註20〕林幸慧：《京劇發展 VS.流派藝術》（台北：里仁書局，2004 年）。

〔註21〕李元皓：《京劇老生、旦行流派之形成與分化轉型研究》（台北：國家出版社，2008 年）。

〔註22〕王安祈：〈京劇梅派藝術中梅蘭芳主體意識之呈現〉，《為京劇表演體系發聲》（台北：國家出版社，2009 年），頁 31～98。

〔註23〕是從定義與理論層面論述京劇流派藝術之建構，本文扼要而清楚說明了流派之名義與構成條件、流派藝術建構之共同背景因素、建構之基礎，以及從建立獨特風格到完成群體風格之歷程，對於「京劇流派藝術之建構」的理論層面做了清楚的申說。以上學術論文在流派建構的理論與實證上，都建構了詳細的論述，與本文寫作時很大的助益，而本論文的關注重點則在如何從當時的劇評，還原當時觀眾與劇評家眼中，四大名旦的個人風格之完成度、其風格中那些細節常受劇評家注意，以及這些個人風格與今日流派之定義差異何在。

## 第三節　研究方法與論文章節架構

京劇鼎盛期，表示京劇發展到顛峰，也同時意味京劇可能產生型態的轉變。目前對京劇鼎盛期的研究，大部分是集中於「演員」身上，也就是討論演員的表演藝術、流派等，因為京劇本是演員中心的藝術，演員與其表演藝術向來最受關注，但京劇的發展面向遠過於此，尤其是當京劇成為勢力最大的流行文娛之後，京劇會跟社會活動的各層面產生連結互動，而能最真實而即時的反映這種社會互動的非報紙期刊莫屬。不論當時報章上跟京劇相關的內容，以現代眼光評論起來是否偏頗落伍，卻都是最即時最真實的反應。以報紙期刊作為研究範圍的優點有三：

1. 報紙期刊是文字紀錄，比口傳的見聞更具體清晰

因為京劇從清代中晚期進入北京發展以來，一直都不是讀書人心中的高雅藝術型態，因此願意為京劇做紀錄的知識分子很少，較有名的只有《清代燕都梨園史料》所收的一批花譜及其他相關著作，以及《花部農譚》等數量不算太多的著作，大部分京劇相關事蹟，還是靠著人們茶餘飯後的閒談流傳，但是言語的流傳極可能隨講隨忘，導致許多極有價值的事蹟，湮沒在時間的洪流中，文字紀錄則可以將口傳的事蹟具體化而易於保存。

2. 報紙期刊是即時的紀錄，比自傳、回憶錄等更接近當時的真實

京劇期刊出版頻率，從一周到一月不等，綜合性報紙日日出刊，因此能讓京劇愛好者，即時將他們看戲的感想、對京劇知識的了解發表於世人眼前，

---

〔註23〕曾永義：〈論說「京劇流派藝術」之建構〉，《戲曲之雅俗、折子、流派》（台北：國家出版社，2006 年），頁 489～549。

因此報紙與京劇期刊的文章，反映的是撰著者在看過劇目後最即時的想法或是研究京劇知識時最即時的思考心得，且因為已經形之文字、登諸報刊，已無法塗改，自傳、回憶錄等著作，因為時間距京劇鼎盛期較久，或因作者記憶誤差、想法改變、為尊者諱等環境變化影響，導致述說內容可能與當時現場狀況有落差。京劇鼎盛期的京劇商業活動現象，更是只有當時的報刊廣告，才能做最真實的呈現。

### 3. 報紙期刊是當時傳播範圍較廣的宣傳物，對不同地區的京劇發展都能反映

報紙與期刊是當時流佈範圍較廣的印刷品，雖然出版商都位在京滬兩大城市，訂戶也多半集中於此，內容大部分反應的也是這兩大城市的京劇發展狀況，但多少也有其他地方的訂戶，因此透過京劇期刊的流布，不但可以把京滬兩地京劇發展狀況傳布到其他地區，也可將其他地區的戲劇發展狀況傳回京滬兩大城市，如熱河朝陽縣北票鎮（現歸遼寧省轄），本為一礦業城鎮又僻處東北，但透過當地的京劇愛好者投稿，其京劇發展狀況也可以在上海出版的《戲劇月刊》上出現，而北票的京劇觀眾願意投稿到《戲劇月刊》，表示此月刊的發行範圍已經及於這個東北小鎮，則小鎮也可藉由月刊得知京滬兩大城市的劇壇動態，促成京劇的城鄉交流。

本論文主要研究的「報紙期刊」指的是綜合性報紙與京劇期刊，京劇期刊包括：《戲劇月刊》、《戲劇叢刊》、《國劇畫報》、《劇學月刊》、《戲劇週報》、《半月劇刊》、《十日戲劇》、《半月戲劇》，共八種。綜合性報紙則以上海的《申報》以及北京的《順天時報》為主要研究對象。雖然《申報》與《順天時報》皆為綜合性報紙，但卻經常刊登京劇相關文字。《申報》的「自由談」專欄經常出現針對演出名伶的劇評，特別是著名京伶蒞滬演出時，更是三五天就刊登一篇關於此名伶演出之劇評。《順天時報》第五版，則大量刊登京劇相關消息，包括：藝人動態、藝壇掌故、劇評等類文章。因此在研究當時京劇發展現象時，綜合性報紙也有與京劇期刊同等的重要性。當中除《戲劇叢刊》是不定時出刊，其他週報、十日刊、半月刊等，雖然是『期刊』，但因每期與每期間隔時間不長，跟名為「畫報」的《國劇畫報》每兩周出版一次，區別不算太大，因此可以一起討論。京劇期刊部分主要收錄於姜亞沙、經莉、陳湛綺主編的《中國早期戲劇畫刊》，[註24] 本叢書收集了民國十七年到抗戰時期

---

〔註24〕姜亞沙、經莉、陳湛綺主編：《中國早期戲劇畫刊》（北京：全國圖書館文獻

共二十一種新舊劇期刊。本論文關注的京劇期刊中，亦收錄其中，是真正對京劇本身挖掘討論且以京劇為唯一內容的專門刊物。雖然這些期刊都不是「日報」而是「週報」或「月刊」，地域也有上海或北平的不同，發行期間固然有僅兩三個月者，但發行一到三年的也不少，這些期刊發行期間重疊者不少，新期刊的出現更未曾中斷，可見當時京劇市場之規模、戲曲觀眾數量之龐大，都足以支持京劇期刊之存續。此批期刊預設的讀者群是京劇觀眾，既然是以京劇為主要內容的專門期刊，當然一定匯集了京劇各個層面的現象。

## 【表一】1928～1937 八種代表性京劇期刊

| 期刊名 | 出版地 | 創刊日期 | 終刊日期 | 發行週期 | 主編 | 發行機構 | 內容簡析 |
|---|---|---|---|---|---|---|---|
| 戲劇月刊 | 上海 | 1928年6月 | 1932年9月 | 月刊 | 劉豁公 | 上海戲劇月刊社 | 文章內容配合當時京劇發展狀況，以作者的主觀意見，討論京劇的理論、演員表演藝術高低、劇壇風氣……等方面，內容綜合且多元。 |
| 戲劇叢刊 | 北平 | 1932年1月 | 1932年12月 | 不定期刊 | 齊如山 | 北平國劇學會 | 以討論京劇各層面基礎知識為主，且行文語氣盡量朝客觀方向靠攏，總體來說較接近學術研究文章。 |
| 國劇畫報 | 北平 | 1932年1月 | 1933年8月 | 週刊 | 齊如山 | 北平國劇學會 | 介紹京劇的傳聞、史蹟、刊登劇本，論述文章較少，內容絕大部分比較軟性。 |
| 劇學月刊 | 北平 | 1932年1月 | 1936年6月 | 月刊 | 金仲蓀 | 中國戲曲音樂院研究所〔註25〕 | 內容中西並陳，戲劇、音樂皆有，以學術研究的態度，客觀論介中西的戲劇與音樂，還曾特別介紹西洋音樂的三線譜。 |
| 戲劇週報 | 上海 | 1936年10月 | 1936年12月 | 週刊 | 白雪 | 上海戲劇週報社 | 討論當時劇壇發展的各種現象，包括表演藝術、劇壇風氣……等，且因時代接近抗戰而有許多呼籲戲劇改革之文。但文章篇幅較《戲劇月刊》等刊物短小，行文語氣更趨近閒談。 |

微縮複製中心，2006年）。

〔註25〕《劇學月刊》出版者原題「南京戲曲音樂院北平分院研究所」，自三卷九期（1934年9月）改題「中國戲曲音樂院研究所」。

| 半月劇刊 | 北平 | 1936 年 9 月 | 1937 年 5 月 | 半月刊 | 沈聞雛 | 北平半月劇刊社 | 北京爲京劇重鎮，且一直在京劇發展史上有宗主地位，因此這份北平發行的期刊，著重京劇及其他戲劇發展之討論，對周遭環境時局之變化關注較少。 |
|---|---|---|---|---|---|---|---|
| 十日戲劇 | 上海 | 1937 年 2 月 | 1941 年 4 月 | 旬刊 | 張古愚 | 上海國劇保存社 | 開始關注京劇自發展巔峰，轉爲出現質變的陣痛期，並發表自己的主觀意見。 |
| 半月戲劇 | 上海 | 1937 年 6 月 | 1948 年 11 月 | 半月刊 | 鄭子褒 | 上海聲美出版社 | 同樣處於京劇轉變的陣痛期，但從本刊文章中，已可見伶人對於這種轉變陣痛期的積極應對，這種應對作爲恰是促進京劇轉型的推手。 |

從本表我們可以發現，北平與上海是當時京劇演出的兩大重鎮，發行的期刊種類也勢均力敵，但北平出版的京劇期刊，大部分都是由國劇學會或中國戲劇音樂院研究所這樣的學術組織發行，不像上海發行的期刊，都是由民間出版社發行，期刊主要關注內容，也因發行地與出版年代之異，其關注對象或只有京劇本身，或及於周遭時代環境之變化。綜合性報紙則取材自《申報合訂本》〔註26〕與《順天時報》。這批京劇期刊與綜合性報紙是與京劇大流行時代完全吻合，最能反映當時京劇劇壇實況的第一手資料。若能詳細閱讀此批材料，對了解重建當時劇壇狀況應當頗有助益。

設定取材年代在 1928～1937 年，因爲 1928 年以前並無全面且專門討論京劇的刊物，而 1937 年之後的京劇刊物，內容規模仍遵循其前的範型。民國元年雖然有話劇名人鄭正秋創辦的《圖畫劇報》，曾對上海京劇演員的時事新劇《新茶花》、《黑籍冤魂》等繪製戲畫與刊登評論文字，可是本報並非以京劇爲主要內容，況且時事新劇畢竟只是京劇變化後的一種特殊類型，且鄭正秋等是著眼於時事新劇藉由反映社會黑暗達成的改革人心之效，而不是京劇本身特質。在京劇刊物大量湧現的前後，較廣爲人知討論過新舊劇的代表刊物，都是新劇支持者創辦。較具代表性如胡適的《新青年》、鄭振鐸的《文學週報》、歐陽予倩《戲劇時代》。《新青年》的新舊劇論戰出現於 1918 年，重點在以新劇取代舊劇，因爲舊劇在中國的獨佔優勢，阻礙了新劇的發展機會，所以不能不以嚴厲批評壓抑舊劇，騰出空間給新劇發展，新舊劇之爭後，轉

〔註26〕 《申報》（上海：上海書店，2008 年）。

而專心介紹西洋戲劇、翻譯西洋劇本。當時的梅蘭芳，是以一個編演過幾齣時裝新劇的新出紅伶姿態讓傅斯年等人稱讚的，傅斯年等人讚揚時裝新劇，只是因為時裝新劇可以當作舊劇與新劇間的過渡，暫時符合了他們「社會寫實劇」的理想。《文學週報》對舊劇的攻擊，出現於 1929 年的「梅蘭芳專號」，當時態度較激烈的新劇支持者，有「久積未吐的悶氣」，所以要狠批舊劇，在他們眼裡，最紅火的梅蘭芳就是舊劇化身，因此欲打擊舊劇必先打倒梅蘭芳。到了抗戰前數月歐陽予倩主編的《戲劇時代》，歐陽予倩不但是新劇家也曾是舊劇演員，他對舊劇的了解絕對可信。歐陽予倩本人認為要建設新劇未見得要先摧毀舊劇，主要原因即在於舊劇還擁有廣大觀眾，即使動用政治力也不易使其消失。這二十多年間，新劇支持者對舊劇態度變化，正反映京劇發展蒸蒸日上。本論文以『非京劇期刊』的《新青年》為主要討論資料之一，是作為反映京劇鼎盛時期各個面向發展的背景脈絡。因為五四新文化運動中堅份子衷心認為西方的「話劇」才是最理想的戲劇，西方易卜生式的「社會問題劇」更是戲劇主題類型中的典範。以京劇為代表的中國舊劇，只會用大開打演出戰爭場面，戲劇中也幾乎不包含任何現代進步的思想，因此必得淘汰。可是在《新青年》猛力攻擊之後，京劇的報紙、期刊的數量和內容，卻大大增加，證明京劇仍然被視作流行娛樂，因此討論京劇期刊大量出現之前關於舊劇的論辯，是了解京劇期刊大量出現原因的重要資料。因此《新青年》等新劇刊物之討論，看似只是呈現了京劇鼎盛期的背景，但對京劇鼎盛期各方面發展，尤其是刺激知識分子對京劇基礎知識的統整與挖掘，是不可忽略的。1937 年抗戰後雖仍出版許多京劇刊物，但只是討論對象轉為新崛起的紅伶，內容與規模仍延續抗戰前之模式，並無改變或突破，可見京劇期刊的基本模式，在抗戰前已發展完成。因此本文將主要期刊與報紙的取材年代設為 1928～1937 年。

　　本文預計分別從京劇鼎盛期的劇學理論與商業活動入手，研究京劇鼎盛期的報刊資料。因為此時出現大量前所未見的京劇知識討論文章，也就是京劇知識的大量集中討論，乃是此時期的京劇重要特色之一，而京劇的商業活動本質，在京劇發展到鼎盛時，必然同樣也發展到顛峰，而這兩項重要特質，勢必也對京劇表演藝術的發展型態有重要影響，但是目前學者多把目光集中於京劇表演藝術本身之發展。因此本論文希望藉由爬梳當時報刊資料，了解當時的京劇表演藝術與京劇劇學理論和商業市場如何互動及其互動之結果。

# 第一章　1917 年前到抗戰前夕新舊劇理論互動論點析辯

　　新文化運動一般界定年代爲 1917～1927 年，是我國政治社會史與文化史上的大事。對戲劇界來說，新文化運動帶來最重要的事件就是知識分子界的新舊劇論戰。雖然論戰的勝敗跟劇壇中劇種發展的實際強弱並無對應關係，但知識分子畢竟在社會地位上高於演員，且又是話語權主要掌握者，因此即便京劇在這十年發展仍舊蒸蒸日上，甚至在 1928 年之後成爲深入民眾生活各個角落的流行文化（詳見第二章第一節），這十年的嚴厲批判仍然讓京劇界一直惴惴不安，也就是新文化運動的新舊劇之爭，是新舊劇界理論互動過程的關鍵點。知識份子對西方戲劇觀念與戲劇活動的推崇，並非五四時代才從天而降，晚清知識份子就已將西方戲劇引進中國。

　　關於五四運動時期的新舊劇之爭，雖然已多有學者論述，但本論文想更細膩的挖掘胡適、傅斯年、錢玄同……等新劇派成員之間的論述異同。因爲胡適等人雖然都主張以新劇取代舊劇，但論述的內容取徑卻不盡相同，新劇支持者並非僅以西方戲劇之表現批判舊劇，有部分論述是從中國戲曲史脈絡出發。也很少人討論張厚載是如何對這麼多成員提出的不同類型論點一一回應，雖然張厚載論戰失敗，但其優缺點爲何。既然這兩派的論述，在中國的戲劇史、戲曲史中佔有不小份量，且有繼往開來之功，則理應更詳細地分析其論述內容、論述方式，始能真正了解長達十年的新舊劇之爭，如何繼往又如何開來。

　　因此本章將爬梳從晚清以至 1936 年抗戰爆發前，新舊劇支持者雙方不再劍拔弩張對立之時，這數十年間，知識分子的新舊劇論辯演變軌跡以及背後

潛藏的意識。

# 第一節　晚清民初戲曲改良論

　　中國知識分子從晚清開始對中國劇壇產生新的理解，與西方文化思想的啓蒙大有關係。早在甲午戰爭之後的 1895 年（光緒二十一年），英國傳教士就在《萬國公報》刊登了具名的徵文啓事，明確指出俗文學變異風俗的力量，更具體以當時的中國社會爲例，規定投稿的內容與寫法：

> 今中華積弊最重大者計有三端：一鴉片、一時文、一纏足，若不設
> 法更改，終非富強之兆。……撰著新趣小說，合顯此三事之大害，
> 並祛各弊之妙法。立案演說，結構成編，貫穿爲部，使人閱之心爲
> 感動，力爲革除。〔註1〕

徵文提到中國當時最大的三項積弊：鴉片、時文、纏足，這是中國第一次由西洋人士明文指出中國之積弊，由外人指謫中國之積弱，對知識分子而言，顯然比自家人大聲疾呼的心理震撼強度大的多，而此次徵文投稿作品中包括戲曲。也讓知識份子開始留意戲曲在娛樂之外的社會教育功能。遊歷域外的觀劇經驗，讓他們接觸了不同的戲劇演出型態。庚子拳亂則逼他們執筆爲文大聲疾呼，戲劇演出對民心向背乃至國家富強都有極大影響力。知識份子撰作的古典戲劇劇本〔註2〕與戲曲改良劇論，在八國聯軍之役後如雨後春筍般出現，因爲此場浩劫是晚清知識份子深刻心房的集體記憶，不僅因爲義和團之行爲暴露中國下層民眾之「愚」，更由於此事造成全中國動盪不安、流離失所，外侮長驅直入「國都」大肆破壞，戰後更將中國幾乎瓜分殆盡。「國都」對知識分子並非只是國家首都而已，更是民族尊嚴的象徵，尊嚴被蠻夷之邦踐踏的體無完膚，「天朝上國」的威嚴竟是虛弱的不堪一擊。讓知識份子心裡原只是擔憂層級的「亡國亡種」危機，霎時「今朝都到眼前來」搖身一變成了眞實，甚至面臨對中國未來的信心崩潰。此種喪亂的傷痛在當時文章中處處可

---

〔註1〕　見（美）林樂知主編：《萬國公報》第七十七卷，光緒二十一年（1895）五月
　　　　（6 月）號，收於《清末民初報刊叢編》之四（台北：華文書局，1968 年 9
　　　　月），冊 24，頁 15310。以及《萬國公報》第七十七卷，光緒二十二年（1896）
　　　　二月（3 月）號，收於《清末民初報刊叢編》之四，冊 25，頁 15926～15927。
〔註2〕　此處稱「古典戲劇」乃沿用陳芳之定義：「其形式多違格舛律，難以搬演，戲
　　　　與曲已然分家，所以稱爲古典戲劇，而非古典戲曲。」見陳芳：《晚清古典戲
　　　　劇的歷史意義》（台灣：學生書局，1988 年），頁 IV。

見，如上海《中外日報》社論〈論興學練兵作小說其效不及演戲之速〉、北京
《順天時報》社論〈說小說與戲之關係〉。〔註3〕

　　正因晚清的戲曲改良運動產生於這樣的危急存亡之秋，因此知識分子對
戲劇最重視的是如何喚起民族意識以助國家之救亡圖存。觀察晚清知識分子
劇論中書寫的「域外」戲劇演出觀看經驗，往往對戲劇演出國家積弱不振
之慘狀而感動人心發憤以復興國勢的實例著墨甚多，比如法國演出德法戰爭
慘況：

> 記者聞昔法國之敗於德也，議和賠款，割地喪兵，其哀慘艱難之
> 狀，不下於我國今時。欲舉新政，費無所出，議會乃爲籌款，並激
> 起國人憤心之計。先於巴黎建一大戲台，官爲收費，專演德法爭戰
> 之事，摹寫法人被殺、流血、斷頭、折臂、洞胸、裂腦之慘狀，與
> 夫孤兒寡婦、幼妻弱子之淚痕。無貴無賤，無上無下，無老無少，
> 無男無女，頃刻慘死於彈煙炮雨之中，重疊裸葬於旗影馬蹄之下，
> 種種慘劇，種種哀聲，而追原國家破滅，皆由官習於驕橫，民流於
> 淫侈，咸不思改革振興之故。凡觀斯戲者，無不忽而放聲大哭，忽
> 而怒髮衝冠，忽而頓足搥胸，忽而磨拳擦掌，無貴無賤，無上無下，
> 無老無少，無男無女，莫不磨牙切齒，怒目裂眥，誓雪國恥，誓報
> 公仇，飲食夢寐，無不憤恨在心。故改行新政，眾志成城，易於反
> 掌，捷於流水，不三年而國基立焉，國勢復焉，故今仍爲歐洲一大
> 強國。演戲之爲功大矣哉！〔註4〕

以異國鐵蹄下哀鴻遍野的地獄變相，〔註5〕展示殘缺不全、不成人形的百姓與

---

〔註3〕　可參見鍾欣志：《走向現代：晚清中國劇場新變》（台北：台北藝術大學戲劇
　　　　系博士論文，賴聲川先生指導，2012 年 2 月），頁 53。

〔註4〕　見失名〈觀戲記〉，阿英：《晚清文學叢鈔：小說戲曲研究卷》（臺北：新文豐
　　　　出版公司，1989 年），頁 67～68。阿英《晚清文學叢鈔》中收錄此文，作者
　　　　標爲「失名」，年代標爲光緒二十九年〔1903 年〕，出處爲《黃帝魂》劇本，
　　　　並說明「原載何種書報不詳」；據夏曉虹之考察，此文作者實爲梁啓超同學歐
　　　　榘甲，文章最早乃刊於 1902 年舊金山《文興日報》。見夏曉虹：《閱讀梁啓超》
　　　　（北京：三聯書店，2006 年），頁 113。歐氏原文曾收入橫濱新民社輯印：《清
　　　　議報全編》，二十五卷，與阿英所收文字略有小異，見沈雲龍主編：《近代中
　　　　國史料叢刊三編》，第 150 冊，頁 161～168。

〔註5〕　地獄變相圖起源于唐代畫聖吳道子，以圖畫形式描繪人墮地獄受種種罪報之
　　　　眞相。吳道子有感于當時盛唐的富庶導致社會人心奢侈而墮落，殺業淫亂甚
　　　　爲嚴重，於是發心在長安景雲寺作此壁畫，觀者摩肩接踵，令許多屠户放下

國家形貌。「外族」長驅直入「我們的」土地，燒殺擄掠的理所當然，而這樣
的理所當然又是由「我們自己」驕橫淫侈所致。藉由我與非我的對立，讓觀
劇者對外族的入侵感到憤恨；藉由「昔日之我」的惡，使觀眾產生共同的羞
恥與厭惡，轉而期待奮發圖強的「今日之我」以及國勢強大的「明日之我」。
又如日本演出明治維新初期維新守舊兩派慘烈之爭鬥：

> 記者又嘗遊日本矣，觀其所演之劇，無非追繪維新初年情事。是時
> 國中壯士，憤將軍之專橫，悲國家之微弱，鎖國守陋，外人交侵，
> 士氣不振，軟弱如婦人女子，乃悲歌慷慨，欲捐軀流血以挽之，腰
> 縈白布巾，橫插雙劍，一以殺人，一以殺己，徧走諸侯王，說以大
> 義。其日夜聚議所，或在娼寮酒館，漫天大雪，攜劍出門去，頃刻
> 取仇人頭歸以下酒，以起舞櫻花門外，血如櫻。前者死，後者繼，
> 起義兵與舊黨相爭，不惜冒叛逆名。會津城中，一日餓死十餘萬人。
> 當時人捐銀一毫以爲兵費，鎔鍋釜以爲兵器，積骸疊屍，家亡身死，
> 而志士仍不顧也。久之，政府知民氣之不可遏，乃急急改革。政治
> 年年改良進步，日本人乃有今日自由之樂，與地球六大強國並立。
> 日本人且看且淚下，且握拳透爪，且以手加額，且大聲疾呼，且私
> 相耳語，莫不曰我輩得有今日，皆先輩烈士爲國犧牲之賜，不可不
> 使日本爲世界之日本以報之。〔註6〕

演出當年支持維新的先烈如何奮不顧身的事蹟，先以言詞勸說達官顯貴，繼
而以武力與守舊者奮戰不懈，終於使掌權者低頭，使人民感念先賢奮鬥之艱
辛，思守成之不易。異族鐵蹄長驅直入以及當權者不思振作，也正是中國當
時的局面，當知識份子發覺踏破錦繡河山的外侮，也曾有過這樣一段灰暗
的歲月，最終不單重新站起還征服了「天朝上國」，豈能不讓晚清知識分子對
演戲之功效驚服莫名。雖然晚清知識分子對戲劇功效的無上推崇，可能肇
因於對「西方典範」過於美化的想像，但在中華如風中殘燭，眼看將要亡種
亡國的時代裡，卻也從另一個面向表現了當時知識分子憂國憂民心理之急
切，因此任何一項能感動人心的傳播媒介，對他們而言都不啻是茫茫大海中
的浮木。

晚清劇論既明顯與知識分子憂國憂民的心態結合，當然是以政治改革爲

---

孽刀因而改業不計其數，淫介狎客從此消聲匿跡，對教化功德可見一斑。
〔註 6〕見《晚清文學叢鈔：小說戲曲研究卷》，頁 68。

戲曲改良的終極目標。庚子拳亂之禍患，使知識分子深信中國存續與否的關鍵，在於能否提升中下階層教育程度，最佳的方式就是改良大眾文化，而大眾文化中最生動、號召力最強的就是古典戲劇。晚清新劇在國內不過剛剛萌芽，知識分子絕不可能視它爲可用的救國工具；傳統戲曲影響力甚大，但是內容良莠不齊且多與激發人民愛國情操的考量無關。知識分子畢竟是社會菁英，對戲曲的表演藝術與觀眾的審美心理並不眞正清楚，因此對他們而言，收效最速的方法就是直接改換劇本內容，因爲他們認爲這就如同改換小說內容一樣，且戲曲觀眾也會跟小說讀者一樣照單全收。但戲劇觀眾的知識水準差異範圍比小說的讀者大的多，以及戲劇主要是立體展演，小說則是平面印刷，因此置換劇本內容很可能同時導致演員表演模式必須大舉變革，即使演員想辦法找到合宜的表演方式，觀眾是否能即時適應，其實都是問題。

　　我們檢視晚清知識分子的戲劇改良論，發現他們往往對劇本內容主旨之改良著墨甚多。歐榘甲〈觀戲記〉，以廣東戲班「盡是小姐、丫環、公子，專顯花旦、小生之手面，繪影繪聲，牽連撮合，皆野合、私奔、勻脂粉、挂蚊帳等事。深夜沉沉，淫情勃勃，以淫夫淫婦之行爲，反而致狀元夫人之榮貴。」〔註7〕即歐榘甲認爲當今社會靡靡之風盛行實受戲台專演描摹兒女私情故事之影響，若要矯正此種風氣，當學外江班（上海戲班）演出《鐵公雞》（太平天國故事）重現尚武精神爲是。1905年（光緒三十一年）箸夫〈論開智普及之以改良戲本爲先〉，〔註8〕標題便直接把劇本改良視同戲劇改良。同年陳獨秀（筆名三愛）所撰〈論戲曲〉更針對劇本改良層面大加發揮，〔註9〕此文爲此時期體系最完整的劇論，直接討論當時最流行的文化娛樂——京劇，從戲劇對世風可能產生的正面影響賦予戲曲演古勸今的價值：

> 戲曲無非演古勸今之虛設事。不但此也，且有三長所焉。吾儕平日
> 不能見，而於演戲始能見之：一即古代之衣冠，一即綠林之豪客，
> （如《花蝴蝶》、《一枝桃》、《鬧嘉興》等類。）一即兒女之英雄，
> （如《穆桂英》、《樊梨花》、《韓夫人》等類。）欲知三者之情態，
> 則始知戲曲之有益。〔註10〕

戲曲演員可以透過揣摩，重現三種今日罕睹的人物類型於觀眾眼前：古代聖

---

〔註7〕見《晚清文學叢鈔：小說戲曲研究卷》，頁69。
〔註8〕見《晚清文學叢鈔：小說戲曲研究卷》，頁60～62。
〔註9〕見《晚清文學叢鈔：小說戲曲研究卷》，頁52～55。
〔註10〕見《晚清文學叢鈔：小說戲曲研究卷》，頁53。

賢、綠林豪客、兒女英雄。這些人物或品德高尚剛正不阿，或豪氣萬丈義薄雲天，或以巾幗之身效忠國家不讓鬚眉，不但能讓觀眾敬服效法，如兒女英雄類之人物甚至對婦女啓蒙皆有益處，因此豈能將看戲視爲遊蕩無益的玩意兒。但現今戲曲演出中易引觀眾誤入歧途處不少，「戲無益」論亦非空穴來風，顯示戲曲絕對需要改弦更張以求盡善盡美。陳氏對戲曲之改良提出五項建議：「（一）宜多新編有益風化之戲。（二）採用西法。（三）不可演神仙鬼怪之戲。（四）不可演淫戲。（五）除富貴功名之俗套。」〔註 11〕宜多編有益風化之戲，「有益風化」指的是講述忠臣義士之事蹟，可鼓動百姓產生忠孝義烈之心的劇目。採用西法，指在戲曲演出中，加入演說、光電技術等形式，以長觀眾見識。不可演神仙鬼怪之戲，指劇情中出現神仙鬼怪襄助，本意是彰顯天道支持正義之伸張，雖立意良善，但將懲善罰惡之功歸於鬼神，其實只是愚民行爲，且大大減損英雄之氣概，極度不合情理。不可演淫戲，淫戲指爲圖演出視覺刺激性，把風月情節表演的活色生香的劇目，因爲演出太過逼眞，易流於穢褻，引動觀者情腸做出敗德之事。除富貴功名之俗套，指戲劇結局多以主角個人中狀元做大官，前程無量富貴無量，作爲劇中主角命運多舛之補償，但易使我國國民用心之目的只在圖己身榮耀之小我，而對國家治亂之大我毫不關心，使國家萎靡不振停滯不前。前兩點從正面加入或發揚對社會風俗有益之部分，後三點是從反面減少戲曲中對社會風俗無益甚至有害的成分。仔細檢視陳氏這五大原則，除了第二條原則「採用西法」裡提出的「演光學、電學各種戲法，又可練習格致之學」，偏於舞台技術應用外，其他都是劇本內容方面的建議。〔註 12〕此一視劇本改良爲戲劇改良唯一要務的思考模式，直到《新青年》派的知識份子，都還一脈相承。

這樣的思考脈絡其實與清代士人屢屢上書請求官方頒布禁戲令，或是讀書人自己將反映民間生活型態的劇目，改編爲合於「天道人心」的新劇作之心理底蘊並無差異，都是試圖直接改變庶民文化生活型態的菁英文化心理，亦即陳獨秀雖然提出了對當時劇界震撼最大的口號「戲園者，實普天下人之大學堂也；優伶者，實普天下人之大教師也。」〔註 13〕使戲園與演員儼然成

〔註11〕　見《晚清文學叢鈔：小說戲曲研究卷》，頁 54～55。
〔註12〕　基本上第二點「採用西法」，前半建議在戲中加入演說還是跟劇本編寫有關，而後半要演員從「演光學、電學各種戲法」練習格致之學，以演員的教育程度來說是一個不切實際的建議。
〔註13〕　見三愛：〈論戲曲〉，《晚清文學叢鈔：小說戲曲研究卷》，頁 52。

爲風教領袖，還高舉「泰西各國……以優伶與文人學士同等」﹝註14﹞的例子，證明戲劇對風俗之影響力並非陳獨秀胡吹亂捧。但此種大加讚揚之舉，與尊重藝術與職業平等觀卻無絕對關係，而是知識分子大肆宣揚戲曲改革之必要，卻受限於傳統觀念不願親身投入實際劇場工作的心態所致。他們看重演員，是因爲演員可以替他們實際從事戲劇改革，他們也可以繼續維持高高在上的指導身分，即使是胡適、傅斯年等《新青年》知識分子身上仍然不脫這樣的心理。但京劇演員對知識分子言論下的意識潛流一無所覺，反而在斷章取義的理解下，「對京劇藝人內部自身覺醒及職業尊嚴感建立產生相當正面影響」。﹝註15﹞

　　不過晚清戲劇改良運動對後世戲劇相關活動影響甚大。晚清知識份子提出西洋戲劇有而中國戲劇缺少的面相，有兩個重點爲《新青年》學者大大發揮，也在京劇流派建立的過程中成爲建立個人風格的應用元素：一是寫實主義，二是悲劇觀念。晚清劇論中的寫實主義，集中在去除神鬼迷信與戰爭場面展現兩個問題上。去除神鬼迷信如前引陳獨秀〈論戲曲〉中所舉武松與西門慶爭鬥卻上鬼神襄助之例，武松一身正氣武藝過人，卻偏在與惡霸西門慶對打時插入鬼神一角，雖然彰顯了天道懲惡之觀念，但卻大大減損武松之英雄氣概，就人物的形象塑造而言顯有缺失。戰爭場面不用寫實手法，如蔣觀雲〈中國之演劇界〉﹝註16﹞提到日本人對中國戲劇之看法：「中國劇界演戰爭也，尚用舊日古法，以一人與一人，刀鎗對戰，其戰爭猶若兒戲，不能養成人民近世戰爭之觀念。」中國戲劇中的戰爭多半以單人或多人刀槍對打的方式演出，與當時洋槍洋砲的現代戰爭模式差距甚遠，使一般人民對戰爭的認知還停留在久遠的冷兵器時代，對現代社會頗有隔閡。甚至到《新青年》時期，劉半農仍認爲皮黃武戲不論表現甚麼場面，都只是雙人對打、多人亂打，毫無價值。﹝註17﹞晚清劇論對西方戲劇寫實手法的再三推崇，並非純粹的崇洋媚外，實與義和團拳亂的傷痛密不可分。陳獨秀云：「鬼神一語，原屬渺茫，煽惑愚民，爲害不淺。庚子之義和拳，即是學戲中天兵、天將。」

---

﹝註14﹞　見《晚清文學叢鈔：小說戲曲研究卷》，頁 53。
﹝註15﹞　見王安祈：《爲京劇表演體系發聲》（台北：國家出版社，2006 年 1 月），頁 64。
﹝註16﹞　見《晚清文學叢鈔：小說戲曲研究卷》，頁 50～52。
﹝註17﹞　見劉半農：〈我之文學改良觀〉，原載《新青年》三卷三號，收於馬冀等選編：《新青年選粹》（瀋陽：遼寧大學出版社，2001 年），頁 217。

〔註 18〕蔣觀雲說：「義和團之起，不知兵法，純學戲場之格式，致釀庚子伏屍百萬，一敗塗地之禍。演戰爭之不變新法，其貽禍之昭昭已若此。」〔註 19〕在在揭示知識份子心底，對於中國是否會重蹈覆轍的恐懼。

中國戲劇缺乏悲劇的觀念為蔣觀雲首提：「中國之演劇也，有喜劇，無悲劇。每有男女相慕悅一齣，其博人之喝采多在此，是尤可謂卑陋惡俗者也。」〔註 20〕中國劇界演戲，無論情節過程多麼悲慘，最終一定要歸結到歡慶團圓，多少反映觀眾進戲園是為找樂子放鬆的娛樂觀念；但蔣氏認為喜劇不能啟發人遠大理想，也不能讓人嘗試反思人性幽微，唯有悲劇有此能力：

> 劇界佳作，皆為悲劇，無喜劇者。夫劇界多悲劇，故能為社會造福，社會所以有慶劇也；劇界多喜劇，故能為社會種孽，社會所以有慘劇也。其效之差殊如是矣。嗟呼！……欲保存劇界，必以有益人心為主，而欲有益人心，必以有悲劇為主。〔註21〕

悲劇能引導民眾常懷憂憤之思，喜劇則誤導民眾溺於安樂之狀。因此劇界中常演悲劇，則社會真實現況反能因人民常保警醒之心而奮進富強；劇界中常演喜劇，則人民宴安鴆毒，國勢積弱不振，終將至於亡國亡種慘禍。

可是晚清知識分子與《新青年》學人不同的是，他們對中國傳統戲劇懷有一定情感，對傳統戲曲缺失之批評，不僅在用字遣詞上和緩的多，同時幾乎篇篇不忘談到我國戲劇傳統之優勢，如前引歐榘甲〈觀戲記〉，在談論中國戲劇改良之同時，也強調中國戲劇原有類似風格之劇種，只因此類劇種不普及，才導致中國戲劇給人守舊墮落的印象。因此我們可以說這種對傳統戲劇的留戀的確明顯存在於寫作劇論的晚清知識分子群中。

# 第二節　《新青年》的新舊劇論爭

前文提過晚清戲劇改良運動「戲劇實用論」的主幹觀念，同樣成為五四新文化運動中堅份子提倡改革戲劇的立基點，但五四文人根本不允許中國傳統戲曲繼續存在。其動機據當時反舊劇〔註 22〕派大將之一的劉復（半農）在

---

〔註18〕見《晚清文學叢鈔：小說戲曲研究卷》，頁 54。
〔註19〕見《晚清文學叢鈔：小說戲曲研究卷》，頁 50。
〔註20〕見《晚清文學叢鈔：小說戲曲研究卷》，頁 50。
〔註21〕見《晚清文學叢鈔：小說戲曲研究卷》，頁 51～52。
〔註22〕「舊劇」一詞在《新青年》文人的定義裡專指中國傳統戲曲，以當時最流行

十年後回憶，是因爲「舊劇在中國舞台上的地位太優越了，太獨攬了，不給它一些打擊，新派的話劇，斷沒有機會可以鑽出頭來。」〔註 23〕雖然十年後的回憶不見得能確實反映當下新劇派學人的心態，但也有部分眞實性。《新青年》學人對舊劇的嚴厲抨擊是衝著舊劇的獨佔性，這同時也反映了當時京劇發展的盛況與話劇市場相對侷限的隱藏背景。不過《新青年》學人當時明文提出的理由，卻是舊戲不論從主題思想、劇本結構、用字遣詞乃至演出形式都於改善社會風氣無甚助益。這種想法仍與清中葉以降，士人與朝廷禁戲的思想底蘊相通。五四文人繼承了晚清文人的戲劇實用論大肆發揮，只是重點從喚起國族主義轉爲改變社會風氣。《新青年》文人的中堅份子幾乎都是外國留學生，如胡適留美、錢玄同陳獨秀留日、劉半農留法，因此比晚清知識分子接觸西方文化的時間長且直接，故對西方政治、社會、文化……等方面的了解，比晚清知識分子全面且深入，因此他們劇論中對西方戲劇的敘述比晚清知識分子深刻。

　　不過五四文人與晚清知識份子有一樣的缺失，對傳統戲曲情節內容的批判往往比對表演形式的批判準確。因此即使就語氣來說，他們比晚清知識分子凌厲的多，但在言論的內容實質方面未見得有重大突破。以晚清曾發表〈論戲曲〉一文的陳獨秀爲例，陳氏在《新青年》時期，看似一改晚清的建議式的態度，嚴詞批評：「吾國之劇在文學上、美術上、科學上果有絲毫價值邪？」〔註 24〕態度似乎產生一百八十度翻轉。可他只是承襲從晚清開始把戲曲影響力抬到至高無上的認知，加上在日本長期觀察政治社會與新劇演出狀況，因而更相信戲劇對國家狀態的影響力，所以才有這樣的表現。民初舊劇勢力日趨盛大，中國卻還是那樣積弱的中國，中國的戲劇改良未嘗發揮陳獨秀曾經希望的影響力，陳氏心裡當然只有一個答案：中國傳統戲劇本質不好，因此只有連根拔起代之以西方戲劇，才能讓中國快速達到西方或日本那樣富強之境。因此「戲園者，實普天下人之大學堂也；演員者，實普天下人之大教師也。」對五四時期的陳獨秀而言依然適用，只是舊劇及與之相關的一切事物都已失去教育社會的資格，直接把教育社會的工具全面置換成新劇相關事物，如：舊劇的戲園換成新劇的現代劇場，舊劇的譚鑫培、梅蘭芳等優伶換

---

的京劇爲代表，與「舊劇」意義對立的「新劇」則指西洋話劇。

〔註 23〕見劉天華等編撰：《梅蘭芳歌曲譜》，收於梅葆琛、林映霞等編撰：《梅蘭芳全集》（石家莊：河北教育出版社，2000 年），第八集，頁 22。

〔註 24〕見《新青年》四卷六號（1918 年 6 月 15 日），頁 624。

成如汪優游、王鐘聲等新劇演員。這種對舊劇舞台演出與市場觀眾愛好的疏離，同樣反應在胡適、傅斯年批判舊戲的長篇文章裡。

胡適跟傅斯年文章的基本理念都是「用西洋戲劇取代中國戲劇」。胡適心中最理想的戲劇典範，只有易卜生式的「社會問題劇」，即使是「西方戲劇」中，也只有話劇可以用最直接的方式呈現這種主題，西方歌劇、舞劇、音樂劇及唱念作打四者俱全的中國舊戲等戲劇類別，因為藝術形式的關係，演出社會問題劇的方式較為婉曲，缺乏胡適希望的力度。因此胡適的戲劇進化觀，就是西方的「話劇」才是最理想的戲劇，胡適眼中的西方話劇已經取消了一切束縛，演員在台上能用更趨向日常生活的方式塑造立體的人物，所以「戲曲程式」〔註 25〕的限制力強弱與塑造人物的立體程度，就是他以理想的西方戲劇衡量中國舊劇的兩大標準。戲曲程式的首要成分唱工，正是中國戲曲與西方話劇最顯而易見的不同，也是胡適認為使演員不能擺脫束縛，創造立體人物的重要原因之一，因此胡適強烈堅持唱功必廢，還鐵口直斷中國戲劇發展終將廢唱歸說白。胡適對其廢唱理念信心十足，乃因他閱讀古代戲劇文獻時，觀察到元代之前戲劇的中堅部分全是樂歌，科諢只占一小部分，可是到元雜劇卻出現「長至幾千字的說白」〔註 26〕以及「終曲無一曲的雜折」，〔註 27〕他由此認定中國戲劇演變到元代早已可完全廢曲用白，明傳奇以降唱曲的比例日重於說白的畸形現象，只是後代演員未能繼續這樣的革新，致使唱這項在戲劇裡早就可以廢去的遺形物，依舊留存在明傳奇到皮黃等傳統戲曲裡。所以如果唱工這項最大的遺形物能在現下掃除盡淨，則胡適心中中國戲劇改革就幾乎成功了一半。

胡適在〈文學進化觀念與戲劇改良〉〔註 28〕中後半提出：中西戲劇交流對中國戲劇的改革大有助益。因為中國戲劇目前的進化陷入停滯，刺激中國戲劇繼續進步的絕佳方法，便是接觸性質完全不同且是當今世上最進步戲劇

---

〔註 25〕 據陳芳之研究，程式之本意是法式、準則、規程，首先把程式一詞用於戲曲界，以說明中國戲曲舞台藝術表演是「程式化劇場」之特點者，正是五四時期的余上沅、趙太侔等學者。中國戲曲的程式體系約可分六大類：（1）劇本程式體系。（2）塑形程式體系。（3）表演程式體系。（4）語言程式體系。（5）音樂程式體系。（6）舞台程式體系。見陳芳：《清代戲曲研究五題》（台北：里仁書局，2002 年），頁 93〜100。
〔註 26〕 見《新青年》五卷四號（1918 年 10 月 15 日），頁 313。
〔註 27〕 見《新青年》五卷四號，頁 313。
〔註 28〕 見《新青年》五卷四號，頁 308〜321。

型態的西洋話劇。交流至少可讓落後的中國戲劇獲得兩種極淺近的益處：悲劇觀念與文學的經濟方法。對中國戲劇缺乏悲劇的討論集中在劇本層面，晚清蔣觀雲的劇論中已見，而胡適的論述更趨詳盡。胡適認為中國人思想中深深烙印著「『團圓』的迷信」，因而發展出「說謊的文學」，不肯正視世間「不如意事十有八九」的眞相，不肯書寫天道的顛倒慘酷，只圖紙上的大快人心，觀眾只能從觀劇中得到「滿意」二字，卻不能引發徹底的人生覺悟。〔註29〕文學經濟的方法雖與表演關係較密切，實際上一樣針對劇本而來。因為舞台演出有許多不得不的限制，比如時間、人力、設備、事實等面向，而劇本的編寫方式直接影響演員表演方式，劇作家必須在寫作時注意這些不可抗力的限制。以時間的經濟來說，最重要的就是不要編過長的劇本，以免演員疲累、觀眾厭倦。人力的經濟主要是去除「雙演」之類的演出方式，胡適認為出現這種演出方式，乃是因為劇本中「重頭戲」太多，演員為節省體力不得不如此。〔註30〕設備的經濟，則指戲中陳設的布景不能超出戲園經濟與人力的負擔，重點即在戲中時空不應頻頻更換。事實的經濟是胡適最在意的一點，指的是劇本所寫之情節都應該可以完整呈現於台上，若不能完整呈現而又是必要事件，則用敘述方式交代過去。胡適在此項特別舉出中西戲劇戰爭情節的表現方式作為例證，西方是「古代雖偶有戰鬥的戲，也不過在戲台後面吶喊做戰鬥之聲罷了，近代戲劇連這種笨法都用不著，只隔開一幕，用幾句補敘的話，便夠了。」〔註31〕中國戲劇的戰爭現在是「翻幾個筋斗，做幾件手勢，便是一場大戰」，〔註32〕這樣粗笨愚蠢、自欺欺人的做作。可是在因為一本四折的體制限制而不能不講文學經濟方式的元雜劇《薛仁貴》裡，卻早就出現如西方一樣「隔開一幕，用幾句補敘的話」交代戰爭的先進寫法，可見這種

---

〔註29〕 胡適所舉證明即使中國人總試圖將悲劇事實翻轉為喜劇結局文學作品時，舉了朱買臣休妻「覆水難收」的公案，說「元人作《漁樵記》，後人作《爛柯山》，偏要設法使朱買臣夫婦團圓。」案元雜劇的《朱太守風雪漁樵記》將朱妻索取休書一節設定為岳父為刺激朱買臣奮發使出的激將法，故眞相大白後當然團圓；《爛柯山》的結局應該是朱妻投水自盡，是悲劇結局，未知胡適所言何據。

〔註30〕 事實上晚清以來的雙人、多人分飾一腳的演出現象，演員體力不能負荷實非主要原因，最重要的原因通常是為吸引更多觀眾，讓觀眾覺得在一齣戲中可以看到多位名角齊聚一堂，物超所值願意掏錢買票，也就是跟戲曲商業活動關係更大。

〔註31〕 見《新青年》五卷四號，頁320。

〔註32〕 見《新青年》五卷四號，頁318。

簡潔寫作法，對中國舊劇編劇來說不是不能只是不為。〔註33〕

　　不過胡適並非視元雜劇為中國戲劇史最顛峰完美的戲劇類型，他提到元雜劇在塑造人物的生動性上，明顯遜於明傳奇跟皮黃。因為元雜劇體制限制過多，使得一般作家很難對人物曲折詳細的描寫。〔註34〕明傳奇破除許多一本四折、一人獨唱到底……等體制限制，因而有足夠篇幅可以細膩描繪人情，但太重樂曲、詞句過雅，導致只有文人雅士能欣賞。皮黃起源於中下階層，詞句更貼近大眾，篇幅長短更無限制，卻也因起於民間，故皮黃戲是三種戲劇裡保存社會種種劣根性最多的。在胡適眼中，皮黃能擺脫體制規律限制，得力於與文人學士關係遠，但正因如此導致皮黃充滿雜質。真正符合胡適希望的劇本文學，應該是以淺近通俗而又「純潔乾淨」的文字撰著，而最能寫出這種文字的大概只有胡適等《新青年》文人。就骨子裡而言，胡適仍然認為只有新知識分子才有能力領導戲劇改革。

　　傅斯年〈戲劇改良各面觀〉從更具體的表演細節方面批判舊戲，提出改革的進程與方法。〔註35〕胡適因為傅斯年這篇文章「把我想要說的話都說盡了」，因此做了上引〈文學進化觀念與戲劇改良〉的文章，從戲劇發展史的方面，闡述舊戲之所以必須變革成新戲的理由，以與傅氏此文互補。傅文最大的突破論點是明確分清改良「舊戲」與創作「新戲」並非同一件事，也就是舊戲不可能透過改良變成新戲，這是前面胡適、陳獨秀……等並未清楚論述的地方。對傅斯年來說，中國戲劇「演進」的終極目標就是只剩話劇一種形式，舊劇只應抽去情節成為純粹歌唱藝術，最多在新劇的幕與幕之間做為氣氛點綴。實際上照傅氏的規劃，中國劇壇的「進化」甚至應該超越西方劇壇，因為當時的西方劇壇仍是話劇、歌劇、舞劇、音樂劇……等分立之狀況。傅斯年跟胡適一樣，打心底認為中國舊戲的唱工，就是對戲劇寫實的最大阻礙，但即使唱工最終能從戲劇中抽離成為獨立的音樂度曲，唱詞方面仍須大幅改

〔註33〕《薛仁貴》即為元代張國賓《薛仁貴衣錦還鄉》，此戲所有戰爭相關情節都集中在第一折，高麗王犯境與薛仁貴三箭定天山的實際戰爭情節，都是由徐茂公口中交代：「因為遼東摩利支索戰，有總管張士貴領兵與他交鋒，在於鴨綠江白額坡前，張士貴大敗虧輸。有一白袍將出馬，三箭定了天山，殺退遼兵，班師回朝。」見〔明〕臧懋循編：《元曲選》（北京：中華書局，1989 年），頁317。

〔註34〕胡適認為元雜劇體制上的限制有三個重點：（1）每本戲限於四折。（2）每折限一宮調。（3）每折限一人唱。見《新青年》五卷四號，頁310。

〔註35〕見《新青年》五卷四號，頁322～341。

革。比如皮黃唱詞全是整齊的七字句十字句，而傅斯年理想的歌曲應該是長短句，傅氏認為皮黃之所以仍採用齊言，乃因唱腔源於缺乏運用長短句本領的下等人歌謠中，故今之皮黃戲不僅在戲劇領域未進化到純粹戲劇之境界，引以自豪的唱腔方面甚至已經退化到偏離真歌曲的地步。

　　唱腔去除之後，戲曲程式也是必須完全割除的惡性腫瘤。因為傅斯年心中的「真戲劇」，應當由人生動作與精神表象組合而成。人生動作，簡單來說就是日常生活的動作，戲劇展演的應該是現實人生。舊戲把人物歸類在腳色之下，讓人物依照「程式」演出，充其量只能說是競技跟下等把戲之遺傳。臉譜、把子觔斗、行頭這些只會出現在把戲競技裡，而不可能出現在日常生活的物事，仍然存在於舊戲舞台上，表示中國的舊劇本質上只是各種把戲結合而成的百衲體，從來沒有發展出完全的戲劇，這樣演進不完全的劇種當然要讓最理想的新劇取而代之。

　　指責舊戲當然不能只是重複唱腔不進步、程式是下等把戲這些泛論，必須提出更具體的缺失。在傅斯年看來舊戲的美學缺失有五：（1）違背均比率。如《鴻鸞禧》的金玉奴卻也帶著滿頭珠翠。〔註36〕（2）刺激性過強。衣服花稍，音樂太吵，生死關頭情節過於緊張，都失去美術調節心情的宗旨。（3）形式太固定。板眼、腔調、程式，限制了表演的自然。（4）意態動作粗鄙。大多數演員唱戲之舉動全不脫下等人的賤樣。全無刻求精情態超逸的氣概。（5）音樂輕噪。胡琴之音樂雖然轉折多頗肖物音，然太不蘊藉不能動人美感。前三點跟傅斯年一直強調的戲劇寫實觀點關係密切，形式太固定這點屢屢申述，故此處無須再論。均比率意指衣飾與人物身分不搭調。刺激性過強與音樂輕噪，失去美術調節人心的意義，還是因為鮮豔的服飾、喧囂的音樂、起伏過大的情節等，都不是日常生活裡出現頻率較高的事物。第四點是以知識分子的眼光觀察舊劇的表演，明白批判舊劇展演的都是粗鄙的下等社會形貌，不符合「刻意求精情態超逸」的理想戲劇美學。傅斯年又從文學層面討論舊戲的缺失：首先劇本之語言必須完全符合劇中人當下的反應，不能冒出演員本身或編劇家脫離劇情的心聲，亦即演員與人物必須緊密結合，不容絲毫跳脫的縫隙。其次本色與詞藻間須求平衡，崑曲太精雕細琢，皮黃

---

〔註36〕　傅斯年此處舉金玉奴為例，乃因金玉奴是丐頭之女，乞丐的女兒如何能滿頭珠翠，可見衣飾與身分之不相稱。但實際上「丐頭」乃一地乞丐的頭領，有點類似小型丐幫的幫主，往往家中是小有財富的，根本不用親自上街討飯，丐頭之女之衣飾未必遜於中等人家的小姐。

卻太信口胡謅，兩者皆失之。其三，皮黃腳色的言詞模式不會因時地制宜，描摹人物心境概以大段唱腔明白交代，從不寓情於事推彼知此。討論文學層面也就是討論劇本相關問題，是傅斯年等新劇派知識分子最易入手之處。傅斯年對皮黃劇本批評的兩大重點就是：劇本語言常脫離情節，讓演員、編劇藉劇中人大發牢騷；詞句太俚俗直白，不會採用寓情於事推彼知此的婉曲手法。

　　雖然傅斯年在戲劇改良問題上，對於表演藝術仍甚疏離且秉持著知識分子的優越感，不過他比晚清知識分子以及胡適聰明的地方，在注意到戲劇需要觀眾這項議題。戲劇不像小說可以帶回家供長期閱讀，戲劇不論傳達甚麼都是在表演的當下，因此首先必須了解社會能否接受新戲。畢竟若觀眾不買帳，則無論再怎麼反覆申述戲劇應該作為教育社會工具都是空談。傅斯年注意到梅蘭芳的「時裝新劇」《一縷麻》，演出時大柵欄人山人海盛況空前，而此劇內容對當時中國婚姻制度極抱不平，是當時中國社會問題劇裡，最接近傅氏心中理想的劇目，因此傅斯年以之作為新劇可為社會接受的例證。但《一縷麻》在傅斯年眼裡分類在「過渡戲」，〔註37〕傅斯年並不認為《一縷麻》屬於理想戲劇形式，傅氏願意接受過渡戲，只因當時新劇無論在劇本質量跟影響力上都比舊劇差的多，而過渡戲無論如何總比舊戲好，因此只好藉由舊劇→過渡戲→新劇的漸變過程，讓新劇獲得充裕時間發展成熟。

　　張厚載在《新青年》的論爭中是傾向維護舊劇的，他在參與《新青年》的新舊劇論戰之前，已在報紙上發表劇評數年，胡適也提到他「以評戲見稱於時」。〔註38〕以對中國戲曲的了解而論，張厚載的確比胡適等人深入的多。張厚載與胡適等人論戰，並非主張舊劇為完美無缺的藝術，只是基於舊劇可以存在的理念為文。張厚載〈我的中國舊戲觀〉〔註39〕一文，主要就是回應胡適等推翻舊劇的三大論點：戲劇應以寫實為最高宗旨、中國舊劇程式為把戲遺留、唱工應去除。張文從中國舊戲本質是抽象、程式有一定規律、唱工音樂有感觸與感情等三方面提出自己的說法，但並不否認胡適等批判舊劇內容思想上的缺失。對胡適等以中國戲劇不寫實為由，判定舊劇不先進該

〔註37〕　「過渡戲」，乃以京劇為基礎，加入話劇手法的戲劇型態，演出時唱少念白多，形式介於新戲與舊戲之間，可做為使社會漸進接受新劇的橋梁，因此傅斯年稱之為過渡戲。
〔註38〕　見《新青年》四卷六號，頁 622。
〔註39〕　見《新青年》五卷四號，頁 343～348。

淘汰的意見，張厚載提出的中心主張是「戲台上有多大地方，要把世界上
一切事情和物件，都要具體的演起來，那是絕對的不可能。既然不能樣樣具
體，倒不如索性樣樣抽象。」〔註40〕抽象才有想像的空間，才能帶來遊戲的
興味。這個反駁理由對胡適而言並非正中要害，對張厚載來說卻是非戰之
罪。因為胡適提倡的是社會問題劇，特別是圍繞在家庭中的種種不合理，而
家庭中的瑣事幾乎沒有演不出來的。但張厚載至少指出了戲劇跟現實人生的
差距，戲劇的寫實，在呈現完整真實人生的方面總還是力有未逮。至於胡適
等大批特批的舊劇程式，張厚載的解釋是，程式其實是中國舊戲內在規律的
外在展現，正如同外國戲劇也不是漫無紀律的出演於舞台。舊戲裡無論文
戲武戲，其唱念作打甚至跑龍套的形式，都有一定規律不可隨便破壞，決不
是「多人亂打」，如果將規矩一律視為束縛必欲去之而後快，想必世界上沒有
任何戲劇符合標準。對於胡適等廢唱之主張，張厚載指出中國舊戲的主要元
素是唱工，而唱工之所以在中國舊戲裡佔有重要地位，正因中國戲劇以抒情
為重，傳達人物感情時唱工是最易激起觀眾同情共感的方式，並非僅是要腔
而已：

> 中國舊戲是以音樂為主腦，所以他的感動的力量，也常常靠著音樂
> 表示種種的感情。譬如《四郎探母》的楊延輝在番邦思念他的母親，
> 要不用唱工而但用白話來表示他思念的苦情，那楊延輝自己說了一
> 番思念的話，便就毫無情致。如今用唱工來表示他思念的苦情，「引
> 子」「詩」「白」多念完，到末了一句「思想起來好不傷感人也」，下
> 接西皮慢板唱「楊延輝坐宮院自思自嘆」一大段，這樣唱來就可以
> 把想念母親的感情，用最可以感動的方法表示出來，這豈不是唱工
> 最可以表示感情的一端嗎？所以拿唱工來表示感情，比拿說白來表
> 示，是分外的有精神，分外的有意思。〔註41〕

念白顯然比較適合用在敘事或思辯上，表現個人的情感激盪時，唱工效果往
往比念白迴腸盪氣的多。比如楊延輝在〈坐宮〉裡「楊延輝坐宮院自思自歎，
想起了當年的事好不慘然。……」一大段撫今追昔、思念高堂的唱段，呈現
的是楊四郎有家歸不得、有母見不得的悲哀，造成悲哀的是兩國交兵這種他
無法作主的因素，因此悲傷中也充滿無奈。觀眾透過楊四郎的唱去感知楊四

---

〔註40〕見《新青年》五卷四號，頁344。
〔註41〕見《新青年》五卷四號，頁347。

郎的心緒，在迴旋激盪的旋律裡跟楊四郎一起心旌搖盪，若直接改用念的方式唸完原詞，或是將原詞改爲白話念出，無論多麼揎拳捋袖的傳達情緒，畢竟都缺少了一些迴旋激盪的力量。在張厚載的觀念裡，這幾種新劇派大肆攻擊的中國舊劇缺失並非眞缺失，如果這些特質讓看戲者覺得討厭，那也只是使用者運用過度，而非因爲這幾種特質本身不該存在。另有一位歐陽予倩，是傅斯年在誤會之下拉了做同道的。歐陽予倩早年在日本留學時，是新劇團體春柳社之一員，回國後又投身舊劇演出在上海獻藝，所以歐陽予倩應該是更有資格談論戲劇改革的論者。歐陽予倩的論點跟新劇派的傅斯年其實有根本上的不同，歐陽予倩〈予之戲劇改良觀〉〔註42〕提出「中國舊劇非不可存，惟惡習慣太多，非汰洗淨盡不可。」也就是歐陽予倩並不認爲應當用新劇取代舊劇，也不像新劇派認爲新劇是世界上戲劇唯一的理想典範，而舊劇應該退化成純音樂歌唱，他至少覺得新舊劇可以並存。他與傅斯年的共通點只在認爲舊劇有許多應該拋卻的惡習，而因爲歐陽對新舊劇都有一定程度了解，所以他對中國舊劇劇本、劇評、演員等各方面的瑕疵敘述都比胡適等具體，可是他的著重點仍是改良舊劇，改良方式一是組織關於戲劇的文字（包括劇本、劇評、劇論），二是養成演劇人才。從後來歐陽予倩組織南通伶工學校的舉措看來，他希望的是提高舊劇演員的文化水準，因此歐陽嚴格來說還是比較接近張厚載的立場。

　　仔細檢視新舊兩派之劇論，在論述上各有優缺。胡適等新劇派對舊劇的理解並不深入，〔註43〕但是他們論述邏輯嫻熟，行文組織結構較強。張厚載則清楚且深入了解舊劇，但吃虧在很容易掉入胡適等的論述邏輯中。值得注意的是，《新青年》知識分子無論採取何種表達意見的方式，潛意識都如同劉半農等宣示的：「余亦絕非認皮黃爲正當文學藝術之人。」〔註44〕，「要中國有眞戲，這眞戲自然是西洋派的戲，絕不是那『臉譜派』的戲。」〔註45〕劉半農自述其居上海時的觀劇狀況：

---

〔註42〕 見《新青年》五卷四號，頁 341～343。

〔註43〕 關於此點，孫玫教授在其《中國戲曲跨文化研究》中也論及：「當年新文化運動的闖將們，其實不太了解中國戲曲，也不大懂得西方戲劇，事實上，他們是以西方寫實主義戲劇的準則來衡量、批判非寫實的中國戲曲。」《中國戲曲跨文化研究》，頁 170。

〔註44〕 見劉半農：〈我之文學改良觀〉，原載《新青年》三卷三號，收於《新青年選粹》，頁 217。

〔註45〕 見錢玄同：〈隨感錄〉，《新青年》五卷一號，頁 79。

> 余居上海六年，除不可免之應酬外，未嘗一入皮黃戲館，而 Lyceum Theater 之 Amateur Drama Club，每有新編之戲開演，余必到館觀之。〔註46〕

劉氏除了應酬外絕不主動進戲園看皮黃戲，卻主動進西洋劇院看業餘話劇演出。劉氏解釋他不進舊戲戲園的原因，是在舊劇戲園中產生嚴重的不悅感：

> 然以個人之經驗言之，平時進了戲場，每見一大夥穿髒衣服的，盤著辮子的，打花臉的，裸上體的跳蟲們，擠在台上打個不止，視著極喧鬧的鑼鼓，總覺眼花撩亂頭昏欲暈。〔註47〕

音樂喧囂吵雜一直是新劇派對舊劇唱腔伴奏的一大印象，打花臉、武行打鬥也通通是把戲遺留，加上戲園子裡人多雜亂空氣不流通，這些「遺形物」讓習慣西方戲劇美學的劉半農，常常陷入眼花撩亂、頭昏欲暈的不悅情境裡。更值得我們注意的是劉半農對台上情狀的描寫：演員穿髒衣、盤辮子、臉上亂畫、裸上體、擠在台上打個不止。雖然劉半農可能誇張了他的印象，而我們也有許多反駁他的根據，但如果我們換個角度，把劉半農形容的「台上」場域搬移到「路邊」，豈不活脫一幅落後社會的無意義生活圖？所有外在與內在的不文明，都在戲園裡具體而微地展現。因此劉半農等新劇家對中國傳統戲曲反感，不正因對他們來說，進入中國的戲園裡就好像看到了整個落後的中國，那麼在這個落後舞台上演的戲劇又有何文明可言？又有甚麼不該淘汰的理由？也難怪劉半農會把戲台上的武行演員直接稱為「跳『蟲』」，如同傅斯年說中國人像「阮嗣宗所說大人先生袴褶裡的蝨子」。〔註48〕落後的中國社會不是一個正常的社會，生活在其中的人自然絕大部分都不能說是真正的「人」，只是像「蟲」一樣依循著本能從生到死。因此現在中國需要的是全面向西方學習，淘汰一切與民主、科學背道而馳的惡習。在這種前提下，皮黃武戲打鬥到底是「多人亂打」〔註49〕還是「有一定的打法」〔註50〕根本不重要，這玩意兒既然展現了中國的落後，就該跟中國一切落後的現象本身一同淘汰。

---

〔註46〕見《新青年選粹》，頁217。
〔註47〕此為劉半農1918年4月13日之發表於「通信」欄之文字。見《新青年》四卷六號，頁624。
〔註48〕見《新青年》五卷四號，頁330。
〔註49〕見《新青年選粹》，頁217。
〔註50〕見張厚載：〈新文學及中國舊戲〉，《新青年》四卷六號，頁622。

　　比劉半農態度更激烈的錢玄同，不但對張厚載回覆臉譜有一定打法且隱寓褒貶之說大加譏諷，認為以文字「隱寓褒貶」本身已很荒謬，而把褒貶畫在臉上更離奇可笑的很，中國舊劇如此做，根本就跟在豬馬這些畜生身上做上記號意義一樣，甚至直斥維護舊戲力為辯駁的張厚載、馮叔鸞〔註 51〕是「尊屁諸公」，不是《新青年》預設「純潔的青年」讀者。就一場辯論或討論來說，錢玄同的發言其實是氣勢大於論證，錢玄同根本不願意浪費時間與張厚載討論，當然更談不上去研究不屬於「人類的正經事業」的舊劇。事實上，《新青年》文人無論是否認眞撰文與張厚載進行討論，目的都只是替打倒舊戲找尋更充分的理由，他們只想說倒張厚載，讓張加入廢舊劇創新劇的陣營。也因此胡適等新劇派即使列舉舊戲應廢的理由，其實從未動搖中國舊戲存在的根基，而多半圍繞著劇本層面與舞台上最直接呈現的表演現象談論。

　　胡、傅等的論點跟表演本身最有關的，即是廢除所有戲曲程式及因程式產生的臉譜、台步、武把子等有形無形的遺形物，這種偏於技術層面問題的反駁論述，張厚載之文大部分已討論。張厚載之論述之所以最終似乎被傅斯年的論證壓過，最大弱點的確在「未能曠觀域外」〔註 52〕，他對西方戲劇眞正的演出狀況大部分得於傳述，他能觀看到的西方戲劇演出，絕大部分都是從西方傳日本再由日本引進，已經轉化過兩次的新劇，因此他無法更準確的比較出中西戲劇之差異。且他不像胡適等留洋學者受過較完整的邏輯思辯訓練，所以當他提出唱功與抒情這樣極好的論點之後，卻轉而提出唱工是為補情節作工之不足的論調：「戲的情節好，演員的做作好，那麼唱功是不狠要緊的……但是情節做作多不好，那唱功就斷不可廢的。」〔註 53〕讓傅斯年抓住把柄大做文章，證明中國舊戲「情節作工都不好，所以才借重於唱；等到新戲把情節做作研究好了，唱工儘可不要。」〔註 54〕事實上戲的情節、演員做作優劣與否，與戲裡需不需要唱工本來扯不上關係。唱工並非天生一副好嗓子即可，唱工展示的就是戲情與人物內心情緒。以張厚載所舉《二進宮》為例，張云：「這齣戲除了唱工外，情節做作多不好看。你要是把它改了白話

---

〔註 51〕 筆名馬二先生，《新青年》新舊劇論辯發生的同時，他曾在上海的《時事新報》
　　　　　 發表攻擊胡適等的文章。
〔註 52〕 見《新青年》四卷六號，頁 624。
〔註 53〕 見《新青年》五卷四號，頁 347。
〔註 54〕 見《新青年》五卷四號，頁 354。

戲，三個人在台上，他說一句、你說一句，那就更沒有絲毫趣味。」〔註55〕或許單看劇本，只能看到李豔妃、楊波、徐延昭三人不停對唱，場景人物完全不變，無聊至極。但京劇的特色本就不是以情節的高潮迭起吸引觀眾，而是重在以演員的表演藝術引起觀眾的同情共感。即使是《二進宮》這樣一齣唱功戲，也絕非演員賣弄嗓子耍花腔即可，真正吸引觀眾的是演員藉由你一句我一句的唱，呈現了孤兒寡母回頭求人的窘狀，雖然事情發生在皇宮，呈現的卻是百姓日常生活中隨處可見的人情世故，所以這齣戲可以在舞台上長演不衰。

　　胡適傅斯年對舊劇較為準確的論述是在劇本方面，可是胡適對中國戲劇發展的觀察，也往往只透過閱讀劇本的經驗便驟下結論。比如前引胡適以西方戲劇中戰爭場面的演出之簡單，對比京劇一堆武行上來翻筋斗耍刀槍，證明中國戲劇演法不經濟時，提到元雜劇中也有「隔開一幕，用幾句話交代」的進步寫法，舉的例是「《元曲選》中的《薛仁貴》」。〔註56〕《元曲選》是一部元雜劇劇本集成，而非戲班演出實況紀錄，因此即便當時戲班的確照劇本一字不改的演出，也因為劇本本身無法解釋產生這種演出現象的原因，因此絕無法證明這種劇本寫作方式，在中國戲劇發展史上是曾經進步後來退步的表現。元雜劇時代的戲班規模通常是十餘人，其中演員大約五六人，其餘為司樂與雜務。〔註57〕因此產生「隔開一幕，用幾句話交代」的戰爭場面安排，極可能因為戲班規模小，實在沒有多餘演員可供多人戰爭場面運用，因此不得不用念白方式將大戰交代過去。也就是這種劇本寫法，極可能本為適應戲曲商業機制而生的權宜措施，一旦市場環境改變，比如演員表演藝術日益提高、觀眾對戲曲藝術的要求提高，使戲班必須擴大規模以負荷更繁複的戲曲演出之時，此種措施自然毋須延續。因為對觀眾而言，縱使不能把戰爭實況搬上舞台，演員實際在台上翻滾騰躍的立體展演，總比說幾句台詞的平面敘述有聲有色，戲班自然願意盡量滿足觀眾的喜好以賺取更多金錢。張厚載所說「外國演陸軍劇必須另築大戲館」，固然可能是對雜誌介紹美國最大戲館照片所云「這種戲館演唱陸軍劇狠合適」之誤解，〔註58〕但西方戲劇之所以從

---

〔註55〕見《新青年》五卷四號，頁347。
〔註56〕見《新青年》五卷四號，頁320。
〔註57〕見曾永義：《說俗文學》（台北：聯經出版事業公司，1980年），頁356～357。
〔註58〕雜誌編輯之原意可能只是個人認為這樣戲館相當適合演陸軍劇，而非謂此戲館是專為演出陸軍劇而建。

未專為演出陸軍劇另築大戲館，實際上恐怕也是因為「寫實」的作法終究有其侷限，不管是以後台吶喊或是補敘旁白，那都是因為真正的戰爭規模是無法百分之百的在舞台上複製的。

至於廢唱歸說白的主張中，胡適以元雜劇曾出現長篇說白現象證明當時戲劇便可完全廢曲用白，很可能是誤把唐宋大曲之演奏紀錄誤以為是唐代戲曲演出紀錄。事實上唐代與宋代之戲劇演出仍以說白為重，元雜劇吸收了說唱文學後才形成基本以唱為主之表演形式。〔註 59〕因此中國戲劇的演變實是越早的戲劇說白分量越重，而後代戲劇藝術性越來越高，唱的分量才越來越重。胡適所舉的三個元雜劇劇本：《老生兒》〔註 60〕、《陳州糶米》〔註 61〕、《殺狗勸夫》〔註 62〕裡的長篇念白，從內容方面說，幾乎只是鋪敘劇情。從形式

〔註 59〕 見曾永義：《參軍戲與元雜劇》（台北：聯經出版事業公司，1992 年），頁 2～25。

〔註 60〕 《散家財天賜老生兒》，作者武漢臣。「老生兒」在濟南話中，指的是人到晚年而生的兒子。該劇寫東昌府富翁劉從善，有妻李氏、妾小梅，老而無子嗣，僅有一女劉引張，贅婿張郎。劉從善的弟弟劉從道早亡，拋下一子劉引孫，劉從善「撫之甚篤」；李氏則疼愛親女，女婿張郎為爭得家財，也不斷排擠劉引孫。劉從善無奈，贈給姪子紋銀百兩、草屋一間，讓其獨居，以教村童謀生。其時正值小梅懷有身孕，劉從善外出後，張郎擔心小梅生子會繼承家業，便將小梅轉移他處，然後，假稱她已逃跑。劉從善聞訊大悲，旋念老年無子皆宿業所致，於是至開元寺散財佈施，救濟窮人。轉眼清明時節，劉從善一家去祭祀祖墳。夫婦倆到了祖墳，卻不見女兒女婿，但墓地上有焚燒的紙錢，原來是姪兒劉引孫所為。李氏深有感觸並回心轉意，夫婦攜姪兒一同回家，而將張郎夫婦拒之門外。無奈之下，張郎夫妻只好「求昔所置別屋之小梅」，並「以衣食稍稍給之，故得存活」。三年後，女兒女婿登門祝壽，劉從善不納。女兒講出她曾照料小梅育兒之事，小梅也帶著三歲兒子回家。劉從善見此，喜從天降，遂將家貲分為三份：一以與女，一以與姪，一與其子。

〔註 61〕 《包待制陳州糶米》，作者不詳，此劇寫陳州大旱三年，朝廷派劉得中、楊金吾前去賑濟。劉、楊二人乘機大肆搜刮，並用敕賜紫金錘打死災民張撇古。張子小撇古上告開封府，府尹包拯微服私訪，查明真相，為民伸冤。作品再現了元代百姓在天災人禍中饑寒交迫的真實生活畫面，著力刻畫了清官包拯剛直不阿的性格。與其他劇作相較，劇中不僅凸顯包拯鐵面無私、為民除害的特性，還替他塑造了歷經宦海沉浮、與百姓分憂這樣血肉豐滿的藝術形象，是元代包公戲代表作。

〔註 62〕 《楊氏女殺狗勸夫》，作者蕭德祥，劇寫孫華與無賴柳龍卿、鬍子傳相交，其弟孫榮規勸其兄。孫華聽信胡言，反將孫榮逐出門外。孫華妻知其夫不正，於是設計殺死一狗，剝去皮尾，飾以人衣，放在門前。孫華見而大恐，請來柳、胡二人一同掩埋。二人反目不但不助，反而報官。孫榮至公堂，為救其兄自認殺人。後華妻楊氏亦至公堂，說明原委。官家懲處了柳、胡，旌表了

上談，此三劇本裡幾近千字的長篇念白，若非出現在一折之首，便是出現於大段曲文完結之後，也就是長篇念白的安排不能干擾唱曲的進行，也從未代替曲文之功用，可見唱仍是這些出現長篇念白雜劇之主體。這些劇本的創作者很可能是當時寫作曲文、塑造人物的功力未臻深刻，因此只能用平鋪直敘的長篇對話交代情節，而非「這些劇本可以廢去曲詞全用科白了」。胡適又舉屠隆的劇作證明「元明之際，已有『終曲無一曲』的雜折，證明此時已可完全廢曲用白了。」查臧懋循《元曲選・序》的原文是「而屠長卿《曇花白》終折無一曲。」〔註63〕翻閱文字紀錄屠氏並無名為《曇花白》的劇作，應作《曇花記》為是。屠隆《曇花記》傳奇中確實有終折無一曲的齣目，但此劇實為傳奇體制，故大多數齣目仍以唱為主，完全不唱的齣目幾乎都是講經說道的過場，亦即劇中重點情節之敷演仍以曲唱為主，全用念白的場子，一來不是全劇重點，二來情節簡短無情味，因此屠隆的《曇花記》亦非元末明初的戲劇「可完全廢曲用白」的例證。也就是胡適所舉幾齣戲的特殊表現，在中國戲劇演化史來說，並不是劃時代的進步，反而比較接近原始戲劇型態的歷史「遺形物」。

　　傅斯年在文章一開頭已自承，他對舊戲、新戲以及中國固有的音樂與歌曲皆為門外漢。因此傅斯年對舊戲的抨擊，幾乎仍止於一個普通觀眾，用觀賞西方話劇的「好印象」為標準，批評中國戲曲。因此傅氏所舉扮相不合身分、衣飾花稍、胡琴聲音過響……等「缺失」，若放在中國戲劇發展史的脈絡裡，都可以從戲曲的演出環境變遷得到合理解釋。中國戲曲最早是在野台演出，扮相若不華麗、動作若不舞蹈誇張化、唱腔音樂若不響亮喧囂，則離演出場地稍遠的觀眾根本看不清聽不明，大大影響演出效果。即使進入戲園，直到清末開始有電燈照明以前，戲園裡的光亮都不很夠，若扮相樸素黯淡，動作縮成日常生活幅度，則觀眾大費眼力。同時戲園雖不在晚上演戲，但下午的戲多半無法在日落前演完，則時間越晚光線越暗，扮相跟細膩的動作越來越看不清楚，觀眾只能把全副心神投注在唱腔與音樂的欣賞之中，而當時戲園的並無任何調節聲音的設備，對幾乎完全不看中國戲曲的胡適等來說，驟然接觸自然相當不習慣。演員與人物之間以行當為媒介而有各種程式表現，跟演員表演會不會「千人一面」也並無必然關係，行當只是一種歸類的

楊氏。

〔註63〕見《元曲選》，頁3。

方式，讓觀眾可以很快掌握人物大概的特質，但並不妨礙演員於此之外表現出人物的個別性格，演員只是不完全直接化身成人物，若說演員因此不能生動塑造人物，這應當是演員本身功力不足的問題。

透過以上討論，我們可以知道，五四新文化運動的知識份子是先打定主意打倒舊劇——「舊戲本沒一駁的價值；新劇主義原是『天經地義』，根本上決不待別人匡正的。」〔註64〕才開始指謫舊劇的毛病，並非真發現舊劇有甚麼本質上的致命缺點。這也就是為什麼雖然胡適、傅斯年以嚴整的行文邏輯，洋洋灑灑駁倒了張厚載，看似在論爭中大獲全勝，卻依然沒能斬斷舊劇的生命。放眼西方劇壇，直到今日仍是話劇、歌劇、舞劇、音樂劇各據一方，可見即使是西洋戲劇，完全歸於說白也從未實現。中國傳統戲曲正是結合了話劇之念、歌劇之唱、舞劇之作、音樂劇之樂，所以要消滅中國傳統戲曲代以話劇，以中西戲劇發展的現況看來，或許真的不可能實現。但是，新青年支持新劇的學者們，論述過程中的論證方式，卻不見得與支持舊劇的張厚載完全背道而馳。

比如胡適雖然也是主張以新劇取代舊劇，他在提出以說白取代唱腔的觀念時，並非僅以西方戲劇做典範，而是從中國戲曲史的脈絡找到自己認為堅實的例證，撇開他的例證能否有效支撐其論述的問題，他挖掘中國固有戲劇傳統的方式，無疑與國劇運動的余上沉提出整理中國舊劇知識系統的看法相呼應，後來齊如山等人整理京劇各種知識系統，多半正因為看到胡適從元雜劇引用具體例證意圖證明當時舊劇的退步、無價值，而受到啟發，既然中國戲曲史脈絡系統裡，有不少胡適等認為可以證明舊劇該淘汰的現象，則必定也有許多證明舊劇存在價值的例證，因此齊如山與同時的京劇評家，在 1928 年之後，開始努力撰著包括中國京劇史、京劇綜合概論、京劇基礎知識等專書。也就是 1928 年以後對中國戲劇知識系統的挖掘，雖然與《新青年》時期新劇派論戰目的相反，但其研究方式卻相當具有關聯性。

## 第三節　《晨報副鐫》的國劇運動

在新文化運動猛烈批判京劇的十年間（1917～1927 年），新劇界內部並非完全應和胡適以新劇取代舊劇的主張。1926 年 6 月開始大約三個月的時間，

---

〔註64〕見《新青年》五卷四號，頁 358。

《晨報》在副刊上新闢「劇論」專欄，〔註65〕《晨報副鐫》身為五四運動中，四大宣傳新文學新文化的報刊之一，主編徐志摩卻在發刊詞中特別強調「劇論」欄之討論：「決不於中外新舊間，在討論上有什麼勢力的成心。」〔註66〕這篇宣示在新文學陣營中，與《新青年》以降激烈反舊劇的主流態度有異，同時也確定了劇論內容中西並陳，從概括討論中西戲劇之異到討論戲劇的布景、光影與表演等具體細節，甚至舊劇本身的性質與發展紀實都可以專文申述。趙太侔在「劇論」創刊號上的文章，甚至直接以「國劇」二字為標題，但這裡「國劇」一詞的涵義，根據余上沅在《國劇運動》序中的定義是：「中國人的戲劇基本上應由中國人用中國材料演給中國人看的中國戲，這樣的戲劇姑稱之為『國劇』。」〔註67〕「國劇」的組成元素必須包括：演員是中國人、劇情演的是中國故事、是中國特有的戲劇類型；但趙太侔也說：「藝術是具有民族性的，並且同時具有世界性；同人類一樣，具有個性，同時也具有通性。沒有前者，便不能生出特出的藝術。沒有後者，便不能得到普遍的了解與鑑賞」。〔註68〕顯然余、趙等人所說的「國劇」，並不純粹是我們現代理解的京劇，亦非胡適等大力鼓吹的純粹話劇。這些劇論隔年九月彙整為《國劇運動》一書，由上海新月書店發行。

　　國劇運動的主要提倡者是余上沅、趙太侔等人，在當時他們要創造的「國劇」為新劇派認定是意圖復辟舊劇，但他們的主張並不屬於舊劇派也不是單純的調和派，因為他們理想的中國戲劇雖非胡適等主張的話劇，卻也不見得僅是舊劇改良之成品。他們對舊劇的瞭解還是遠不及張厚載跟後來的齊如山，他們創作的劇本以及從事的戲劇實踐工作，其實都偏向新劇方面。只是相較於《新青年》文人以新劇代舊劇的西化主張，國劇運動的成員是希望結合舊劇與新劇的長處，創造一種全新樣態屬於中國人的戲劇。他們的論述與當時新劇派主流論述的最大差別，是在戲劇審美的思考，這種思考特別針對新文化運動中風起雲湧的「社會問題劇」演出：

　　　　新文化運動的黎明，伊卜生給旗鼓喧闐的介紹到中國來了。固然，

---

〔註65〕《晨報副刊》前身為北京《晨鐘報》和《晨報》第7版，1921年10月12日改版獨立發行，至1928年6月5日第2314號終刊。編者先後為孫伏園、劉勉己、丘景尼、江紹原、瞿菊農、徐志摩。
〔註66〕見余上沅：《國劇運動》（上海：新月書店，1927年），頁4。
〔註67〕見《國劇運動》，序頁1。
〔註68〕見《國劇運動》，頁7。

> 西洋戲劇的復興，最得力處仍是伊卜生之介紹；可是在中國又迷入
> 了歧途。我們只見他在小處下手，卻不見他在大處著眼。中國戲劇
> 界，和西洋當初一樣；依然兜了一個畫在表面上的圈子。政治問題、
> 家庭問題、職業問題、菸酒問題，各種問題，做了戲劇的目標；演
> 說家、雄辯家、傳教師，一個個跳上台去，讀他們的詞章，講他們
> 的道德。藝術人生，因果倒置。他們不知道探討人心深邃、表現生
> 活原力，卻要利用藝術去糾正人心、改善生活。結果是社會生活愈
> 變愈複雜，戲劇愈變愈繁瑣，問題不存在了，戲劇也隨之而不存在。
> 戲劇也就消失。〔註69〕

從《新青年》以降，知識界如火如荼以新劇取代舊劇的戲劇活動，已經進行
了八、九年，但舊劇依然屹立不搖。余上沅指出，新劇直到當時還很難建立
勢力範圍的真正原因，是當時的新劇家崇尚易卜生主義，卻把易卜生主義當
作戲劇的全部。當時新劇界流行編演社會問題劇，但呈現出的戲劇，其重點
卻在社會問題而非劇，編演者往往只注意展示問題並給出答案，而忽略戲劇
本屬藝術，藝術源於人生，當然應以表現人性的多面向以及生命的多樣態為
任務，而不是把劇本完全當課本一樣編輯，無視戲劇在舞台上需要藝術鍛鍊
才可長可久。因此這許多年來，新劇內容就成了社會問題的堆砌，篇幅長短
也只依照問題的大小多寡決定，沒能留下長期演出的經典劇目，也沒真能給
已經在藝術層面站穩腳跟的舊劇迎頭痛擊。

余上沅並進一步指出這樣處理戲劇已讓戲劇不再是藝術，「從好處方面
說，即令有些作品也能媲美伊卜生，這種運動，仍然是『伊卜生運動』，決不
是『國劇運動』。」〔註70〕戲劇作品完全服膺易卜生主義，因此充其量只是用
戲劇宣傳易卜生主義，而非以易卜生主義作為豐富戲劇內容的方法之一。這
是余上沅對中國這十年知識分子新劇運動的評語，論述可說理性且切中要
害，而這要害正好是這十年新劇運動建立的基礎，承認這點雖不可能讓新劇
存在的合理性消失，但至少是宣布國內新劇運動這十年的努力只是在試誤，
若不及早改弦更張找新出路，恐怕真會讓新劇在中國立足不穩。也同時說明
余上沅他們不贊同中國新劇大演社會問題劇的理由，並非社會問題劇有甚麼
本質上的問題，而是在此類劇在中國發展的過程中，往往變的只有問題沒有

---

〔註69〕 見《國劇運動》，序頁 3。
〔註70〕 見《國劇運動》，序頁 3。

劇。余上沅一群人想矯正這種偏差，爲新劇甚至中國戲劇發展找到一條新的
出路，因此特別強調戲劇的審美本質應該在藝術，也就是對照當時主流的「戲
劇實用論」，他們的論點可稱爲「戲劇藝術論」。

　　因爲對戲劇塑造不再只以實用爲唯一標準，余上沅等人對舊劇的態度比
《新青年》文人寬容，這點在國劇運動兩大提倡者余上沅跟趙太侔的文章中
特別顯著。趙太侔在〈國劇〉一文特別指出在中國劇壇，舊劇跟新劇毋須你
死我活、針鋒相對：

> 保存了舊劇，並拒絕不了話劇。因爲話劇已成了世界的藝術，……
> 它現在來到中國這塊領土上，還算是探險的性質；將來不久總要移
> 民過來的。並且說不定還要建設出豐富的事業來。不過有了話劇，
> 舊劇也不至於像印地安人似的，被驅逐到深山大澤裡去。實在是兩
> 件東西，誰也代替不了誰。就在各國，歌劇與話劇也是並存而不相
> 妨的。〔註71〕

舊劇跟話劇雖同屬戲劇範疇，但性質不同無法相互替代，既無替代競爭關係，
當然可以和平共存。更何況這說法早已有西方各國歌劇話劇並行不悖，沒有
誰打倒對方的實例作堅實後盾。既然舊劇新劇可以並存，表示此兩種劇在戲
劇本質上原無野蠻與進化之程度差異，只是寫實跟寫意的趨向差異：

> 西方藝術偏重寫實，直描人生，所以容易隨時變化，卻難得有超脫
> 的格調，他的極弊，至於只有現實沒了藝術。東方的藝術，注重形
> 意，義法甚嚴，容易泥守前規，因襲不變；然而藝術的成分卻較爲
> 顯豁。〔註72〕

寫實與寫意各有優缺，而若使用過頭都會產生弊端。寫實的弊端在容易「有
現實沒了藝術」，當時新劇的發展正是因爲此一大弊而產生衰敗之勢；寫意之
弊端在因爲需要恪守象徵的義法，容易「泥守前規，因襲不變」。但以藝術層
面而論，寫意的藝術性比較容易發揮。從這段論述可以證明余上沅等人對舊
劇的寬容並非盲從或標新立異，而是對戲劇的本質有專業而具體的了解。

　　因爲余趙等對舊劇的態度跟主流新知識分子有異，因此他們最受人注意
的反倒是對舊劇的「正面」論述以及對新劇的「負面」論述。余上沅的〈舊
劇評價〉延續「藝術的戲劇」這一觀點，明文宣告「中國戲劇能夠算是一個

---

〔註71〕見《國劇運動》，頁19。
〔註72〕見《國劇運動》，頁10。

純粹的藝術，……至少有做到純粹藝術的趨向。」因為中國戲劇的中心是演員，因此演員表演技巧便是寫實或寫意的重要區分指標：

> 演員有兩種技巧：一種是扮甚麼人便像甚麼人，決不像他自己，一種是扮去扮來，總脫不了他自己。這兩種技巧雖然不同，而所得到的結果卻是一樣。這個結果是劇場裡的病徵，它的名字便做寫實。……和他們相對的還有另一種演員，他老實承認他不過是一個演員，台下有許多人在看他，他的目的只是要用他的藝術去感動這些人。這種演員就叫做非寫實派或寫意派。最初的演員原來就不是寫實的。……在希臘如此，在中國也是如此。彼時演員並非演員，誰也認識他們是張三李四。及至後來的莎士比亞、莫利哀、加力克、多爾馬、余三勝、譚鑫培，都是老老實實在做演員，決不是在做劇中人。〔註73〕

余上沅認為演員最初並不是完全把自己化身成劇中人，百分之百只呈現劇中人的生命軌跡，不論是古希臘戲劇的演員、西方中世紀的莎士比亞、近代的莫里哀，或是中國的余三勝、譚鑫培都一樣。因為演員不是萬能，即使演出歷史上存在過的人物，都不可能百分之百重現人物當下的生活樣態，既然如此，不妨承認演員能力不足，只求用藝術轉化觀眾看戲的重點，不要對表演的邏輯性、合理性斤斤計較，而只問是否在這場演出裡獲得感動。可是這就新劇派知識份子來說，無疑是結結實實挨了一悶棍。因為在新劇派的論述裡，寫實的表演方式才能出真戲劇，古希臘戲劇、莎士比亞戲劇都是寫實戲劇，自然比寫意的中國戲劇高出百倍不止，余三勝、譚鑫培只會「一唱完事」、「不脫下等人的賤樣」，豈可與莎士比亞等人相比？余上沅更進一步舉實例說明中國戲劇的純粹藝術趨向性：

> 譬如演員上場拿了一根馬鞭，你便知道他是騎著馬。這一場應不應該騎馬，這個地方是不是可以騎馬，他究竟騎沒有騎馬，在寫實者心裡可以成問題，而在純粹用藝術眼光去看的人，則不但不成問題，而且欣然承受。我們要看的不是騎馬，要看騎馬到處都可以，何必在戲台上。〔註74〕

余上沅用京劇中以馬鞭代馬的程式化動作，解釋中國戲劇的象徵意義以及觀

---

〔註73〕見《國劇運動》，頁195。
〔註74〕見《國劇運動》，頁196。

眾何以毫無疑問地接受，並非京劇觀眾知識低下缺乏思考能力，而是因爲京劇的藝術化趨向，讓觀眾理解演員是以藝術象徵的方式演出，很容易在藝術層面上諒解演員的表演，不會在看戲同時費事思索某個動作代表甚麼意義。中國舞台上一切動作皆是如此：

> 在中國的舞台上，不但騎馬如此，一切動作，無不受過藝術化，叫
> 他超過平庸的日常生活，超過自然。到了妙處，這不能叫做動作，
> 應該叫做舞蹈，叫做純粹的藝術。〔註75〕

也就是余上沅認爲，藝術本不應以模擬日常生活爲標的，藝術雖源於日常生活，最終卻應轉化超越日常生活，若侷限在擬真上則不能說是藝術，中國的新劇一味向寫實擬真發展，離純粹藝術越來越遠，將把戲劇弄得不成戲劇。

　　趙太侔更針對新劇支持者以「不近人情」而大力反對的舊劇「程式化」（Conventionalization），詳加論述其具有強烈的藝術意義，認爲「應該絕對的保存」：

> 藝術根本都是程式組成。……程式不但沒有妨害，而且是各種藝術
> 所由成立之基本成分。一種藝術程式，絕不是偶然發生的；它必是
> 那件藝術必要的成分。必須經過長時間的生長，必須得到普遍的公
> 認，必須使人不注意它，忘了它是程式——是不近人情的——只看
> 見它是藝術，這才見到它充分的功用。……舊劇中的程式同舊劇的
> 各種技術，已經交融成一氣。〔註76〕

趙太侔認爲程式是藝術必要的組成元素，若以不近人情的理由否定程式，則不論繪畫、雕塑等藝術都將同樣遭到否定，程式對藝術既如此重要，則趨向純粹藝術的舊劇中，必要成分「做工」包含的諸多程式，自然也不能以不盡人情的理由全盤否定。西洋話劇的程式性到現在看來逐漸減少，是因爲「西洋戲劇的程式，很多是事實問題，到底不曾經過一番藝術化」，而中國舊劇的程式已經成爲藝術的一種。西洋的話劇在今天看來穿插動作相當進步緊湊，卻也是經過相當時間的改革。較早的莎士比亞、莫里哀的戲劇大量利用旁白、獨白表現人物的衷曲，同樣是不得已而用之的「程式」，縱然莎士比亞的獨白爲人傳誦的名句不少，但因爲話劇在所有戲劇中最寫實的特性，使劇中人對觀眾自剖的表演方式顯得格格不入，終於漸漸淘汰。但這項話劇革去的

〔註75〕見《國劇運動》，頁197。
〔註76〕見《國劇運動》，頁14～15。

事物，在如西洋歌劇、中國京劇……等寫意派戲劇裡，毫無適應問題，因為這些戲劇程式化程度都高於話劇，甚至中國舊劇的動作程式完全由舞蹈變化而來，且與戲劇揉成一片。

余上沅趙太侔並非舊劇擁護者，胡適等提出的舊劇具體缺失，他們依然承認也認為需要改革，只是不主張直接廢棄舊劇。比如舊劇的音樂，胡適等人認為旋律千篇一律又過於喧囂刺耳，趙太侔也承認舊劇唱工「乍一聽見，給人一種刺衝不快之感」，因為舊劇演員在唱時「大部分總是以頭部做共鳴器，很少有利用胸部的時候，皮黃尤甚。」〔註77〕因此音樂就成了外國人領略舊劇最大的阻礙，改革音樂實是舊劇最大最難的問題，但此項改革需仰賴曠世天才帶領，因此一時半刻難以進行。劇本的改革，當時舊劇界已回應新劇界的批評，編了許多或反映社會問題或化俗為雅的新劇本，只是就趙太侔看來，這些劇本在編制上都嫌瑣碎散漫，舊劇編寫劇本者必須同時具備編寫才能與對舊劇的高度熟悉。對舊劇熟悉而無編寫才能，只能寫出瑣碎散漫的劇本，跟原來的傳統戲模式一樣；編寫才能超凡卻對舊劇完全陌生，雖然可以寫出一部劇情精彩結構緊湊的劇本，卻很容易埋沒舊劇的特質，以及舊劇演員的特長。中國舊劇的程式雖然藝術化，但趙太侔認為它過於注重藝術化而不再從日常生活吸取養分，所以「只餘了藝術的死殼」〔註78〕，因此還是必須借用西方戲劇創作的方法，比如訓練舊劇的動作，必須借用西方形意至上的舞蹈，讓舊劇演員的動作，可以感覺靈敏身心相應，隨時自由表現。

以新劇運動經過將近十年發展後，余上沅等人對當時的新舊劇重新評價檢討，期待找出一路左打右踹的新劇呈現衰微之勢，與長期備受攻擊的舊劇依舊欣欣向榮的真正原因，的確對幫助中國戲劇的發展是件好事，這項任務也唯有對戲劇較為專業的知識份子才能平心靜氣地詳細觀察比較。「國劇運動」提倡者從背景上來說，與《新青年》文人雖同屬留學西洋的知識份子，但比胡適等人在「戲劇」領域的鑽研深入且專業的多。如余上沅 1923 年留美，先在匹茲堡的卡內基大學攻讀戲劇系，繼而轉到哥倫比亞大學攻讀研究所；〔註79〕趙太侔也同時與余上沅一起攻讀戲劇；〔註80〕熊佛西也在 1924 年

---

〔註77〕見《國劇運動》，頁 12。
〔註78〕見《國劇運動》，頁 10。
〔註79〕見余上沅：《余上沅戲劇論文集》（湖北：長江文藝出版社，1986 年），頁 538。
〔註80〕見葛一虹主編：《中國話劇通史》（北京：文化藝術出版社，1997 年），頁 66
～67。

進入哥倫比亞大學攻讀戲劇。〔註81〕他們具有眞正的「戲劇專業」，雖然嚴格
而論，他們對西方戲劇的了解仍然遠大於對舊劇的了解，但跳脫了晚清以來
從政治、思想、民族、國家等出發的戲劇討論，轉而從藝術審美的層面討論
戲劇，至少讓中國境內的各類戲劇有機會在回歸本質的前提下，在平等地位
上發掘其優缺點，甚至各自揚長避短後交融成中國的新戲劇型態。

　　可惜的是，對新劇派知識份子來說，余上沅趙太侔提出舊劇的寫意具有
純粹藝術趨向的觀點，幾乎把他們的論述廢去了一大半，畢竟舊劇勢力太
大，必須強力痛擊舊劇才能讓新劇有機會冒出頭來甚至茁壯。如果按照余上
沅舊劇是純粹藝術，與寫實的西方話劇各有千秋，那當下的新劇根本失去了
跟舊劇鬥爭的利器。況且余上沅還指出中國戲劇運動「不免失敗」之因，是
當時中國戲劇運動在目的、方式與經濟這三大層面都有嚴重問題。目的方面
的錯誤就是前文討論的戲劇完全服膺易卜生主義，把戲劇當作宣傳易卜生主
義的工具，而不是以易卜生主義豐富戲劇內容。方法層面的錯誤，主要是
推動的方法過於激烈且自以爲是。新劇派對舊劇一向必欲除之而後快，但余
上沅認爲，即使把舊劇視作古物，也應有人好好保存整理，只是談到整理須
有人下畢生死工夫才行，至於當下的新劇演出，一般從事新劇工作者還不曾
完全脫去文明戲習氣，劇本、演員、布景、光影各自爲政，不僅應用方法不
一定正確，呈現在舞台上也彼此齟齬爭鬥，無法貫穿成有機整體，外國之成
績因爲無法親眼得見不能學習，使新劇直至今日成就依然有限。經濟層面的
問題是缺乏金錢援助。戲劇與其他藝術不同，不單因其組成元素複雜，呈
現困難度最大，也因爲呈現所需之工具比其他藝術繁瑣，因此經費開銷遠大
於其他藝術，若缺乏經濟來源——不管是善心人捐助或是演出賣票收入——
則很難長期維持。〔註 82〕經濟上的因素是余上沅以前的新劇支持者遇到最實
際的問題，因爲新劇從業人員幾乎都出身知識分子階層，因此同樣承襲知識
分子階層的思維模式，對「觀眾的接受度」總有意無意忽略。在「愛美劇」
〔註 83〕形態下，雖然因爲不收費而可以取消觀眾的發言權，但若無一強力奉
獻資源的支持者，因爲劇團本身並無收入以支付演出當時如化妝、服裝、布

---

〔註81〕見陳白塵、董健主編：《中國現代戲劇史稿》（北京：中國戲劇出版社，1989
　　　年），頁 84。
〔註82〕見《國劇運動》，頁 5。
〔註83〕愛美劇，爲英文 "Amateur Drama" 之音譯，意爲業餘戲劇演出，指演員不以
　　　演戲爲生，而是出於對戲劇演出之興趣，自動自發演出的戲劇形式。

景、音樂、場地等必要開銷，若每次皆須由演員共同分攤，日久天長演員必
然吃不消而難以爲繼。若將劇團轉爲自負盈虧的商業經營型態，因爲必須正
面面對市場，觀眾的接受與否必然直接影響劇團的存亡，而新劇的演出形態
與美學，出了知識份子階層往往處處碰壁，觀眾一時好奇之後並不會成爲長
期愛好者，自負盈虧通常皆以倒閉收場。演出範圍的侷限，使新劇無法如期
望的快速普及。方法的錯誤可以分爲論辯態度與舞台呈現方式兩個層面。態
度上的錯誤在過於激進，當然新劇派支持者或許不認爲激進的態度有錯，但
新劇支持者過於激烈的態度，有可能刺激愛護舊劇者也以反對新劇爲是，導
致雙方根本不能理性溝通。以余上沅一個戲劇學者的角度來看，舊劇既然到
今天還好好活著，表示自有價值該予以研究，即使如新劇派所言只是歷史
的「遺形物」，那也有歷史上的價值，該予以系統化研究，這觀點與 1927 年
以後齊如山等京劇著名學者的工作前後呼應。戲劇的舞台呈現組成元素繁
雜，劇本、演員、布景、燈光運用必須互相配合，才能適切呈現戲劇氛圍，
布景之設置必須配合情節而不能只突出本身之華美，燈光要隨演員喜怒哀
樂的情緒流動及戲劇情節高低起伏變化，不能七彩霓虹燈眼花撩亂，否則
與胡適大力批判「在一個布置完好的祖先堂裡『上馬加鞭』」的文明戲有何區
別？〔註84〕

　　余上沅學的是西洋戲劇，對西方戲劇較爲熟悉，因此就背景來說，他與
胡適傅斯年等人一樣屬於新劇愛好者，而與張厚載、齊如山等舊劇支持者愛
好者不同。余上沅倡導的是把新劇舊劇的優點結合起來的新式「中國戲劇」，
強調的是戲劇必須有「中國特色」，不一味強調寫實，承認中國傳統戲劇的寫
意風格應當保留，但他倡導的新式中國戲劇既不是如張厚載那樣直接以京劇
爲主體，也不是胡適那樣直接以話劇爲唯一型態。他的論述能不偏不倚，贊
同胡適等人提出的舊劇需要改革處，但也同時直指新劇發展的時弊，對新舊
劇的優點缺失都提出分析。雖然嚴格來說，余上沅對舊劇優點的析辯，還只
是以理論層面爲主，但在新劇發展遇到瓶頸的當下，實是甚爲可貴的理性思
考。可是因爲言論直指新劇之弊，反讓當時陷入困境的新劇支持者產生威脅
感，轉而群起攻之，直接將他們承認舊劇自有優點、新舊劇可兼容並蓄的論
述主旨，等同於向舊劇投降的「復古逆流」。因此在他們主持北京藝專時，戲
劇系張寒暉等自認進步的學生組織五五劇社反擊，抨擊他們的戲劇理論「既

---

〔註84〕 見《新青年》五卷四號，頁 314。

說不上表現人生更說不上模仿人生」。〔註85〕甚至稍晚左翼戲劇界推展普羅戲
劇運動，也以攻擊余上沅等人倡導的「國劇運動」為先聲。

　　張寒暉等人對余上沅的抨擊，仍然著重於戲劇能否表現人生與模仿人
生，也就是對戲劇寫實的絕對堅持，這樣堅持的根本原因，除了基於對胡適
提倡「社會問題劇」的崇拜，更是由於認為戲劇若不寫實，則無從實踐反映
社會問題的責任。戲劇反映社會問題的功用，進一步發展則可能與政治思想
或政治運動掛勾，因為社會問題之存在導致民心在政治上的思變，而戲劇若
有效渲染社會問題，則可以成為宣傳政治思想的有效工具。左翼戲劇界推展
普羅戲劇運動，以攻擊「國劇運動」為先聲的做法，正是戲劇成為宣傳政治
上民主論述的利器之後，又間接將政治上的民主論述轉化為戲劇文化領域的
話語權，使得像「國劇運動」這般對「戲劇寫實論」這種文化霸權的反思，
在當時沒有存活空間。新劇支持者對任何質疑激烈撲殺的舉措，使得新舊劇
消除隔閡的時間往後推遲了許久，也讓新劇因為與戲劇商業市場的隔膜，一
直到抗戰這樣影響全國的政治大事件爆發以後，才日漸普及。從現在的視角
回顧當時，我們不能不說「國劇運動」的失敗，對新舊劇界的交流是一種損
失，對新劇界的損失猶大，但對舊劇界來說，余上沅點出舊劇有整理保存研
究的價值，多少給了他們信心，1927年以後齊如山等人對舊劇知識系統的建
構，或者曾受余上沅等人論述的啟發。

## 第四節　《戲劇週報》裡的新舊劇論辯

　　1926年余上沅的「國劇運動」，在新劇支持者大力抨擊下，以失敗告
終，未能替新舊劇之間做更進一步的交流。國劇運動之後，新舊劇之間真正
的理論交鋒，沉寂了大約十年，這十年間舊劇界一步步的對自己的理論系統
建構梳理，新劇界則因為舊劇的欣欣向榮深感焦慮，這些我們在下一章將有
詳細討論。在接近抗戰的1936年冬天，舊劇改革的理論辯難再度出現，而且
這次居然出現在以京劇為主要內容的《戲劇週報》上。論辯開始於《戲劇週
報》第一卷第五期，一直到第一卷第十二期為止，持續了十一、十二兩個
月，主題是關於「平劇革命」〔註86〕，這一系列文的主要作者是丁夜與姚

〔註85〕見《中國話劇通史》，頁75。
〔註86〕平劇，即為京劇，因此戲在清代首都北京發展成熟，成為北京代表劇種，故
　　　　稱京劇，民國以後，北京改稱北平，故京劇亦或改稱平劇。

甯，但也有繆根卿、趙珊、任慕雲等三位讀者加入討論，文章內容主要針對平劇有哪些方面應該革命，及這些方面到底是否眞應列入革命對象，進行討論。

事實上這一系列新舊劇的爭論，並非只是偶然在《戲劇週報》出現的一個討論主題，更像是《戲劇週報》有意識發起的論辯。在《戲劇週報》創刊號上，署名白雪（本刊主編王雪塵）的〈改良舊劇發刊詞〉，已經提出了舊劇改良的想法：

> 我們的見解，以爲舊劇提倡封建迷信，說神道鬼，宣示愚忠愚孝，
> 原是絕大的缺點，然而這絕不是舊劇本身的缺憾，充其量而言，劇
> 本不良而已。至於話劇，歷史既極短暫，又不能深入廣大民間，只
> 是搬演些翻譯作品，又因爲陳義高深，無法爲下層民眾徹底瞭解，
> 所以話劇劇本只能供給少數智識人士的欣賞之外，決不能充當大眾
> 所需要的乾糧。舊劇則不然，本身早已獲得極大成功，無論鄉農婦
> 孺，都有深刻印象。這樣一比較，話劇與舊劇相差之遠，實不可以
> 道里計。因此我們絕不願捨近取遠，而把以往獲得成功的「舊劇」
> 加以蔑視和放棄，我們決意要改良舊劇，充分地去表現國家民族的
> 思想文化政治等等，使其成爲中國的「國劇」。〔註87〕

白雪的文章明確認爲，新劇派指謫舊劇宣傳封建思想、說神道鬼……等缺失，只是劇本問題，並非舊劇本質缺失。白雪更進一步指出雖然話劇本身是十分進步的藝術，但是到現在聲勢依然落後舊劇的原因，除了發展歷史較短外，劇本幾乎皆爲陳義較高的翻譯作品，與知識分子階層以外的民眾一直有所隔閡是更重要的原因，所以，無論新劇支持者如何讚美新劇思想進步，多有助於社會改革，如果不能深入民間，那也只是紙上談兵。以當前的狀況，要談建立代表性的中國戲劇，並試圖進一步使此「國劇」擔當表現國家民族思想文化，使之傳播予國人，凝聚國人向心力的重任，只能以早已普及民間的舊劇進行改良，並且要「把舊劇本身細細地加以解剖」，也歡迎社會人士隨時指導。白雪此文，已經提到改革舊劇的意願，需要討論的只是如何改革，後來一長串的「平劇革命」系列文，討論的重點正是放在改革的項目

---

〔註87〕 見《戲劇週報》創刊號（25 年 10 月 9 日），收於姜亞沙、經莉、陳湛綺：《中
國早期戲劇畫刊》（北京：全國圖書館文獻微縮複製中心，2006 年），第二十
五冊，頁 361。

與細節，甚至在第一卷十二期丁夜的〈國劇？平劇？舊劇？〉結尾還曾提過：「下期為改良平劇專號，在這一本裡，對於改良平戲當有一點有系統的計畫了。」也就是《戲劇週報》原來是意圖出版一本更全面探究平劇該如何改革的專號，以因應國難當頭的時局，如果這本專號真的出版，會是平劇改革理論史上重要的文獻，不過可惜的是，我們現今並未見到這本「改良平劇專號」，不知是純粹在流傳過程中散佚，還是因為對日抗戰日益接近而未能順利徵稿出版。

既然是《戲劇週報》規劃的開放式討論，那麼自然是支持與反對全面改革的意見都有。以下為容易了解起見，先將此系列文章之資料列表如下：

| 作者 | 文章標題 | 卷期 | 日期 | 文章內容 | 順序 |
|---|---|---|---|---|---|
| 丁夜 | 平劇革命芻議 | 一卷五期 | 民國25年11月7日 | 平劇四大革命重點：劇詞、臺步、表演技巧、淨角臉譜。 | 1 |
| | 再論平劇改革 | 一卷八期 | 民國25年11月28日 | 針對姚甯的反駁一一駁斥，堅持改革意見。 | 3 |
| | 平劇必須改革 | 一卷十一期 | 民國25年12月19日 | 對平劇革命芻議系列文再回應，堅持臉譜必須改革。 | 7 |
| | 國劇？平劇？舊劇？ | 一卷十二期 | 民國25年12月26日 | 提倡平劇應改革，這樣稱為國劇始名副其實，非直接針對革命芻議系列文的回應。 | 9 |
| 姚甯 | 〈平劇革命芻議〉反響 | 一卷七期 | 民國25年11月21日 | 針對丁夜所提四大重點一一反駁，認為皆有保留的理由。 | 2 |
| | 改革平劇前應有之認識 | 一卷十、十一期 | 民國25年12月12、19日 | 認為改革舊劇前，應先認識舊劇之精華與糟粕何在，才不會亂改一通。不是直接針對革命芻議系列文的回應，只是申述原則。 | 6 |
| 繆根卿 | 讀〈平劇革命芻議〉及反響後 | 一卷九期 | 民國25年12月5日 | 大部分同意姚甯，但對劇詞之改革與個別情節中某些台步須改革則認同丁夜。 | 4 |
| 任慕雲 | 非〈平劇改革【應為「革命」】芻議〉〔註88〕 | 一卷十一期 | 民國25年12月19日 | 與姚甯同一陣線，認為丁夜的意見矯枉過正，但對劇詞之改革則認同丁夜。 | 8 |
| 趙珊 | 平劇革命之我見 | 一卷九期 | 民國25年12月5日 | 對兩派意見各有讚駁，但無特別突出之意見，對劇詞之改革則認同丁夜。 | 5 |

〔註88〕此文標題中【　】裡的更正文字，為《戲劇週報》編輯者所加。

由此表我們可知，這一系列的討論是出現在第一卷的五到十二期，大約有九篇。開「平劇革命」文系列第一槍的，是《戲劇週報》第一卷第五期丁夜〈平劇革命芻議〉一文，〔註89〕文中列舉的平劇革命重點裡，以劇詞、臺步、臉譜這三件引起的討論較廣泛。在討論串中與丁夜持相反意見而旗鼓相當的是姚甯，第一卷第七期上，姚甯立刻針對丁夜的意見發表一篇名爲〈〈平劇革命芻議〉反響〉的回應，與丁夜的意見截然相反，舉凡丁夜認爲應該革命的平劇特質，姚甯都提出必須保留的理由。因爲此討論文串中，大部分文章都是圍繞著丁夜、姚甯辯論的平劇革命重點討論，因此我們把與丁姚直接交鋒的文章放在一起討論，並且以「主題」分類其言論，以凸顯其論辯之特質。

### 1. 劇詞

在平劇改革這一系列的論辯文中，除了姚甯外，其他論者都贊同平劇劇詞有針對文義不通處改良之必要。

丁夜提出劇詞方面的革命，最重要的是改動一些聽起來明顯不合邏輯，或是使用場景不對的詞句。比如《空城計》諸葛亮自述的唱段中：「論陰陽如反掌保定乾坤，東西征南北剿博古通今。」應把上下句的末四字調換，才能既不違背押韻準則又文義通順。其次，常常在緊急情況時還安排一些「有拖時間嫌疑」的情節，比如《寶蓮燈》〔註90〕中，沉香打死秦官保闖了大禍，其父劉彥昌請出繼室王桂英商量如何處置，就常理上說，既是緊急事件應立刻說明情況，可是劉彥昌卻讓王桂英這不是、那不是的猜了一通，並不合理。

姚甯針對丁夜認爲舊劇劇詞多有不通之處，「難道有些很有學問的演

---

〔註89〕《戲劇週報》第一卷第五期（25 年 11 月 7 日），中國早期戲劇畫刊，第二十五冊，頁 468～470。

〔註90〕《寶蓮燈》，又名《二堂捨子》，劇情講述：羅州州官劉彥昌有二子，一名沉香，一名秋兒，弟兄甚友愛。一日在塾中讀書，因細故忿爭，誤將秦燦之子秦官保打死。二人歸告父知，劉彥昌大駭。細詰二子，沉香直認不諱，秋兒亦挺身自承。劉彥昌繼請夫人王氏出，一同再三盤問。二子仍各自承如初，皆願往秦府償命。惟沉香爲劉彥昌元配所遺。相傳沉香母死後，已爲白蟒山聖母。秋兒則現在王氏夫人親生。以是笞責詰問之時，夫人頓觸動母子之情，不免心疼手軟，劉彥昌即責其有心袒護。然劉彥昌因沉香係無母之兒，故意在格外護持，亦不免過於憐愛。夫婦二人，幾至傷情。幸夫人賢慧，辛聽劉彥昌將沉香由後門放逃，獨攜秋兒赴秦處自首償命。秦燦遂將秋兒亂棍擊斃，實則係沉香正兇也。見王大錯述考，鈍根編次，燧初校訂：《戲考》（台北：里仁書局，1980 年），第六冊，頁 893～904。

員，對這些毛病都看不出麼」的質疑，提出京劇老生演員王又宸（1885～1943年）〔註 91〕的例子解釋，王又宸在北京，曾因「東西征南北剿博古通今」等兩句不通，故遵照劇評家之意見，將兩句部分調換，改爲通順的唱詞，結果吃了倒彩，後來就不敢再改唱之例，說明爲何明知不通卻不肯改，決不是京劇演員冥頑不靈、死守祖宗遺產，而實在是關係到生計之故。這個解釋從側面反映了京劇的商業性格，觀眾的接受度關係到演員的收入多少，因此大部分的演員能否依劇評家的意見，改動劇目的演出方式，完全要看觀眾賞臉與否，也造成許多演出老戲的缺失縱然由劇評家多次提出，卻始終未能獲得有效改善。但並不是一個有力支持舊劇劇詞不用改動的理由，因爲姚甯也承認舊劇劇詞有很多不通之處，表示改正劇詞是應該的，觀眾接受與否並能作爲不改正的理由，最多只是說明演員苦衷，請人體諒勿過於苛責罷了。因此以丁夜二人之說法相較，其他參與論辯的討論者，都是一面倒的支持丁夜。

丁夜自己當然堅持對劇詞改革的意見，丁夜在一卷八期的反駁文中，特別針對姚甯所舉王又宸之例說：「至於因王又宸唱《空城計》把詞句改變吃倒彩，就以爲平劇的詞句改動不得，這未免太氣餒了。我想當年王先生演唱時，台下所以哄亂者，大半因爲觀眾成見太深，或者竟疑心王先生記不上詞句了呢？若將《空城計》大家都把詞句改正，則觀眾一定無所舉動。」〔註 92〕他又指出京劇劇詞通俗自然是優點，但通俗並不代表一定要文理不通，且京劇雖然大部分詞句都較爲通俗，但並非都只是通俗風格而已，也有一些詞句比崑劇更典雅優美，比如梅蘭芳的《西施》一劇「水殿風來秋氣緊，月照宮門第幾層。十二欄杆俱憑盡，獨步虛廊夜沉沉」的詞句，丁夜認爲在崑劇中也罕見，因此京劇劇詞並非不可改動。不過這裡我們需要說明的是，丁夜所舉的《西施》一劇是梅蘭芳的新編劇目，並非傳統劇目，而據爲梅蘭芳編劇的齊如山之自述，他替梅編這些新編劇目時，其實有意營造淡雅的風格，詞句

---

〔註91〕 王又宸，京劇老生演員，京劇老生宗師譚鑫培爲其岳父。王又宸原任職某陸軍督練處，後官至候補知縣。幼年即喜好皮簧，專學譚腔，常演出於各劇場，後得到譚鑫培的稱讚。1911 年棄官從藝，轉演於北京、天津、上海等地。1918年曾以鴻慶班頭牌老生演於天津大新舞臺，與荀慧生合演《烏龍院》等劇，極受歡迎。見吳同賓，周亞勛主編：《京劇知識詞典》（天津：天津人民出版社，2007 年），頁 242。

〔註92〕 《戲劇週報》第一卷第八期（25 年 11 月 28 日星期六），中國早期戲劇畫刊，第二十五冊，頁 550。

是刻意精雕細琢的。〔註93〕也就是京劇可以跟崑曲比美的「佳句」，大部分都是編劇者有意讓京劇劇詞雅化而產生的。而即使是跟姚站在同一陣線，認為丁夜提出的四大改革重點，大部分都矯枉過正的任慕雲，針對平劇劇詞改革的爭議，也認為：「丁君所提《空城計》中之二句慢板，確有修改之必要，姚君似不宜非之。」〔註94〕另一位對丁姚各有讚駁的繆根卿在〈讀〈平劇革命芻議〉及反響後〉一文也說：「難道因噎廢食，任他錯到底嗎？」但是「觀眾成見太深，或者竟疑心京劇演員記不上詞句」而起鬨，影響演員生計，只靠「所有演員都把詞句改正」強迫觀眾習慣，是有點理想化的解決方式，對此繆根卿提出的解決方法是：「到戲館的時候，例有一張戲單，在戲單上最好印了名角所唱的詞句，和劇情，如有以前像《空城計》同樣不通的地方，改通了，不妨解釋一下，這樣我想不但不會吃倒彩，而且還會有人譽為平劇革命的實行者。」〔註95〕繆根卿的意見就實務上來說，是比丁夜將一切責任都加到演員肩上切實一些，但在戲單上印名角兒的詞句跟說明改正的地方，因為當時「戲單」的印刷與傳發，通常由戲園老闆而非名角兒本人負責，對戲園老闆而言，戲單既為宣傳工具之一種，其內容當然以具宣傳效果之高低為選擇標準，對當時的觀眾而言，他們進戲園為的是名角兒，劇目是因為演員才讓觀眾感興趣，至於名角兒因為改正戲詞的謬誤而擁有平劇革命實行者的美譽，對觀眾而言，只是附加又附加的價值，所以對戲園老闆而言，如果是演員新編劇目的戲詞，還有值得一印的價值，在戲單印上更改的合文理的傳統戲戲詞並解說更動原委，是毫無宣傳效益的措施，因此繆氏的建議即使較顧及實際層面，但絕大部分時候戲單出資者也不會照做。

### 2. 台步

關於台步問題，丁夜主張取消限制，讓京劇演員自由行走。因為現在京劇演員不論是否緊急狀況仍然以拉開八字步的形式慢慢晃，實在不合理，因此只要不失劇中人身分，其實自由行走，或許對劇情幫助更大。

姚甯則主張台步必須保留，姚甯認為：

---

〔註93〕 見齊如山：《齊如山全集》（台北：齊如山先生遺著編印委員會，1964 年），頁 98～116。

〔註94〕 《戲劇週報》第一卷第十一期（25 年 12 月 19 日星期六），中國早期戲劇畫刊，第二十五冊，頁 633。

〔註95〕 《戲劇週報》第一卷第九期（25 年 12 月 5 日星期六），中國早期戲劇畫刊，第二十五冊，頁 577。

> 平劇的所以有台步，是爲著平劇是歌和舞的合成，説到舞，舞是有
> 一定的舞姿，有一定的節拍，有一定的標準，有一定的範圍。譬如
> 拿舞場裡跳舞來做比吧，不管事華爾斯、探戈，就是拖黃包車時的
> 三步一轉，也得有一定的規式。台步亦是一樣，有一定的姿勢，一
> 定的板眼，一定的份稱，一定的處位，如其將台步打倒，自由行動
> 起來……我恐平戲因此失了舞的價值，而變成了三不像的文明戲
> 吧。〔註96〕

姚甯的論證，是以西方跳舞之舞步與平劇之台步對比，説明舞步有規矩，平
劇台步亦有規矩。因爲平劇的組成元素大部分是歌舞，因此去除平劇台步硬
將表演「生活化」，只是把平劇變成四不像。姚甯論證台步應保存的模式，與
《新青年》張厚載以西洋的話劇表演也並非全無「規矩」，論證舊劇程式存在
的合理性，採用的模式幾乎一樣。

丁夜則針對姚甯京劇之台步跟華爾滋等舞步一樣有規矩之説法，反駁指
「步與舞有霄壤之別，……跑道兒究竟是跑道兒，而且平劇也沒有上場幾步
下場幾步的規定，那末台步終究還得改善。」〔註97〕亦即丁夜認爲台步並非
舞蹈，因爲舞步是會嚴格規定的，比如左三步右三步，何處該轉圈……等，
而台步有些地方如上下場，並無須幾步要上下場完畢的硬性規定，所以台步
既不像舞步規矩嚴格，又與日常生活動作不合，實在需要改革。不過，事實
上這個問題，在張厚載與胡適等人論戰時，已有近似的解釋了。雖然張厚載
與胡適是就大範圍的抽象寫實概念論辯，但張厚載指出了戲劇跟現實人生的
差距，也就是再怎麼寫實的戲劇，也不可能跟眞實人生完全一樣，因此要求
京劇的動作完全生活化並無必要。台步的不完全規矩性，也正顯示了京劇動
作並未脱離日常生活之特質，從甲處走到乙處本就不可能有固定步數，因此
京劇對類似事例保留彈性。而丁夜關於將台步改爲自由行走的主張，並未獲
得甚麼認同。

繆根卿在〈讀〈平劇革命芻議〉及反響後〉一文，談及讓京劇演員在台
上並非所有狀況都是「拉著八字步行走」，「試看《跑城》〔註98〕和《追韓信》

---

〔註96〕 《戲劇週報》第一卷第五期（25年11月7日），中國早期戲劇畫刊，第二十
　　　　五冊，頁522。
〔註97〕 《戲劇週報》第一卷第八期（25年11月28日星期六），中國早期戲劇畫刊，
　　　　第二十五冊，頁550。
〔註98〕 《徐策跑城》，劇情講述：薛仁貴的後代被奸臣張泰等陷害，全家抄斬。同情

〔註99〕，與夜行走邊〔註100〕，豈不是緩急相宜、疾徐有致嗎？」〔註101〕《徐策跑城》的徐策在得知薛剛一家帶來軍馬意欲殺進長安報仇，急忙上殿請旨殺奸臣以免一場腥風血雨的殺戮；《追韓信》的蕭何在韓信棄職潛逃後急著追回韓信，以免國失良材。此兩段皆以跑圓場的方式表現出心急，並非仍然大拉八字步慢慢晃悠，因此丁夜老是走八字步的說法就不準確了。況且京劇的表演模式與話劇相差很遠，「若不依照規矩，演員都依自行所認為合宜去行，我想成績未必能夠優良。沒有智識的普通演員，更像是失了繩墨，那還像平劇麼？」〔註102〕因為除非直接把京劇改成話劇加唱，否則只是將台步改成讓演員自由行走，在舞台表演上可能出現不倫不類的效果。趙珊〈平劇革命之我見〉，對台步應否改革的問題，在基本贊同繆根卿說法的基礎上，更進一步申述其實在個別情節中的台步，還是有不合理處：「像《捉放（曹）》曹操把呂伯奢一家殺死，竟大搖大擺慢慢騰騰的上馬而去，這種不合的台步，則非改革不可。」〔註103〕如果單就「殺人後慢騰騰上馬」這件事評論，的確頗不合理，殺了人怕被發覺追捕，理應迅速上馬逃走，可是這裡曹操上馬的快慢，

---

薛家遭遇的徐策，用自己的孩兒代刑，換下了薛猛的孩兒薛蛟，將他撫養長大，叫他到韓山下書，約同他正在招兵買馬的嬸母紀鸞英發兵報仇。紀鸞英的丈夫薛剛原流亡在青龍會上聚集人馬，欲圖報仇，這時也到了韓山。大家見面以後，發兵進逼長安。徐策聞訊，喜極，不顧自己的衰老，親上城樓觀望。當允代為上殿奏本，要求皇帝殺張泰為薛家申冤；否則，就讓大家殺入午門。見了薛家後代人物的英雄氣概，老徐策竟高興得連馬也不騎，轎也不乘，急急忙忙地上朝奏本。見中國戲劇家協會編：《周信芳演出劇本選集》（北京：中國戲劇出版社，1960 年），頁 311～326。

〔註99〕 《蕭何月下追韓信》，為周信芳編寫的劇目，劇情講述：秦朝末年，劉邦起義滅秦。蕭何器重韓信之才，三薦于劉邦，劉邦不肯重用，韓信憤而出走。蕭何聞聽韓信離去，深恐失去人才，不顧道路艱難，戴月追趕，勸韓信回轉，再向劉邦推薦，韓信才得登臺拜帥。見《周信芳演出劇本選集》，頁 275～310。

〔註100〕 夜行走邊，又名單人走邊，是表現單人獨自夜行之走邊。走邊，京劇表演程式，用於夜行、巡營、秘密偵查等行動，要求演員身手輕捷矯健，突出在曲折小徑上疾走，夜行時腳下崎嶇不平，以及眼觀六路、耳聽八方，嚴密注意周圍環境的感覺。見《京劇知識詞典》，頁 111。

〔註101〕 《戲劇週報》第一卷第九期（25 年 12 月 5 日星期六），《中國早期戲劇畫刊》，第二十五冊，頁 577～578。

〔註102〕 《戲劇週報》第一卷第九期（25 年 12 月 5 日星期六），《中國早期戲劇畫刊》，第二十五冊，頁 577。

〔註103〕 《戲劇週報》第一卷第九期（25 年 12 月 5 日星期六），《中國早期戲劇畫刊》，第二十五冊，頁 578。

重點在刻畫其殺人不眨眼的梟雄性格，既是「寧可我負天下人」，則殺人對曹操來說不過是平常之事，事後絕不至於像一般宵小，慌裡慌張抱頭鼠竄。不過即使趙珊指出《捉放（曹）》台步與情節搭配的不合理現象，但趙珊仍然並未表示同意丁夜的主張，趙珊只是覺得《捉放（曹）》曹操殺人後的台步節奏應該更改罷了。

### 3. 臉譜

丁夜對京劇淨角的臉譜的意見，跟台步一樣未獲得支持，後來參與此討論的回應者，都針對丁夜廢除臉譜的意見提出反駁。這裡我們先分析丁夜本人對臉譜的態度：

> 有人說：臉上描的色彩是象徵著戲中人的個性的，有人說他有圖案意味。上一說還可成立，下面那種意見未免有點兒不妥當。演戲當然得用布景道具服裝，那麼哪裡不可以考究點描繪上一些圖案，偏偏要在臉上畫的那個花哩咕嘰的勁兒呢？我以為將來唱黑頭戲時，僅可廢除繪畫花臉，若要表示那人的忠奸，儘可以用言語動作，再加上臉上數了顏色很難看出他的表情，簡直有些像是傀儡，而且挺好的臉繪畫的那樣也有些野蠻民族的意味。〔註104〕

丁氏對臉譜似乎頗不以為然，主張廢除臉譜。他認為，如果臉譜的功能是用以象徵劇中人個性，其實可用言語動作取代，如果只是純粹展示圖案，那何必定要畫在臉上。同時把臉畫的花花綠綠，也很像野蠻民族。作者對臉譜的看法跟《新青年》的錢玄同認為「中國舊戲只是周禮方相氏的遺留」〔註105〕之意見非常接近。不過作者在用詞上有些模糊地帶，使其語意不十分清楚，比如作者說「唱黑頭戲時，儘可廢除繪畫花臉」。黑頭指包公戲，包公是銅錘花臉一員，但因包公之劇目很多，所以也會將包公戲獨立單稱黑頭。只是為何作者要特別提出在唱包公戲時廢除臉譜？這點作者並未在後文解釋，只能存疑待考。【可以替他解說替他猜測，在反覆論證中建立學術論證　比如是因為表情不清楚？】

姚甯對臉譜的看法則是：

> 臉譜所以補面相的不足，臉上的色彩象徵著劇中人的個性；臉上的

---

〔註104〕《戲劇週報》第一卷第五期（25年11月7日星期六），《中國早期戲劇畫刊》，第二十五冊，頁469。

〔註105〕張厚載與胡適等：〈通信：新文學及中國舊戲〉，新青年（四卷六號），頁624。

> 圖案表明劇中人的一生，……所以臉譜含有很高深的藝術，曾經長
> 時間的研究和改良遺傳下來的，豈可廢除於一旦！〔註106〕

姚甯指出，組成臉譜的元素裡，色彩象徵著劇中人之個性，比如忠直、剛猛、
奸詐，圖案象徵劇中人的人生經歷，比如不得善終或是靦顏事仇，且臉譜之
藝術是經過長時間淬鍊的，絕不可貿然而廢。不過姚甯這段關於臉譜的討論，
只申述了大概，因此反駁的力道不是那麼強，真正更具體的反駁論述，還要
靠其他參與討論者的補強。

　　前文提過，丁夜主張廢棄臉譜的意見，在平劇改革的這一串討論中，完
全未獲得任何共鳴，即便是其中有些文章作者，其實對他的意見多表贊同。
基本站在姚甯這邊的任慕雲，對丁夜認為「臉譜有礙面部表情」的意見，任
慕雲反駁認為：

> 其（臉譜）長正所以輔表情之不足，用以指示劇中人之個性，使觀
> 眾一目瞭然，而認識為何許人。其色澤亦自有別，如紅之表忠勇，
> 白之表奸佞，黑白之表忠正，至其圖案之分整臉、三塊瓦、破臉、
> 元寶臉、花臉等，又所以表忠奸剛柔。……今日不論電影話劇之出
> 演，均視面部化妝術為要務，從而研究之，顧我又甯能以長久而默
> 棄之乎？〔註107〕

在任慕雲看來，臉譜不但不會妨礙表情反該是幫助表情，因為人物個性會影
響表情，同樣是微笑，忠厚老實的人與奸詐狡猾的人，微笑的感覺不應完全
一樣，但是有時演員不見得能單靠演技傳達這麼細膩的分別，這時臉上表示
個性的臉譜，就能給與觀眾先期暗示，讓觀眾感覺出其中的差異。對丁姚各
有讚駁，甚至較多部份贊成丁夜說法的繆根卿與趙珊，對廢臉譜也極端不贊
成。繆根卿〈讀〈平劇革命芻議〉及反響後〉認為：「臉譜當然不能廢止，這
不但是平劇的藝術，更足以表明忠奸賢愚。若是臉上敷了顏色，那還是不如
用了舊有藝術價值的臉譜。」〔註108〕因為臉譜有助於辨認人物的忠奸賢愚，
因此不適宜廢止，若是打算不畫臉譜，改用一般化妝代替，其實也是在演員

---

〔註106〕《戲劇週報》第一卷第七期（25 年 11 月 21 日星期六），《中國早期戲劇畫
　　　　刊》，第二十五冊，頁 522。

〔註107〕戲劇週報》第一卷第十一期（25 年 12 月 19 日星期六），《中國早期戲劇畫
　　　　刊》，第二十五冊，頁 634。

〔註108〕《戲劇週報》第一卷第九期（25 年 12 月 5 日星期六），《中國早期戲劇畫
　　　　刊》，第二十五冊，頁 578。

臉上敷了不自然的東西，而且對於人物的辨識度，說不定還比不上臉譜。趙珊〈平劇改革的我見〉對臉譜是否妨礙表情提出更詳細的意見：「臉譜也的確可以象徵劇中人的個性，並且使觀眾一看便知劇中人的忠奸，如曹操大白臉、三角眼，關公赤面蠶眉，小丑的小桃子，他不說話便曉得他是怎樣的一個人。如不畫臉，只露演員本來面目，觀眾即找不著誰是關公，誰是曹操了。丁夜先生說有礙面部表情，這話有些不敢恭維。曾見《蘆花蕩》〔註 109〕張飛、《李七長亭》〔註 110〕的李七，皆畫的非常複雜，但他仍然雙睛亂滾，面部移動，不但不礙面部表情，反而幫助許多。」〔註 111〕除了再次申述臉譜與劇中人個性的關係外，並提出自己的見聞反駁臉譜有礙面部表情的說法，因為張飛與李七之臉譜也非常複雜，可是照樣可以大轉眼珠、擠弄五官做出表情。不過如果以最嚴格的標準檢視姚、繆、趙三氏對丁夜臉譜說的回應，其實三氏之

---

〔註 109〕　《蘆花蕩》，一名《三氣周瑜》，劇情講述：東吳水師都督周瑜，為借荊州一節，屢向劉氏索討。所訂計畫，總歸失敗，業已二次受諸葛亮之氣。（即《取南郡》、《回荊州》是也）。周瑜猶耿耿不忘，欲令魯肅知照，欲為劉氏代取西川，換還荊州。其實則猝其不意，襲取荊州，行假途滅虢之計耳。不料又被諸葛先生識破。及周瑜領軍至城下，趙雲嚴陣以待，而婉言以辭之。周瑜知有準備，不敢攻城，傳令回軍。諸葛亮早派關公、張飛、黃忠、魏延，分作四處殺來。氣得周瑜箭瘡迸裂，墜于馬下，退于巴丘。探知劉封、關平又截住水路。諸葛亮送書於周瑜，陳說利害，譏周瑜之不達時務，且將心事一一道著。拆閱後，周瑜即氣死。臨終，薦舉魯肅，繼任水師都督，統馭東吳兵馬。終魯肅之世，孫、劉兩家，不聞有齟齬之事，而並力以拒曹操云。見王大錯述考，鈍根編次，燧初校訂：《戲考》（台北：里仁書局，1980 年），第十五冊，頁 2365～2369。

〔註 110〕　《李七長亭》，又稱《審李七》，劇情講述：著名劇盜李七，因與秀才王良為妓爭風，積有嫌怨。後以搶劫皇綱銀案破，被逮入獄。曾盜魁在逃未獲，州官疊次用刑，逼令李七供出姓名及避匿地方。李七遂有意陷害，誣攀王良在內。既捕王良至，州官以王良呼冤不認，且亦疑其不類，遂令王良扮作衙役，任李七當面認擇，以試虛實。孰意李七與王良雖於妓院中燈下一面，記憶不清。然卒被李七用詭詞激罵，暗察神情，當堂指出。王良知不能隱，只得挺身出，與之辯質。詎知李七又偽稱當時分贓，尚餘白綾一匹，為王良取去用作裹腿，不信請當堂脫驗，以證其實。及令王良脫靴出視，果以白綾裹腿。王良至此，雖百口莫辯其冤。州官不加細察，以為已成信讞，遂用刑勒供而退。實則李七鬧院時，王良曾飛腿踢李七，因靴寬褪落墜地，故為李七窺見其白綾裹腿，而今日遂藉以作贓證也。王良老僕陳唐，於長亭起解時，以信義懇求李七，李感悟，允為王良開脫。見《戲考》，第五冊，頁 804～809。

〔註 111〕　《戲劇週報》第一卷第九期（25 年 12 月 5 日星期六），《中國早期戲劇畫刊》，第二十五冊，頁 578。

言論都不是跟丁夜在同一層面的。因爲丁夜認爲臉譜妨礙面部表情的出發點是，五官因此不能「自然」的做表情而必須誇張化，因此即使張飛、李七畫上臉譜依然能擠眉弄眼，但也已經不是日常生活的表情方式了，至於臉譜含有多高深的藝術更與臉部表情自然與否無關了。

這一系列文，其實都是針對一開始的丁夜文做回應的，因此討論的方向都圍繞在丁夜提出的京劇舞台表演實務，如劇詞、台步、臉譜……等層面做該不該廢除或改動。如果我們檢視支持與反對平劇改革雙方的言論，會發現雙方的爭執仍然立基在「寫實與否」這個點上。丁夜對於戲曲程式如左猜右猜、台步、臉譜等項目認爲應該除去，比如台步應該改爲自由行走、臉譜妨礙表情等理由，其實都建立在要求接近日常生活的基礎上，也就是向寫實靠攏。以台步而言，不管是拉著八字步還是跑圓場，都跟日常生活的行步不同；以臉譜而言，臉譜本身到底能不能輔助表情，那並不是最重要的事，重點是在臉上塗抹加重彩、圖案之後，整張臉不再是日常生活的面目，也就是根本「不寫實」了。這個立論基礎，跟《新青年》提倡以話劇取代京劇時的立基點一樣，只是到了《戲劇週報》的論述中，主張向寫實靠攏的一派不再大打「以新劇取代舊劇」的主張，而改以「讓平劇寫實化」爲意見重點。在比較《新青年》與《戲劇週報》的論述差異前，我們必須了解，《新青年》的新舊劇論戰發生在1918年，《戲劇週報》的「平劇寫實化」論爭出現於1936年，也就是抗戰前一年，兩次論爭相差十八年。爭論的模式已經從直接廢除舊劇改爲讓舊劇向寫實靠攏，因爲當時京劇在歷經長時間的攻擊之後，仍然屹立不倒，已經證明其在民間廣爲流傳的價值，而話劇之勢力雖仍遠及不上京劇，但已不像《新青年》時期只是起步萌芽階段了，因此戲劇寫實派的支持者，已經無須以尖銳的態度抗爭京劇。

也就是總的來說，平劇革命兩派言論的爭執，基本仍可說是寫實與寫意的論爭。丁夜對舊戲應該革命的意見偏向寫實，因此去除戲曲程式，比如台步、或者緊急情況下卻出現「拖沓」台詞……等，丁夜都認爲應該去除，廢棄臉譜其實也是基於一樣的論基，因爲臉上畫了臉譜，則臉部表情不易做，必須靠言語動作表現人的個性情緒，則不得不誇張化，對主張寫實戲劇的觀眾來說，就違背了表現眞實的原則，丁夜稱讚周信芳時說「他能做一樣人像一樣人」，〔註112〕其實就是著眼於周信芳表演藝術上的寫實性，而京劇中的各

〔註112〕《戲劇週報》第一卷第五期（25年11月7日），《中國早期戲劇畫刊》，第二

種程式、臉譜等，恰恰是寫實的一大障礙。姚甯則偏於寫意一派，認爲京劇的臉譜、台步等，絕對都有其作用與價值，且是京劇之所以爲京劇的特色所在，廢棄了這些元素，京劇就不存在了。

從《戲劇週報》創刊號裡的另幾篇文章，我們可以知道，這次舊劇寫實化論題的出現，其實跟日軍侵華有密切關係。創刊號中梯公〈談國防戲劇〉中提到：「有靈魂有意義之舊劇，乃可維繫不敗，與我民族國家同壽。當此萬方多難，風雨欲來，所謂意義，所謂靈魂，自未有更重於國防者！此所以田壽昌先生在京觀《明末遺恨》後，予以至高之評價。」〔註113〕《明末遺恨》，〔註114〕是上海京劇名伶周信芳（麒麟童）所編劇目，講述明末崇禎亡國故事，周信芳自飾崇禎。在日軍侵華行動變本加厲之時，身爲舊劇愛好者的知識分子，覺得國家現況正如明末崇禎亡國一樣危殆，因此希望京劇界多編演激勵民眾國家民族意識的劇目。演出亡國的慘痛以喚醒國族思想，重點在激動觀眾的情感與熱血，而且必須在觀賞的當下熱血沸騰，而不是回家細細思考過後才體認出國家民族思想，以此爲前提，越寫實的戲劇越能達到這樣的效果，京劇的臉譜、台步及其他戲曲程式，是京劇寫意本質的表現，在戲劇表演藝術上也是相當高的成就，但是這樣的寫意美學，在鼓動觀眾的國家民族熱情上收效比不上寫實的話劇快速，但京劇的流傳範圍與接受度，在當時還是比話劇廣得多，因此要找出在國家艱困時期，激勵人民奮起救國的宣傳工具，還是以京劇最便利。也就是以丁夜爲首希望京劇朝寫實方向靠攏的論者，多半是基於以京劇當作救國工具的立場，因此在十多年後，再次提起京劇寫實變革的問題。至於姚甯一派其實並不反對京劇成爲喚起民眾愛國熱情的工具，那爲何對丁夜的論點，特別是臉譜、台步方面，要如此激動的逐一細膩反駁？這我們或許可從姚文結尾的話來看：

---

十五冊，頁469。

〔註113〕《戲劇週報》創刊號（25年10月9日），《中國早期戲劇畫刊》，第二十五冊，頁362。

〔註114〕《明末遺恨》，一名《守宮殺監》，劇情講述李自成稱帝西安後，遍發檄文，進逼北京。明崇禎聞訊大驚，遂命李建泰督師出征；李國楨嚴守京畿；杜勳、杜之享分別巡防宣府、居庸關。時貪官當道，連年荒旱，國庫空虛，民不聊生。周后等悉捐珠寶，資充軍需。不意李建泰賺得銀餉，反去保定偷安。甯武關既破，二杜俱降，京畿垂危。崇禎欲托太子於國丈周奎，黃夜親往。無如周等縱酒狎妓，拒不接見。杜勳復奉命說降曹化淳，大開彰儀門，李國楨戰死。崇禎知大勢已去，持劍入宮，賜周后死；復上煤山，留詔自縊。見《戲考》，第廿二冊，頁3339～3348。

> 談到平劇革命，先當知道平劇價值的所在，不然的話，這也要改，
> 那也要改，將有價值的精華一齊改完，拿所存下來的糟粕，對人家
> 說，這是革命平劇！我想這革命平劇，不是同文明戲一樣了嗎？恐
> 怕還不如呢！〔註115〕

姚甯反對的是在不知舊劇有價值處何在的情況下革命，在姚甯看來，去掉臉
譜、台步、哀哭嘻笑的某些模式……等戲曲程式的京劇，已不能稱為京劇。
姚甯等舊劇支持者迅速回應的態度，顯示《新青年》在五四時代對舊劇氣勢
洶洶的攻訐態度，在舊劇支持者心裡，留下了很大的陰影，即使五四結束如
此多年，舊劇依然屹立不搖，舊劇支持者對「京劇革命」式的論調，依然會
有種本能的擔憂，所以對提倡京劇改革的理論，會立刻要努力闡明舊劇的價
值何在，以免「廢舊劇」的論調再次出現，甚至到像姚甯這樣矯枉過正的，
連舊劇劇詞的明顯謬誤也要曲意迴護。

# 小　結

　　新劇運動可以溯源到晚清，晚清知識分子在西方遊歷，見識到西方戲劇
演出對富國強兵的助益，開始介紹西方戲劇到中國，因此晚清劇論明顯與知
識分子憂國憂民的心態結合，以政治改革為戲曲改良的終極目標。當時的知
識份子雖然盛讚西方戲劇的功用，卻並不認為西方戲劇可以在當時的中國擔
負富國強兵、激勵民心的重任，因為西方話劇對當時中國民眾根本前所未
見，並非知識分子用來移風易俗之理想形式。連晚清新劇重要演出團體春柳
社創辦人之一的曾孝谷也認為：「外國新戲重在說白，此時我國還不能學。」
〔註116〕因此晚清戲劇改良言論討論的對象，絕大多數是傳統戲曲，希望中國
戲劇參考西方戲劇演出做些改變，以符合時勢。可是知識分子對戲曲演出市
場往往最為疏離，對戲曲的表演藝術與觀眾的審美心理並不真正了解，卻又
掌握了絕大部分的話語權，所以晚清知識分子的劇論，往往對劇本內容主旨
之改良著墨甚多，對他們而言使戲曲變成改革工具最便捷的方法，就是直接
改換劇本內容，而忽略戲劇一定要呈現在舞台上，置換劇本內容很可能同時
導致演員表演模式必須大舉變革，更忽略了即使演員想辦法找到合宜的表演

---

〔註115〕《戲劇週報》第一卷第七期（25 年 11 月 21 日星期六），《中國早期戲劇畫
　　　　刊》，第二十五冊，頁 522。
〔註116〕見《走向現代：晚清中國劇場新變》，頁 53。

方式，觀眾是否就能照單全收。因此即使晚清戲劇改良論述風風火火刊布流
傳，但在劇壇實際收效卻不如預期。

　　晚清戲劇改良運動「戲劇實用論」的主幹觀念，同樣成為五四新文化運
動中堅份子戲劇理論的立基點，只是實用工具的面向重點從晚清喚起國族主
義，轉為改變社會風氣，他們衷心認為西方的「話劇」才是最理想的戲劇，
西方易卜生式的「社會問題劇」更是戲劇主題類型中的典範。不過五四文人
與晚清知識份子一樣有疏離戲曲市場的缺失，對傳統戲曲的情節內容的批判
往往比對表演形式的批判準確。《新青年》戲劇改良運動重要領導者胡適的
〈文學進化觀念與戲劇改良〉一文，從戲劇發展史的方面闡述舊戲之所以必
須變革成新戲的理由，其後半進一步指出，中西戲劇交流對中國戲劇的改革
大有助益。傅斯年〈戲劇改良各面觀〉從更具體的表演細節方面批判舊戲，
提出改革的進程與方法。傅文最大的突破是明確分清改良「舊戲」與創作「新
戲」並非同一件事，舊戲不可能透過改良變成新戲。在《新青年》的論爭中
傾向舊劇的張厚載，在〈我的中國舊戲觀〉一文，以中國舊戲本質是抽象、
程式有一定規律、唱工音樂有感觸與感情等三方面回應胡適論點。張厚載認
為，如果這些特質讓看戲者覺得討厭，那也只是使用者運用過度，而非因為
這幾種特質本身不該存在。

　　在新文化運動猛烈批判京劇的十年間，新劇界內部也曾出現反省的聲
音。《晨報副鐫》「劇論」專欄，內容中西並陳。主要作者余上沅等人之背景，
比胡適等在「戲劇」領域的鑽研深入且專業的多。他們提倡的戲劇改革名為
「國劇運動」，但這裡「國劇」一詞涵義是：演員是中國人、劇情演的是中國
故事、是中國特有的戲劇類型。乃是結合舊戲與新戲的長處，創造一種全新
樣態屬於中國人的戲劇。他們的論述與當時新劇派主流論述的最大差別是在
戲劇審美的思考，這種思考特別針對著新文化運動中風起雲湧的「社會問題
劇」演出。余上沅等人對戲劇塑造不再只以實用為唯一標準，因此對舊劇的
態度比《新青年》文人寬容，趙太侔指出，在中國劇壇，舊劇跟新劇毋須你
死我活、針鋒相對，因為彼此性質不同無法相互替代。余上沅宣告中國戲劇
至少有純粹藝術的趨向，並用京劇中以馬鞭代馬的程式化動作，作為京劇的
藝術化趨向之例證。他們跳脫了晚清以來從政治、思想、民族、國家等出發
的戲劇討論，轉而從藝術審美的層面討論戲劇。事實上，余上沅等人對當時
的新舊劇重新評價檢討，在當時是甚為可貴的理性思考，但是新劇支持者群

起攻之,直接將他們的兼容並蓄等同於向舊劇投降的「復古逆流」,致使「國劇運動」終歸失敗。

到抗戰前一年,從新劇舊劇之爭延續下來的戲劇寫實寫意之辯,再度復出,只是這次是出現在以京劇為主要內容的期刊上,討論的內容也從以寫實的新劇取代寫意的舊劇,轉為將京劇寫實化。將京劇寫實化的論題之出現,跟時代需求大有關係,因為當時接近抗戰,日軍侵華變本加厲,知識分子亟需一種既能深入鄉野民間,又能及時喚醒民眾國家民族意識的戲劇。以流傳範圍來說,京劇顯然比話劇廣,是更能有效完成知識分子期待的劇種,但對某些知識份子來說,京劇的某些戲曲程式,造成京劇不夠寫實,渲染國族思想的立即性不足,因此希望藉由去除京劇的「不合理」處,達成此項目標。在此次辯論中,支持與反對京劇更向寫實靠攏的雙方,主要圍繞在劇詞、台步、臉譜之層面。劇詞層面,主要著重在將劇詞改的合理與通順,這點正反雙方並沒甚麼歧見,即使是希望保留劇詞現狀的發言者,也不是認為劇詞都很合理,只是基於演員有其苦衷,所以希望保留現狀即可。台步是正反雙方交鋒規模較大的項目,認為該廢除台步者,覺得京劇運用台步過於僵硬刻板,最好能放任演員自由行走,而反對者則指台步乃是京劇藝術精華之一,且也不是任何時候都只是那一種台步方式。臉譜之廢除與否更是交鋒重點,畢竟臉譜的去留,其實從《新青年》開始就是焦點論題。主張該廢除臉譜者,認為臉譜會妨礙演員正常之表情,臉上畫了臉譜,五官動作就必須誇張化;反對廢除臉譜者則舉例證明臉譜絕不會妨礙表情,畫上臉譜,演員還是可以大轉眼珠、擠眉弄眼。雖然嚴格來說,兩方的論點並不完全屬於同一層面,主張京劇寫實化的一方,是希望京劇的表演藝術盡量往日常生活靠近,而反對寫實化的一方,是希望重視京劇的原有價值,保留京劇的藝術風貌。

也就是,以這場延續數十年的新舊劇論辯來看,其實對中國的戲劇是否該寫實的爭辯,往往與國家政治的危殆關係密切。晚清知識分子對戲劇寫實寫意本質的區別,幾乎並無意識,因此他們所做的是以舊劇為戲劇主體,硬加上外國歷史悲慘場景、革命思想,雖然這種戲劇實驗並不成功,但晚清新舊劇之間並無衝突之狀況。到《新青年》時期,因為新劇支持者中,有一批曾到外國長時間接觸西方文化的知識分子,因此他們對中西戲劇的分別比晚清知識分子稍進一步,但因為這批知識份子研究的學門並非戲劇,因此在他

們的觀念裡，新劇舊劇是兩個完全對立的敵體，他們主張以進步的新劇取代落伍的舊劇，舊劇沒有存在必要，這種理論成為後來新劇運動的主流價值觀。稍晚幾年出現的「國劇運動」，因為主要論者都曾在西方修習戲劇專業，對舊劇與新劇的本質、優缺比《新青年》知識分子了解的清楚，因此他們認為新舊劇是可以融合交流的，可惜他們的反省聲音，很快也為主流聲音淹沒。此後，新舊劇的爭論暫息，一直到抗戰將至，為了宣傳救國思想，才又出現京劇變革的討論，但此時因為京劇早已確立自己影響力最廣的地位，話劇根基也較為穩固，因此討論的重點已不是誰取代誰，而是如何讓京劇有能力承擔起「即時」激動人心喚起國族熱情的工具。因此論辯的其中一方，認為應將京劇寫實化，也就是向話劇進一步靠攏，反對的一方則認為京劇現在的樣貌，其實足以承擔此責任。從晚清知識分子、《新青年》、《晨報副鐫》的「國劇運動」到《戲劇週報》，這數十年中，新舊劇的互動形式呈現了漸進之過程，從因為觀念模糊而保持和諧，到因為一知半解而激烈衝突，再到深入了解而找出和解、學習之道，新舊劇終於在劇論界找到和諧共處的機會。

# 第二章　京劇期刊對京劇知識建立的貢獻

　　1918 至 1937，是京劇知識規模建立的關鍵期，報刊起了重要作用。本章所稱「京劇知識」，指對今日所稱京劇各項「專門知識」的介紹與探討，包括：「歷史發展、戲班組織、劇場規律、劇本編寫、表演藝術」等方面，但以原則性的知識介紹爲主，不牽涉演員個人表演特色之討論。不過因爲當時劇論的規範還不像今天如此嚴謹，因此劇論中常牽涉與時代趨勢緊密結合的京劇劇壇生態之論述，連掌故也摻雜其中，甚至夾雜許多個人意見，尤其是京劇期刊上刊登的劇論。但即使京劇期刊上刊登的劇論，以今日標準看來有行文不夠嚴謹之問題，學術性也較不明顯，但其討論之主題，仍然涉及對京劇中各項元素之分析，因此論及京劇知識之研究規模時，也不能忽略。京劇身爲流行文化，當時的綜合性報紙所刊登的劇論文章，篇幅不長且出現頻率並不穩固，期刊文章對京劇知識規模的建立與普及，有明確意義。本章還將旁採專書資料，相互印證。

　　上一章我們曾經爬梳了 1918～1927 年新舊劇之爭時期，反對舊劇跟支持舊劇兩派的主要論點激烈爭論的現象，是出現在《新青年》這本刊物上。新劇派認爲最進步完美的戲劇，應該是寫實戲劇，因此用日常生活的語言動作，以反映社會問題爲內容主軸的話劇，是唯一有資格存在中國劇壇的戲劇形式，而京劇因爲具有「以唱爲主」、「動作程式」、「行頭誇張」等不符合日常生活樣態的表演風格，且不以反映社會問題爲主要戲劇內容，因此絕對該遭淘汰。舊劇派則主要討論寫實戲劇的局限、寫意抽象形式的藝術性，並對唱

工引出觀眾同情共感、戲劇程式規律等方面提出申辯。

　　本章所討論的京劇劇論體系著作，多半是受到新舊劇之爭刺激的反響產物，因此將對此時期的京劇劇論文章做一耙梳整理，並分析其中所建構的京劇知識。第一節首先討論齊如山的《劇學叢書》。這裡必須先說明的是，《劇學叢書》的文章有比例不少的部分，會同時發表國劇學會出版的《戲劇叢刊》上。例如《臉譜》一書，就由頭至尾完整的在《戲劇叢刊》第一期刊登過，亦即《劇學叢書》雖為書籍，但仍然與期刊關係密切。先討論《劇學叢書》，除了因為此套叢書是當時最知名以有體系順序方式，整理京劇基礎知識的專書外。這套叢書裡，《京劇之變遷》這本書，原本是為齊如山視為「文字瑣屑無關重要」。〔註 1〕文字瑣屑，正肇因於本書原是「十餘年前應友人之請刊登日報」，也就是在報章雜誌上刊登的閒談筆記類小文，只是內容聚焦在京劇，因此隨聽隨記隨刊，並未分門別類規劃刊登先後順序，直到最後由國劇學會出書時，才「略加排列」，因此內容體系性十分不明顯，但齊如山對這本書來源的自白，卻很清楚地提醒我們，齊如山之所以會出專書，是從報刊文章為基礎開始的，雖然起初因為刊登於報刊上而行文隨筆零星，但卻奠定了出專書的基礎。齊如山《劇學叢書》中的《國劇身段譜》、《臉譜》等書，也都曾在距離出版不過幾個月的時間裡，刊登於《戲劇叢刊》上，也就是齊如山的專書，很多內容都是跟報刊共享的。（見第二節）第二節將討論此時期的京劇刊物，因為此時期比較著名、出版較有體系的團體是齊如山、梅蘭芳……等人創立的「國劇學會」，因此本節將此時期的京劇刊物，大致分為「國劇學會出版刊物」與「非國劇學會出版刊物」兩大類做討論，並比較兩者行文與內容之差異。第三節則討論在京劇愛好者以數量眾多的劇論文章，努力替京劇建構一套知識理論體系，以證明京劇並非野蠻落後的同時，反對京劇的知識份子，又是以甚麼樣的眼光看待舊劇。

# 第一節　齊如山建構的京劇知識

　　齊如山在中國京劇史上是重要人物，他最出名的事蹟莫過於替梅蘭芳量身打造古裝新劇劇本，並促成梅蘭芳赴美演出，替梅蘭芳奠定了當時京劇界「全國巨星」的地位。事實上，因為齊如山的知識分子身分，他在京劇界還

---

〔註 1〕見《京劇之變遷》，序頁 1，《齊如山全集》，第二冊。

有另一項同樣不可忽視的成就，即為建立京劇的基礎知識規模。齊氏的京劇知識著作中，最重要也最全面的當屬《齊如山劇學叢書》，這套叢書也奠定齊如山在京劇理論史上的地位。這套叢書內容包括：《中國劇之組織》、《京劇之變遷》、《戲班》、《國劇身段譜》、《上下場》、《臉譜》、《行頭盔頭》、《國劇簡要圖案》等八種，〔註2〕還有應該原屬於叢書之一的《腳色名詞考》。

在齊如山撰著劇學叢書的時代，市面上並不乏京劇相關書籍，為什麼齊如山這套叢書會受到推崇呢？當時著名劇評家馮叔鸞為齊氏《中國劇之組織》所做序曾提到：「近時言劇著作，雖屢刊於南北書肆，然而類多偏於腳本及評伶方面。王夢生之《梨園掌故》，亦僅摭拾伶界軼事而已，與戲劇之本體無與。」〔註3〕從馮氏的發言，我們可知當時戲劇著作之出版的確繁盛，但大部分集中於劇本之撰作分析以及品評伶人各方面的高低優劣，這類文章屬於劇評而非劇論，王夢生之《梨園佳話》雖非以分析劇本或品評伶人為內容，但是以紀錄京劇界的掌故或伶人軼事為主。〔註4〕不過在齊如山劇學叢書撰著之前與同時，也有少數與齊氏著作性質相同的劇論書籍，但仍以齊氏之書最有知識上的體系性。齊如山之前，著名日籍京劇劇評家辻聽花〔註5〕撰著的《中國劇》，是一本介紹中國戲劇的專書。從辻聽花的書名可知，這本書跟齊如山《中國劇之組織》命名邏輯類似，重點都是「向外國人介紹中國的戲劇」，這裡的外國人尤其是指日本人，所以辻聽花在介紹中國戲劇的特色時，特別將日本劇跟日本能樂提出與中國劇比較性質異同。〔註6〕其內容分為六

---

〔註2〕　按照叢書封面題字來看，此叢書應該至少出了十種，但現今《齊如山全集》中標出「齊如山劇學叢書」的只有八種。

〔註3〕　見齊如山：《中國劇之組織》，馮序頁1，《齊如山全集》（台北：齊如山先生遺著編印委員會，1964年），第一冊。

〔註4〕　王夢生所著書應名為《梨園佳話》，初版於民國四年，馮淑鸞稱之《梨園掌故》，或因本書乃以談論京劇的各種掌故為內容，故誤記書名。王夢生這本《梨園佳話》，據他自己在凡例所言：「所紀為專門之事」，似乎他自己也認為自己這本書是紀事之書。近年有如許逸之《戲劇雜談》認為：「王夢生的《梨園佳話》有不少關於京戲理論的材料。」王氏此書，確有不少談科班名色、唱工要件……等類似京劇理論的條目，但細究其行文語氣，還是以「說掌故」的方式出之，因此仍不能算是真正的京劇理論書籍。

〔註5〕　辻聽花（1868～1931），本名辻武雄，號劍堂，出生於日本熊本縣，寫詩多署「劍堂」，評戲則署「聽花」，因為「聽花」正是取自「聽戲」的「聽」和「花旦」的「花」，曾在北京擔任日本在華報紙《順天時報》的編輯，度過了長達20年的報人和戲迷生涯。

〔註6〕　辻聽花：《菊譜翻新調：百年前日本人眼中的中國戲曲》（杭州：浙江古籍出

大部分：劇史、戲劇、優伶、劇場、營業、開鑼，而除劇史一章外，都摻雜了很多當時中國劇壇現象的介紹，比如「優伶」一章，辻聽花並未介紹中國優伶之歷史或替優伶一詞下定義，而是敘述了當時大部分優伶的籍貫、出身家世、命名、科班現況、信仰、階級制度、當代名伶。可見辻聽花撰著《中國劇》的目的，雖然也是「向外國人介紹中國的戲劇」，但卻不是以京劇基礎知識的分析為目的，與齊如山《中國劇之變遷》差異頗大。跟齊如山《中國劇之組織》大約同時，還有一本名為《戲學彙考》的劇論著作，作者為許志豪、凌善清，1926 年由上海大東書局初版。提出這本書來討論，因為齊如山在《中國劇之組織》一書的凡例，曾特別提到此書作為《中國劇之組織》一書之對照組：「書中關於衣帽器物等件，只詳其理，不詳其用，且仍提要言之。因上海大東書局出版之《戲學彙考》言之極詳，不必再事覼縷。」〔註7〕從齊如山的敘述可知，《戲學彙考》是理用兼備甚至用重於理的劇論書籍。根據《戲學彙考》凡例自述的寫作動機：「為供有志學習京戲者之研究起見，不論文場武行，凡關於藝術方面，如化妝表情身段台步唱工說白工架武技，以及後場之鼓板胡琴響器切末後台之規則拘忌箱籠服裝等等，莫不按章分節，敘述無遺。」〔註8〕可見《戲學彙考》針對的是有志學習研究京劇者，但是這本書指稱的「學習研究者」主要著重於學習研究「京劇舞台演出實踐」的範圍，而不像《中國劇之組織》著重學術性的詞條理論釋義。因此以其目次來看，總共分成戲學篇與戲曲篇，戲曲篇都是以京劇行當分類的各種京劇劇本，明顯不屬於劇論範圍，戲學篇則不但有理有用，用還比理所占比例高，比如提到唱工，第一項講到與唱工關係密切的演員嗓子，但內容完全是告訴讀者如何甩嗓、練嗓、養嗓這樣的學戲實際步驟。

　　以談論京劇必定要討論的唱為實例而言，通常須對腔調、板眼的分類做個別闡釋。比如談到京劇唱腔中的【西皮慢板】，齊如山的說明如下：

　　　　西皮宜於瀟灑快樂，如《乾坤帶》、《打金枝》幾齣太平戲。……深
　　　　思長嘆則宜用慢板。〔註9〕

辻聽花則這麼說：

　　　　西皮淒楚激昂。……板眼種類甚多，例如：一板三眼、一板一眼等，

---

版社，2011 年），頁 29。
〔註7〕 見《中國劇之組織》，凡例頁 1，《齊如山全集》，第一冊。
〔註8〕 許志豪、凌善清：《戲學全書》（上海：上海書店，1993 年），凡例頁 1。
〔註9〕 見《中國劇之組織》，正文頁 16，《齊如山全集》，第一冊。

而各曲所用之板名，大約如左。……西皮板名：慢板、原板、二六板、散板、快板、倒板、搖板、流水板、反板、垛板、數板。〔註10〕

《戲學彙考》這樣介紹：

【慢板西皮】慢板西皮爲一板三眼之調，如《坐宮》之『楊延輝……』一段是也。唱法每句分爲三段，如『楊延輝』爲首段，『坐宮院』爲中段，『自思自嘆』爲末段。首段讓板之後，在中眼開口，而二三兩段則均在板上開口矣。（以下爲將此句加註板眼示範，從略）〔註11〕

齊如山說「西皮宜於瀟灑快樂」，是就西皮腔的使用時機而言，辻聽花說「西皮淒楚激昂」是就西皮腔本身的音調特質立論，兩者並無衝突。但是板式部分，齊如山說明了慢板的使用時機是劇中人「深思長嘆」之時，辻聽花則只說明了西皮總共有哪些板式，對於各板式的使用時機全未論及。許凌二氏對【西皮慢板】則非常重視實用細節，因此介紹【西皮慢板】的條目，除第一句西皮慢板爲一板三眼比較接近性質介紹外，其他部份都是在實際教導讀者演唱的節奏樣態，比如一句該如何分段，頭一字不能起唱在板上而要起唱在中眼上。仔細推敲，《中國劇之組織》其實是把《戲學彙考》中隱含的「背景常識」獨立敘述，因爲要學「楊延輝坐宮院」這段唱腔節奏的人，絕對熟看不下數十齣劇目，【西皮慢板】到底用在甚麼情況、情緒，早已瞭如指掌。齊如山《中國劇之組織》介紹的是西皮與慢板之性質及其適合的運用時機，而這個性質與時機的說明，只是「瀟灑快樂」、「深思長嘆」這樣概略簡要的用語，因爲齊氏的重點在於說明「偶有感觸，方起唱工」〔註12〕，因爲唱工必與情感之變化波動有關，因此「瀟灑快樂」、「深思長嘆」是在說明西皮與慢板是配合劇中人哪種情緒使用，而類似情緒是會出現在很多不同劇中人身上的。

比較辻聽花《中國劇》、齊如山《中國劇之變遷》、許志豪《戲學彙考》這三本同爲劇論的著作，行文都已較嚴謹規範，不是閒談式的雜記，但性質仍有不同。《中國劇》與《中國劇之變遷》都是向外國人介紹京劇的劇論專書，但是《中國劇》是以介紹辻聽花所了解、親見的中國京劇劇壇現象爲目的，比如介紹行頭，會以獨立部分將行頭使用的材質刺繡以及當時戲衣鋪的

---

〔註10〕 《菊譜翻新調：百年前日本人眼中的中國戲曲》，頁39～40。
〔註11〕 見《戲學全書》，頁14。
〔註12〕 見《中國劇之組織》，正文頁14，《齊如山全集》，第一冊。

概況一並介紹，至於中國戲劇各種基礎理論釋義，則不是此書重點，因此辻聽花常常只舉名目而不詳加解釋，比如西皮二黃的各種板式即是如此。《中國劇之變遷》則完全以將京劇的各種基礎知識規模化介紹爲目的，因此不但將京劇包含的基礎元素分成八大類，每一項基礎元素的詞條，都要包括定義、一般使用時機，有時還包括歷史溯源，但對於在個別劇目的應用則省略不提，著重「理」而非「用」。《戲學彙考》則是以向本國人提供學戲參考書爲目的，是一本類似訓練表演藝術自修課本的著作，因此雖然對京劇基礎元素的理論詮釋並未完全省略，但卻以基本元素如何應用於表演之方式爲主，因此「實例」反而在這本書裡佔最大比例。因此齊如山《中國劇之變遷》，可以說是中國京劇史上第一本有意整理京劇專門知識，並以嚴整有條理的行文方式，且體系化出版的京劇理論專書。

值得注意的是，齊如山以一個曾多次赴歐並觀賞西方戲劇，後來又同京劇伶人交往甚久的知識份子，撰著京劇理論叢書，叢書設定的閱讀者，卻並非對京劇的表演藝術長久接觸、素養深厚的「戲迷」，而是想要接觸京劇的外國人士，或是對京劇不但想「知其然」更想「知其所以然」的本國讀者。因此齊如山在《劇學叢書》第一本《中國劇之組織》的凡例提到，希望以此書作爲「外賓知中劇之途徑」。〔註13〕據柯劭忞〔註14〕爲《中國劇之組織》所作序，齊氏曾將劇學叢書中的三本：《中國劇之組織》、《京劇之變遷》（原名《中國劇之變遷》）、《戲劇腳色名詞考》「譯爲外國文，用餉友邦問俗之士」〔註15〕。友邦問俗之士最初指的是司徒雷登，因爲齊如山曾向司徒雷登詢問，國劇至外國演出歡迎度之問題，當時司徒雷登對國劇並不眞正了解，齊如山才寫了《中國劇之組織》一書。〔註16〕因此齊氏所稱外文基本以英文爲主，主要原因當然是因爲梅蘭芳要去美國演出。因此必須讓美國觀眾在觀賞梅氏精湛演出之前，對整體京劇先有認識，而這個「整體」並非指京劇二百年之發展史，而是京劇舞台表演組成的基本知識。

因爲要向不熟悉京劇的歐美人士介紹京劇，因此書中內容「皆簡單言之」並附圖，但《劇學叢書》的行文模式，仍然是一部「京劇研究」的學術著作，

---

〔註13〕見《中國劇之組織》，凡例頁 1，《齊如山全集》，第一冊。
〔註14〕柯劭忞，1850～1933 年，字鳳孫，晚號蓼園，山東省萊州府膠州人。清末民初學者、史學家。
〔註15〕見《中國劇之組織》，柯序頁 1，《齊如山全集》，第一冊。
〔註16〕見《齊如山回憶錄》，頁 126，《齊如山全集》，第八冊。

針對京劇本身做學術論述式的整理歸納。以下茲將齊如山「劇學叢書」的書籍內容簡介如下：

### 1.《中國劇之組織》

約民國十七年出版，是「劇學叢書」中唯一一本「有一部分繙成英文」，也是齊如山唯一一本自己就在「凡例」中明言「此編初意備譯爲英文」的書籍。因此此書內容把京劇的各個元素分門別類，做辭典條目式的形式而非長篇大論。據齊如山自己的說明，原來是希望能全書都譯成英文，可是「友人仍以爲字數太多，外賓不易卒讀，故又刪去若干。」〔註17〕最後眞正譯成英文的，僅有原書不到三分之一。造成友人認爲字數還是太多之因，或許因爲齊如山在介紹京劇的專有名詞時，還是不免回頭引用中國古籍文獻，關於此條戲劇元素的相關文字記錄，以凸顯京劇之歷史傳承與文化深厚性，但是這種歷史性回溯，對一般歐美人士而言，卻較難體會。

原書共分八章，以文爲主圖爲輔。八章依次爲：第一章唱白、第二章動作、第三章衣服、第四章盔帽靴鞋、第五章鬍鬚、第六章臉譜、第七章切末物件、第八章音樂。依演員功力直接影響舞台呈現效果的是唱白與動作兩部分，就是我們俗稱的唱念作打，唱白與動作在戲曲中是根本元素，演員合歌舞以代言演故事就是戲曲。唱白，齊如山又細分爲唱、念、白三項，認爲三者「皆即古之歌」。京劇的念雖不配樂，但仍有類似音樂的節奏，京劇說白近似日常說話，但因爲舞台表演關係，發聲方式與節奏要求還是異於平常交談，因此齊如山認爲此三者皆從古代歌謠之發聲方式分化而來。齊如山認爲：「『千金話白四兩唱。』是中國之戲劇，總以說白爲原質。」〔註18〕特別強調念白的重要性。「千金話白四兩唱」這句戲諺，可說是演員在表演時的體會，因爲「唱」有譜可循，念白的自由度卻很大。念白分京白跟韻白，韻白接近歌唱，可是既無胡琴伴奏也沒有具體旋律，卻跟唱一樣要分尖團字。京白接近日常說話，但又不是眞正生活中的說話。齊如山引用這句戲諺，說明唱工之難人所共知，念白之難卻易受忽略。齊如山對念白的重視，很容易讓人聯想到《新青年》一派新劇支持者「廢曲用白」的主張，不過齊如山是就表演藝術的難度立論，呼應的是京劇的舞台藝術特性。胡適是就「表達思想」的實用性與方便性立論而主張廢曲用白，亦即強調的是念白在戲劇中的功能性，呼應的

〔註17〕見《中國劇之組織》，凡例頁1，《齊如山全集》，第一冊。
〔註18〕見《中國劇之組織》，《齊如山全集》，第一冊，頁14。

是他對「易卜生」式社會寫實劇的推崇。

動作包括作與打，齊如山指出中國戲劇「動作即古之舞」〔註 19〕，京劇舞台上的一切動作都帶有舞意。齊氏認為京劇的動作身段與古舞有關的說法，與今天戲曲史研究相符。但是古代歌舞是否是中國戲曲的直接源頭，則頗有商榷餘地。據曾永義教授的研究，中國的戲曲必須符合「演員合歌舞以代言演故事」這項定義〔註 20〕。此定義包含演員、歌舞、代言、演故事四大要件，進一步談到戲曲之形成關鍵，以「代言」最為重要。如果只是歌舞結合演故事而缺少代言，仍非戲曲。因此齊氏在提到京劇的唱念動作源於古歌舞時，並未提到任何與「代言」有關的論點，在今天戲曲學與京劇學已有輝煌成就後，回看是有論述不完整之嫌。「打」這類戲劇動作，是整個歸於「交戰」項下，因為打是特定人物在交戰場合才會出現的舉動，因為使用時機之特殊，所以分開敘述。

若以圖表方式呈現，大約可以做成以下這種圖表形式：

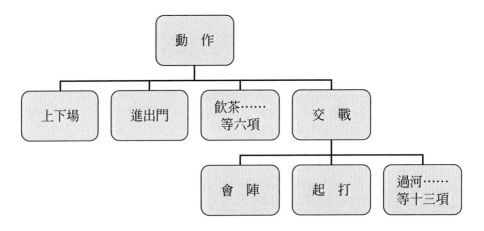

由這個圖表，我們發現動作這一概念之下，分出九類動作，交戰這一類動作之下又分出十五項交戰動作。不過齊氏分類雖細膩，卻未必夠嚴謹。其中最值得討論的就是「上下場」這一項。上下場指演員從後台進入前台表演，以及表演結束從前台退回後台，因此上下場嚴格來說屬於劇場規律，而非演員表演藝術的一部份。不過因為京劇演員在上下場時有一些規範的程式動作，因此上下場就同時兼有劇場規律與演員表演兩層意義。但齊如山這樣解釋上

〔註 19〕 見《中國劇之組織》，《齊如山全集》，第一冊，頁 21。
〔註 20〕 曾永義：《戲曲源流新論》（台北：立緒文化事業有限公司，2000 年），頁 32。

下場：「中國劇開幕之前，台上仍空，開幕之後，各腳方各各出場，且出場之前便有音樂領起，且必俟音樂作到分寸，方可出臺。如出臺太早，名爲冒場，太晚名曰誤場。出台後走動之時，係有規定之姿式（即舞式），亦有音樂隨之。走動時，不但須有姿勢，且須有板眼。出臺時之姿式尤須美觀，且有一定之規矩。下場時，於話白將說完，或將唱完，須留半句，或一句，需轉身斜立，立定再行補說，或補唱，俟完畢，再行轉身下場，下場時亦須有音樂送下。」〔註21〕前半說上下場的劇場規律，後半說上下場的演員動作。也就是齊如山在介紹京劇的上下場一概念時，還未能將上下場包含的此兩層涵義之界線分清。

　　這章列在第一名介紹的是「上下場」，接著是行走、進門出門、飲茶……等動作，凸顯對京劇各式動作分析的細膩度。上下場是演員在觀眾眼前活動的必要動作，演員若不出場退場何來戲劇？上了台進入戲劇腳色以後，解釋動作名詞也是由大動作到細瑣動作排列，進出門是演員轉換空間的動作，因此打開門栓、推門、拉門等步驟都必須一一作清，幅度大且較繁複。飲茶則演員通常是坐著，處於較靜態的情境，動作幅度也較小。「打」屬於激烈而幅度相當大的動作，此類名詞排序是：會陣、起打、過合……等。會陣是兩軍初次會面交接；起打是會陣時談判威嚇不成，一言不合兩軍開始大打出手；過合乃交戰時雙方軍隊互換位置，通常是表示交戰雙方用力過猛，以致衝過頭，發現後趕緊各回本營。也就是齊如山基本是按照兩軍交戰時，動作出現的先後排列。「過合」一項，劇界傳統稱「過河」，齊如山在此項目後半解釋了自己爲何改動名稱：「因古人書中，常書二人戰了多少回合，或書戰了幾十回合。蓋交戰時，不見得二人永打在一處，有時因各種原故，或自己一時不得手暫退，或一次打空，恐敵方還打暫退……等等情形，皆須離開，俟再接近交手，便爲一合。如此多少次，便爲若干合。人馬衝過二人交手相合之點，便名曰『過合』。」〔註22〕亦即齊如山將「過河」寫爲「過合」，乃因他認爲這個動作並非雙方人馬過一條河，而應解釋爲「經過一回合交戰」之意。事實上，「過合」與「過河」這樣的同音異義字，在從口語轉爲文字書寫的過程中是常見的。齊如山將此京劇專業術語定出一個固定寫法，並具體爲此寫法下合理的定義，這是齊如山爲京劇動作專門語彙建立的知識。

〔註21〕　見《中國劇之組織》，《齊如山全集》，第一冊，頁21。
〔註22〕　見《中國劇之組織》，頁30，《齊如山全集》，第一冊。

　　第三到六章之衣服、盔帽靴鞋、鬍鬚、臉譜，是直接穿戴繪畫在演員身上臉上的，與演員的身段有直接關係。衣服、盔帽靴鞋、鬍鬚、臉譜等雖是行頭，但因穿戴或畫在演員身上才有意義，所以往往與演員的表演視為一體。正因為屬於演員表演藝術的一部份，所以觀眾不在乎行頭新舊，只要演員穿戴的行頭是符合劇中人「身分」即可。戲界有句俗諺：「寧穿破，不穿錯。」正因為服裝行頭代表的是劇中人身分，所以觀眾對行頭服裝的要求，只在演員穿戴的樣式符合劇中人的身分地位，至於這些衣服盔靴的新舊整破，並不成為影響觀眾對演出觀感的因素。

　　《中國劇》介紹過京劇的各類服裝行頭如何應用於演員身上：

正生老生

| 衣裳 | 蟒袍 | 褶子 | 開場 | 八卦衣 | 戰衣 | 披 | 被風 | 官衣 |
| 馬褂 | 甲 | | | | | | | |

| 帽巾 | 文王帽 | 方紗帽 | 相刁帽 | 草帽 | 蓆帽 | 文陽盔 | 帥盔 |
| 荷葉盔 | 素羅帽 | 武生巾 | 鴨尾巾 | 侯盔 | | | |

| 褲靴 | 紅褲 | 黑褲 | 朝靴 |

| 附屬 | 牙笏 | 玉帶 | 翎 | 尾 | 靠旗 〔註23〕 |

辻聽花是以腳色為綱目，將「各腳色所用之衣裳冠帽褲子靴鞋。及附屬品各目」一律列之於下，而並未將服裝行頭與京劇劇中人身分做任何連結，更未解釋這些蟒袍、褶子、方紗帽等行頭的具體用途為何。對照齊如山在「衣服」一章中對「蟒」的詮釋：

> 蟒之樣式，乃圓領大襟帶水袖，長約及足，袖下有擺。緞地繡龍，或團龍或行龍均可。下邊繡水紋，所謂海水江涯，或臥水或立水均可。此衣在劇中為最莊重之衣，於朝賀辦公行禮宴會等鄭重事務時穿之。地子分各種顏色，如：皇帝穿黃色、王爵太子穿杏黃色、老臣穿香色或白色、正直人穿紅色或綠色、粗魯人或奸滑人穿黑色，其餘雜色，則可隨便分別穿用。將官於有大禮節（如閱兵點將之時）亦穿蟒。女子之蟒與男蟒樣式相同，但身長尺寸稍短，約及膝而已，且穿時須加雲肩。〔註24〕

齊如山不但具體介紹了蟒袍的領子、衣襟、袖子，以及所繡花樣等基本樣式，

〔註23〕　《菊譜翻新調：百年前日本人眼中的中國戲曲》，頁 48。
〔註24〕　《中國劇之組織》，頁 43。

還介紹了應用的場合，蟒袍既是應用在「朝賀辦公行禮宴會」之場合，可知穿蟒之人，絕對是朝中大員身分，更進一步點出不同顏色之蟒袍有時與劇中人地位相關，如黃色是皇帝、杏黃是王爵太子；有時則與劇中人性格相關，如紅或綠色是性格正直之人。闡明了劇中人身上的服裝，對觀眾了解劇中人之身分性格之重要性。《戲學彙考》，對蟒袍的詮釋如下：

> （三）男緞蟒
>
> 即蟒袍。上下滿繡金銀彩線雲龍花朵海水江牙，五彩色緞鑲邊。劇中人如帝王將相均適用之，各種顏色以劇中身份分配。用法詳列於左。……
>
> 1. 大紅蟒
>
> 如《斬黃袍》之趙匡胤服此蟒（第一場穿紅蟒，登位後即換黃蟒）。三國劇曹操（從濮陽城穿紅蟒起至二本麥城臨終止）、劉備（從借東風起至二本麥城造白袍，換白蟒或白開氅止）、《斷蜜澗》〔註25〕之李密均服此蟒。《水淹七軍》之龐德、《兩狼山》之韓世忠〔註26〕亦服之。〔註27〕

許凌二氏對蟒袍的通則，只提了「繡紋」跟「鑲邊」，雖然「劇中人如帝王將相均適用之，各種顏色以劇中身份分配」一句，算是點出了京劇的行頭與劇中人身分之關係，但是對於服裝顏色如何與劇中人身分對應，許凌二氏只舉劇中人為例，而並未歸納使用某些服裝顏色的劇中人，其身分之共同特性，可見《戲學彙考》並非一本體系化的劇論書籍。許凌二氏的舉例法，適用於對京劇與中國歷史人物熟悉的讀者，一眼望去就可以自行歸納例子中人物的身分特性，其實也與此書以「用」為重的特性息息相關。因此在京劇劇論著作中，第一個將服裝與劇中人身分之關係做體系化概論的，正是齊如山。

　　切末，明清時期作「砌末」，砌末跟我們今天熟悉的舞台道具不完全相

---

〔註25〕此處《斷蜜澗》應是筆誤，因為劇中主角為李密，「斷密澗」意為「斷送李密一命之溪澗」，因此劇名應做《斷密澗》為宜。

〔註26〕《兩狼山》，為京劇《托兆碰碑》的別稱，劇中主角是老生楊繼業，未見韓世忠。清人錢彩《說岳全傳》第十七回回目云：《梁夫人炮轟兩狼山，張叔夜假降保河間》，不知齊如山是否因為受《說岳全傳》影響，而誤將韓世忠記成在《兩狼山》中出現。

〔註27〕《戲學全書》，卷二，頁80。

同。切末是表演藝術的代替品，仍屬表演藝術範圍。今天對於切末跟道具的不同，已經有清楚分辨：切末需要演員駕馭之後才能產生意義，不像道具可以單獨靜置於舞台而帶有某種意義。齊如山在「切末物件」這章的總綱中，重點放在切末之產生主要原因是「中國劇之規矩，處處事事都要摩空，最忌像真，尤不許真物上台。」即切末是真物在舞台上的代替品這項基本特性。不過齊如山在介紹各種切末時，基本上都是結合了「演員的動作」來敘述的，比如「馬鞭」：

> 手持馬鞭，便是代表騎馬，上馬下馬均有一定姿勢。已經下馬亦可持鞭，惟不許揚鞭。如將馬繫於一處，則須將馬鞭放下，有時手持亦可。若將馬交人代拉，則定須將鞭交與其人。（後講馬鞭製法之演變，從略。〔註28〕）

在京劇舞台上，馬鞭代表馬，可是單根馬鞭單獨置放於京劇舞台，在觀眾眼中絕不表示一匹馬站在某處之意。馬鞭一定要透過演員的動作，才會產生與馬相關的各種意義，如手持馬鞭爲騎馬，即使是「繫馬」也需透過演員「將馬鞭放下」，才能產生有匹馬繫在某處的意義。也就是齊如山的介紹方式，已經透露了切末必須結合演員表演才能產生意義這樣的性質。我們今天對於切末屬於表演藝術範疇的這層認知，從齊如山的行文中已可見端倪。音樂就是文武場，雖與三到七章之衣服、盔帽靴鞋、鬍鬚、臉譜、切末等嚴格說來並不屬於同一層級的表演藝術元素，因爲音樂是由鼓師琴師……等文武場人員操作樂器產生，等於結合了靜態與動態兩種藝術型態，與行頭純爲是靜態物品不同，但因爲音樂仍然有「樂器」這樣的靜態物件，且都是輔助演員表演的「工具」，所以也可以歸爲一大類。

　　齊如山在第三章之末尾，對「行頭」之演變陳述了自己研究考證的心得，對於行頭由簡入繁，齊如山研究出五大可能原因：一是隨時間推移零星添入，二因富豪之家爭奇鬥勝添入，三因各省織造進奉宮廷力求美備添入，四因名腳爭奇鬥勝添入，五因行頭製造者爭相創新以廣招徠添入。也就是與人爲蓄意增添有相當大關係。值得一提的是，雖然京劇的身段動作部分，在齊如山撰寫此書的時候未能附圖，但後來梅蘭芳赴美宣傳品的《梅蘭芳藝術一斑》一書中，卻以梅蘭芳爲主角，拍了不少京劇身段、指法等的照片，雖然這些照片仍然未能將《中國劇之組織》介紹的所有身段一一呈現，且是因爲梅蘭

---

〔註28〕《中國劇之組織》，頁 43。

芳赴美演出拍攝，不是真正為了介紹「國劇」，卻多少彌補了《中國劇之組織》中未能替身段繪製圖案的缺憾。

### 2.《京劇之變遷》

此書以一則則記事呈現「北京城中之戲劇」發展的各方面變遷，書中談及的記事層面涵蓋唱詞增刪、演法變化、演員場上習慣、政治影響戲劇演出、戲園體制……等各個戲劇相關層面，以實例「拼圖」方式呈現北京戲劇變遷。齊氏所舉之例，有單則例證也有多則直指同一事件的例子。多則記事指出較完整的事件變化，多跟劇目演出的變遷有關。如京劇中《南天門》一戲，齊如山的筆記共有三則：

> 老生崇天雲曾搭三慶班，腔調悠揚而表情亦細膩，恆以《南天門》演大軸子，譚鑫培之《南天門》學崇之處最多。〔註29〕

> 《南天門》旦腳上場，原先也是原板，後由陳德霖改為慢板，後頭「三家店前把飯用」，也是由德霖才改成二六板。〔註30〕

> 《南天門》曹福數八仙一段，從前都是緊打慢唱，經譚鑫培才改為二六。〔註31〕

這三則記事相關人物有老生崇天雲、老生譚鑫培、旦角陳德霖三位演員。又以譚鑫培、陳德霖更為重要，因為譚陳距離齊如山紀錄《京劇之變遷》時間更近，對當時京劇的影響更大。《南天門》的主角是老生曹福與旦角曹玉姐，而又以老生地位更重要。從齊如山的介紹裡，我們發現這齣戲的老生與旦角唱腔，都曾經著名演員改動過。旦角曹玉姐上場的唱段，「惱恨著魏忠賢奸佞賊黨」一段，原為西皮原板，陳德霖改為西皮慢板。曹福因為忠心護主，饑寒交迫死去之前，上天派八仙接他登仙界之時，有歷數八仙一段，從前都唱搖板，數八仙唱二六的表演形式，是由譚鑫培開始。此三段記事，凸顯《南天門》在譚鑫培與陳德霖手上，做了甚麼演出形式的改變。《南天門》的唱腔改動，在譚鑫培與陳德霖的身上，意義不同。譚鑫培飾演的忠僕曹福，本來就是主角，因此譚改動唱腔只是想藉由創新顯示自己與前人的不同之處，吸引觀眾。陳德霖飾演的曹玉姐則原是配角，雖然陳德霖並未喧賓奪主，將曹玉姐的戲分加成主角，但仍以將一板一眼的【西皮原板】，改為一板三眼的【西

---

〔註29〕見《京劇之變遷》，頁57～58，《齊如山全集》，第二冊。
〔註30〕見《京劇之變遷》，頁14，《齊如山全集》，第二冊。
〔註31〕見《京劇之變遷》，頁16，《齊如山全集》，第二冊。

皮慢板】的方式增加注目，因為節奏慢，唱腔時間長度加長，演員的唱腔發揮空間增加，向觀眾要好的機會也增加，這也顯示陳德霖作為一個有名旦角演員，雖然不可能在演戲時，壓過聲望如日中天的譚鑫培，但一樣在乎自身地位，也要盡可能增加自己的戲份。

　　齊如山對《雁門關》〔註 32〕一戲的多則紀錄，則呈現了更複雜的劇壇現象：

> 楊家將一戲，自《昭代簫韶》之外，先有的《雁門關》。同時張二奎由《雁門關》裡頭摘出一段，另編了一齣《探母回令》。《雁門關》中探母的是八郎，此是四郎；《雁門關》中四郎的夫人是碧蓮公主，鐵鏡公主乃是韓昌的夫人，此乃將鐵鏡公主移作四郎的夫人。聽人說因當時四喜班《雁門關》叫座，所以張二奎在別班也來排演此戲，又恐人說偷演，於是另起爐灶編了一齣《探母》，故意把鐵鏡與碧蓮弄錯，以免別人說閒話等語。〔註 33〕

> 從前四喜班排《雁門關》第五本，有太后欲投降宋營，鐵鏡公主阻攔，未蒙准奏，遂碰死殿前等情節。後三慶班重排，因旦腳不敷分配，遂將此節廢去，不上鐵鏡公主，以後各班排演，也就都不上了。〔註 34〕

> 從前四喜班排演《雁門關》，梅巧玲去太后，所以專看太后，最好是五六八三本，當八本迎接宋軍入城的那一場，巧玲在台口一坐，台下便給哄堂的好，候用仙鶴腿水煙袋吸菸，宮女跪著點菸，巧玲吸菸吹菸亦能得好，觀客都說與真太后無異。足見無論何戲何人，只

---

〔註 32〕 《雁門關》，又名《八郎探母》、《南北和》，劇情講述：金沙灘一役，楊八郎（延順）被擒，改名王司徒，與遼邦公主青蓮成婚。宋、遼交兵於飛虎峪，八郎思母，為青蓮勘破；由口角而諒解，代為盜令。八郎回至宋營探母，與妻蔡秀英相會；八郎欲歸，孟良、焦贊責以大義，並盜取其令箭，詐開雁門關，大敗遼兵。蕭后知而欲斬青蓮，碧蓮求赦，與青蓮同至宋營挑戰，為蔡秀英、孟金榜所擒，留宋營中。八郎與青蓮私逃，又為蔡秀英追回，押禁。楊四郎向蕭后討令出戰，擬乘機回宋，事泄，蕭后連同其子任綁至關上欲斬，佘太君亦伴綁青蓮、碧蓮向蕭后示威。八郎哭城，乞息爭，不聽。蕭后恐兩女被殺，不得已釋四郎。楊家將乘勢攻破遼城，斬韓昌等，蕭后乃乞和息戰。

〔註 33〕 見《京劇之變遷》，頁 29，《齊如山全集》，第二冊。

〔註 34〕 見《京劇之變遷》，頁 34，《齊如山全集》，第二冊。

要用心去做，必受台下歡迎。近來演此戲，大致總是陳德霖去太后，亦極受台下歡迎，但自王瑤卿梅蘭芳重排此戲之後，台下便注重青蓮碧蓮兩公主了。據德霖云：「目下演《雁門關》，各腳都比原先四喜好的多，唯獨太后不及從前。」並云：「不但自己不及巧玲，連前此別人去太后也差的多。」但是鄙人並未親眼目睹，或係德霖自謙之詞。〔註35〕

這三段紀錄，首先交代了《雁門關》跟《四郎探母》編排的由來。《雁門關》是梅巧玲（梅蘭芳祖父）擔任四喜班班主時排演出很叫座的連台本戲，而《四郎探母》則是張二奎在自行創立「雙奎班」時，為了與四喜班抗衡，將《雁門關》偷樑換柱編出的劇目。不過以今天來說，《四郎探母》家喻戶曉，《雁門關》則少見演出。其次告訴了我們《雁門關》的特性，一是共有八本的連台本戲，二是劇中旦角特多，導致除四喜班外，其他班社若要重排，很可能必須刪去某些以旦角飾演的角色，也顯示四喜班是當時班社中，旦角比例最高的班社。三是從《雁門關》首演至今，因為演員的變化，觀眾目為主角的角色也有所變遷。這齣戲一開始以蕭太后為主角，因此以身為四喜班班主兼台柱的梅巧玲扮演，梅巧玲又能將「太后」的神態做得維妙維肖，與真太后無異。但很多時候實質上的主角與劇本原定主角，往往不一定相同，因為演員受觀眾歡迎的程度，會間接改變觀眾對劇中人的注目度。比如《雁門關》本應以蕭太后為主角，但當王瑤卿、梅蘭芳重排此戲，因為氣質、特長等關係，捨蕭太后一角改演青蓮、碧蓮二公主，觀眾因為喜歡梅蘭芳跟王瑤卿，所以看戲時把焦點放在他們二人飾演的公主身上，對蕭太后反倒不那麼注目，使得原為配角的兩位公主，反而越過了蕭太后，成為觀眾心目中的主角，因此也導致後來飾演蕭太后的演員每況愈下大不如前。

由齊如山對《南天門》等戲的記事，我們可知齊如山並非只紀錄京劇劇目演出形式在不同時期的變化，也同時呈現了演出形式之變化，有時是出於演員主觀意志，不甘屈居人下的心態，有時則是出於演員自身太過走紅的客觀條件，導致主配易位的情況。因此即使以齊如山紀錄各劇目演出形式變遷的條目來說，其紀錄的「變遷」現象，都不是只有單一層面。何況齊如山在書中記錄的北京戲劇軼事傳聞，遠不止劇目演出形式變化與導致這些現象的原因而已，這樣的演員與觀眾心理剖析。據齊如山自己的敘述，包括「關於

---

〔註35〕見《京劇之變遷》，頁51，《齊如山全集》，第二冊。

劇本者、腳色者、戲園者、戲班者」〔註36〕，這四項就是京劇在北京發展過程中最重要的四大項目。劇本指的是劇目，包括各劇目之來源、情節改動、唱念作打之增刪等；腳色主要指演員，特別是著名演員，而著名演員並不限定於譚鑫培、梅蘭芳等當代家喻戶曉的劇壇領袖，像陳德霖這樣曾經有名氣的青衣宗師、同治光緒年間北京第一且日後無人能超越的崑丑楊鳴玉（楊三）等，都在齊如山紀錄範圍內。戲園講的是北京戲園從晚清到民國在分布位置、名號、營業項目上的更動。戲班，包括晚清到民初戲班名稱的變化、男班女班的此消彼長等。事實上這些京劇項目發展的過程是與其周邊環境的變化，脫不了關係的。因此無論政令政策、社會風氣、觀眾好尚，都可能對京劇的發展造成影響。因此當齊如山在記錄京劇各個項目的變化時，也同時把政治、社會的相關變化一併呈現於書裡。

　　書名《京劇之變遷》，也嫌籠統不準確，到底齊如山要呈現的是京劇在甚麼層面上的變遷？是京劇在北京從晚清到民國的發展史變遷，還是京劇表演藝術的變遷呢？實際看來，齊如山的記事，是把京劇的所有面向的變遷都呈現了，這或許是爲什麼齊如山在取書名時，如此籠統曖昧的原因。可是嚴格來說，這些記事拼出來的京劇變遷樣貌，終究還不夠完整清晰，以致齊如山自身都輕忽了這本書的價值。因爲這本書不只保存了齊如山之前大量的劇壇掌故與傳聞，由齊如山此書中紀錄之傳聞，分析歸納出蘊含的劇本、腳色、戲園、戲班及與之相關的政治社會文化等隱藏統系，後人撰著《中國京劇史》一類的學術書籍中，內容都不脫齊如山的規模，只是撰著方式更有邏輯與條理。《京劇之變遷》絕非「無關緊要」的一本書，只是因爲其撰著方式之隨興與書名不夠具體的缺陷，使得此書在京劇史相關書籍上的承先啓後功績容易遭到忽略。

　　3.《戲班》

　　大部分觀眾對戲班的瞭解僅限於舞台上出現的演員、文武場，但中國戲劇演出屬於集體創作，戲班就是把各個獨立的演員集合一處的組織，戲班組織制度就是戲界運作的基礎，因此明瞭戲班組織架構對於了解劇界運作原則相當重要。齊如山在此書中，全面介紹了戲班組織，將財東、人員、規矩、信仰、款項、對外等六大類戲班內部運作制度，觸及了戲曲領域中與社會學、人類學有關的深層維度。財東、人員與社會組織中的職業分工、身分地位相

---

〔註36〕見《京劇之變遷》，序頁1，《齊如山全集》，第二冊。

應，規矩與社會法律、制度類似，戲班款項牽涉收入支出等社會經濟型態，對外則是社交型態的社會活動。財東為戲班出資者，即相當於企業老闆，戲班中的其他人員都是雇員。財東分獨資與合資，跟商業經營中獨資企業與合資企業的分類也相同。戲班財東身分並不一定要是劇界中人，不過至少都是對戲曲感興趣者才有此熱忱，因此戲班的財東可以是有叫座力的戲劇名腳、戲班管事、熟悉戲班運作的劇界人士、票友甚至是純粹愛看戲的有錢觀眾，只是後兩者規模多半不大。人員指戲班內部除財東以外的組成份子，包括行政人員（如承班人、管事人）、演員（如頭等腳兒、龍套、場面）、雜務處理者（如管衣箱、打簾子、管帳、學生），總共約三十種名目。規矩，即戲班運作制度，包括戲班中人員在其職務上的權責與一些戲班不可破壞的法度，這些法度多半為戲班管理的方便及戲班中各人員相處的和諧而制定。跟戲班管理相關的規矩，如演員加盟戲班時必須開列一份能演劇目，以後戲班管事派戲不可超出範圍，否則演員有權辭演；相對的，若戲班派戲在當初演員開列的單子上，演員不可推辭不演。這條規矩同時保障了戲班與演員雙方之權利，演員可以因戲班未遵守約定實行罷演權，而戲班也可以此規定制止無理取鬧的演員。也有不少規矩是針對演員在台上的「藝德」層面而立，如不許翻場、陰人、錯報家門等，這除了對演員負責態度的要求外，主要也為了維持同班演員的和睦相處。以不准翻場這條規矩來說，就是「如甲乙二人合演一戲，甲腳偶爾念錯或動錯，則乙腳須代甲遮蓋，使觀客不覺，方合規矩，倘乙腳本領不能代甲遮掩，亦須佯為不知，持以鎮靜態度，則觀客抑或看不出來，則甲腳不至於得倒好；若乙腳故意將甲腳之錯處翻騰出來，使觀客人人皆知，此便名曰翻場。」〔註37〕翻場雖然是戲班禁止的行為，可事實上演員在台上「翻場」的事例屢見不鮮，如陳彥衡《舊劇叢談》一書，曾記載過譚鑫培「翻場」的一段傳聞：

> 在天樂園演《天雷報》〔註38〕，高四保飾地保，誤呼「周伯伯」，觀

---

〔註37〕　《戲班》，頁24，《齊如山全集》，第一冊。

〔註38〕　《天雷報》，一名《清風亭》，劇情講述：有張繼保者，原姓薛，襁褓時即遭兵難，父母委之于地，為開豆腐店之張元秀拾回，撫為己子，鍾愛非常；繼又送之入學，令其讀書。蓋張元秀本無子者，故愛護若掌上珠，勝於己出。不意至十三歲時，忽為薛氏生母認去，張繼保掉頭不顧，竟隨之俱去，張元秀亦無如之何。從此老夫婦二人，思子逾分，日夕對泣，而老妻悲痛尤甚，致成疾病。以是生理拋荒，幾將流為乞丐。數年後，忽張繼保得中狀元還鄉，其薛氏親生父母，令繼保往清風亭地方，訪尋二老迎歸奉養，張繼保勉強允

> 客初不留意，及老旦云：「外邊有人喚你」，鑫培云：「你聽錯了，不
> 是喚我吧。」眾人不禁嘩然。四保念至「新科狀元像繼寶兄弟」一
> 語，鑫培又曰：「你要看清楚，不要錯認了人。」大家回想，又復哄
> 堂。〔註39〕

《天雷報》的主角是老生飾演的張元秀，因此地保呼喚時本應稱之「張伯伯」，但演地保的高四保可能因爲張元秀之妻姓周，因此臨場一時口誤爲「周伯伯」。因爲周、張音近且時間短暫，故觀眾大部分未及留意，豈料譚鑫培卻在接下來的演出中，兩次以「認錯人」爲哏，挪揄高四保的口誤，使觀眾哄堂大笑。陳彥衡接下來的評語「其不肯掩人之短，必欲揚之而後快。」〔註40〕透露對譚鑫培的好翻場頗有不贊同之意味。翻場會使觀眾發現演員出錯，而對之喝倒采，喝倒采於出錯演員自身來講，是很傷面子的事，而對於整體演出的效果與節奏也可能產生影響，使觀眾有一段時間不能百分之百專注於戲劇演出上，被喝倒采的演員也可能因此演出失常。戲班之所以不准翻場，除了擔心出錯的演員因爲他人故意不爲遮掩心生怨恨，導致班社成員間不睦外，擔心影響演出效果應該也是相當重要的因素。款項則是列出戲班所有帳目相關的項目名稱，如辦帳、堂會、跳加官、黑錢等。對外，指的是戲班跟戲班以外的交際事項，對象包括官府、一般民間、其他戲班……等。

　　齊如山在「信仰」這章中介紹的內容，包括戲班信仰的神祇、戲班因爲信仰產生的各種儀式、戲班演出神祇時的各種避忌、戲班後台慣常的忌諱。戲班的信仰指戲劇發展過程中，因爲歷史、宗教、民俗等緣故，產生的一些神祇、觀念與禁忌，與人類學研究中「宗教」這項領域頗有牽連，只是更偏向民間自發生成的民間崇拜，戲班中的神祇，很多原來是歷史人物。這些歷史人物因爲受到百姓崇敬，不但「神化」，民間也自動發展出一套祭拜儀式與忌諱風俗。如「戴臉不許照鏡說話」，戴臉即爲戴面具，戲台上戴面具者即爲扮神，神祇照鏡說話，則「人神界線不分，有藝瀆尊神之意」〔註41〕。

---

> 從而去。時二老因得地保之報告，適亦在清風亭側伺望，心中甚喜，以爲必
> 蒙優禮。孰意張繼保既至，反眼若不相識，竟屏斥不認。二老復輪次哀告，
> 跪求收養，張繼保始賞給青錢二百，揮之使去。於是二老氣憤塡膺，觸壁而
> 死。張繼保方欲回家，天忽陰雲，大雨雷電，將張繼保殛死，觀者大快。

〔註39〕陳彥衡：《舊劇叢談》，張次溪：《清代燕都梨園史料》（北京：中國戲劇出版
　　　　社，1991 年），頁 868。
〔註40〕《清代燕都梨園史料》，頁 868。
〔註41〕《戲班》，頁 34，《齊如山全集》，第一冊。

這項禁忌是對神界總體。至於單一神明的崇拜，最受研究者注目的應是對關公的民間信仰，戲界對關老爺的崇敬不在話下，但之前談到京劇演員對關老爺的崇拜，都是以個別演員爲中心。如比《戲班》年代稍早的潘鏡芙《梨園外史》，曾提到清代道、咸年間擅演關公戲的名伶米喜子，崇拜關公的具體情形：

> 唱老爺戲的前數日，齋戒沐浴，到了後台，勾好了臉，懷中揣了關
> 爺神馬，絕不與人講話。唱畢之後，焚香送神。他那虔誠眞叫作一
> 言難盡。〔註42〕

米喜子演出關公戲時，不但數日前就開始齋戒沐浴，甚至演出當天勾好臉後，就不再與人講話，因爲此時的他已經成爲關公替身，與人講話便是混淆人神界線、褻瀆關公了。這條米喜子的軼聞，隱含了戲班演員對關公信仰的具體表現方式，但直到齊如山，才用通則概念的形式，將這些戲班信仰扼要的傳達出來，爲這些戲班信仰建立了知識規模。比如米喜子在後台的舉動，其背後的原則正是前文齊如山講到「戴臉不許照鏡說話」一項禁忌。齊如山更進一步談到演出關公戲時，台上台下的應對方式：

> 去關公之人自己道名，只說關字，便是對方敵人，亦只呼曰關公，
> 不敢直呼其名。……聞諸老供奉陳德霖云：前清慈禧太后觀劇，每
> 遇關公出場，太后必借事離座，腕表雖非專爲關公而起，其實則因
> 關公出場而離座也。〔註43〕

既然劇界對關公如此崇敬，則登台演出關公戲時，演員絕不於台上直呼關公名諱，無論是飾演關公的演員或是與關公演出對手戲的演員，因爲直呼名諱含有輕慢之意。台下觀眾見關公上場，往往借事離座，因爲若不離座，神明站著觀眾坐著，表示觀眾自以爲高過神明一頭，簡直大逆不道了。

　　總的來說，齊如山這本《戲班》，是介紹中國戲劇實際運作制度的書籍。此前，談到京劇戲班狀況的書籍，幾乎都是筆記閒談，且以演員爲中心，談演員從這個戲班轉到他班，著名演員自己挑班唱戲等等，齊氏是第一個將戲班所有組成人員與戲班的各項事務都視爲一個整體，鉅細靡遺的介紹週知，這正是他獨特的眼光展現。

---

〔註42〕潘鏡芙、陳墨香著，張褚、王雲鵬校點：《梨園外史》（北京：寶文堂書局，
　　　　1989 年），頁 26～27。
〔註43〕《戲班》，頁 31，《齊如山全集》，第一冊。

### 4.《國劇身段譜》

身段傳承向來以口傳心授爲主，齊如山此書是第一本將國劇中各種身段專有名詞詳加條列解釋者。書中前兩章是齊如山對中國戲劇身段來源，從歷史層面溯源之心得。後兩章才介紹中國戲劇各種身段。齊如山又把身段依不同性質歸爲兩章，第三章包括：袖譜、手譜、足譜、腿譜、腰譜，主要由演員的肢體直接架構身段，影響動作成敗者爲演員肢體的靈活度，袖譜雖看似以非身體一部份的「水袖」爲主述對象，但因爲水袖主要還是靠演員的臂力與腕力決定身段成功美觀與否。第四章包括：鬍鬚譜、翎子譜，這種身段裡，肢體與行頭對身段美觀與否之結果，各有一部份影響力。

齊氏將此書稱之爲「譜」，凸顯了京劇的身段之規範化，因爲譜表示一種定型。以論袖中「抖袖」一條爲例：

（一）抖袖

命名　戲中原來就名曰抖袖，即抖擻之意，今仍之。

釋義　係整理衣服，撢去塵土的意思。戲中用抖袖之處甚多，各腳出場立定於各種身段，如整冠絡鬚摸鬚等等之後，必須抖袖。……

姿式　將袖子靠大腿前一展，隨即往旁一甩，左袖或右袖均可，惟不得同時併抖。……

淨　　將袖子直往旁邊甩去……〔註44〕

齊如山用條列方式列出每種身段形式，每條樣式也很規範，包括命名、釋義、姿式三項目，若各行當的身段略有不同，會再敘述在「姿式」一項之後，若是此身段之姿勢，還可細分很多不同的專有名詞，就在詞條後專門開一目錄，詳細介紹這些細節身段，如「論手」一節的第七部份「指式」，因爲姿勢除了手指之擺放外，還牽涉到全身的連動，所以在大略介紹各行當指法姿勢支不同後，齊如山特別做了一個小目錄，列出單遠指、自指……等二十六項指法姿勢，並詳細描述。這種規範的寫作方式從側面顯現了京劇身段的規範性，如果京劇身段並無條理可循，齊如山寫作時很難使用如此規範的形式。

齊如山爲京劇寫的這本身段譜，彰顯了京劇藝術與崑曲可堪相比的精緻性，因此京劇身段才可以細膩的分出袖、手、足、腿、腰等譜。在齊如山之

〔註44〕見《國劇身段譜》，頁 16，《齊如山全集》，第一冊。

前，如蜀西橋也的《燕臺花事錄》，提到歌郎陸春燕「裝束上場，宛如好女。腰肢嫋娜，體態輕盈」，[註45] 稱讚陸春燕雖為男演員，但在台上扮演女性腳色時，簡直就是個美人，腰部動作細緻靈活，但只是籠統的稱讚。陳彥衡《舊劇叢談》提到譚鑫培「晚年猶演《八蠟廟》褚彪，身段刀法皆非尋常家數，武行中多不能窺其門徑。」譚鑫培早年習武生後改老生，其武戲身段頗有根柢，應是絕佳的身段分析參照教材，可是陳彥衡的評論重點依然還在譚鑫培身段刀法之「神妙」，至於他使了那些身段刀法，這些身段刀法形式為何，並不在陳彥衡紀錄的範圍內。亦即在齊氏之前，京劇相關書籍重點都放在稱讚演員身段之佳妙，連具體細節的甚少提到，遑論對這些身段做體系分析，直到齊如山才開始為京劇身段建立體系性的知識論述。

### 5.《上下場》

京劇可以特別把演員上下場的方式挑出細講，因為京劇「開戲之後須一場連一場，台上不許空場」。[註46] 京劇分場正顯示京劇結構之特性，因此齊氏特別挑出京劇演員「上下場」，來作細膩的分析。

齊如山將中國戲劇演員之上下場元素，分成演員發聲、演員動作、伴奏音樂三大部分，但這三大部分常是綜合交錯運用的，因此齊如山自己也說這只是大致歸納出的統系。演員發聲，指演員上下場時，必須以唱、念、白甚至咳嗽等宣布。齊如山將上場發聲歸出九式：引子上、【點絳唇】上、唸詩上、念對聯上、唱上、倒板上、數板上、咳嗽上、內白上；下場分三類：唱下、念下、數板下。我們發現其實不脫唱與念兩大原則，表現的一是演員由何處而來，或為演員本就在原處如「【點絳唇】上」，或為演員由他處而來如「倒板上」，二是表現劇中人的身分，如「數板上」表示劇中人的身分是詼諧或不規則之人。動作，即演員上下場之型式，齊如山將上場動作分為二十六類：站門上、起霸上、斜門上、趟馬上、走邊上、二龍出水上……等；下場分三十六類：被喚下、倒脫靴下、跑下、追下、碰死下、擺隊相迎下……等。上場之動作形式幾乎都屬於群體動作或個人與群體皆可應用之動作，如「起霸上」是可以單一武將上場或多名武將同時上場時使用的，「一字上」則一定是多位隨從一起上場時使用。下場之動作形式比上場多了三分之一強，且一半以上屬於單一演員下場之形式。因為上場時劇中人幾乎都不會立即面臨劇烈

---

[註45]　《清代燕都梨園史料》，頁548。
[註46]　見《上下場》，序頁1，《齊如山全集》，第一冊。

情況變化，所以通常只有群體演員因為場上位置的調配，才會出現較多形式變化，下場時因為算是劇情的小收束，劇中人已經歷某些狀況，所以下場時必須因應前此之經歷做出相應動作，因此比上場繁複。上下場之音樂，即為文武場演奏之曲牌或鑼鼓牌子，上場音樂齊如山歸納出四十八類：打朝上、發點上、小鑼帽兒頭上、大鑼急急風上、【風入松】上……等；下場則歸為十九種：【急急風】下、【泣顏回】下、【五馬江兒水】下、【一江風】下、打下……等。下場音樂種類不到上場音樂的一半，且多為嗩吶或笛子演奏的曲牌，上場音樂則多為大小鑼、鼓等打擊樂器領銜的點子，比較起來，嗩吶或笛子演奏的曲牌沒有鑼鼓點子熱鬧。綜合而言，上場都比下場的形式沉著隆重，是京劇重視先聲奪人特性的一種展現。

### 6. 《臉譜》

本書共分十章：總論、論顏色、論奸臉、論鈎法、論眉、論眼窩、論嘴、論腦門、論鼻窩、附言及應行勾臉者提名略錄。總論，大致論述臉譜的使用對象、來源、性質及其源流等，臉譜在戲劇中主要使用者為男性武人，可能是武將也可能是綠林草莽，文人則僅奸臣一門。顏色、鈎法……等是將臉譜畫法中的各步驟分別解析，由勾法一門可以了解，齊如山在此書所論之臉譜，主指勾臉畫出的臉譜。勾臉乃用於絕大部分的臉譜上，而勾勒的重點就在眉、眼、口、鼻跟腦門。眉、眼、口、鼻是臉譜立體化的重要條件。腦門上勾畫的圖樣，象徵著此人生命的重要事件，比如死亡、性格缺陷、神通本事、擅使兵器……等。古人認為腦是人體最重要器官，不僅主宰人的思想運作，也影響人的生死。臉譜另一種重要繪畫方式——抹臉，只用在文人中的奸臣身上，也不像勾臉精心描出五官，凸顯抹臉人物善於隱藏真實自己、工於心計的特色。最末章依戲劇人物的身分與臉譜顏色，開列劇中應鈎臉腳色之姓名，是將臉譜由理論分析，落實到戲劇應用層面。

俗話說「相由心生」，反過來說面相也可以反映人物的內心。齊如山為臉譜顏色與人物性格的對應關係，建立了明確的論述，從筆者歸納的以下表格可以看出：

| 臉譜顏色 | | 人物性格 |
|---|---|---|
| 紅色系 | 紅色臉 | 赤膽忠心，有血性之人 |
| | 紫色臉 | 有血性而稍靜穆之人 |

| | 老紅臉 | 有血性但已年老之人 |
|---|---|---|
| | 粉紅色臉 | 多係老年人，此色表年邁血氣已衰，故臉亦不如是之紅 |
| | 赭色臉 | 人雖年邁精神尚旺，年邁英雄多用之 |
| 黑色系 | 黑色臉 | 性情戇直，孔武有力 |
| | 藍色臉 | 烈於黑色臉，性格兇猛有心計且多為桀敖不馴之人 |
| | 黃色臉 | 內有心計，而外不露暴烈之性 |
| | 綠色臉 | 亞於藍色，性氣暴躁，心中不平靜之人 |
| 白色系 | 油白色臉 | 奸臣而含武性或剛愎自用之人〔註47〕 |
| | 灰色臉 | 皆老年人，蓋年邁血氣已衰，臉上無復紅光 |
| 特殊色系 | 金色臉 | 德高望重之神仙方可用 |
| | 銀色臉 | 亞於金色，亦為神仙使用 |
| | 淡青臉 | 亞於銀色，只有判官常用此色 |
| | 蟹青臉 | 亞於綠色，亦只扮神怪用之 |

從這個表格，我們可以知道紅色系代表性情忠義有血性，黑色代表性情暴烈戇直，白色代表性情奸詐，至於特殊色系如金銀，則用於神怪類身分特殊的劇中人。不過即使是同一色系，也還會因人物性格或年紀之差異造成顏色略有變化，但大體上同色系的人物，會具備同樣的基本性格。眉、眼窩、嘴、腦門、鼻窩是臉譜上的具體五官，勾出這些部分，才能讓上了重彩的臉呈現立體感，同時藉由面相的細節之不同更突出人物性格之差異。齊如山將五官的畫法，分別獨立論述，顯示齊如山看出五官的勾法對於臉譜組成的重要性。

　　值得注意的是，自《新青年》以來新舊劇理論交鋒時，只要談到廢舊劇或舊劇改革，臉譜一定是新劇派大加攻擊、舊劇派大力維護的重點，齊如山對臉譜的精心介紹，也是延續了這個論爭的重心。齊如山在這本書的〈弁言〉開頭這麼說：「研究話劇的人，對國劇有很多地方都不滿意，勾臉一層更是反對最屬害的一點。」〔註48〕我們知道臉譜是受新劇支持者攻訐的最力的元素，如錢玄同認為這不過是上古野蠻習俗遺跡，支持舊劇的張厚載意圖為臉譜辯

〔註47〕　如果是文臣而性奸，則不勾臉而抹臉，但齊如山將抹臉另立一章〈奸臉〉，故未在〈論顏色〉一章中論及。
〔註48〕　見《臉譜》，弁言頁1，《齊如山全集》，第一冊。

護：「臉譜之作用，則在區別舞台上各色人物之性質。……忠義血誠，則飾以紅臉，奸佞涼薄，則飾以白臉。強橫豪霸、神仙鬼怪，與夫黷戀鹵莽之人物，更有種種花臉以壯之焉。蓋打臉不但區別其形狀，且以形容其性格；所謂『引寓褒貶』即是此意，則打臉乃極有意思的一種化妝術也。」〔註 49〕張厚載指出，淨角勾臉並非亂無章法，乃以人物之個性分類爲準則，但只提到臉譜最基礎的顏色問題，對臉譜整體、細部勾法與人物特性之關係則未及討論，討論顏色時，也只說了最廣爲人知的，如紅色、白色臉與人物性格之關係，對於其他黑色、藍色、金銀色……等臉譜，以及紅色臉中深淺不同臉譜之意義分別，則未及更細部的討論。與張厚載的文章差不多同時的辻聽花《中國劇》一書，在講到淨角的臉譜時：「大花臉，面大，臉色白黑均有，紅臉極少，豪壯可畏，或姦傲可憎。二花臉，顏面亦大，臉譜多種，豪勇中有可憎可畏處。」〔註 50〕提到了臉譜顏色及性格特徵，但並未說明二者關聯。直到齊如山，才明確的把臉譜與劇中人性格特質的關聯，整理出一個有體系的門道。現代論述臉譜藝術的專書，也沒有脫出齊如山的分類模式，如高戈平《國劇臉譜藝術》討論臉譜還是以「臉型」（即勾法）、「臉色」（即顏色）爲最主要重點，也仍然以臉譜上眉、眼、口、鼻、腦門等五官爲臉譜重要部位。齊如山這本《臉譜》不但是第一本替臉譜建立知識規模的關鍵書籍，同時對臉譜的知識統系建立的也相當完整，因此後世研究臉譜者也能以之爲準繩。

### 7.《行頭盔頭》

行頭指各行人物身上的服飾，如蟒、褶子……等；盔頭指人物頭上的保護物，包括冠冕、頭巾、頭盔類，具體項目如：平天冠、方翅紗帽、武生巾……等。齊如山在介紹行頭盔頭時，除了說明適合之人物身分、使用的時地，還以劇中人爲例，使行頭盔頭的介紹立體化。中國戲劇裡的服裝，依身分階級高低、場合、性別等條件差異，都有不同穿戴樣式，即使同一人物，也可能在不同劇目中出現差異很大的穿戴。如《紅鬃烈馬》的王寶釧，在《彩樓配》裡還是宰相千金，因此穿「宮衣」；《武家坡》裡則苦守寒窯十八年窮困已極，但日後有皇后之貴，必須改穿「富貴衣」。「富貴衣」，男女皆有，是衣箱中排名第一的行頭，並非指富貴人物穿戴的衣飾，相反的卻是爲貧寒人士所穿，這種衣服取名「富貴」，是因爲穿此衣者「將來必富貴」，亦即並非所有窮人

---

〔註 49〕 張厚載：〈臉譜——打把子〉，《新青年》五卷四號，頁 429～430。
〔註 50〕 《菊譜翻新調：百年前日本人眼中的中國戲曲》，頁 52。

都有資格穿。「宮衣」，是專為公主郡主等人物所穿，衣服本身為綢緞繡花、圓領、水袖長至足際，周身綴五色繡花飄帶並有許多纓穗。

戲曲衣箱中，不同的衣飾盔帽代表身分、性別、民族、貧富階級的不同，齊如山是第一個將衣飾、盔帽與人物身分階級等分別的關聯，整理出共通的原則。齊氏此書之前，雖也有某些書籍能找到談行頭盔頭的段落，但都是依附在個別演員下討論，如晚清鳴晦廬主人《聞歌述憶》，曾記錄譚鑫培飾演《寧武關》周遇吉之裝扮：「冠紮金盔，紅靠，黑三，手執鞭、鐧。」〔註51〕周遇吉是武將，因此我們知道戴盔紮靠應是武將的裝扮，但金盔紅靠是否有甚麼意思，我們無法從鳴晦廬主人的紀錄得知。民初辻聽花《中國劇》雖然也提到京劇中「衣裳與冠帽」：「戲衣種類，用于舊劇者，多係漢唐明之式樣，有蟒袍、官衣、甲、被、披風等名目。花旦所穿者，多係襖子，為滿州婦人式。文丑有用朝鮮衣冠者。又冠、帽、巾、盔，及褲子、鞋、靴。種類甚多。名目不一。依腳色如何定之。」〔註52〕辻聽花雖然點出了衣冠乃依腳色不同而有異，但只把衣與冠的名目籠統介紹，且始終未舉例說明衣冠與腳色之確切對應關係。齊如山則把金盔與紅靠代表的劇中人身分地位明確條列：「紅靠，大致為忠誠元帥所用，如韓世忠等等皆是。」〔註53〕「帥盔，形如覆鐘，金色，頂上有小鎗頭及紅纓，後有紅色小披風。用時前面加大額子，扮元帥者戴之。」〔註54〕我們由此進一步知道紅靠金盔，是武將中身分階級最高的「元帥」使用，也能反推得知《寧武關》周遇吉是元帥。齊如山是第一個替行頭盔頭與人物身分地位建立完整對應的知識統系的京劇劇論專著。

### 8.《國劇簡要圖案》

這本書就是將《中國劇之組織》裡，所有附圖集合而成的單行本。本書不論書名、目錄、圖片中物品之釋名，都一定中英並陳，比如本書之書名「國劇簡要圖案」，附英文譯名為"IMPORTANT CHINESE STAGE COSTUMES AND PROPERTIES"。極可能作為外國觀眾認識京劇而寫的工具書之一，只節錄京劇的器物圖案，篇幅較小。

---

〔註51〕 《清代燕都梨園史料》，頁1127。
〔註52〕 《菊譜翻新調：百年前日本人眼中的中國戲曲》，頁46。
〔註53〕 《行頭盔頭》，上卷，頁29，《齊如山全集》，第一冊。
〔註54〕 《行頭盔頭》，下卷，頁17，《齊如山全集》，第一冊。

### 9.《戲劇腳色名詞考》

齊如山在此書中收錄、解釋的戲劇名詞，包括所有戲劇從業「人員」：第一章總論，第二章論生行，第三章論旦行，第四章論淨行，第五章論末行，第六章論丑行，第七章論雜色，第八章論各科。除第一章總論屬概論性質外，二到七章所論之生、旦、淨、末、丑、雜等，為登場演出的戲劇從業人員之分類，第八章指的是不登場演出，但對一個戲班也是缺之不可的成員，多半與行政管理工作有關者，通常會稱之為「○○科」，如：音樂、盔箱（大衣箱，文戲為主）、劇裝（二衣箱，武戲為主）、容裝、劇通（檢場）、經勵（處理戲班對內對外事務）、交通（跑腿通知演員）。

「腳色」，在今天的研究成果，可以曾永義教授之定義為代表：「中國古典戲劇中的所謂『腳色』只是一種符號，必須透過演員對於劇中人的扮飾才能顯現出來。它對於劇中人物來說，是象徵其所具備的類型和性質；對於演員來說，是說明其所應具備的藝術造詣和在劇團中的地位。」〔註 55〕從曾教授的定義可知「腳色」，雖不直接等同演員，但只與演員產生關係。而齊如山雖將此書命名為「戲劇腳色名詞考」，書中收錄、解釋的戲劇名詞，卻包括所有前後台的戲劇從業「人員」，這些文武場、經勵科等人員，皆與演員一樣屬戲班成員，但不像演員通過腳色訓練扮演劇中人，因此不屬於「腳色」中一類。齊如山或許為論述方便，將非演員的各前後台人員，包括文武場、管衣帽的人員一併附論，但嚴格來說，第八章〈論各科〉的內容與書名界定範圍不合，顯示齊如山對「腳色」一詞的界線還不完全清楚。不過齊氏之前，絕大部分寫京劇界人員的專書，都只將目光集中在演員身上，即使是辻聽花《中國劇》這樣稍有劇論專書架式的專著，也只在關注演員之外，稍微介紹了「營業主」（即齊如山所稱「財東」），營業主在劇界畢竟是較有勢力的出資者，比較起來，經勵科、管盔箱的這些人員，地位更不顯眼卻是劇界運作不可或缺的小人物。也就是雖然齊如山在此書之分類與今天京劇學的分類不同，但他關注到後場成員如經勵科人員在戲界的重要性，在當時是很先進的眼光。

從對這套「齊如山劇學叢書」裡每本單行本的分析看來，這套書的確如齊如山自己所定義，是「國劇理論的書」，〔註 56〕而這個「理論」指的是最基

---

〔註 55〕曾永義：《曾永義學術論文自選集》（北京：中華書局，2008 年），乙編，頁116。
〔註 56〕見《齊如山回憶錄》，頁 188，《齊如山全集》，第八冊下。

礎性質分析的體系化，完全不涉及「用」的部分。其撰著的目的只是「盡可能保存京劇知識體系」。齊如山在這些書裡發表自己看法的頻率很少，絕大部分只做資料蒐集整理分類解釋的工作，更凸顯這套書作為京劇基礎知識彙整著作的特色。就現存的劇學叢書次序來看，齊如山的編排方式〔註57〕，是希望由京劇概論（《中國劇之組織》、《京劇之變遷》）→京劇行業組織整體說明（《戲班》）→京劇組成藝術細節（《國劇身段譜》、《上下場》、《臉譜》、《行頭盔頭》、《國劇簡要圖案》），這三種層次，讓讀者由概貌→細節，也就是先大致了解京劇的樣貌與歷史，再來了解實際支撐著京劇的骨架──戲班的組織運作方式，最後再將占京劇最重要地位，也是大家最感興趣的京劇表演藝術之基礎知識條分縷析。意味此套叢書雖然偏重於基礎知識介紹，齊如山對讀者閱讀先後順序，仍有自己的規劃，希望讀者先輪廓後細節，只是更細節處，如這些元素在京劇表演上的實際應用方式，或是這些元素含括的中華文化底蘊討論，因為當時大部分討論京劇的書籍或文章其實都有類似的內容，就不在劇學叢書涵納的範圍了。

　　啓發齊如山京劇的傳承必須是理論與實踐並行想法的，應該是前文提過的新舊劇之爭時期余上沅認為舊劇應該有好好整理保存的價值，以及胡適用學術研究中國古代戲劇的方式證明京劇的落伍，而且《新青年》新舊劇論戰時期，新劇界之所以看似占上風，正因為他們有一套論述嚴謹的理論支撐，因此讓正在籌備梅蘭芳訪美的齊如山發現，如果能將舊劇基礎知識，整理出一套有規則有邏輯的體系，則可以讓讀者知道，京劇是一套可成體系的知識，且也能讓外國觀眾更容易了解京劇。

## 第二節　京劇期刊建構的京劇知識

　　在齊如山這套《劇學叢書》印刷出版的同一時期，出版界發行的其他京劇刊物，也登了數以百計的劇論相關文字。這些《劇學叢書》以外的京劇期

---

〔註57〕編排順序與實際寫作順序並非一定完全一致，如劇學叢書之二《京劇之變遷》，集結出版於民國十六年，內容為藉由紀錄京劇的一些掌故軼聞，反映京劇從晚清到民國的變化現象；劇學叢書之一《中國劇之組織》大約完成於民國十七年，乃將京劇唱、念、作、打、行頭、切末，分門別類介紹解釋。若以寫作順序編排，此二書順序應調換，但以內容言，則《中國劇之組織》屬於全面性的京劇概論，《京劇之變遷》則屬於京劇史，對有意認識京劇者而言，自然是先念《中國劇之組織》再念《京劇之變遷》較為合宜。

刊劇論文章，因爲發行單位的差異，至少必須分成兩類分析：一類是跟《劇學叢書》一樣由國劇學會出版的京劇期刊——《戲劇叢刊》與《國劇畫報》，另一類則是由其他單位出的《戲劇月刊》、《劇學月刊》、《戲劇週報》、《半月劇刊》、《十日戲劇》、《半月戲劇》等京劇期刊。國劇學會是當時作京劇知識研究最有名的單位，因此下面先分析由國劇學會出版的《戲劇叢刊》與《國劇畫報》的內容特性。

　　傅芸子爲《戲劇叢刊》所撰的〈發刊詞〉明白揭示了國劇學會出版京劇期刊的動機：

> 現在舊劇固有缺點甚多，然其中所含之學理與藝術，確有不可磨滅
> 之精神與豐富之價值。故吾人認爲欲創一新國劇，必從整理舊劇入
> 手，舊劇匪唯足供民眾之娛樂而已，其在學術上猶有闡揚之必要。
> 今人治戲劇者，雖已較前有顯著之進步，然其目光仍注意於腔調之
> 變化、場子之改良，所研究論列者，不過術的方面而已。即有收穫，
> 亦於根本上無甚關係。至於戲劇組織之研究、角色名稱之考證、舊
> 籍曲譜之勘校、戲曲圖譜之搜集，國內學者之能致力於此種工作者，
> 實至罕覯。〔註58〕

傅芸子提到當時討論京劇的有識之士，大部分仍把目光聚焦在「術」的改革，而國劇學會出版的京劇期刊，要把目光放在「學」的整理。這揭示了《戲劇叢刊》與《國劇畫報》是以整理京劇各種學問爲目標的。

　　《戲劇叢刊》創刊於 1932 年 1 月 8 日，作者幾乎都是國劇學會同仁，又以齊如山、張伯駒二人爲撰作主力。以發揚舊劇之學術意義爲宗旨，因此《戲劇叢刊》特別著意於京劇知識的整理。整理的範圍包括三類：一是京劇臉譜、音韻、腳色、音樂、戲諺、京劇史等各種基本元素，此類文章在《戲劇叢刊》裡共 10 篇：齊如山撰著：〈臉譜之研究〉，〔註59〕對臉譜起源、分類等詳加解說；〈戲文警句〉，是將京劇戲詞中的精警的佳句整理列出，目的是證明京劇戲詞如同西洋莎士比亞劇中的經典戲詞一樣，也是在民眾日常生活中隨處可見，絕非如新劇支持者批評的「無意義」。〈戲劇腳色名詞考〉〔註60〕

---

〔註58〕見《戲劇叢刊》第一期（1932 年 1 月 8 日），《中國早期戲劇畫刊》，第十六
　　　　冊，頁 4。
〔註59〕見《戲劇叢刊》第一期（1932 年 1 月 8 日），《中國早期戲劇畫刊》，第十六
　　　　冊，頁 14～20。
〔註60〕見《戲劇叢刊》第一期（1932 年 1 月 8 日），《中國早期戲劇畫刊》，第十六

則是對戲劇各行當名稱之總目與細目，進行解釋與溯源考證。也就是就第一期的劇論文章就涵蓋了京劇裡臉譜、音韻、文詞、腳色等方面的研究。張伯駒〈亂彈音韻輯要〉，〔註61〕輯錄皮黃戲音韻中切音、陰陽、平仄、尖團、粗細、五聲、上口等之釋義與實例，並以韻部為主四聲為次分類各字，後來獨立成書出版。據《中國京劇史》之說法北京京劇是由徽劇、漢劇結合演變而來，音韻以湖廣音為基礎，受北京音影響產生變化。上口字是北京音與湖廣音結合的產物，純粹為湖廣音遺留的如「請」，京劇讀「寢」；「個」，京劇讀「過」；「賊」，京劇讀「則」。為湖廣音結合北京音產生的新發音上口字，如「知」，京劇讀「zhyi」，湖北讀「雞」音，安徽讀「滋」音；「說」，京劇讀「shuiē」，北京讀「shuō」湖北讀「所」音，安徽讀「色」音。尖團字則是某些字的聲母特殊讀音，凡聲母為舌尖音（z、c、s）者，如心、就、先等為尖音；聲母為舌面音（j、q、x）者，如新、舊、肩為團音。但京劇中的尖團字，其形成乃與元代周德清《中原音韻》關係密切，而非湖廣音。〔註62〕張伯駒則將京劇之音韻源頭上推到南北朝與元代的各知名韻書，如北齊周彥倫《四聲切韻》、元代周德清《中原音韻》等，張伯駒認為京劇音韻中的五聲、尖團、上口，通通來自於古代韻書留下的切音法則。張伯駒的說法自有其見地，因為尖團、上口等發音形式都是受語言交流產生的發音形式，而韻書正是語音現象的集中歸納成果，且其將京劇中的用字，在卷一詳列京劇中有那些上口字，其個別反切為何；第二章中，以十三轍為經、五聲（陰平、陽平、上、去、入）為緯，分類詳細列出，以明個別京劇字音收韻之狀況，第三章中詳細列出各字屬於尖音或團音，使學習者自修時可以有確實的發音依據，也可以矯正京劇表演時，因為不明發音規則而產生的發音謬誤，張氏替京劇音韻建立細膩體系，使京劇音韻的來源與發展史，晉級成跟崑曲音韻一樣歷史悠久有源有本，平仄粗細五聲反切等是跟崑曲一樣完備的戲劇。但是張氏在追溯京劇音韻源頭時，並未觸及京劇音韻與湖廣音、北京音等語音體系的關係。戲劇發展過程中，對戲劇音韻影響最大的是流傳地區的語言，畢竟戲劇需要觀眾，因此將關注點放在韻書，難免有理論大於實用的缺憾。張

---

　　　冊，頁48～120。

〔註61〕見《戲劇叢刊》第二期（1932年5月20日），第三期（1932年12月20日），《中國早期戲劇畫刊》，第十六冊，頁168～177、360～388。

〔註62〕見馬少波等主編：《中國京劇史》（北京：中國戲劇出版社，1990～2000年），頁82～84。

伯駒之前，討論京劇音韻，是以演員個人事例爲中心，如晚清倦遊逸叟《梨園舊話》提到程長庚「崑劇最多，故其字眼清楚，極抑揚吞吐之妙。」〔註63〕談徐小香：「是日在戲園演出《孝感天》，談及其【反調】各腔，殷殷請教於（孫春山）駕部謂『如有未協之處，務求指示毋隱。』駕部極贊美之，旋背人低語之曰：『共叔段，共字乃平音。攘流之助，如是而已。』徐幾欲下拜。」〔註64〕張伯駒此文不但是第一個專注於京劇字音通則的文章，也是第一個眞正將京劇字音分類詳細整理且十分完整的文章。張謬公〈中國舊戲上之音樂〉〔註65〕，淺談舊戲之文武場面曲牌之使用實各有固定邏輯，如父子夫妻兄弟久別重逢之場合吹【哭相思】，飲喜酒吹【畫眉序】，而這種音樂與使用場景的搭配邏輯，是值得挖掘探討的。莊清逸〈南府之沿革〉，〔註66〕梳理宮廷演劇機構之淵源與流變。尙和玉〈武工把子名詞〉，〔註67〕介紹了京劇武戲中，所有有關武工與把子的專業術語，包括虎跳、雲裡翻、燈籠泡……等，共 177 種名詞，並依其性質歸屬分爲筋斗、槍對槍、大刀對大刀、棍對棍、大刀對槍、大刀雙刀、大刀單刀、單刀槍、雙刀槍、空手奪、操手（即空手）、結攢、上下手打當等 13 類。但是本文僅列出這些名詞而未針對每個名詞做更詳細的說明，據齊如山所言：「每種之姿式，每套之打法，尙有詳細註解，但一時未能寫完，故先將名目錄出，以供同好。」〔註68〕是因爲對此主題感興趣的讀者很多，因此爲了滿足大家的殷殷垂詢，所以搶先刊登了已經做好的名詞目錄，至於詳解因爲較費時間，因此寫完再刊。齊如山〈國劇身段譜〉，〔註69〕即爲後收入《劇學叢書》中的《國劇身段譜》前身。莊清逸〈戲中角色舊規則〉，〔註70〕此文追述京劇自成立至今日，演員在表演形式上的變化，包括靑

---

〔註63〕　《清代燕都梨園史料》，頁 815。

〔註64〕　《清代燕都梨園史料》，頁 821。

〔註65〕　見《戲劇叢刊》第二期（1932 年 5 月 20 日），《中國早期戲劇畫刊》，第十六冊，頁 149～151。

〔註66〕　見《戲劇叢刊》第二期（1932 年 5 月 20 日），《中國早期戲劇畫刊》，第十六冊，頁 154～157。

〔註67〕　見《戲劇叢刊》第二期（1932 年 5 月 20 日），《中國早期戲劇畫刊》，第十六冊，頁 160～165。

〔註68〕　見《戲劇叢刊》第二期（1932 年 5 月 20 日），《中國早期戲劇畫刊》，第十六冊，頁 160。

〔註69〕　見《戲劇叢刊》第二期（1932 年 5 月 20 日）、第三期（1932 年 12 月 20 日），《中國早期戲劇畫刊》，第十六冊，頁 179～299、389～475。

〔註70〕　見《戲劇叢刊》第三期（1932 年 12 月 20 日），《中國早期戲劇畫刊》，第十六

衣花旦結合成花衫、文場主奏樂器由笛子改爲胡琴等。齊如山〈談昇平署外學腳色〉，〔註71〕此文講述昇平署之大略分期，並記錄同治初年太平天國亂平後，昇平署從民間選入宮廷的教習名單。莊清逸〈票界懷舊錄〉，〔註72〕記錄作者近三十年所見未下海之票界名宿共 41 人。這些基本資料之整理在京劇中地位相當重要，但在此之前並無著作對此做過體系性整理，而彰顯這些基本資料中蘊含的知識體系，正可證明京劇並不是落後野蠻、沒有章法的下等藝術，而是有章法、有知識統系、源流清楚的複雜藝術型態。二是以這些基本元素整理爲基礎，論述反駁反對京劇者提出的質疑，共三篇：齊如山〈論戲劇之中州韻有統一語言之能力宜竭力保存之〉〔註73〕將京劇的韻白與訂定國語做了聯繫，認爲全國能聽懂中州韻的民眾比例多於京音，因此中州韻才是全國最多人聽得懂的語音，而皮黃與崑曲這兩種風行且影響力大的劇種皆用中州韻，故應讓此二劇種發揚光大，影響全國人民完成語音統一。齊如山〈論戲詞不怕典在事後〉，〔註74〕是針對舊劇戲詞用典的問題提出看法，因爲當時支持新劇的學界人士經常質疑舊劇的其中一點，就是戲詞裡用典時代的問題，新劇人士所稱「用典時代之不合宜」，指的是前代人卻口出後代典故，如元雜劇《高唐夢》裡，楚襄王身爲戰國君主，卻吟誦唐代杜甫〈訪衛八處士〉之詩句：「今夕復何夕，共此燈燭光。」齊氏針對此點指出，京劇是寫意藝術不是寫實藝術，使用典故的目的是在渲染當下之環境與人物心境，因此只要渲染效果成功，時代問題實無關緊要。澹雲〈國劇之印象作用〉，從舞台、色彩、聲音三方面闡揚京劇寫意的特點與優長。三是近一步討論中國戲曲與其他學術領域之關係，類似今天的比較文學，共兩篇：張伯駒〈佛學與戲劇〉，〔註75〕將佛學與戲劇從維持人生安寧的層面比較，說明二者在達到維持人生

---

〔註70〕（續）冊，頁 331～338。

〔註71〕見《戲劇叢刊》第三期（1932 年 12 月 20 日），《中國早期戲劇畫刊》，第十六冊，頁 341～348。

〔註72〕見《戲劇叢刊》第三期（1932 年 12 月 20 日），《中國早期戲劇畫刊》，第十六冊，頁 351～358。

〔註73〕見《戲劇叢刊》第一期（1932 年 1 月 8 日），《中國早期戲劇畫刊》，第十六冊，頁 22～25。

〔註74〕見《戲劇叢刊》第二期（1932 年 5 月 20 日），《中國早期戲劇畫刊》，第十六冊，頁 144～146。

〔註75〕見《戲劇叢刊》第二期（1932 年 5 月 20 日），《中國早期戲劇畫刊》，第十六冊，頁 140～141。

永遠安寧的效用上一樣，只是方法不同。張伯駒〈戲劇之革命〉，〔註76〕乃是張氏在國劇傳習所開學典禮之演講，所以著重談了張氏本人對舊劇革命的看法，他認為革命實為革新之義，舊劇革命應該是發揚舊劇原來的好處，於實際演出上用功，而非拋棄舊劇一律學西洋。

《國劇畫報》自 1932 年 1 月 15 日開始出版，「畫報」顯示此份刊物圖畫與劇照比例比其他京劇期刊高，但這裡的圖畫與劇照之性質，與其他期刊，以之為商業手段不同，而是以為京劇留下歷史紀錄的標準刊登圖畫與劇照，因此《國劇畫報》的劇照幾乎都是重量級演員，而且除了四大名旦，還有余叔岩楊小樓以及晚清的老演員。《國劇畫報》的〈發刊詞〉對畫報刊登大量京劇圖畫與相關照片的動機如此解釋：

> 蓋年來國人之治戲劇者，其目光已不專重於腔調之變化、場子之改良，而在搜集文獻（如朱遇先之搜得昇平署文獻、齊如山之拍攝精忠廟壁畫）、保存圖照（如梅浣華之購藏明清臉譜、余叔岩之搜藏程徐畫像），為學的方面之校訂與整理之新工作。本會同仁，年來所得資料，頗有足供同好之研究者。故特創刊此報，將所藏資料，公諸世界。〔註77〕

也就是《國劇畫報》的出版是意圖為呈現京劇歷史的這些圖像或文獻資料，建立一個公開發表、保存的園地，因此本刊刊登的資料包括搜集到的昇平署文獻、故宮風雅存小戲台照片、晚清著名武生俞菊笙與武旦余玉琴之《青石山》劇照，以及親耳聽說的戲劇傳聞……等，而沒有長篇論述。這就與《戲劇叢刊》著重「研究」，多做長篇論述的內容形式有很大區別。《國劇畫報》的文章是以類似閒談形式出之，對京劇歷史、掌故、故伶劇藝……等方面多有紀錄討論，但學術氛圍不像《戲劇叢刊》那麼明顯。例如齊如山〈京劇之變遷〉，以閒談京劇軼聞掌故之方式，編織出一部京劇史。〈京劇之變遷〉刊登於《國劇畫報》而不刊於《戲劇叢刊》，原因即為其形式類似典故雜綴，而非體系性論述。

再從兩種刊物的出版日期來看，《國劇畫報》第一卷第一期出版於 1932年 1 月 15 日，而《戲劇叢刊》第一期出版於 1932 年 1 月 8 日，《戲劇叢刊》

---

〔註76〕見《戲劇叢刊》第三期（1932 年 12 月 20 日），《中國早期戲劇畫刊》，第十六冊，頁 306～309。

〔註77〕見《國劇畫報》第一卷第一期（1932 年 1 月 15 日），《中國早期戲劇畫刊》，第十六冊，頁 478。

僅比《國劇畫報》早出版一星期，基本上兩份刊物屬於同時期出版。因此綜合兩份刊物的內容：《戲劇叢刊》主要刊登爬梳研究戲劇資料之學術論文，《國劇畫報》則刊登新進挖掘出的戲劇資料，可將兩份刊物視作國劇學會規劃的互補刊物。那麼國劇學會為何會對出版的京劇刊物做這樣的區隔？《國劇畫報》刊登過國劇學會創辦的國劇傳習所兩位學員，迷鵬〔註78〕與建英（本名郭建英）投稿的系列文章。當時正式發行的京劇期刊中，也唯有國劇學會出版的《國劇畫報》刊登發行機構所屬戲劇教育機構學員之學習筆記，程艷秋為副院長的南京戲曲音樂院，也成立了中華戲曲專科學校，但並未刊登過由學生撰寫文章，可見《國劇畫報》與國劇傳習所並不僅止於同樣由國劇學會創辦這樣的關係。歸類這些文章的內容，包括紀錄傳習所課程安排的順序、聽學術性課程與演講之心得、上該行當技術課程之內容記錄……等，基本可以視為一種經師長們挑選出來的變形「共同示範筆記」。若與《國劇畫報》上其他文章內容（戲劇文獻、圖片介紹、典故閒談……等）綜合來看，我們未嘗不可將《國劇畫報》視為國劇傳習所的文宣以及所中學員的「補充教材」。在《國劇畫報》第十期的騎縫，有一則「國劇傳習所招生廣告」，在報考之學生資格限制上，做了如下說明：「具有普通常識國文文理通順者。」〔註79〕傳習所教師李洪春談到該所學生也這麼說：「該社的學生都是經過報名、考試後錄取的。他們都是喜愛戲曲的大、中學生，也有科班出來的學生。」〔註80〕也就是國劇傳習所要求的學生必須受過一定程度的教育，即使是出身科班的學生，也必須符合這樣的條件才能錄取。因此可知國劇傳習所是以「文化傳承」為目的，只有受過一定教育的學生，才有能力接受文化傳承。由國劇學會出版的這三種刊物來看，《劇學叢書》建構京劇基礎知識，《戲劇叢刊》進一步研究京劇學術，《國劇畫報》保存京劇史料。這三種刊物正組合成京劇劇論的完整面向，也呈現出國劇學會對京劇研究的規劃藍圖。

---

〔註78〕案「迷鵬」為筆名，據作者自述為「老生甲組」學員，對照《國劇畫報》之「國劇傳習所開學紀念特刊」所登學員名單，應該是指名單上排在最前的「老生組」（因為排名第二的名為「崑曲老生組」），但考察老生組學員名單，名字中有「鵬」字的便有段建鵬、蕭鵬飛兩位，且文章內容完全未透露作者身分，估存疑待考。

〔註79〕見《國劇畫報》第一卷第十期（1932年3月25日），《中國早期戲劇畫刊》，第十六冊，頁514～515。

〔註80〕李洪春述、劉松岩整理：《京劇長談》（北京：中國戲劇出版社，1982年），頁225。

　　另外六種並非國劇學會出版的京劇期刊，則與國劇學會出版的三種書刊內容取向不同。以下將這些京劇期刊中之京劇相關劇論文章作一概略統計：

〔註81〕

| 期刊名稱<br>文章類別 | 戲劇月刊 | 劇學月刊 | 戲劇週報 | 半月劇刊 | 十日戲劇 | 半月戲劇 |
|---|---|---|---|---|---|---|
| 唱念 | 13 | 5 | 1 | 1 | 3 | × |
| 音韻 | 10 | 7 | 2 | 4 | × | 3 |
| 做表 | 2 | × | × | × | 1 | × |
| 裝扮〔註82〕 | 4 | 3 | 2 | 1 | 2 | × |
| 臉譜〔註83〕 | 1 | 3 | 1 | 1 | 1 | × |
| 行當 | 2 | 2 | 1 | 3 | 3 | × |
| 切末　道具　布景 | × | 5 | 2 | × | × | × |
| 音樂〔註84〕 | 11 | 4 | 1 | 1 | 1 | 1 |
| 劇壇風氣 | 10 | × | 3 | 13 | 10 | × |
| 表演綜論〔註85〕 | 1 | × | 3 | × | 1 | × |
| 其他〔註86〕 | 1 | × | × | × | × | × |
| 劇評寫作論述<br>〔註87〕 | 2 | 3 | 1 | 3 | 3 | × |
| 劇目名稱 | × | × | × | × | 2 | × |
| 譯譜心得 | 6 | × | × | × | × | × |
| 編劇〔註88〕 | × | × | 6 | 2 | 3 | 2 |
| 篇數總計 | 63 | 32 | 23 | 29 | 29 | 6 |

---

〔註81〕《劇學月刊》中有很多介紹西洋音樂、戲劇的研究文章，不納入此表。
〔註82〕裝扮，包括行頭、扮相、化妝。
〔註83〕臉譜本也可算京劇化妝的一種，但因其從新舊劇之爭時代就是討論頻繁的主題，齊如山也為之撰著一本專門書籍，因此特別獨立分類方便比較討論。
〔註84〕包括胡琴跟武場而以胡琴為主。
〔註85〕此項中的文章，是將京劇表演藝術的唱念作打綜合論述，比如討論何為「應工戲」。
〔註86〕此項為與京劇藝術理論無直接關係，但仍屬於談論京劇界風俗的文章，比如談如何治啞嗓等。
〔註87〕此為談論劇評文章該以甚麼內容與態度寫作。
〔註88〕此項乃討論編劇方法並以實際劇本為例。

以上表格列出的京劇期刊中，劇論文章包含面向最多的是《戲劇月刊》，也是當時代表性京劇期刊中，發行時間最早者，因此刊中的劇論文章可說是京劇刊物鼎盛期，較有意識寫作劇論文章的最早型態。本刊劇論雖非專以學術討論為目的，但總體說來都是嚴謹的討論。《劇學月刊》在這批京劇期刊中是「學術」性最高的刊物，不過相較之下，本刊中對京劇傳統元素的討論數量，反而沒有《戲劇月刊》來的多，反倒對崑曲曲牌做了不少學術性分析，也曾用半本雜誌的篇幅，介紹西方曾出現過的三線樂譜，並且頻繁刊登介紹西方戲劇界的文章，還在程硯秋出國遊學期間，刊登了大量由程硯秋發回的大量俄、德、法劇界照片，包括：歐洲大國劇院建築、歐洲戲劇演出實況、戲劇相關遺跡……等。《半月劇刊》，主要討論接近抗戰時，劇壇的變化趨勢，比如京劇界老伶工凋零而新演員演技仍有待琢磨，開始漸漸出現藝術斷層的跡象，而話劇日漸茁壯，但京劇研究性質刊物的發行卻始終沒有更進一步的發展等等。《半月戲劇》，至 1937 年 7 月底為止發行了三期，這三期共 11 篇劇論文章，值得注意的是，本刊發行時間已十分接近抗戰，因此劇論中呈現了許多當時特有的劇壇發展狀況。如：四大名旦等名伶已紛紛退隱或半退隱，所以新一代的伶人有接棒之趨勢，且因為電影的日漸普及，戲曲電影在上海也越來越多。

　　進一步檢視此表格列出的六種京劇期刊劇論文章，所包含十七項京劇討論主題，又可進一步再歸為表演藝術（唱念、音韻、做表、裝扮、臉譜、行當、切末、表演綜論）、劇本（劇目名稱、編劇）、音樂（音樂、譯譜心得）、劇評及劇壇現象等五大類。其中討論京劇傳統元素的文章比例佔了一半以上，表示即使是像京劇期刊這樣，由大量不同寫作者在不同年代撰著的劇論文章，京劇傳統元素的討論，也還是文章聚焦的重點。京劇期刊聚焦的京劇傳統元素，比較其文章數量，以唱念、音韻、音樂為前三名。討論京劇音樂的文章以胡琴為大宗，胡琴主要功用是為演員伴奏。戲曲的音韻與唱念關係密切，期刊京劇音韻文章的作者，對於尖團字特別注意，劉豂叟〔註89〕〈咬字舉隅〉，〔註90〕一開頭就強調咬字為戲劇之唱作中首要，特別是尖團字須分清，於尖團字舉出某些字為尖字，如何念，例：「消字，宜念私腰切。」或是某些字為團字不可念為尖字之實例，如「發花轍沒有尖字，如下字不能念思

〔註89〕即劉豂公。
〔註90〕《戲劇月刊》一卷七期，《中國早期戲劇畫刊》，第三冊，頁 41〜42。

軋切。」提供唱戲或研究者部分易發音錯誤的尖團字語音示例。惜花館主人
〈尖團識小錄〉，以中州韻韻書為準列出 2000 餘字，以部首為分類總綱，再
將每個部首下列出的字，以尖團分類標記。〔註 91〕總括而言，京劇期刊劇論
文章最熱烈討論的京劇傳統元素，還是以唱工為第一，這也與京劇四工「唱
念作打」，始終將唱排在首位相合。在這三類與唱工關係密切的研討文章裡，
音韻研究的數量略多於對唱工本身的討論，音韻研究之所以成為當時劇論文
章中的顯學，也是跟京劇愛好者對唱腔、念白的重視分不開。當時京劇演員
習於北京方言，很多京劇演員的唱工與韻白咬字都已京化，導致原有的尖團
字、十三轍往往名存實亡，如曠觀〈旦角字兒應完全以生角為標準〉一文，
〔註 92〕指出梅尚程荀徐五大旦角於音韻尖團皆不免有疵，如梅蘭芳「尖團比
較尚準，間有疏失。又京音太多。」尚小雲「不講韻學，訛字極多。錯歸韻
也、讀京音也，不一而足。」程艷秋「尖字極多，幾乎無團。」荀慧生「尖
團尚佳，但近來常將團字誤為尖字。」徐碧雲「喉音字往往吃得太深，此
學梅討俏過火之弊。」連當時最知名的五大名伶都如此，還有旦角演員自作
聰明，滿口尖字者。當時真正對字音一絲不苟者，只剩老生言菊朋、雷喜福
這樣的鳳毛麟角。這些語音上的訛誤現象，對屬於知識分子階層的文章撰
著者來說，是京劇面臨的嚴重問題，因此此時京劇期刊上出現了許多講解尖
團字源流、十三轍源流，甚至詳列尖團字與十三轍所有韻腳字的文章，主
要目的就是希望台上演唱的演員和票友能使用「正確發音」，以免京劇變成四
不像。

這些《劇學叢書》與京劇期刊討論的共同九項京劇傳統元素，其實也正
是《新青年》的胡適、傅斯年等易卜生戲劇支持者，對舊劇大力批判的重點，
比如發抒心情一律一唱完事、不論人物身分都是滿頭珠翠、臉譜是野蠻民族
的遺留……等，《新青年》大力批判在地京劇項目，在十年後的大量京劇劇論
文章仍舊是討論的重點，雖然《新青年》知識分子認為這些項目都是京劇落
伍不合理的證據，而《劇學叢書》與京劇期刊劇論文章則是藉由整理論述這
些項目的性質特點，證明京劇一切元素自有其邏輯性，並非落伍野蠻的遺形
物。《齊如山劇學叢書》中《臉譜》一書之〈弁言〉即云：「研究話劇的人，

---

〔註91〕《戲劇月刊》一卷七期、一卷九期，《中國早期戲劇畫刊》，第三冊，頁 81～
　　　　94、399～416。
〔註92〕《戲劇月刊》一卷一期，《中國早期戲劇畫刊》，第一冊，頁 105～107。

對於國劇有許多地方都不滿意，勾臉一層更是反對最屬害的一點，其實勾臉有許多的道理，可以說是化妝方面極好的一種發明。……各種臉譜的神氣，實在能夠把個人的性質脾氣表現出來，但是我們研究之前，必須先把『臉沒有那麼紅！』『臉沒那麼藍！』這些成見撇在遠遠的。」雖然齊如山對臉譜體系的整理申說，已經足以讓京劇臉譜自身的價值完全站住腳，但齊氏還是要特別點出話劇支持者對臉譜「不夠寫實」的批評觀點，作為他研究臉譜的前提。可見《新青年》知識分子的批評，其影響力一直到新舊劇之爭結束十餘年後，依然在京劇喜好者心裡佔有相當的位置。

　　值得注意的是，京劇期刊劇論文章很多作者，尤其是討論臉譜類文章的作者，通常都會提到《齊如山劇學叢書》的討論內容。比如《戲劇月刊》怡翁〈臉譜論釋〉便說：「齊如山氏所作《中國劇之組織》，謂關羽包拯之臉譜，發祥最早，蓋本崑戲為言，確論也。」〔註93〕怡翁轉述的齊如山《中國劇之組織》關於臉譜的說法，齊氏原文是這樣的：「大致從前勾臉者，文人中只有關羽、趙匡胤、包拯等數人而已。亦不過稍事揉染。」〔註94〕而後文始云「勾臉至明朝方盛」，怡翁應該是因此得出齊如山「蓋本崑戲為言」的結論。這些京劇期刊討論臉譜、樂器……等戲劇事物的文章，多半都會配上圖片，甚至一附就十頁，與「劇學叢書」處理這些事物的編撰形式遙遙呼應。可見齊如山《中國劇之組織》一書在當時的劇論中，的確佔有重要地位，甚至對很多京劇傳統元素的知識整理，都是由齊如山開始的。

　　不過《劇學叢書》與京劇期刊劇論文章，雖然都以這些京劇基礎元素為討論重點，討論之模式卻不盡相同。因為京劇期刊劇論預設的讀者是較資深的戲迷，著重在讀者擁有豐富基礎知識的前提下，對京劇各層面做更深更廣的談論。以齊如山《臉譜》一書與怡翁〈臉譜論釋〉討論紅色臉的部分比較，齊如山的「紅色臉」介紹，是歸類於第二章〈論顏色〉中，且只談這種顏色用在臉譜上，是用以凸顯腳色之「性氣大致多忠勇耿直」，至於紅色臉中最具代表性的關公臉譜，齊如山僅針對其紅色之深淺流變簡單說明：「紅臉之顏色，關公因有面如重棗之號，故弋腔中早就勾極紅之臉，數十年來，北京又皆用揉臉。」〔註95〕而關羽著名的「臥蠶眉」，則是放入〈論眉〉一章解釋。

---

〔註93〕　見《戲劇月刊》三卷三期（1930年12月），《中國早期戲劇畫刊》，第十冊，頁47。

〔註94〕　見《中國劇之組織》，頁91，《齊如山全集》，第一冊。

〔註95〕　見《臉譜》，頁8，《齊如山全集》，第一冊。

怡翁〈臉譜論釋〉討論「紅色臉」，則完全以腳色為綱目，關羽之臉譜為紅色整臉〔註96〕代表，聞太師為紅色老臉〔註97〕代表，關泰為紅色三塊瓦臉〔註98〕代表。且在每一節中，除了討論紅色代表之腳色性格，也會特別描述此角的臉譜具體勾法，如果某腳色在不同劇種勾法有異，也會依劇種不同分別申說，比如關公臉譜一節中，作者就又分出崑劇、漢劇、京劇的關羽臉譜三部分，分別記錄其勾法。以崑劇之關羽臉譜為例：「關羽臉譜，即用胭脂揉為棗紅色，以示其重棗之面孔。崑劇所畫，眉細而秀，上端稍屈，以示其勇。眼修長，眼角下稍鬥，示其聰明。此眉與眼之畫法，皆根據於《演義》中『丹鳳眼、臥蠶眉』之語而來。」〔註99〕「眼角下稍鬥」，指其兩眼前端之眼角位置稍近。除了介紹關羽為紅臉，還描述了小說中的丹鳳眼與臥蠶眉，在臉譜中如何具象化。兩相比較，可以明顯發現，齊如山的臉譜論述是將臉譜做零件拆解，臉譜的顏色、眉、眼窩之勾法，是分門別類獨立成章，怡翁則是以臉譜為一完整單位，將同一臉譜的各項元素都涵融於腳色之下。齊氏之分析方式適合對京劇臉譜毫無概念的讀者，可以從臉譜最明顯的顏色之分入手，再進一步了解更細的眉眼等五官之勾畫，也可隨時於某部分暫停。怡翁之分析方式則適合常看京劇的讀者，一提到關羽、聞太師，腦海中自然浮現此二角臉譜之大致樣貌，因此可以在介紹時以腳色統攝，再慢慢介紹此完整臉譜上的眉、眼等各種部件之勾法。

　　表格中另一半文章則大部分是對當時劇壇現況的討論。比如表中所列「劇壇風氣」一項，所討論並不限於台上的演員的演出風氣良窳，還涉及了對戲園廣告、觀眾心理與演員走紅關係等更有時代性的主題。對戲園廣告的

〔註96〕 整臉，全臉以一種顏色為主（多為紅、黑色），不勾花紋，只在主色上畫出眉眼鼻嘴和紋理，表現人物的神態。見《京劇知識詞典》，頁 67。

〔註97〕 老臉，正式名稱為六分臉，由整臉派生而來，腦門畫成白色，眉的兩個上端畫兩條極粗的白眉坐，眉梢往下勾至耳間，在白眉中間點兩個很重的黑點，表示年紀大。特點是腦門的半截立柱紋和眼窩以下部位均畫成一種顏色，或黑色，或紅色，或紫色，與白色腦門構成六與四的比例，故名六分臉。見《京劇知識詞典》，頁 67。

〔註98〕 三塊瓦臉，在整臉的基礎上，突出眉、眼、鼻等顏面上的部位勾繪，是臉譜中最基本的譜式。很多臉譜都從三塊瓦演變而來。它以一種主要顏色作底色，用黑色把眉、眼、鼻三窩高度誇張地勾畫出來，故又稱「三塊窩」。因額部和兩頰的主色，被明顯地分成三塊，平整猶如三塊瓦，故名三塊瓦臉。《京劇知識詞典》，頁 67。

〔註99〕 見《戲劇月刊》三卷三期，《中國早期戲劇畫刊》，第十冊，頁 48～49。

討論，如《戲劇月刊》中徐恥痕〈戲劇與廣告之關係〉〔註100〕，針對這些戲
園廣告〔註101〕提出了數項待改進之缺點，如：廣告單材質不佳印刷不良、廣
告中演員（尤其是名腳）名字幾乎占滿廣告。徐氏認為材質與印刷的不良，
易使宣傳效果打折，因為大部分的人並沒有充裕時間辨認模糊的字跡，所以
應加緊改良廣告單的材質與印刷技術；而廣告內容讓名腳之名字占了大部分
空間，最多只能再塞下劇名，劇情與戲詞佳句在廣告上卻隻字未寫，使觀
眾對這齣戲一無所知，作者認為劇情介紹與佳句才應是宣傳中地位最重要的
部分。作者對戲劇廣告的關注，反映了當時演出數量之多，以及戲園對於演
出宣傳的重視，才會讓戲園廣告招貼，成為一個值得討論的議題，而作者對
劇情介紹與戲中佳句的重視，正與作者身為知識份子階層一員有關，只是
與一般觀眾的喜好趨向，不一定完全相合。作者指出這些戲園廣告「缺點」
的第一點的確是個缺失，但戲園不急著改良，很可能是因為印刷品質不良，
對進戲園看戲的觀眾而言並不構成問題。缺點的第二點，其實正從一個側面
反映了當時京劇的演員中心特質，戲園的招貼既是為了吸引觀眾，則廣告
形式必定多少反映了觀眾看戲的重點，廣告主體是主演名腳之名，顯示當時
吸引京劇觀眾進劇場看戲的誘因，大部份不是曲折精采的劇情，也不是文采
精警的戲詞，而是淋漓盡致的演員表演藝術，因此是否事先知道劇情與部
分戲詞，絲毫不影響觀眾看戲的興致，且當時大部分上演的劇目都是老戲，
觀眾對劇情與戲詞早已耳熟能詳，故戲園為省事起見，通常只有新戲演出時
才刊登劇情與戲詞，觀眾對演員的重視，正好解答了廣告印刷品質問題，
觀眾只要演員名姓夠大看得清楚就可以了。觀眾心理與演員走紅關係，以劉
豁公〈從梅蘭芳說到群眾心理的變遷〉〔註102〕最具有代表性，因為此文觸及
了觀眾心理分析的層面。劉氏以當時最負盛名且有伶界大王之稱的梅蘭芳
為例，闡述演員地位確立之原因與過程。劉氏指出，一個演員是否能成為萬
眾矚目的舞台寵兒，除了演員自身表演藝術良窳之外，恰好趕上時代變遷
下，觀眾內心喜好的轉變也很重要。梅的叫座力能如此強大，乃因其趕上戲
園電燈照明加強的時代趨勢，當戲園燈光不再如此昏暗，觀眾再無須壓抑視

〔註100〕徐恥痕：〈戲劇與廣告之關係〉，《戲劇月刊》，一卷二期，《中國早期戲劇畫
　　　　刊》，第一冊，頁261～263。
〔註101〕當時戲園的演出廣告，分為：報紙廣告、園外招貼、園內戲單三項。
〔註102〕豁公：〈從梅蘭芳說到群眾心理的變遷〉，《戲劇月刊》，二卷六期，《中國早期
　　　　戲劇畫刊》，第六冊，頁431～433。

覺，從「聽戲」變成「看戲」，梅蘭芳嫵媚的扮相、窈窕的身形與華麗新穎的裝束作派，恰好給與觀眾極高的視覺饗宴，迎合了觀眾的愛美心理，因此才能坐上劇壇第一的寶座，一味從表面上學習梅蘭芳，是不可能成為梅蘭芳第二的。

《半月劇刊》中滄玉的〈平劇式微〉〔註103〕一文指出，當時的京劇因為老伶工相繼凋零，產生無以為繼之勢，年輕伶人又避重就輕，專以取巧為務，捨棄正腔滿調，更讓批評者堅信京劇是靡靡亡國之音，而讓話劇漸有與京劇抗衡之勢。也就是滄玉的文章告訴我們話劇在中國流行後，對京劇產生影響衝擊。在劇論層面，一開始是《新青年》以理論論述，主張以話劇取代京劇，引起了十多年後京劇的知識規模建構，但在劇壇的實際發展上，話劇的確給勢力壯盛的京劇造成一些衝擊。話劇可以對京劇造成衝擊，可知兩種戲劇類型各有擁護者，也就是新舊劇的相爭，逐漸由激烈理論之爭，轉為劇壇實際發展路線的比拚。此時期的作者，也開始注意到京劇期刊與話劇期刊發展上的比較。如廣圃〈國劇刊物之困難〉，〔註104〕首先明白指出國劇觀眾明明遠多於話劇觀眾，但研究話劇之刊物卻遠多於研究國劇之刊物，可能因國劇刊物在編輯印刷需求精美而產生發行之困境。學李〈國劇出版物之現況及與國劇本身之關係〉，〔註105〕指出國劇獨霸劇壇廣受歡迎，但有關話劇的研究刊物與書籍欣欣向榮，與國劇相關之出版物卻十分貧弱，因為京劇演員與觀眾，並不願意花額外時間閱讀研究京劇之刊物，而對學問研究最有興趣的知識份子，則有太多選擇可閱讀，不一定要看京劇期刊，因此對出版商來說，京劇讀物缺乏銷路與利潤，因此不願繼續出版。《半月戲劇》金雨辰〈牌子〉，〔註106〕文章中所謂「牌子」並非指文武場演奏的曲牌，而是指演員的「派別」，因為當時年輕伶人向四大名旦等名伶拜師者相當多，但卻有不少並非真醉心於名伶的藝術，發願潛心學習傳承，而是為獲得一塊某大師弟子的招牌，以便演出時標榜，獲取虛名。徐慕雲〈敬告電檢會——檢查時應注意《斬經

---

〔註103〕見《半月劇刊》第九期（民國 26 年 1 月 1 日），《中國早期戲劇畫刊》，第二十六冊，頁 173。

〔註104〕見《半月劇刊》第七期（民國 25 年 12 月 1 日），《中國早期戲劇畫刊》，第二十六冊，頁 129。

〔註105〕見《半月劇刊》第十六期（民國 26 年 4 月 16 日），《中國早期戲劇畫刊》，第二十六冊，頁 314～315。

〔註106〕見《半月戲劇》一卷二期（26 年 6 月 25 日），《中國早期戲劇畫刊》，第三十三冊，頁 52～53。

堂》片中之觀音像〉，〔註107〕此篇主就《斬經堂》之戲曲電影中，為寫實而將經堂布置成一間精美佛堂，導致文化史上的扭曲提出批評，因為西漢平帝時佛教尚未傳入中國，也可見當時電影之流行，故政府已需特別設立電影檢查機制。

## 第三節　《文學周報》與魯迅對梅蘭芳的質疑

在遭受新文化運動十年猛烈的批判後，京劇不但滲透進民眾的日常生活，勢力更加龐大，並開始對自身缺乏戲劇理論體系的弱點大力補強。這讓新劇支持者相當焦慮，於是他們依然強烈攻擊舊劇，只是方式從理論性批判轉為針對標靶人物的嘲諷。1929 年，由鄭振鐸主編，在上海發行的《文學周報》，出了一期「梅蘭芳專號」，但與 1928 年劉豁公主編的上海《戲劇月刊》所出「梅蘭芳專號」，〔註108〕立意完全相反。《戲劇月刊》的專號是讚美梅蘭芳，《文學周報》的專號卻對梅蘭芳極度嫌惡不友善。「梅蘭芳專號」的小引解釋專號的動機：

> 老實說，我們對於舊劇——尤其是皮黃——始終是沒有甚麼好感
> 的。關於舊劇中的種種非人的不合理的動作與規則，我們久想有幾
> 句話要說。現在既有了這個絕好的宣傳機會，我們怎麼能不將久積
> 未吐的悶氣，盡量的傾吐出來呢？〔註109〕

當時《順天時報》已舉辦過京劇五大名伶新劇選舉，但當代劇壇只有梅蘭芳鋒頭最健、獨領風騷，因此在新劇支持者眼裡，梅蘭芳就是舊劇的化身，欲打擊舊劇必先打倒梅蘭芳，於是把矛頭全對準梅氏，火力全開大加嘲弄批判。陳夢熊認為，此專號的十二篇文章，正是五四之後部分知識分子「打倒孔家店」的激進觀念，反映在對京劇與梅蘭芳看法上的結果。〔註110〕

梅蘭芳順應《新青年》知識分子的批評，新編許多詞句典雅、展示古樂、古舞的劇目，卻未獲鄭振鐸等人的認可。鄭振鐸〈沒落中的皮黃劇〉提到皮黃之所以代崑曲流行，乃因詞句通俗一般民眾容易理解，但梅蘭芳的劇本變

---

〔註107〕見《半月戲劇》一卷三期（26 年 7 月 10 日），《中國早期戲劇畫刊》，第三十三冊，頁 69〜70。
〔註108〕見《戲劇月刊》第一卷第六期（1928 年 11 月），《中國早期戲劇畫刊》，第二冊，頁 355〜549。
〔註109〕鄭振鐸主編：《文學週報》第八卷一〜四號合訂本（1929 年 1 月）。
〔註110〕翁思再：《京劇百年叢談錄》（北京：中華書局，2011 年），頁 85〜86。

革卻加速了皮黃的日落西山：

> 前幾年，有一班捧梅的文人學士，如李釋堪〔註111〕之流，頗覺得皮
> 黃劇中的舊本，文句類多不通，很生了「不雅」之感，於是紛紛地
> 爲梅蘭芳編制《太眞外傳》《天女散花》一類的劇本。文字的典
> 雅，有過於崑劇。繼之，則爲程硯秋、尚小雲編劇本者也蹈上了這
> 條路去。於是聽衆便又到了半懂不懂的境地。在演劇技術和一切內
> 容沒有改革之前，而獨將劇本古典化了，當然是要失敗、要沒落
> 的。〔註112〕

鄭振鐸指出，梅蘭芳在皮黃劇本質與技術層面均未改良的情況下，硬將劇本
詞句雅化。原本在大部分民衆的教育知識水準還很低下時，這種通俗戲曲可
大受歡迎，長久存在，但是梅蘭芳在觀衆教育水準提升之前，就把劇本的文
詞提升到高級知識分子的水平，導致觀衆對戲詞與意境產生隔閡，而另兩位
名旦尚小雲、程硯秋事事效法梅蘭芳，因此他們的劇本也迅速雅化，使得舊
劇聽衆毫無選擇餘地，在接收著舊劇民間美學的同時，還要適應只有文學家
才看得懂的典雅堆砌詞句，如何不讓觀衆快速流失？很多人一個勁兒崇拜皮
黃劇「梅閻王」，因爲根本不了解梅蘭芳的改變，根本是皮黃的一道催命符。
魯迅〈略論梅蘭芳及其他〉也對梅蘭芳新編劇目嗤之以鼻，認爲文人們把梅
蘭芳：

> 從俗衆中提出，罩上玻璃罩，做起紫檀架子來。教他用多數人聽不
> 懂的話，緩緩的《天女散花》，扭扭的《黛玉葬花》，先前是他做戲
> 的，這時卻成了戲爲他而作，〔註113〕凡有新編的劇本，都只爲了梅
> 蘭芳，而且是士大夫心目中的梅蘭芳。雅是雅了，但多數人看不懂、
> 不要看，還覺得自己不配看了。……他未經士大夫幫忙時候所做的
> 戲，自然是俗的，甚至於猥下、骯髒，但是潑剌、有生氣。待到化
> 爲「天女」，高貴了，然而從此死板板，矜持的可憐。看一位不死不

---

〔註111〕 此處應爲「勘」字之誤。

〔註112〕 見《文學週報》第八卷一～四號合訂本，頁 86。

〔註113〕 王安祈教授曾說：「流派幾乎可以說是演員有意識的以表演藝術建構『自我』
的過程。演員將個人氣質投射到諸劇中人身上、人格特質與表演風格融合爲
一、劇中人與演員形象重疊的過程，流派藝術中演員的主體性即因此而體
現。」《爲京劇表演體系發聲》，頁 31。魯迅所言「先前是他做戲的，這時卻
成了戲爲他而作」，其實與王教授所言反映的是同一件事，演員和劇中人形象
疊映，就是流派藝術的特質，並無好壞之分。

活的天女或林妹妹，我想，大多數人是倒不如看一個漂亮活動的村

女的。〔註114〕

魯迅顯然比較同情《新青年》一派新劇運動提倡者，「橫眉冷對千夫指」的改革態度，〔註115〕而對以梅蘭芳為代表的舊劇雅化現象深惡痛絕。認為這種化俗為雅反把舊劇從滋養它的民間土壤裡連根拔起，用玻璃罩紫檀架做成死氣沈沈的收藏品，供士大夫玩賞而已。

　　魯迅跟《文學周報》作者群並不贊成舊劇劇本或演出美學，維持原來適合非知識份子審美趣味的樣貌，他們一心一意要建設新劇打倒舊劇。但是舊劇在新文化運動的十年中，不但沒有一絲衰退，反更欣欣向榮，倒是《新青年》文人群中，有許多成員（如：胡適、劉半農等）轉而支持舊劇。鄭振鐸說：

> 從前反對非人的殘虐的不合理的國劇者，現在大都是「噤若寒蟬」了。甚且有「反面事仇」、「呼賊作兄」的，他們不僅忘記了那一番改革運動，簡直是自己在那裏向回頭路走，且引導了別人同走，不僅是不提起了那真正的藝術，且反在那裏提倡著非人的不合理的藝術，反附和了衣食取之於伶人的無賴文人們，而代他們宣傳，這是如何可悲的現象呢？〔註116〕

魯迅說：

> 再後幾年，則恰如 Ibson 名成身退，向大眾伸出和睦的手來一樣，先前欣賞那 Ibson 及 Ibson 之流的劇本《終身大事》的英年，也多拜倒於《天女散花》《黛玉葬花》的台下了。〔註117〕

《新青年》陣營裡，從大力反對舊劇變成欣賞舊劇的，最著名的有兩人：胡適跟劉半農。劉半農曾為梅蘭芳赴美時印刷的《梅蘭芳歌曲譜》作序，當時他雖不認為舊劇已發展到理想境地，但已非一進劇場就頭昏眼花。〔註118〕胡適也曾為梅蘭芳赴美以英文做了篇宣傳文章〈梅蘭芳和中國戲劇〉。〔註119〕

---

〔註114〕原載 1934 年 11 月 5、6 日《中華日報》「動向」專欄，署名張沛。見《京劇百年叢譚錄》，頁 95。
〔註115〕見氏著：〈《奔流》編校後記（三）〉，《京劇百年叢譚錄》，頁 93～94。
〔註116〕見《文學週報》第八卷一～四號合訂本，頁 62～63。
〔註117〕見《京劇百年叢譚錄》，頁 94。
〔註118〕見《梅蘭芳歌曲譜》，劉序頁 1～7。
〔註119〕此文由梅蘭芳之子梅紹武譯為中文。見《京劇百年叢譚錄》，頁 77～78。

這是否證實新劇在中國的發展前途堪慮？至少魯迅跟鄭振鐸心裡很爲此事擔憂。因此對「變節」的新劇人士他們毫不留情的諷刺，反正「他們的末日也快到了。」〔註120〕可是舊劇之蒸蒸日上是不爭的事實，他們只好努力證明舊劇當下的盛況不過是迴光返照，而舊劇當時改變最大也最知名的就是梅蘭芳的古裝新劇，因此不論是文詞的典雅或是動作融入古舞或是演出腳色的身分而帶來的演出氣質變化，都成爲魯迅等攻擊的目標。

「梅蘭芳專號」第一篇文章是鄭振鐸（以筆名「西源」署名）〈打倒旦角的代表人物梅蘭芳〉，文章題目就已明白標舉他們不只是要批評梅蘭芳而已，實是必欲打倒而後快。因爲以梅蘭芳做爲舊劇之具體縮影，因此他們的攻擊自然主要針對梅蘭芳本身的特質與經歷，最受專號作者群大加撻伐的是梅蘭芳以男身作女形的表演特色，作者群徑以「變態人」〔註121〕、「人妖」〔註122〕等詞彙形容之，因爲乾旦是「一種殘酷的非人的矯揉造作的最卑下的把戲。」〔註123〕以男扮女違反自然，因此不是眞正的藝術而是虛僞的藝術。新劇派最厭惡的是其唱工：

> 皮黃劇中最使我們感不快的，是旦角的歌唱等等。你們看他逼緊了喉嚨，以尖銳的做作的嬌聲出之的僞造的女性的歌喉，簡直要使我們掩耳不欲聽，使我們逃走，使我們起了一種淒怖的難堪之感，使我們發生了一種不可說的悲戚的憐憫。用了什麼特種的方法，乃能鍛鍊出這一種非人的可憐的哀嚷出來呢？〔註124〕

演員以男性嗓子模仿女性歌音，是逼緊喉嚨發出仿女性的歌聲，並不是自然發聲可以完成，這在鄭振鐸的心裡簡直是「非人的可憐的哀嚷」，只讓他感到難堪憐憫，絕無法感受甚麼「寬亮純正，如擊玉盤溫潤可愛」的梅氏唱工美感。〔註125〕即使梅蘭芳已赴國外演出且聲名不惡，他們仍然認爲這種舉動根本是「表揚國醜」，因爲外國人對中國人這種男人學女人歌唱的現象，其實覺得極端不可思議。影憶〈反常社會的產物〉舉出他在外國宴會上親睹外國人

〔註120〕見《文學週報》第八卷一～四號合訂本，頁 63。
〔註121〕見《文學週報》第八卷一～四號合訂本，頁 64。
〔註122〕見《文學週報》第八卷一～四號合訂本，頁 83。
〔註123〕見《文學週報》第八卷一～四號合訂本，頁 63。
〔註124〕見《文學週報》第八卷一～四號合訂本，頁 63～64。
〔註125〕此爲《戲劇月刊》主辦「現代四大名旦之比較」徵文活動第一名蘇少卿文中之語。見《戲劇月刊》第三卷第四期（1931 年 1 月），《中國早期戲劇畫刊》，第二冊，頁 254。

對男性京劇票友唱《武家坡》王寶釧的反應：

> 在唱旦的那位先生用盡了力氣從喉嚨裡壓逼出尖利的聲音的時候，
> 傾聽著的大眾那種本帶著好奇態度的臉上，全都流露出一種驚訝的
> 神情。這確乎是一件出人意料之外的事情！一個身體雄壯，留著一
> 小堆薄鬍的男子，忽然壓緊著嗓子扭扭捏捏的學起女人的聲音來。
> 大家都用驚奇而同時帶些嘲笑的神色釘在「旦角」先生的臉的下
> 部。〔註126〕

外國人對這種以男擬女的表演方式相當不適應，尤其演唱者分明是個身材高
大留鬍子的男性，卻硬是用假嗓模仿女性聲音，這樣的反差不但讓外國人驚
奇還覺得荒謬，因此最後對允許這種現象存在的中國社會下了一句評語：「這
是如何一個不可思議的奇異的社會呀！」〔註127〕這當然絕非讚美之詞，在影
憶的想法裡，外國人根本就把乾旦視為中國野蠻的新證據。豈凡〈梅蘭芳揚
名海外〉引述了梅蘭芳初次訪日時，《朝日新聞》「學藝」欄，一篇觀看梅蘭
芳在東京帝國劇場演出後的劇評中，針對梅氏唱工的形容：「樂器的喧亂中，
他唱出如同貓在交尾期中號叫一般的抑揚。」豈凡認為這種有點色情意味的
形容，是「一句辛辣的俏皮！」辛辣的俏皮自然是譏諷之意。即使梅蘭芳初
次訪日似乎獲得成功，但因為這一篇可能是負面的評論，讓豈凡覺得日本真
正有水準的觀眾並不欣賞梅蘭芳的表演型態，他判斷日本《朝日新聞》對梅
蘭芳訪日演出大肆報導宣傳，只是因為「免不了仰承財閥大倉喜八郎的意
旨，而加以捧揚」。〔註128〕財閥大倉喜八郎大肆捧揚梅蘭芳，不過因為梅是大
倉招來祝壽的「外國」戲子，戲子名聲越大，他這個壽星越有面子；梅蘭芳
登上帝國劇場演出，只是帝國劇場為賺錢起見，順便找他演幾天戲。因此梅
蘭芳赴日出演，充其量不過是戲子的商業行為，跟「中國藝術的光榮」並無
絲毫關係。

　　這裡的論述或許是因為舊劇界以梅蘭芳在外國演劇廣受歡迎，為舊劇自
有價值的證據大力宣傳，因此意圖「以其人之道還置其人之身」，用某些外國
人不能接受的例子，顯示外國人並非因為欣賞舊劇的藝術才找梅蘭芳去表
演，推演出舊劇界的論述靠不住這項潛結論。不過就更深層的心理而論，舊

---

〔註126〕見《文學週報》第八卷一～四號合訂本，頁68。
〔註127〕見《文學週報》第八卷一～四號合訂本，頁70。
〔註128〕見《文學週報》第八卷一～四號合訂本，頁75。

劇界或是新劇界將中國演員的演出與外國觀眾反應，努力連結在一起，其實互為因果。《新青年》文人大力用西方戲劇理論與美學抨擊舊劇，舊劇界只好也以外國人對梅蘭芳演出的讚賞作為反擊工具鞏固信心，新劇界只好又抬出外國人不見得都欣賞梅蘭芳的表演，證明舊劇派的謬誤。姑不論外國人邀請梅蘭芳的真正目的為何，新舊劇派之所以須以「挾洋自重」的手法宣傳，都跟中國社會擺脫不了從晚清以來民族自信心崩潰的影響有關。

可惜或許因為對新劇危機意識太過，鄭振鐸等人對舊劇代表人物梅蘭芳，採取了《新青年》裡錢玄同對張厚載、馮叔鸞等舊劇支持者那樣，近於人身攻擊的態度，不從梅蘭芳藝術表演水準的高低說明梅蘭芳不具備藝術大師資格，也未具體論述梅氏新劇本編撰的缺失，而把火力集中於對梅氏個人的攻擊，尤其有意無意都把梅蘭芳早年在堂子裡做歌郎的經歷，跟他現在受歡迎的原因連繫在一起。〔註 129〕如鄭振鐸〈打倒旦角的代表人物〉對梅蘭芳的作工如此評價：

> 你們看他那矯揉造作的體態與特種的輕佻的「台步」、「工架」，那種
> 非人的不合理的似模仿又似創造的女性舉動，他簡直在那裏挑動人
> 類最卑賤的變態性慾，哪裡是在表演所謂「藝術」！〔註 130〕

京劇旦角以男擬女的台步與身段，對京劇觀眾而言是獨特的藝術，演員本身是男性，卻能透過一些程式讓觀眾觀看演出時，完全忽略演員與腳色之間的性別差異。可是在新劇派的鄭振鐸眼裡，這些模仿創造非常矯揉輕佻，根本不是藝術展現，而是梅蘭芳發揮他歌郎賣笑的「本色」，意圖透過挑起觀眾對變童的不正常色慾，讓自己大發利市。豈凡〈梅蘭芳揚名海外之一考察〉提到梅蘭芳赴日演出時，提到日本報紙往往特別注重梅蘭芳的「美貌」：

> 各新聞紙上，對於梅蘭芳的稱讚之詞，大都專提他面貌漂亮一點，
> 並且說在日本有許多女性的觀眾，曾有不少的艷書給他，以證明他
> 的相貌確實是美的也是這樣的。不過女人的喜歡看上戲子，不一定
> 限於中國的妓女和姨太太，在日本也是這樣的，所以得女人的艷書

---

〔註 129〕歌郎指出身堂子，又從事侑酒侍觴的優伶。堂子，又名私寓或下處，原指戲
班名腳賃屋另居，以與班中其他演員有所區隔的住所，因舊時北京住所門前
皆有標示堂號之牌匾，故又名堂子，歌郎行業興起後，堂子就成為專營此種
行業處所之代稱。王照璵：《清代中後期北京品優文化研究》（南投：國立暨
南大學中國文學研究所碩士論文，王安祈先生指導，2008 年），頁 82～83。
〔註 130〕見《文學週報》第八卷一～四號合訂本，頁 64。

等等原不足爲奇的。況且演藝而隱隱地説道是賣漂亮的面孔，這又
是怎樣的侮辱呢！並且在有幾種報紙上，記載著梅氏的略歷，的確
有近於輕侮的話，關於他年少時的一種生活，在北京舊時少年美伶
常營的那種生活，像《品花寶鑑》中所記載的事實。〔註131〕

「舊時少年美伶常營的那種生活」就是北京少年男性演員因爲朝廷政策關
係，代替妓女以侍宴侑酒爲部份經濟來源的生活，有的男伶會進一步以侑酒
爲主業而以演戲爲副業。從事侑酒侍宴的男伶多半唱旦角，因爲本身面貌姣
好且身段語言都受過模仿女性的訓練，更容易勝任性別錯位的需求。這種營
生在清代中葉以後的北京相當盛行，演員也習以爲常。但在民國初年，演員
出身的田際雲〔註132〕呈請警廳禁歌郎營生之後，社會大眾對此行業之觀感迅
速趨向負面，從事此行業的演員也紛紛諱言此種經歷。日本報紙提到梅氏早
年的歌郎經歷之動機爲何，我們不得而知；但豈凡特別陳述日本報紙的報導，
是顯現他與鄭振鐸一樣對於男扮女裝人妖的反感，特別是乾旦曾有那樣一段
猥褻的歷史，又由外國人大肆報導，根本就是八國聯軍後另一次重大外侮，
但國人卻以爲是我們的國粹征服世界而沾沾自喜。倒霉〈工具〉一文，直接
斷言梅蘭芳近來大受歡迎，只因他「是發洩變態性慾的工具」〔註133〕：

請你看一看所有捧梅的文章，哪裡有論到他的藝術的？……不是把
他當作「眞命天子」這樣的去做起居注，就是講他的扮相怎樣的美
麗；看他的戲的，老實說只是看他的「人」，誰是眞的看他的戲呢？
變態性慾有許多方式，愛看女扮男裝的人，道道地地是這許多方式
的一種。〔註134〕

想凸顯梅蘭芳的優點與廣受歡迎的文章，若非執著於其扮相美麗這樣膚淺的
皮相，就是直接寫成「在滬行程紀實」，而迴避了表演藝術層面。倒霉認爲這
種現象肇因於男扮女裝是性別的不正常展現，愛看男扮女裝的表演代表觀
眾心中潛藏變態性慾，根本是假借欣賞藝術之名行滿足變態性欲之實的色

---

〔註131〕見《文學週報》第八卷一～四號合訂本，頁74。
〔註132〕田際雲，藝名想九霄，曾組玉成班，創皮黃與河北梆子同台演出之表演方式，
　　　　並以編演新劇著稱，任梨園工會會首時，致力於戲曲改革，發起組織「正樂
　　　　育化會」，又創辦了第一個女伶科班「崇雅社」，對於提高演員的社會地位，
　　　　改革戲班的陋俗舊規頗有貢獻。
〔註133〕見《文學週報》第八卷一～四號合訂本，頁84。
〔註134〕見《文學週報》第八卷一～四號合訂本，頁84。

情狂。佩英〈梅蘭芳的分析〉以科學分析法的形式，替梅蘭芳分析出六七個身分：

> 就表面上看，他不過是個——（a）美男子，但又是一個——（b）男性的戲子，這已夠使一班小姐少奶一太太們風魔了。那麼他當然可以進一步兼差做——（c）面首，同時，因他是扮女腳色的原故，老爺少爺們大都把它當作——（d）女性的戲子，說不定他們與他周旋時還把他當作——（e）名妓看。至少，他可以滿足他們「男風」的要求而做個——（f）Hyacinthus。〔註135〕……總之，梅蘭芳一身兼了六七個差使。〔註136〕

佩英為梅蘭芳分析六七個身分，除美男子是先天生理特徵，男性戲子是職業特徵之外，其他身分都牽扯到性別曖昧的想像，甚至晦暗的不正常性生活。也就是佩英認為梅蘭芳獨領風騷，與他藝術高妙與否無關，只因為他同時滿足了不同性別觀眾的性幻想，這樣的演員如何能承受大藝術家這樣的尊稱？掘根〈倒梅運動之先決問題〉直呼「打倒男扮女裝的妖怪梅蘭芳！」男扮女裝的乾旦，根本是違反人類性別規律的，這豈非妖怪？

讓鄭振鐸等人更詫異的是，這種妖怪作風（不管男扮女裝或女扮男裝），在日常生活中輕則大受侮辱重則處死，但換成梅蘭芳這類戲台上的演員，卻能堂而皇之的大享盛名，置產娶妾，而社會大眾也恬然不以為怪，鄭振鐸等人認為允許這種不正常現象存在，顯示此時的中國社會也是個不正常的社會。引導這個社會不正常化的罪魁禍首就是那群梅黨、梅迷。掘根〈倒梅運動之先決問題〉直斥這些「上海文丐」是「梅蘭芳的寄生蟲」，因為「他們靠了『梅郎』而得滿足他們的變態性慾！一方面梅蘭芳也靠了他們而得『名播四方』！他們是狼狽為奸，藉此到處招搖！」〔註137〕捧梅的文人是靠梅蘭芳賞飯吃，藉此獲得一親芳澤的機會，對梅蘭芳的演出撰寫文章大吹大捧，一般觀眾缺乏文章鑑別力，完全服膺推崇梅蘭芳之論調，而梅蘭芳深明此點，也藉此大獲虛名，梅蘭芳與梅黨根本是狼狽為奸的下流之輩。他們彼此取暖

---

〔註135〕希臘神話中，雅辛托斯（Hyacinthus）是繆斯克莉奧和馬其頓國王皮埃羅斯的兒子，是一個美麗的青年，為阿波羅神的同性情人。在希臘神話中，雅辛托斯被阿波羅擲鐵餅時誤傷而死。傳說中，在雅辛托斯的血泊中，長出了一種美麗的花，以他的名字命名，叫做風信子（Hyacinth）。

〔註136〕見《文學週報》第八卷一～四號合訂本，頁88。

〔註137〕見《文學週報》第八卷一～四號合訂本，頁85。

還罷了，居然導致社會整個陷入泥淖之中，實在罪無可逭。轀松更以心中揣想的捧梅家之口吻，做了一篇反諷文章〈神秘的藝術〉，文章中的這個觀眾自承「我懂得甚麼唱工、做工、台步、臉譜，我全不在乎的，我只看戲子漂不漂亮，嗓子尖脆不尖脆，態度迷人不迷人，合乎這個道理我就會愛死了他的。」看戲時只關心扮相、天生嗓音等這些先天條件，而對後天可以靠努力與人工補強的唱工、作工等真正藝術功力毫不關心，則此人對舊戲演員根本只是懷著色情心理觀賞，其品評程度自可想而知，因此對他眼中「神秘的」梅蘭芳《貴妃醉酒》，也只會胡說八道一通：

> 我第一喜歡的是他的裝飾，那裝飾同《東周列國志》上的菩薩一樣，綢衣裙在地上拖曳著，衣上的玻璃片舞起來玎玎玲玲的，還有的投射到觀眾的眼簾裡，的確，在現世我們可以想像唐朝貴妃的豔麗。第二是他那嗓子，說像鳥叫那嫌太粗了，說像昆蟲叫又嫌太細了，總之那不是凡人俗女的聲音，那簡直是仙子的歌唱，是貴妃的語音，在我們看來，彷彿他是把聲門聲帶收起來方這樣的，其實他唱的非常婉轉，一個字能在喉嚨裡延續的幽雅而尖脆的震盪五六分鐘，而他卻一點不出汗。可惜的是我不懂他的是甚麼詞句。第三是他的姿態，他能如飛的舞那根五六尺長的衣帶，飄來飄去不沾地，他能跪著口銜著酒杯頭向後仰，安然把杯子擱在茶盤裡，這本事我相信就是真貴妃也萬萬趕不上他，他能一只腳支持住身體前俯後仰或蹲下去，全不跌倒，這也是醉了的貴妃所望塵莫及的。〔註138〕

評論某演員的名劇，放在第一個稱讚的卻是演員衣飾如何華麗，如何玎玲作響。誠然，我們觀看演出時最先注意到的的確是演員衣飾這類視覺元素，而這類視覺元素的運用對演員的表演也確有相輔相成之效，可是這並非一場戲曲表演中最重要的成分，通常也不會有劇評將此項放在首先評論的位置，可見這位先生的藝術鑑賞力如何低下。接下來雖然提到戲曲演出數一數二重要的唱工，但是翻來覆去只是說他的聲音如同仙子、貴妃，至於怎麼跟仙子、貴妃一樣卻說不出個所以然，尤可怪者是他根本聽不懂戲中唱詞。唱詞與聲情、行腔大有關係，聽不懂唱詞要如何判斷演員是否適切地將詞情表現出來，是否行腔時只顧自己賣弄而不管切不切合劇情？這種反諷也同時呼應了鄭振鐸、魯迅對梅氏新劇過早「化俗為雅」，讓觀眾陷入半懂不懂境地的批評。講

---

〔註138〕見《文學週報》第八卷一～四號合訂本，頁90。

到作工，雖然拈出了《貴妃醉酒》裡銜杯下腰的經典動作，卻只是不停稱讚「真貴妃也萬萬趕不上他」、「醉了的貴妃所望塵莫及的」，把日常生活的楊貴妃跟舞台上藝術化了的楊貴妃放在一起比較，根本是擬於不倫。韞松狠狠地嘲諷梅黨梅迷，對梅蘭芳的讚許根本只是阿諛奉承、亂捧一氣。

《文學周報》作者群抨擊梅蘭芳旦角身分的這些文字中，凡提到梅蘭芳跟梅黨、梅迷的關係時，處處有意無意暗示梅蘭芳以色事人，脫不了人妖式的歌郎本色，梅黨、梅迷根本是想滿足變態性欲的色情狂，兩者的交往如同妓女與文人的交往一樣，建立在色慾滿足的層次，哪當得起藝術大師與藝術鑑賞家這樣的高貴頭銜。不過，雖然梅蘭芳的確有過那樣一段歌郎的經歷，或許也有部分捧梅的撰文者多少抱著色情心理，而鄭振鐸等人因為對新劇前途的焦慮，才產生這樣過激的態度也情有可原。但《文學周報》這一「梅蘭芳專號」的文章，除了討論梅蘭芳新編戲劇本的文字，跟學術較有關係，大部分抨擊舊劇的文字都摻雜了大挖瘡疤的內容，關於新舊劇的學術理論論述幾乎付之闕如，平白讓新舊劇失去一次交流機會，更讓新劇失去一個證明自己比舊劇優秀的舞台。我們還是不得不惋惜。

## 小　結

從上節的 1928～1937 年發表重要劇論文章的書籍、報刊概略介紹，我們可以將這二十年內建構的京劇知識規模，與今天京劇辭典呈現的京劇知識樣貌作一比較。

| 京劇知識體系項目 | 代表刊物 | 劇學叢書與其他報刊 | 京劇知識辭典〔註 139〕 |
|---|---|---|---|
| 表演藝術　唱 | | ○ | ○ |
| 念白 | | ○ | ○ |
| 音韻 | | ○〔註 140〕 | ○ |
| 做表 | | ○ | ○ |
| 武打 | | ○〔註 141〕 | ○ |

〔註 139〕吳同賓，周亞勛主編：《京劇知識詞典》（天津：天津人民出版社，2007 年）。
〔註 140〕討論京劇音韻的文章，都在期刊中出現。
〔註 141〕《戲劇叢刊》曾列出武功把子名詞，但未及將名詞之釋義刊出。

| | | | |
|---|---|---|---|
| | 行當 | ○ | ○ |
| | 行頭盔頭 | ○ | ○ |
| | 鬍鬚化妝 | ○ | ○ |
| | 臉譜 | ○ | ○ |
| | 切末物件 | ○ | ○ |
| | 音樂 | ○ | ○ |
| | 基本功 | ✕ | ○ |
| | 流派 | ✕ | ○ |
| 表演規律 | 上下場 | ○ | ○ |
| 演出場所 | 戲班組織、習俗信仰 | ○ | ○ |
| | 劇場形制 | ○〔註142〕 | ○ |
| 戲劇美學 | 寫意虛擬 | ○〔註143〕 | ✕ |
| 京劇史料相關 | 京劇史 | ○ | ○ |
| | 術語諺訣 | ○〔註144〕 | ○ |
| | 相關出版品目錄 | ✕ | ○ |
| | 劇界相關人物〔註145〕 | ○ | ○ |
| | 劇目〔註146〕 | ○ | ○ |

由此表格我們可看出，大部分今天辭典中京劇知識的相關項目，在當時的建構的京劇知識規模中都已出現，包括表演藝術、表演規律、演出場所、戲劇美學、京劇史料等領域，但是我們也發現，即使已經開始研究，這些討論京劇知識的文章，其討論的最大重點還是在表演藝術領域的唱工與音韻，對於作表與武工討論的偏少，因為唱工是專業演員以外的人也可以自學自練的，音韻則向來是知識分子強項，身段武功則無法自練，必須靠名師教導，而專

---

〔註142〕主要在《京劇之變遷》一書中出現，但以閒談筆記之方式行文。

〔註143〕關於中西戲劇之性質差異，以及京劇本質為寫意虛擬的戲劇美學，在報刊中論述的較多，《劇學叢書》雖也提到，但並非以此為論述重點。

〔註144〕術語跟諺訣在期刊上雖有相關文章，但數量極少，且都是閒談文，不是認真以知識體系成員的方式整理，辭典則整理的較為完整清楚。

〔註145〕關於劇界人物，報刊是以傳記型式行文，以個人為單位求完整，辭典則是收集名單越完整越好，個人介紹則以簡潔為要。

〔註146〕報刊的劇目介紹幾乎都結合劇評，或作為演出宣傳，辭典則是純粹簡介劇情，做為知識的一種。

業演員雖然身段武功嫻熟，卻也不一定有能力出之以口，因此導致這部分知識的整理就相形困難。至於京劇期刊大量出現時代未曾著墨的京劇知識，多半是因為今天因為科學分類的精神而分得更細瑣，如特別將基本功挑出介紹，但在當時可能就是混雜在各種表演藝術中講述，或是當時此領域之研究剛剛萌芽，成員極少，如流派，我們在第四章會詳細講述，當時並未真正形成符合今日定義的流派藝術。今天的辭典未曾將京劇的戲劇本質與戲劇美學列入內容，則是因為經過這幾十年的討論，京劇的戲劇性質已非常清楚，故無需申說。

當時這些研究討論京劇知識規模的相關著作，齊如山的《劇學叢書》主打京劇基礎知識的整理介紹，面向的是對京劇不熟悉或從未接觸過的讀者，特別是外國讀者，引導他們先了解京劇的各項專有名詞之意義，再進一步考慮觀看京劇演出。由齊如山梅蘭芳等主導的國劇學會，出版了《戲劇叢刊》與《國劇畫報》兩種京劇期刊。《戲劇叢刊》主要刊登爬梳研究戲劇資料之學術論文，以長篇論述為主，著重「研究」，如齊如山撰著：〈臉譜之研究〉，對臉譜起源、分類等詳加解說。《國劇畫報》的文章是以類似閒談形式出之，並刊登極大量新近發掘出的戲劇資料，對京劇歷史、掌故、故伶劇藝……等方面多有紀錄討論，如昇平署文獻、故宮風雅存小戲台照片、晚清著名武生俞菊笙與武旦余玉琴之《青石山》劇照，以及親耳聽說的戲劇傳聞……等，而沒有長篇論述，學術氛圍不像《戲劇叢刊》那麼明顯。雖然學術氛圍之濃淡不同，但內容聚焦於京劇傳統項目的研究或挖掘則相同。

非由國劇學會出版的《戲劇月刊》等六種京劇期刊的劇論文章，京劇傳統元素的討論，也還是佔一半以上。另外數項並非京劇傳統元素的主題，大部分是討論當時的劇壇現況。這六種京劇期刊劇論文章，預設的讀者是比較資深的戲迷，著重在讀者擁有豐富基礎知識的前提下，對京劇各層面做更深更廣的談論，因此這些期刊中討論的，京劇在當時發展的趨勢等更有時代性的主題，比如對當時戲園廣告的建議、演員成名與觀眾喜好的關係等等劇論文章，就成為這些京劇期刊特別讓人注目的特色。文末將這些京劇期刊中與建構京劇知識規模相關之文章，做成附表，以見各個期刊側重點之不同？

齊如山《劇學叢書》，撰著原始目的是要向不熟悉京劇的歐美人士介紹京劇，因此書中介紹的京劇層面相當完整，包括唱念作打、戲班組織、腳色、

上下場、身段、臉譜、行頭盔頭、切末等，涵蓋了京劇的表演藝術、劇場規則、化妝藝術，以及京劇的社會學人類學等各種層面，在論述方式上略過這些元素在京劇實際演出中的應用差異，把重點放在做學術論述式的整理歸納，以建立這些層面在京劇知識上的共性。在齊如山之前，談京劇表演藝術的著作，如陳彥衡《舊劇叢談》，大部分都是以筆記形式，內容以演員個人爲中心，談論某個演員某齣戲身段如何做，再演出某些戲時有何禁忌等，即使民國初年日本人辻聽花《中國劇》，已經出現分門別類介紹京劇的撰著方式，但其內容仍以對當時中國劇壇的觀察印象爲主，因此並未著意歸納建立出京劇知識層面。跟齊如山《劇學叢書》同時的《劇學彙考》，對京劇介紹的層面與方式與齊如山相當接近，但每條條目之下，都有很大比例是對該條目在個別劇目中的應用情形介紹，對於知識共性的建立並不像齊如山那麼重視。而齊如山爲京劇建立的知識規模，如臉譜的顏色、勾法，今天研究臉譜的著作依然還是遵照齊氏的分類方式，而齊如山對劇界各種信仰的整理，仍舊是今天戲劇學者十分感興趣且積極做田野調查的主題。與齊如山差不多同時的大量期刊劇論文章，討論的京劇元素，幾乎都與齊如山相同，顯示當時劇論文章的撰著者，對京劇中哪些元素屬於基礎知識的一員是有共識的，但期刊的劇論文章訴求的爲本國讀者，因此在學習齊如山那樣的邏輯性定義法之外，對於實用層面依然非常重視。比如同樣分析臉譜，期刊文章雖然也採用了齊如山用顏色、勾法作爲大分類的方式，但在大分類之下，仍然以個別劇中人物詳細說明劇中人臉譜的顏色與勾法特性。期刊劇論文章中，對京劇音韻的討論，則是期刊獨特的創發，是齊如山《劇學叢書》未討論到的。期刊討論音韻的文章，最受人注目的一類，是將京劇中的用字詳細列出，用十三轍、尖團字、上口字等標準一一分類，並注出其發音方式，提供讀者參考，後來對京劇音韻的研究，幾乎也都是以此時期建立的發音體系爲準則。不過此時劇論文章中並無對流派風格之討論，因爲此時發展出流派的京劇演員並不多，縱使有少數，對其討論都集中在演員劇評中，因此本章並未討論流派。

這些《劇學叢書》與京劇期刊討論的京劇傳統元素，其實也正是《新青年》的胡適等易卜生戲劇支持者，對舊劇大力批判的重點，顯示《新青年》論述對京劇愛好者的心理影響力。即使京劇終於抬頭挺胸的傲然綻放，可是支持新劇的知識分子提出的大量舊劇缺失的論述，即使內容或許建立在對舊

劇的錯誤認知上，但因爲論述的很有體系與條理，很容易使得不明就裡的人信服。加上《新青年》時期的京劇相關文章，無論是劇評、劇論都還承襲以往的傳統，以「閒談」的形式出之。相較之下，反舊劇文章就顯得比支持舊劇的文章有說服力。因此「學理」形式論述的缺乏，始終是舊劇界的一大心病，因此 1928 年大量京劇相關書刊紛紛出版之時，這些出版品內容裡的戲劇理論相關文章，不論在形式還是內容上，都明顯衝著《新青年》等支持新劇刊物中，批判舊劇的文章而來。我們在討論新舊劇理論交鋒的一章曾指出，余上沅等「國劇運動」的提倡者，點出舊劇有整理保存研究的價值，曾對 1927 年以後齊如山等人對舊劇知識規模的建構有所啓發，這裡我們需要更進一步指出，即使是「新青年」文人對舊劇不合理之處的猛烈批判，對舊劇知識規模的建構的幫助，跟余上沅也是類似的。因爲像胡適這樣的領頭人物，在撰文批判舊劇時，除了列舉西方易卜生戲劇的優點來對比中國舊劇的缺點外，還從中國戲劇流變史中，爬梳出年代更早的元雜劇爲例，證明京劇以唱爲主的劇本結構是中國戲劇史的退化現象。也就是余上沅替齊如山等京劇劇論家指出了建立京劇知識規模的大方向，而胡適藉由爬梳分析中國古代戲劇文獻，向齊如山等人展示了建立京劇知識規模的具體方式。雖然元雜劇已是中國戲劇史的陳跡，京劇還是活躍在舞台上的戲劇，兩者性質不完全相同，但是胡適既然能夠藉由中國戲劇史的某個劇種批判另個劇種的存在價值，則我們也可能可以藉由挖掘京劇自身的知識規模證明京劇存在的價值。不過《劇學叢書》與京劇報刊建構京劇知識的方式並不相同，《劇學叢書》純粹是介紹基礎知識，京劇報刊則除了基礎知識，更多是結合了當時劇壇發展的現況，呈現了京劇劇壇的風氣以及京劇話劇的發展現況。

上海的《文學周報》則是京劇界戮力建設知識規模時，仍然堅定支持新劇大力批判舊劇的刊物，只是從理論性質的論辯轉爲針對標靶人物梅蘭芳的嘲諷。比如梅蘭芳順應《新青年》知識分子的批評，新編許多詞句典雅、展示古樂、古舞的劇目，卻遭鄭振鐸等人抨擊爲加速了皮黃的日落西山，在皮黃劇一切本質與技術層面均未改良的情況下，硬將劇本詞句雅化，導致觀眾對戲詞與戲中意境產生隔閡，如何不讓觀眾快速流失？魯迅也認爲這種化俗爲雅並非眞的讓舊劇改頭換面，反而是把舊劇從滋養它的民間土壤裡連根拔起。他們對梅氏新劇隱憂的分析，其實自有道理，只是他們主要攻擊的點卻不在劇本，以致未能從劇本方面深入論述建立理論體系，反而針對梅蘭芳本

身的特質與經歷大加撻伐，尤其是「乾旦」這一特殊戲曲形象。因爲乾旦以男扮女違反自然，因此鄭振鐸等認爲這只是虛僞的藝術，特別是乾旦的唱工，演員以男性的嗓子逼緊喉嚨發出尖銳做作仿女性的歌聲，並不是自然發聲可以完成。即使梅蘭芳訪日獲得成功，但他們認爲這充其量不過是戲子的商業行爲，跟「中國藝術的光榮」並無絲毫關係。或許因爲對新劇的危機意識太過，鄭振鐸等人對舊劇代表人物梅蘭芳，不是從藝術表演水準高低說明梅蘭芳不具備藝術大師資格，也不是更具體論述梅氏新劇本編撰的缺失，而是有意無意都把梅蘭芳早年在堂子裡做歌郎、侑酒侍宴的經歷，跟他現在受歡迎的原因連繫在一起。他們認爲梅蘭芳之所以獨領風騷，根本與他藝術高妙與否無關，只是因爲他同時滿足了不同性別觀眾的性幻想。梅蘭芳跟梅黨、梅迷的關係，根本建立在色慾滿足的層次，捧梅的文人對梅蘭芳的演出撰寫文章大吹大捧，一般觀眾缺乏對這種文章的鑑別力，因此完全服膺其推崇梅蘭芳之論調，而梅蘭芳深明此點，也藉此大獲虛名四海蜚聲，梅蘭芳與梅黨根本是狼狽爲奸、各取所需的下流之輩。不過《文學周報》把梅蘭芳當作舊劇標靶人物猛力攻訐，正從反面證明了梅蘭芳當時的走紅程度及在一般人心中的地位無人能及，因此鄭振鐸魯迅才會在批評舊劇時，把梅蘭芳當作攻擊對象。顯示的是，當話劇界從理論層面未能徹底擊敗舊劇，反而刺激舊劇建立起自己的知識規模，但是在實際劇壇發展上，話劇又逐漸開始露出足以與京劇抗衡之勢，因此新劇擁護者中立場較爲激烈的知識分子，也將攻擊的重心從戲劇性質比較這樣的理論層面，轉爲以京劇在實際劇壇發展的領袖人物作爲攻擊重心，因爲魯迅對梅蘭芳的批評，是京劇最重要的流派表演藝術是否成立的論戰，而梅蘭芳已經是京劇代言人了，因此若能徹底否定梅蘭芳及由他建立起的流派表演藝術基礎，其實就是否定舊劇之成功。

## 【附表】

### 1.戲劇月刊

　　本刊的劇論文章，關注焦點範圍很廣且很平均，從最基本的唱、念、作、打等表演藝術，到較爲學術的音韻問題、新劇與舊劇本質問題，甚至與時代趨勢緊密結合的戲園廣告、觀眾趨向、演員風氣等討論，應有盡有。以文章屬性而言，既有學術性文章也有一般閒談式的文章。總括來說，《戲劇月刊》的「綜合性」相當明顯。

| 作　者 | 篇　　　　名 | 主　題 | 卷　期 |
|---|---|---|---|
| 挹英室主 | 論京劇唱法取徑之不同 | 唱工 | 一卷一期 |
| 小田 | 青衣唱法概論 | 唱工 | 一卷一期 |
| 千仞 | 戲劇雜談 | 音韻 | 一卷一期 |
| 空我 | 徽胡小語 | 音樂 | 一卷一期 |
| 曠觀 | 論鼻音 | 音韻 | 一卷一期 |
| 少卿<br>看雲 | 論收音法 | 音韻 | 一卷一期 |
| 曠觀 | 且角字兒應完全以生角爲標準 | 音韻 | 一卷一期 |
| （蘇）少卿 | 戲調起承轉合法 | 唱工 | 一卷二期 |
| 遠公 | 論韻味 | 唱工 | 一卷二期 |
| （徐）筱汀 | 嘯廬論劇 | 新舊劇之爭 | 一卷二期 |
| 鄭過宜 | 穿花靴與翻行頭 | 行頭 | 一卷二期 |
| 看雲樓主人 | 顧曲閒話 | 音韻 | 一卷二期 |
| 徐恥痕 | 戲劇與廣告之關係 | 廣告 | 一卷二期 |
| 遠公 | 崑亂原來是一家 | 音韻 | 一卷二期 |
| 倪聞九 | 瓦釜室雜談 | 音樂 | 一卷二期 |
| 陳小田 | 演劇談 | 表演藝術 | 一卷二期 |
| 聽天老人 | 論京胡聖手及其工譜之異同 | 音樂 | 一卷三期 |
| 齊如山 | 論戲劇之中州韻有統一語言之能力宜竭力保存之 | 音韻 | 一卷三期 |
| 徐筱汀 | 京派新戲和海派新戲的分析 | 表演藝術 | 一卷三期 |
| （鄭）過宜 | 談《戰太平》 | 表演藝術 | 一卷四期 |
| （鄭）過宜 | 爲教授坤伶者進一言 | 戲曲教育 | 一卷四期 |
| 劉豁公 | 論戲劇改造社會之能力 | 戲劇性質 | 一卷四期 |
| 尤半狂 | 戲劇月刊宜添載各省區戲劇調查 | 田野調查 | 一卷四期 |
| 尤卓厂 | 陝西戲劇之概況 | 田野調查 | 一卷四期 |
| 達初 | 夢蘭簃偶談 | 音韻 | 一卷四期 |
| 芝蓀 | 論身段作工 | 劇壇風氣 | 一卷四期 |
| 朱耐根 | 劇學漫譚 | 戲曲教育 | 一卷四期 |
| 平民 | 唱戲需拜明師 | 戲曲教育 | 一卷五期 |

| 平民 | 我對習戲之見解 | 劇壇風氣 | 一卷五期 |
|---|---|---|---|
| 聽天 | 說腔 | 唱工 | 一期六期 |
| 半狂 | 梅蕙清夢廬劇話 | 劇壇風氣 | 一期六期 |
| 馮懊儂 | 改良舊劇之我見 | 舊劇改良 | 一期六期 |
| 劉豁公 | 咬字舉隅 | 音韻 | 一卷七期 |
| 惜花館主人 | 尖團識小錄 | 音韻 | 一卷七期 |
| 余空我 | 談南方琴師 | 音樂 | 一卷七期 |
| 王仲皋 | 音律淺說 | 音樂 | 一卷八期 |
| 鄴侯 | 嗓與腔之研究 | 唱工 | 一卷九期 |
| 福州饅頭生 | 鐵檻菴戲劇漫談 | 京劇整體 | 一卷九期 |
| 平民 | 談小生 | 行當 | 一卷九期 |
| 王沛綸 | 改良胡琴譜的我見 | 音樂 | 一卷十期 |
| 陳道安 | 胡琴說略 | 音樂 | 一卷十期 |
| 汪伯龍 | 胡琴淺說 | 音樂 | 一卷十期 |
| 小衡齋主 | 說調 | 唱工 | 一卷十期 |
| 張慶霖 | 我之罪言 | 劇壇風氣 | 一卷十一期 |
| 張慶霖 | 學者與伶工 | 人際關係 | 一卷十二期 |
| 許康棣 | 說開場戲的腐敗 | 劇壇風氣 | 一卷十二期 |
| 張北江 | 評劇家應有三種知識 | 劇評 | 一卷十二期 |
| 張舜九 | 化裝譜 | 扮相 | 一卷十二期 |
| 無慧 | 譚今日旦行之趨向 | 劇壇風氣 | 一卷十二期 |
| 朱治業 | 改良胡琴譜的商榷 | 音樂 | 一卷十二期 |
| 小衡齋主 | 說白 | 念白 | 一卷十二期 |
| 棘公 | 戲劇之成分 | 戲劇性質 | 一卷十二期 |
| 蘇少卿 | 學戲札記 | 音樂 | 二卷一期 |
| 方肖孺 | 曲律約言 | 音樂 | 二卷二期 |
| 張次溪 | 曲牌之區別 | 音樂 | 二卷二期 |
| 王振兮 | 學習胡琴之步驟 | 音樂 | 二卷三期 |
| 馬仲瑩 | 曲源 | 戲劇性質 | 二卷五期 |

| 蘇少卿 | 中國劇之特色 | 戲劇性質 | 二卷五期 |
|---|---|---|---|
| 方問溪 張次溪 | 劇學漫話 | 音樂 | 二卷五期 |
| 劉秋江 | 論舞劍 | 作表 | 二卷五期 |
| 劉豁公 | 從梅蘭芳說到群眾心理的變遷 | 劇壇風氣 | 二卷六期 |
| 張舜九 | 劇藝談片 | 表演藝術 | 二卷六期 |
| 雙蒂 | 顧曲雜感 | 劇壇風氣 | 二卷六期 |
| 夢覺生 | 江天小閣談戲 | 京劇整體 | 二卷七期 |
| 張開 | 蒹葭簃戲話 | 舊劇改良 | 二卷七期 |
| 棘公 | 平調指南 | 唱工 | 二卷七期 |
| 張舜九 | 戲中服飾之研究 | 行頭 | 二卷八期 |
| 炎火室主 | 對於〈改良胡琴之我見〉的疑點 | 音樂 | 二卷八期 |
| 劉秋江 | 談戲罪言 | 劇評 | 二卷八期 |
| 張次溪 | 梨窩瑣記 | 戲劇史 | 二卷九期 |
| 張慶霖 | 神秘的戲和律呂 | 舊劇改良 | 二卷九期 |
| 朱明 | 辨別陰陽法 | 音韻 | 二卷十期 |
| 惜花館主 | 療治嗓瘖法 | 其他 | 二卷十期 |
| 怡翁 | 臉譜論釋 | 臉譜 | 三卷一期 |
| 劉樹蕃 | 學琴管見錄 | 音樂 | 三卷一期 |
| 馮靷卿 | 對於譯製京胡樂譜諸君的幾個要求 | 音樂 | 三卷二期 |
| 蘇少卿 | 西皮是元曲嫡傳 | 戲劇史 | 三卷二期 |
| 小田 琪生 | 評劇芻言 | 劇評 | 三卷二期 |
| 怡翁 | 樂劇合於怡情律說 | 戲劇史 | 三卷二期 |
| 方肖孺 | 擫笛須知 | 音樂 | 三卷三期 |
| 王沛綸 | 中西戲劇的異同 | 中西戲劇比較 | 三卷三期 |
| 徐味蒓 | 論平劇之過去與將來 | 舊劇改良 | 三卷三期 |
| 劉亦籛 | 譯譜概論 | 音樂 | 三卷四期 |
| 怡翁 | 點子通論 | 音樂 | 三卷五期 |
| 鄭劍西 | 好 | 劇壇風氣 | 三卷五期 |

| 張舜九 | 化妝譜 | 扮相 | 三卷六期 |
|---|---|---|---|
| 張舜九 | 撇笛餘談 | 京劇整體 | 三卷六期 |
| 怡翁 | 舞台上之清潔運動 | 劇壇風氣 | 三卷九期 |
| 徐秋生 | 傳奇與雜劇之解釋 | 戲劇史 | 三卷九期 |
| 鍾秉衡 | 譯譜符號之墊音說明 | 音樂 | 三卷九期 |
| 何一雁 | 說旦 | 戲劇史 | 三卷十一期 |
| 梁友珍 | 碎語道黃華 | 戲劇史 | 三卷十一期 |

### 2. 戲劇叢刊

　　《戲劇叢刊》的京劇劇論文章，則顯露出十足的「學術性」，關注的焦點多集中在戲劇本質的層面，即使是討論京劇音韻，也不是具體舉出某齣戲某句戲詞之字如何念，而是像韻書一般，把京劇中的韻腳、尖團字等集合並分類，作為通則使用。

| 作　者 | 篇　　　名 | 主　題 | 卷　期 |
|---|---|---|---|
| 齊如山 | 臉譜之研究 | 臉譜 | 第一期 |
| 齊如山 | 論戲劇之中州韻有統一語言之能力宜竭力保存之 | 音韻 | 第一期 |
| 傅佩青 | 科學與藝術的差別 | 戲劇性質 | 第二期 |
| 張伯駒 | 佛學與戲劇 | 戲劇性質 | 第二期 |
| 齊如山 | 論戲詞不怕典在事後 | 戲劇性質 | 第二期 |
| 張伯駒 | 亂彈音韻輯要 | 音韻 | 第二期 |
| 張伯駒 | 戲劇之革命 | 舊劇改良 | 第三期 |
| 澹雲 | 國劇之印象作用 | 戲劇性質 | 第三期 |

### 3. 戲劇週報

　　《戲劇週報》也是「綜合性」期刊，但與《戲劇月刊》不同的是，此刊物的文章通常篇幅短小，因此很難像《戲劇月刊》刊登詳細完整的論述，因此《戲劇週報》的論述反而更與時代趨勢緊密結合，而很少完全是理論學術性的劇論。即使是談到「舊劇改良」這樣從《戲劇月刊》延續的主題，也都不再詳細辨析新劇舊之本質差異，而是闡述舊劇改良在當時的必要性，以及對時代的功用為何。另外對劇壇風氣，例如對票友不良習氣、伶人的稱謂是否有歧視意味等，關注大大增加。

| 作 者 | 篇 名 | 主 題 | 卷 期 |
|---|---|---|---|
| 白雪 | 改良舊劇 | 舊劇改良 | 創刊號 |
| 雄翔 | 醒醒吧！戲院老闆們、舊劇藝人們 | 舊劇改良 | 創刊號 |
| 梯公 | 談國防戲劇 | 舊劇改良 | 創刊號 |
| 劍膽 | 臉譜淺說 | 臉譜 | 創刊號 |
| 聽潮 | 發揮周信芳的表演藝術 | 表演藝術 | 一卷第二期 |
| 白雪 | 戲劇界之罪人 | 劇評 | 一卷第二期 |
| 小票友 | 票友應剷除不良習氣 | 劇壇風氣 | 一卷第二期 |
| 鍾老人 | 改進戲詞之我見 | 舊劇改良 | 一卷第二期 |
| 畏言 | 演劇研究 | 戲劇性質 | 一卷第三期 |
| 子承 | 國劇謬誤極宜修改 | 舊劇改良 | 一卷第三期 |
| 蒼頭 | 如何唱戲 | 表演藝術 | 一卷第三期 |
| 老涵 | 《一捧雪》 | 劇目 | 一卷第三期 |
| 小票友 | 討伐現在的票房和票友 | 劇壇風氣 | 一卷第四期 |
| 飄然 | 藝員與優伶 | 劇壇風氣 | 一卷第四期 |
| 紅魚 | 平劇精義探微談 | 音韻 | 一卷第四期 |
| 雉尾生 | 小生人才之難 | 行當 | 一卷第四期 |
| 雪花 | 學戲要義 | 表演藝術 | 一卷第五期 |
| 楓生 | 唱工五大要素 | 唱工 | 一卷第五期 |
| 老涵 | 《四進士》 | 劇目 | 一卷第五期 |
| 明海 | 舞台燈光問題 | 其他 | 一卷第五期 |
| 丁夜 | 論場面 | 音樂 | 一卷第七期 |
| 扶炎 | 新劇單調之必然性 | 配角 班底 | 一卷第七期 |
| 飄然 | 戲劇與感情 | 戲劇性質 | 一卷第七期 |
| 小珊 | 國防舊劇的實施 | 舊劇改良 | 一卷第八期 |
| 火棗 | 編劇家的修養 | 劇本 | 一卷第八期 |
| 无悶 | 論平劇之唱白與咬字 | 音韻 | 一卷第八期 |
| 丁夜 | 劇本問題 | 劇本 | 一卷第九期 |
| 丕承 | 學戲主要條件 | 戲曲教育 | 一卷第九期 |
| 伽難 | 談布景 | 其他 | 一卷第十期 |

| 梅花眞者 | 戲劇運動中京劇改革問題 | 舊劇改良 | 一卷第十期 |
|---|---|---|---|
| 白雪 | 油彩化妝問題 | 扮相 | 一卷第十一期 |
| 汪菊公 | 談應工戲 | 表演藝術 | 一卷第十一期 |
| 今人 | 戲爲專門科學 | 戲劇性質 | 一卷第十一期 |
| 浦棟 | 談跳加官 | 戲劇性質 | 一卷第十一期 |
| 梅花眞者 | 伶人的社會地位與修養 | 品格 | 一卷第十二期 |
| 芸盦 | 國防戲劇與《臥薪嘗膽》 | 舊劇改良 | 一卷第十二期 |
| 遊子 | 舞台藝術的時間性 | 戲劇性質 | 一卷第十二期 |
| 天籟 | 男女合演 | 戲劇性質 | 一卷第十二期 |
| 臥龍 | 崑曲考略及其精義 | 戲劇史 | 一卷第十二期 |

### 4. 半月劇刊

　　《半月劇刊》的劇論基本與《戲劇週報》類似，都是篇幅短小且與時代趨勢緊密結合，但是與《戲劇週報》關注所處的時代大動盪不同，《半月劇刊》已經回歸劇壇本位。比如談到舊劇改良，談論的是更細節更具體的改良方式，比如應該以保存固有爲重、對時令的不合理表現應檢討等。對當時的劇譚，更注意到以前期刊未談過的，京劇出版品出版與經營困難的問題。

| 作　者 | 篇　　　　名 | 主　題 | 卷　期 | 備　註 |
|---|---|---|---|---|
| 非史翁 | 談戲劇 | 戲劇性質 | 第一期 | |
| 風雲 | 爲梨園公會當局建言 | 劇壇風氣 | 第二期 | |
| 洗紅 | 臉譜厄談 | 臉譜 | 第二期 | |
| 風雪 | 亟應根本剷除之「飛票」 | 劇壇風氣 | 第三期 | |
| 雙禽館主 | 雙禽館劇談 | 劇評　戲劇史 | 第三期 | 第二、六、九期 |
| 東麓 | 嗓音概說 | 唱工 | 第三期 | |
| 品生 | 談談胡琴快慢板的「過門」 | 音樂 | 第三期 | |
| 洗紅 | 五音四聲十二律談略 | 音韻 | 第三期 | |
| 健吾 | 評劇與評伶之區別及蹦蹦戲何以謂之平戲或評戲 | 劇評　戲劇史 | 第四期 | |
| 廣圃 | 國劇應注重保存固有 | 舊劇改良 | 第五期 | |
| 遵夏 | 尖字 | 音韻 | 第五期 | |

| 句詠 | 劇中時令的檢討 | 舊劇改良 | 第五期 | |
| --- | --- | --- | --- | --- |
| 廣圃 | 對於科班管理的幾點意見 | 劇壇風氣 | 第六期 | |
| 長澤 | 助談〈五音四聲十二律談略〉 | 音韻 | 第六期 | |
| 廣圃 | 國劇刊物之困難 | 劇壇風氣 | 第七期 | |
| 品生 | 一劇雙演的評議 | 劇壇風氣 | 第八期 | |
| 寄影 | 譚十三轍 | 音韻 | 第八期 | |
| 風雲 | 對於繼起同業之希望 | 劇壇風氣 | 第九期 | |
| （許）九埜老人 | 戲言 | 戲劇整體 | 第九期 | |
| 老梅 | 關於改革戲劇之意見 | 舊劇改良 | 第九期 | 第九、十期 |
| 滄玉 | 平劇式微 | 舊劇改良 | 第九期 | |
| 述唐 | 對《法門寺》寓意之研討 | 劇目 | 第九期 | |
| 姚君甯 | 勗戲曲學校與富連成社諸生 | 劇壇風氣 | 第十期 | |
| （馮？）小隱 | 有失本意之玩票 | 劇壇風氣 | 第十期 | |
| 廣圃 | 對長慶社建言 | 劇壇風氣 | 第十一期 | |
| 宗珣 | 小生談 | 行當 | 第十一期 | |
| 雛公 | 談競趨旦行之非宜 | 劇壇風氣 | 第十二期 | |
| 品生 | 從天才訓練說到梅余的成名 | 戲曲教育 | 第十三期 | |
| 學李 | 國劇的既往與改革方針 | 舊劇改良 | 第十三期 | 第十三到十五期 |
| 璞玉 | 票戲日多與梨園界的影響 | 劇壇風氣 | 第十三期 | |
| 廣圃 | 藝員演劇應重信用戒驕惰 | 品格 | 第十四期 | |
| 洗紅 | 怎樣光大舊劇 | 舊劇改良 | 第十五期 | |
| 滄玉 | 劇評寫作應注意文筆 | 劇評 | 第十五期 | |
| 長澤 | 舊劇價值肌 | 舊劇改良 | 第十六期 | |
| 千仞 | 文字與戲劇之關係 | 舊劇改良 | 第十六期 | |
| 學李 | 國劇出版物之現況及與國劇本身之關係 | 劇壇風氣 | 第十六期 | |
| 永銓 | 伶工成名之難 | 演員 | 第十六期 | |
| 其美 | 北平劇界趨向之將來 | 劇壇風氣 | 第十六期 | |
| 璞玉 | 劇院中的茶水問題 | 其他 | 第十七期 | |
| 時勤 | 泛談故都今日的戲班 | 劇壇風氣 | 第十七期 | |

| 安麟閣 | 雜談 | 劇目 | 第十七期 | |
|---|---|---|---|---|
| 雕龍 | 將來的淨行 | 行當 | 第十七期 | |
| 廣圃 | 國劇的特性 | 舊劇改良 | 第十八期 | |
| 學李 | 舞台攝影 | 其他 | 第十八期 | |
| 春水 | 談談國劇應改良的兩點 | 舊劇改良 | 第十八期 | |

### 5. 十日戲劇

　　《十日戲劇》的總體特色跟《戲劇週報》《半月劇刊》都類似，但談到舊劇改良，態度已經從前兩份刊物比較新舊劇之差異、具體指出舊劇那些地方需改良，轉而成為努力挖掘舊劇優點，證明舊劇優秀的存在價值為主軸。談論音韻，也都是以戲中具體情況為討論對象，比如三四聲之字如何行腔，甚至某劇目裡某句戲詞之一字該如何發音始正確，都成為討論目標。

| 作　者 | 篇　　　名 | 主　題 | 卷期 | 備　註 |
|---|---|---|---|---|
| 徐慕雲 | 戲傳人與人傳戲 | 表演藝術 | 創刊號 | |
| 葉慕秋 | 評劇界極應覺悟 | 劇評 | 創刊號 | |
| 葉慕秋 | 舊劇叢談 | 舊劇改良 | 創刊號 | |
| （鄭）過宜 | 舊劇需要改良嗎 | 舊劇改良 | 第二期 | 第二、三、四期 |
| 滄玉 | 徒然齋雜談 | | 第二期 | 第二三期 |
| （裴）東籬 | 坤伶的貞操問題 | 品格 | 第三期 | |
| 張肖傖 | 梅蘭芳失言 | 舊劇改良 | 第三期 | |
| 甲子 | 關於赤貧伶人統計之感想 | 其他 | 第三期 | |
| 慕秋 | 舊劇演變之一金鎖記 | 劇目 | 第三期 | |
| 甲子 | 武戲應該改良 | 舊劇改良 | 第三期 | |
| 鄧滄玉 | 戲捧伶伶捧戲及伶捧伶 | 劇壇風氣 | 第三期 | |
| 耄耋齋主人 | 《玉堂春》為青衣或花旦戲之商榷 | 表演藝術 | 第三期 | |
| 甲子 | 國劇富於革命精神 | 舊劇改良 | 第三期 | |
| 孫滄厂 | 腔之摭談 | 唱工 | 第三期 | 第三五期 |
| 栗艸 | 祈禱和平 | 劇壇風氣 | 第四期 | |
| 張肖傖 | 《玉堂春》是花旦戲 | 表演藝術 | 第四期 | |

| 裴東籬 | 藝人不富論 | 其他 | 第四期 | |
|---|---|---|---|---|
| 孫澹厂 | 閒話票友 | 劇壇風氣 | 第四期 | |
| 紅霜 | 名角與戲院應注意的事情 | 劇壇風氣 | 第四期 | |
| 李文哲 | 閒談坤伶 | 演員 | 第四期 | |
| 俞勛 | 《賀后罵殿》劇名應更正論 | 劇目 | 第四期 | |
| 張古愚 | 舊劇是值得保存的 | 舊劇改良 | 第四期 | |
| 小鳳 | 誰言廢止舊劇之鑼鼓 | 音樂 | 第四期 | |
| 過宜 | 舊劇不用改良嗎 | 舊劇改良 | 第五期 | 第五六期 |
| 東籬 | 戲劇與年齡 | 演員劇藝 | 第五期 | |
| 自明 | 一個挽救國劇的呼聲 | 舊劇改良 | 第五期 | |
| 葉慕秋 | 舊劇是永遠的進步 | 舊劇改良 | 第七期 | |
| 裴東籬 | 伶人私德問題 | 品格 | 第八期 | |
| 林澄伯 | 三四聲在二黃之唱法 | 音韻 | 第八期 | |
| 趙用之 | 論上口字 | 音韻 | 第八期 | |
| 致和 | 舊劇最合時代說 | 戲劇比較 | 第八期 | |
| 秋水 | 談評劇家 | 劇評 | 第九期 | |
| 茂才 | 譚淨 | 行當 | 第十期 | |
| 屈瑞五 | 「馬二娘」的辯證 | 角色 | 第十期 | |
| （屈）瑞五 | 羊毛談戲 | 劇壇風氣 | 第十期 | |
| 境溥 | 平劇何以為如此衰落 | 戲劇史 | 第十一期 | |
| 王舉東 | 如何建設中國本位平劇 | 戲劇史 | 第十二期 | |
| 癡人 | 北平地評劇感言 | 劇評 | 第十二期 | |
| 沙市人 | 皮黃是野生的藝術 | 戲劇性質 | 第十二期 | |
| 北平御君 | 是誰之過歟 | 劇壇風氣 | 第十二期 | |
| 沙市人 | 從現行衣著談到國劇的服式 | 行頭 | 第十三期 | |
| （葉）慕邱 | 《斬經堂》不宜拍成電影 | 劇目 | 第十三期 | |
| 張旭 | 國劇中之身段概論 | 表演藝術 | 第十四期 | |
| 藥皂 | 怎麼改良平劇 | 舊劇改良 | 第十四期 | |
| 沙市人 | 皮黃可稱為國劇麼 | 戲劇性質 | 第十五期 | |
| 葉慕秋 | 《白蟒台》非也乃是《刴蟒台》 | 劇目 | 第十五期 | |

| 瑞五 | 舊劇究竟是否需要改良 | 舊劇改良 | 第十五期 | |
| 張笑俠 | 兩個當前戲曲的問題臉譜的存廢和戲曲用語的整理北平戲曲研究社研究報告之一 | 舊劇改良 | 第十五期 | |
| 穆毅 | 皮黃正名之我見 | 戲劇性質 | 第十五期 | |
| 鏡溥 | 我們需要國防平劇 | 舊劇改良 | 第十六期 | |
| 梅蘭芳郭建英 | 國劇化妝術之一部 | 扮相 | 第十六期 | |
| 迷王 | 寫在程硯秋出國前 | 戲劇史 | 第十六期 | |
| 才子 | 賊與直 | 音韻 | 第十六期 | |
| 塵曼 | 讀〈漫談黃鶴樓〉 | 戲劇史 | 第十六期 | |
| 羊毛先生 | 圈外稱語 | 戲劇史 | 第十六期 | |

### 6. 半月戲劇

《半月戲劇》發行時間極為接近抗戰，京劇正處於新星老將交接的關鍵期，同時影視媒介蓬勃發展，因此刊物中呈現許多新時代的話題，比如疑似討論《斬經堂》這部「京劇電影」中的切末。討論與今日「流派」相關的，演員拜名伶為師現象，「拜師」正符合流派成立要件的後學一項，但當時很多演員拜名伶為師，目的並不在發揚名伶的藝術，而是藉名伶之名聲為自己打知名度，所以這些拜師者並不以學習傳承名伶之表演藝術為優先要務，因此並不符合流派中對傳承者之定義。

| 作　者 | 篇　　　名 | 主　題 | 卷　期 |
|---|---|---|---|
| 林老拙 | 音節衰落亟宜糾正說 | 音韻 | 一卷一期 |
| 王夢石 | 國劇原音 | 音韻 | 一卷一期 |
| 徐慕雲 | 提倡編纂中劇史 | 戲劇史 | 一卷二期 |
| 金雨辰 | 牌子 | 劇壇風氣 | 一卷二期 |
| 老鰥 | 因金少山之《斷密澗》而談到劇中人王伯黨之愚忠 | 劇目 | 一卷二期 |
| 徐慕雲 | 敬告電檢會—檢查時應注意《斬經堂》片中之觀音像 | 劇目 | 一卷三期 |
| 梅花館主 | 舊劇衰落的一個重要原因——此後希望名伶與戲館老闆切實合作 | 劇壇風氣 | 一卷三期 |
| 疑（？）頁 | 和馬連良談改良平劇的幾個點 | 舊劇改良 | 一卷三期 |
| 朱劍輝 | 四聲偶談 | 音韻 | 一卷三期 |

# 第三章　京劇期刊的商業宣傳活動
## 反映的京劇演員中心現象

　　本章研究的是京劇期刊與綜合性報紙中，出現的各種商業宣傳活動，如何反映出當時京劇的流行性與劇界共相。本文要探討商業宣傳活動，包含一般商品的廣告，以及京劇期刊與戲園如何為演員或劇目做宣傳。也就是透過對京劇業界內外的商業互動手段之挖掘，探討其中顯示的演員中心現象。

## 第一節　京劇明星與廣告相互依存的宣傳方式研究

　　筆者翻閱 1928～1937 年的京劇期刊時，對其中出現的廣告數量頗感訝異，因為在今天幾乎不讓廣告商感興趣的傳統表演藝術，當時居然能吸引到五花八門的廣告，甚至還有不少廣告借用了京劇元素，包括：京劇人物造型、名伶名字、名伶親筆信……等，來作為廣告素材。也就是對廣告這樣一個純粹以商業利益為導向的產物來說，當時的京劇背後隱含了規模龐大的商機。在此批京劇刊物出現的十年前（1918～1927 年），新文化運動如火如荼進行的時候，京劇曾經遭到支持現代戲劇的新知識分子猛力攻擊。新文化運動中堅份子以「戲劇實用論」為立基點，提倡戲劇應該作為改變社會風氣的工具，在他們心中，西方的「話劇」才是最理想的戲劇，西方易卜生式的「社會問題劇」更是戲劇主題類型中的典範。以京劇為代表的中國的傳統戲劇長期存在於社會上，國家社會這數十年卻全無進步，顯示舊劇無益於人心。不過呈現在京劇期刊上這一幅幅商業廣告圖畫，卻不斷提醒著我們：在新文

化運動知識分子眼裡，如此無益於國家社會的京劇，在市井百姓階層是多麼流行。

京劇與現代戲劇流行程度的差異性，由兩個劇種發行期刊裡的廣告類別比較起來特別明顯。京劇期刊中各種廣告，特別是如香菸這種以流行時尚為主打的廣告種類大量出現，更可證明京劇在當時的大眾化，畢竟香菸不像醫藥食品等商品屬於民生必需品一部份，而是與流行、時髦掛鉤的純粹商業消費品，必須靠短時間吸引大量消費者才能造成風潮，所以為成本考量，一定是對讀者越有吸引力的刊物，越能讓菸商大量刊登宣傳廣告。因為翻閱同時期以戲劇、新劇為主要內容的戲劇期刊，如 1928 年創刊熊佛西主編的《戲劇與文藝》，其廣告除了一家相片沖印社之外，只有本刊發行商北平文化學社出版的學術性書籍，包括大學高中初中的教科書、外國翻譯文學名著、戲劇與藝術理論、國學研究……等明顯以中高級知識分子為預設讀者的書籍，可見此份刊物面向的就是中高級知識分子，而中高級知識分子以當時教育不普及的環境而論，本來就是小眾中的小眾。1937 年創刊由歐陽予倩等主編的《戲劇時代》，廣告也都是新劇劇本、以及以文學創作研究為主要內容之刊物。可見同樣一段時期內，話劇活動是局限於中高級知識分子圈，廣告也都是中高級知識分子「學術研究」門類，京劇期刊中的廣告竟然充滿了許多日常生活用品與流行事物，可見訴求的讀者並不侷限在學術研究的知識分子，而試圖連市民中的中產階級也納入讀者範圍。

本節以京劇刊物刊登之廣告為研究對象，乃因廣告最能反映京劇與商業圈的直接互動，其他如《申報》、《順天時報》、《北洋畫報》等規模較大報紙，雖也開闢了戲曲相關專頁，但一來戲曲專頁並非每期都有，二來這種綜合性報紙版面涵蓋範圍廣，包括政治、經濟、社會等面向的新聞，也就是預設讀者並非只有戲迷，而是希望盡可能吸納各類讀者，所以廣告商在此類報紙上刊登廣告，因為訴求對象較為複雜，因此從廣告種類統計結果，以及出版商吸引廣告的方式等層面，並無法明確考察刊物中廣告與京劇演出、京劇明星間的互動關係，只能從廣告內容是否應用京劇元素此一層面探討，因此此處討論報刊「廣告」與京劇的關係時，主要使用京劇專門報刊裡的廣告資料，而將綜合性報刊之廣告例子作為補充之用。

雖然一份專門的戲曲刊物，不管規模大小，都還是以劇評、劇論……等文章為主要內容，廣告不會是內容主幹，但廣告卻能從另一個側面反映此類

戲曲期刊讀者之多，戲曲市場之大。廣告在一份京劇期刊中數量、種類之多寡，恰能顯示當時京劇之流行普及程度，也可看出一份期刊的預設讀者，是偏於哪種層級的戲曲觀眾，是雅俗共賞，還是面向深度鑽研的戲曲研究者，或是面向一般以看戲爲興趣消遣的觀眾，抑或以京劇或伶人爲玩意兒，八卦取樂者。

　　本節第一部分將藉由各京劇期刊刊登廣告的種類，分析此期刊的特性，因爲不同期刊出現的廣告種類差異，實與期刊偏於通俗或學術的性質差異相關，且並不是所有類別廠商都傾向選擇通俗性期刊登廣告的。第二部分討論，在廣告主體中，最直接相關的廣告商與作爲代言人的京劇明星之間雙向交流互利關係。第三部分討論作爲刊登載體的京劇期刊，爲了爭取廣告收入而做出甚麼樣的因應。

　　本文藉由分析這些京劇專門報刊裡的各式廣告，包括同一份刊物中的各種廣告類型、廣告手法，以及不同報刊廣告類型異同的相互對照，試圖還原當時京劇作爲流行文化一員，是如何滲透在大眾日常生活中的，並且在廣告行銷商品的商業行爲中，廣告商、期刊出版社、京劇名伶之間的互動關係又是如何。

## 一、廣告反映的期刊特性

　　以下爲《中國早期戲劇畫刊》裡，民國十七年到抗戰爆發前的八種代表性刊物中，[註1]廣告種類與數量約略統計表：

| 期刊名 /出版地　　廣告種類 | 戲劇月刊 /上海 | 戲劇叢刊 /北平 | 國劇畫報 /北平 | 劇學月刊 /北平 | 戲劇週報 /上海 | 半月劇刊 /北平 | 十日戲劇 /上海 | 半月戲劇 [註2] /上海 |
|---|---|---|---|---|---|---|---|---|
| 戲曲相關書籍 | 13 | 5 [註3] | 12 | 25 | 1 | 1 | 12 | × |

〔註 1〕　此八種代表性刊物的排序乃以創刊日期爲準：最早的是《戲劇月刊》，創刊於 1928 年 6 月；最晚的是《半月戲劇》創刊於 1937 年 6 月。故在 1928～1937 年之間出版的戲曲刊物約爲此八種。

〔註 2〕　《半月戲劇》在此表的廣告種類數量很少，乃因截至 1937 年 7 月底，本刊總共只發行了三期，因此只統計了三期的廣告數量。

〔註 3〕　此五種戲曲相關書籍爲「齊如山劇學叢書」五種：《中國劇之組織》、《中國劇之變遷》、《中國劇之圖譜》、《國劇身段譜》、《皮黃音韻》。

| | | | | | | | |
|---|---|---|---|---|---|---|---|
| 戲園演出廣告〔註4〕 | 16 | × | 8 | × | 8 | × | × | × |
| 戲校 | × | × | 3〔註5〕 | × | × | × | × | × |
| 唱片〔註6〕 | 5 | × | × | × | × | × | × | 1 |
| 租賃戲劇用品 | 1 | × | 1 | × | × | × | × | × |
| 電影 | 2 | × | × | × | × | × | 3 | × |
| 其他書籍 | 41 | × | 2 | 142〔註7〕 | 1 | × | 36 | × |
| 印刷廠 | 4 | × | × | 1 | × | × | × | × |
| 其他藝術類 | 3 | × | 6 | × | × | × | × | × |
| 香菸 | 9 | × | × | × | 1 | × | 3 | 1 |
| 銀行 | × | × | 11 | 2 | × | × | 1 | × |
| 飯館　食品行 | 1 | × | × | × | 8 | 3 | 2 | 2 |
| 服裝配件 | 2 | × | 1 | × | 3 | 4 | × | 1 |
| 儀容整理〔註8〕 | × | × | 1 | × | 1 | × | × | × |
| 公寓出租、飯店 | × | × | × | × | 2 | × | × | × |
| 日常生活用品〔註9〕 | × | × | × | × | 1 | × | 2 | 1 |
| 民生產業〔註10〕 | × | × | × | × | × | 3 | × | × |
| 文具店 | 1 | × | × | × | × | 3 | × | × |
| 醫藥 | 10 | × | × | × | 3 | 4 | 11 | × |
| 運動類比賽〔註11〕 | × | × | × | × | × | × | 2 | × |
| 百貨公司 | × | × | × | 1 | 2 | × | × | × |

〔註4〕　戲園廣告之統計標準是將同一戲園之不同劇目分開計算，連臺本戲之不同本也算不同劇目，如上海天蟾舞台二本與四本《封神榜》，即算兩種劇目。
〔註5〕　此爲國劇學會成立之「國劇傳習所」相關廣告。
〔註6〕　唱片廣告因爲並非每出一片唱片便發一次廣告，故乃以公司爲單位計算。
〔註7〕　此一百多種與戲曲無關之書籍全爲文學、哲學、教育、語言等領域之學術書籍，以及外文翻譯著名小説。
〔註8〕　包括理髮店、澡堂等與儀容清潔有關者。
〔註9〕　此處之日常生活用品包括毛巾、蚊香、紙張、水泥、電扇。
〔註10〕　此處之民生產業，指與民眾日常生活有關的大型用品，包含煤棧、建築廠、車行。
〔註11〕　此處之運動類比賽包括回力球、賽馬。

| | | | | | | | |
|---|---|---|---|---|---|---|---|
| 公營、公益事業 | × | × | 3 | × | 1 | × | 2 | × |
| 舞導、伴遊社〔註12〕 | × | × | × | × | 13 | × | × | × |
| 舞廳 | × | × | × | × | 3 | × | × | 1 |

　　由此份表格我們可以發現，在這些戲曲期刊上的廣告，並非如我們想像只有戲曲相關書籍以及物品、戲園演出廣告等，而是包括衣、食、住、行、育、樂等幾乎涵括人民生活各面相的產品廣告，甚至連舞廳、舞蹈補習班、伴遊……等等風花雪月的社交生活項目一應俱全，其中含意頗耐人尋味。

　　商品廣告屬於商業範疇而非公益範疇，廣告的主要訴求對象必定是期刊背後隱藏的讀者群。廣告主對於商業利益相當敏感，因此願意花錢在期刊上買版面登廣告，表示這些期刊背後的隱藏讀者群數量龐大，讀者群數量龐大間接代表當時京劇市場發展之蓬勃興旺、規模之大，也因此商品靠著京劇期刊讀者群直接或間接的傳播，可以爲廣告主帶來巨大商業利益。一般來說，廣告種類分布越廣的期刊，顯示在廣告主心中對讀者吸引力越大，地位越重要。以上表來看，《戲劇月刊》的廣告種類最多，顯示廣告主最重視的應該是《戲劇月刊》，也就是廣告主認爲《戲劇月刊》的內容所能吸引的客層最廣。《戲劇月刊》一卷六期的「白金龍香菸」廣告，〔註13〕直接將飲龍井茶、觀《戲劇月刊》、吸白金龍香菸並列爲「君子三樂」，如果《戲劇月刊》並非相當受京劇觀眾歡迎的刊物，白金龍香菸是不需要硬把《戲劇月刊》的名稱塞在廣告裡的。

　　這張香煙廣告圖以一京劇旦角造型爲主幹，旦角梳古裝頭〔註14〕、著水袖，右手反手持扇於胸前，扇上書寫「白金龍」三字，左手做出翻袖於背之動作。古裝頭爲梅蘭芳民國初年爲其歌舞新戲所創之京劇扮相新髮式，較飄逸輕盈適合歌舞，因爲讓觀眾耳目一新因此大受歡迎，香煙廣告對觀眾喜好相當敏銳，立刻把這種扮相加入廣告裡。

---

〔註12〕 舞導社，指有漂亮且舞藝精湛的女舞者教導學員跳交際舞技巧的營業補習班；伴遊社，則以提供漂亮年輕女伴讓男性應付一切遊玩及社交所需。但舞導社往往也兼伴遊。

〔註13〕 《中國早期戲劇畫刊》，第一冊，頁548。

〔註14〕 古裝頭，京劇旦行腳色一種髮式，爲梅蘭芳1915年左右，借鑑古代繪畫中仕女髮型，創造出更加接近古代婦女生活中髮式原型的、髮髻式的古裝頭型，其特點是：多數兩鬢仍貼片子，頭罩假髮或人髮製作的假髻。《京劇知識詞典》，頁61。

【圖一】白金龍香菸廣告

　　但是廣告主也不是以單一標準檢視所有期刊，從某類廣告主對某些京劇期刊的偏好，可以反映京劇期刊的個別性質。比如在這八種期刊中，北平國劇學會出版的《戲劇叢刊》，與中央戲曲音樂院研究所主編的《劇學月刊》，廣告種類偏少，但二者又有區別。《戲劇叢刊》唯一的廣告，是國劇學會主要負責人之一齊如山出版的「齊如山劇學叢書」，因此我們甚至可說《戲劇叢刊》沒有商業廣告；《劇學月刊》的廣告包括戲劇類書籍、非戲劇類書籍、印刷廠、銀行、百貨公司等五種，其中百貨公司僅一家曾刊登廣告，可以忽略不計，印刷廠一家與書籍印刷實際關係密切，銀行兩家，恐怕與中央戲曲音樂院南京分院的背後金主銀行家張嘉璈之人脈多少有關，〔註15〕亦即在《劇學月刊》

〔註15〕 張嘉璈，字公權，江蘇寶山人，1889～1979 年，曾任中國銀行上海分行副經理、中國銀行副總裁（當時馮耿光為總裁）、國民政府鐵道部長、交通部長等職位，不過在一般人印象裡，他的二妹張嘉玢（張幼儀），因為與徐志摩的一

大量長期自發性刊登廣告的只有書局。如上所述，中央戲曲音樂院南京分院的背後金主，是銀行家張嘉璈，北平國劇學會經費的最初來源是向各界募款五萬，意味《劇學月刊》與《戲劇叢刊》本來並不打算透過商業廣告維持運作經費，因此不但廣告的商業氣息少，內容的「學術」氣息也是八種代表刊物之冠。我們必須注意的是，期刊的學術氣息濃淡雖會影響廣告種類多寡，但因為這類期刊本來訴求的客層就不同，因此某些種類的廣告數量減少，某些種類廣告數量卻可能增加。這點以《劇學月刊》最明顯，此刊中戲劇、非戲劇相關書籍合計超過一百五十種，且這數量龐大的書籍皆是劇學、哲學、文學、教育學、語言學、翻譯小說……等正經高雅甚至具有學術性質的書籍，〔註16〕而這些書籍絕大部分在其他京劇刊物上未見，可見廣告主也會根據自己的廣告屬性，刻意在某種期刊上多花廣告費。

　　另一種由國劇學會出版的《國劇畫報》廣告種類較《戲劇叢刊》與《劇學月刊》多，乍看與其他五種訴求客群不那麼學術的期刊一樣，但仔細觀察它的廣告，卻會發現一個特殊現象，從創刊到終刊，此刊物上絕大部分廣告的種類、位置甚至商家商品名稱都一模一樣。

**【圖二】《國劇畫報》頭版廣告**

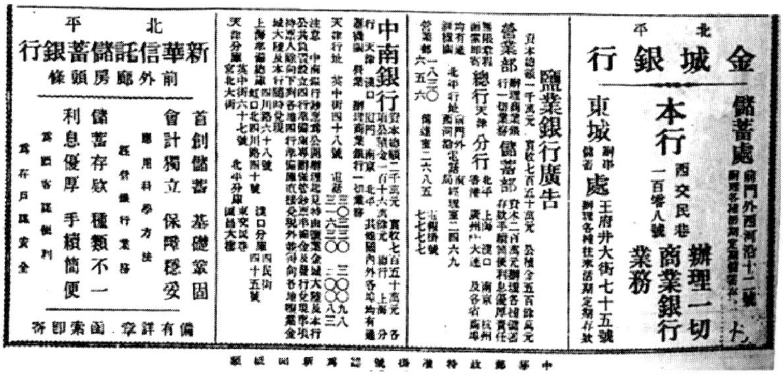

段婚姻而比他更有名。張嘉璈比較支持程硯秋，一來是受其小妹張嘉蕊之影響，張嘉蕊與程硯秋有交情且是標準程迷，二來似乎是因為任職中國銀行期間，與長期支持梅蘭芳的馮耿光不合，所以大力扶持程硯秋。

〔註16〕《戲劇月刊》的書籍數量雖也不少，但一來種類遠遜於《劇學月刊》，二來非戲劇相關書籍中有許多關於「弔膀子學」（類似今天的男女交際學，但所交際的女性包羅萬象，身分不分貴賤無論已婚未婚，女學生、大家閨秀、妓女、鄉下姑娘、富太太……都是下手對象。）、鴛鴦蝴蝶派小說……等消閒書籍，明顯與《劇學月刊》書籍性質不同。

　　本畫報之頭版廣告無一例外都由金城、鹽業、中南、新華這四家銀行佔據，即使偶爾位置互換，但這四家銀行永遠都在頭版下方最顯著的位置站成一排。〔註 17〕

**【圖三】《國劇畫報》末頁廣告**

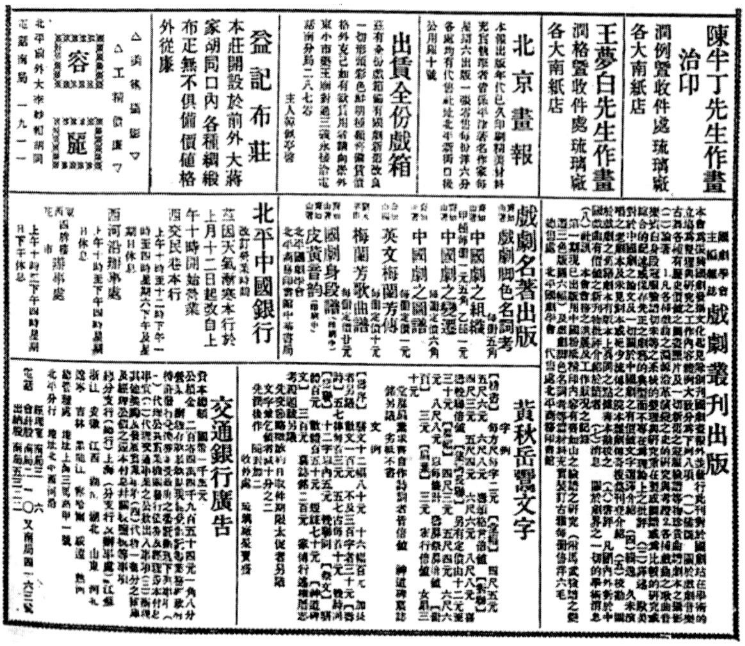

　　而劇學相關書籍、戲箱租賃、工藝美術等廣告都在末頁且幾乎由容麗美術攝影、益記布莊、出賃全分戲箱的韓佩亭……等幾家包辦，甚至往往固定某格位置，劇學書籍清一色是齊如山的劇學叢書或是劉天華等人為梅蘭芳赴美演出撰作的特別書籍。〔註 18〕

　　雖然《國劇畫報》在微卷的縮印本中，畫報騎縫戲園演出廣告的中間部分遺失，但由殘餘的兩邊，我們依然可以判斷出，演出地點是西珠市口的開明戲園，主演者為梅蘭芳，日期為分開的三天，演出劇目為《女起解》《奇雙會》《鳳還巢》。〔註 19〕翻檢畫報騎縫裡的戲園演出廣告，雖然刊登者是中和、開明等不同戲園，其主演卻清一色是梅蘭芳。由這些頭版、尾頁、騎縫廣告

〔註 17〕《中國早期戲劇畫刊》，第十六冊，頁 477。

〔註 18〕《中國早期戲劇畫刊》，第十六冊，頁 480。

〔註 19〕同前注，頁 482～483。

的特性，可見國劇學會出版的這份《國劇畫報》，雖然文章內容並不像《劇學月刊》以劇學研究為宗旨，卻可說是國劇學會的私人園地，連廣告都與學會成員的私人關係密不可分。

【圖四】《國劇畫報》騎縫廣告

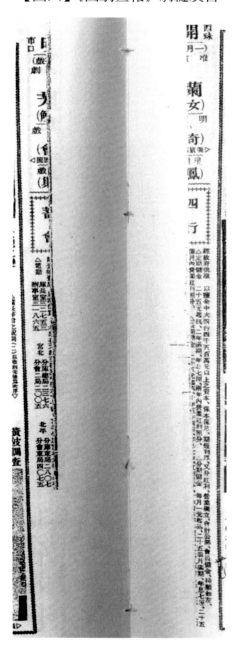

　　以廣告種類看，《國劇畫報》的商業色彩比同樣由國劇學會發行的《戲劇叢刊》重得多，意味在《戲劇叢刊》因爲印刷品質的堅持，導致募款所得不敷使用而不得不停辦後，〔註20〕國劇學會必須在發行經費上花點心思，因此《國劇畫報》開始需要刊登商業廣告，或許因爲梅蘭芳的地位號召，比較容易爭取到長期廣告客戶，因此無須收納種類繁複的廣告，而各大銀行長期刊登廣告或許跟梅蘭芳長期支持者之一銀行家馮耿光舊有的銀行界人脈有關。

　　其他如《戲劇月刊》、《半月劇刊》等，其內容有偏於表演藝術探討者如〈青衣唱法概論〉，也有閒談梨園掌故者如〈梨園舊事麟爪錄〉，而這些刊物中的廣告包括戲劇相關事物，以及書籍、食品、衣飾、香菸、醫藥……等生活用品，比《劇學月刊》這樣的學術刊物多采多姿。亦即訴求客層範圍越不明顯，越雅俗共賞的京劇刊物，其廣告涵蓋種類越多，除了戲劇相關事務外，其他廣告都以一般日常生活相關事務爲主，純粹聲色娛樂的廣告比例就很少或沒有。

　　純粹聲色娛樂的廣告比例重的，就內容上言通常會有部分針對較爲特殊的客群，如創刊於 1936 年 10 月上海的《戲劇週報》，比起其他七種京劇期刊來說，更貼近「風花雪月，紙醉金迷」的浮華世界。《戲劇週報》的規模不大，但是廣告裡關於舞導社、伴遊社、舞廳的數量卻是八種裡最多〔註21〕。

　　「舞導社」在當時類似交際舞補習班的功能，但與我們現在的國標舞補習班不完全相同，當時的舞導社包含了習舞與嚮導兩種功能，所謂嚮導說穿了就是伴遊之意，而也有另一種直接稱爲伴遊社的組織。即使有的舞導社如藝林，特別強調「宗旨純正」，卻也不能否認當時的舞導社多少帶有情色性質，否則爲什麼大部分舞導社寫到自身優點時，都要強調社裡的「蜜斯」個個「高尚、天眞、美麗」，服務方面不但「周到」還是「諸君電邀，立刻就到」？男性顧客要帶舞導社的社員出遊時，誰都希望身旁是朵「解語花」，因此舞導社廣告必須強調社員都是女的，而這朵花當然要夠漂亮才賞心悅目，可是又不能一身風塵味，因此除了美麗是必備條件還得大打天眞、

〔註20〕據齊如山自己的敍述，《戲劇叢刊》停辦之因，「一是寫這種（戲劇學術）研究文章的人太少，很難得寫成一篇；二是定的辦法太講究，必需用連史紙，且用線裝，因此用錢較多，經費更難籌畫，所以只出了四期，以後就沒有再出。」見《齊如山全集》，第八冊下，頁 169。
〔註21〕《中國早期戲劇畫刊》，第二十五冊，頁 357。

高尚牌。對照今天的國標舞補習班，舞蹈教師男女皆有，其性質之異不言可喻。

【圖五】《戲劇週報》交際舞類廣告

即使是以《戲劇週報》自己的廣告種類而論，舞導社、伴遊社、舞廳的數量也佔了廣告總量將近一半，這種奇異的狀況我們可由《戲劇週報》的目錄找出原因。

**【圖六】《戲劇週報》目錄**

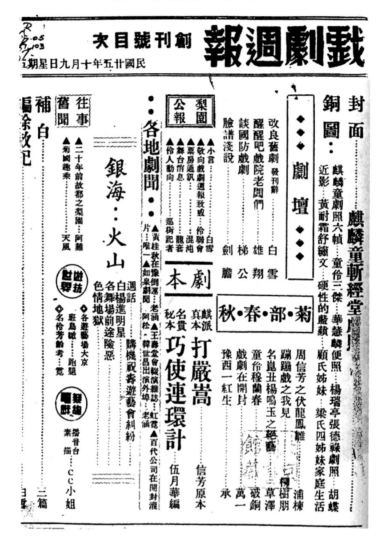

由《戲劇週報》的創刊號目次頁我們可以發現幾個現象，一是麒麟童在當時上海京劇界地位之重要，因此他在這期不但有浦棟專為之所作劇評〈周信芳之《伏龍鳳雛》〉，麒麟童的劇照直接登在刊物封面，連分段分期刊登的《打嚴嵩》劇本都要特別冠上「麒派真本」之稱。二是同一期刊物裡，既有〈改良舊劇〉這樣義正嚴詞的劇論，也有〈黃桂秋在豫倒運〉的京劇演員八卦文章，更有專門報導電影界、舞廳界動態的專欄「銀海與火山」。〔註22〕這種

〔註22〕同前注，頁370。

嚴肅與風月並陳的風格，正是使《戲劇週報》的廣告呈現出與其他報刊不同的風貌之主因。雖然「銀海與火山」版的主編夢人，在發刊詞中特別聲明：

> 以電影與跳舞合編在一起，似乎於電影諸藝人大為不敬，但以篇幅關係，又不能分得清清楚楚，所以編者除向電影界諸君深深致歉外，更希望讀者能細細的體味到我們對電影與跳舞有著怎樣的不同態度。〔註23〕

雖然宣稱對電影與跳舞場的態度不同，而實際上對這兩個領域的報導態度完全一樣，都是八卦心態而非純粹新聞報導，依此版刊登出的八卦看，影星落魄後往往容易淪落為舞女，如銀漢〈影國佳話〉一文，曾記錄過氣電影明星朱秋痕的動態：

> 明星朱秋痕，下海伴舞之說，在半月之前，即已喧傳一時，但不久又歸消沉，其原因則為遭家庭反對，其父頗以做舞女為恥，極力反對，故即打消此議。茲消息傳來，朱因生活問題無法解決，不能顧及種種物議，決計下海伴舞，另求出路。聞近正與維也納舞廳談判條件，一俟接給就緒，即可見諸報章宣傳。〔註24〕

所以這兩種職業實際上無法明確劃分，或許在讀者眼中都一樣是紙醉金迷、奢華糜爛生活的代表，對這兩個領域無時無刻不在發生的狗屁倒灶，讀者倒是很樂意偷窺瘡疤一番，因此編輯期望讀者細細體味「我們對電影與跳舞有著怎樣的不同態度」的宣言，根本是欲蓋彌彰，因為一般讀者絕不會下功夫細細分辨這中間的不同。也就是《戲劇週報》原來訴求的客群，更往對京劇「學術、藝術」層面討論的興趣偏低的觀眾深入，因此《戲劇週報》中的京劇相關文章，不但篇幅短小，真正探討劇學或是深入討論伶人劇藝的文章比例大幅降低，反而介紹各地各劇種伶人、記述某伶人潦倒近況、挖掘名伶私德上某些缺失……等一類的文章偏多，評論伶人劇藝則較多是概略的總評，甚至想吸納對電影界、舞場界有興趣的紅男綠女成為新客戶，在這八種京劇期刊中，內容更接近消閒小報一類的內涵。

　　廣告種類分布之異，除了以上所說的報刊性質之異外，地域的特性似乎也是重要一環。這些主要戲曲期刊的發行地集中於上海與北平兩大城市，上海發行的期刊，廣告種類明顯比北平發行的期刊多采多姿，比如唱片、食品

---

〔註23〕同前注，頁374。
〔註24〕同前注，頁595。

販賣、醫藥、交際舞……等廣告，在北平發行的雜誌上是看不見的，但北平發行的期刊卻有如煤棧、租車行、建築廠這類，與民生相關但又不是一般小型日常用品的產業。上海是長期華洋雜處的租界，城市氛圍開放活潑，京劇期刊上的廣告直接呈現出融合在市民生活中的商業活動，也同時說明了京劇在百姓生活中的流行；北平是文化政經中心，雖然北平觀眾對京劇的癡迷恐怕比上海觀眾更甚，但因為兩三百年的首都身分，城市氛圍比較老成持重，因此一般的民生商業即使也很熱絡，卻很少反映到京劇期刊上，比如著名的六必居、瑞蚨祥、同仁堂等老商號，就未見其於北平發行的京劇期刊上登廣告，這或許也是北平京劇期刊數量不多，而獨立發行的京劇期刊更少的原因之一。

## 二、廣告與京劇和京劇明星的相輔相成

這時期出現了為數不少將京劇人物或京劇明星形象放在廣告裡的現象，比如醫藥類與香菸類廣告都出現過。「西藥」與「洋菸」當時剛從西方大量傳進，雖然對普羅大眾的而言是相當新奇時髦的事物，但人心對於從未接觸過的新事物總有隔閡恐懼，大眾未見得能迅速對洋菸洋藥滿心歡喜地接受，因此洋菸商跟西藥房只能把腦筋動到大眾文娛明星身上，借用他們的影響力來「感化」普羅大眾願意嘗試他們的產品。醫藥類如上海的韋廉士醫生藥局，長期在《戲劇月刊》刊登廣告，並請各行各業的使用者見證效果。一卷七期上，曾以梅蘭芳為代言人作廣告。

廣告不僅刊登梅氏西裝照，以「中國伶界大王」的稱號加於梅蘭芳身上，重點更在梅氏親筆信函及簽名，陳述藥局出產的紅色補丸（成人藥物）與嬰孩自己藥片（小兒藥物）皆為梅家習用，藥效甚佳：

> 韋廉氏大藥房台鑒，逕啟者：蘭芳夙知尊處出品家用良藥，譽滿杏林，良深引領，而「紅色補丸」及「嬰孩自己藥片」二種，尤所習用，特敢具書保證。耑此佈陳　順頌
>
> 籌祉
>
> 　　　　　　　　　　　　　　梅蘭芳謹啟　十二月一日〔註25〕

其他見證者之證言皆是以普通鉛印模式刊登，唯有梅蘭芳獲此殊榮。〔註26〕

---

〔註25〕《中國早期戲劇畫刊》，第三冊，頁 156。

〔註26〕韋廉士醫生藥局刊登的廣告中名人證言不少，但只有梅氏是親筆信函，餘人皆為排版打字模式。

但醫藥並非純粹與流行文化結合的商品，因此其行銷方式仍趨於穩重保守，廣告內容主要仍以文字呈現。但若將目光移到同時的香煙廣告，則形式又與醫藥廣告大異其趣。

【圖七】韋廉士藥局梅蘭芳親筆信

這種以京劇元素應用於廣告中的例子，以香煙廣告用的最勤，幾乎在上海出版的京劇期刊與綜合報紙都可見其蹤影。這種廣告手法在京劇期刊中出現之頻率，又以《戲劇月刊》最高。香煙在當時是新出的時髦玩意兒，廣告的圖畫比例最高，因此很適合與京劇這樣的視覺藝術結合。〔註27〕如《戲劇

─────────────

〔註27〕戲劇是舞台上讓觀眾觀賞的藝術，京劇又比一般戲劇多了身段、扮相等華麗

月刊》一卷一期創刊號上，華商煙公司爲其「富而好施香煙」（Full House）刊
登了全頁廣告。〔註28〕

【圖八】富而好施香煙廣告

---

的視覺元素，與觀眾視覺感官的關係更加密切，晚清因爲戲園照明設備不發
達，只要天色一暗便看不清台上演員的表演，只能聽演員的唱念，故出現了
聽戲一說，在新式劇場紛紛出現，戲園照明設備大幅改善之後，演員的作表、
扮相、道具、舞台布景等與戲劇視覺效果密切結合的元素，地位越來越重要，
有時甚至成爲一齣戲的廣告主打。

〔註28〕《中國早期戲劇畫刊》，第一冊，頁 104。

　　香菸本身包裝上是樸克牌的 Q 花樣，廣告的主畫面改以梅蘭芳之《太眞外傳》戲畫代之。但楊貴妃在唐明皇時代，名爲貴妃位同副后，所以廣告使用楊貴妃形象，與菸盒包裝的樸克牌 Q 花樣仍有高度相關性。廣告畫面中楊貴妃梳高髻、古裝頭滿頭珠翠、輕縠霞紗的衣衫扮相，身後跟一宮女持大型華麗宮扇，背景是雕梁畫棟的宮殿迴廊的戲畫代之，使得整體畫面充滿了富麗堂皇的視覺效果。〔註 29〕

　　《戲劇月刊》一卷五期南洋兄弟公司香菸廣告將香菸取名爲「梅蘭芳香菸」，廣告詞聳動的說：「這個『梅蘭芳』是伶界大王、香菸泰斗」。〔註 30〕

### 【圖九】梅蘭芳香菸廣告

---

〔註 29〕　此廣告上之戲畫，人物服裝與環境陳設應是以宮廷爲背景的戲，梅蘭芳古裝新戲中之宮廷戲惟《太眞外傳》與《西施》二戲，以年代論，《太眞外傳》約推出於民國十五年，《西施》約在民國十三年，《太眞外傳》編演時間離此廣告刊登時間較近，故此戲畫較有可能爲《太眞外傳》。

〔註 30〕　《中國早期戲劇畫刊》，第二冊，頁 351。

　　廣告商再次以「伶界大王」稱號加在梅蘭芳身上，並用梅氏古裝新戲《西施》宮裝造型的戲畫做香煙廣告之招牌，梳古裝頭、身穿素面披風，做出拱手姿勢，連香菸包裝上都印上了梅蘭芳《西施》裡泛舟五湖漁裝扮像的半身劇照，梅氏仍梳古裝頭，頭上戴一紅氈斗笠，身披蓑衣。〔註 31〕

　　《戲劇週報》一卷一期的旗艦牌香菸廣告，〔註 32〕

**【圖十】旗艦牌香菸廣告**

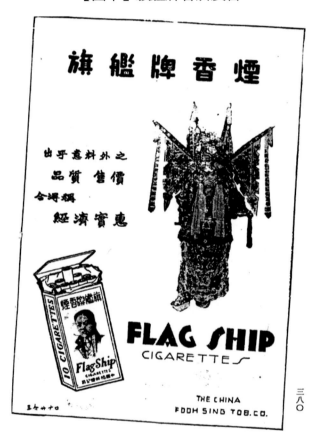

　　廣告以麒麟童《投軍別窰》的薛仁貴劇照佔主要部分，麒麟童頭戴盔、身紮大靠、背紮靠旗四面，儼然頂天立地之英雄，頗合乎女性希冀的「保護者」形象，香菸包裝上則印了麒麟童的高領西裝照，麒麟童的麒又與旗艦牌

<hr />

〔註 31〕　包裝上戲畫之對照組，乃由同刊一卷六期「梅蘭芳專號」劇照得來，但《西施》一劇早在民國 11 年 9 月 8～9 日已於北京真光劇場演出。
〔註 32〕　《中國早期戲劇畫刊》，第二十五冊，頁 380。

的旗不但同音，字形也相近，文字趣味與圖畫視覺更帶來雙重廣告效果。麒麟童奠定上海京劇界代表人物地位的年代，亦即其藝術成熟期，約在 1926～1931 年間在天蟾舞台演出時期。〔註33〕對照《中國早期戲劇畫刊》中刊登麒麟童文章的報刊年代，1929 年《戲劇月刊》爲麒麟童主演的《三本封神榜》作了集合三篇文章的小專輯，〔註34〕《戲劇週報》更於 1936 年爲麒麟童出版了專號，爲某個演員出專號意即肯定此演員的觀眾號召力與劇壇地位。這則香菸廣告即出現於當年的創刊號上，可視爲認證麒麟童爲當時上海最有觀眾號召力的演員與其劇藝地位的表徵。

　　1928 年 6 月 20 日在綜合性報紙《申報》刊登廣告的中南煙草公司，則具體以以京劇著名人物「薛仁貴」爲香菸之名：〔註35〕

### 【圖十一】中南煙草公司薛仁貴香菸

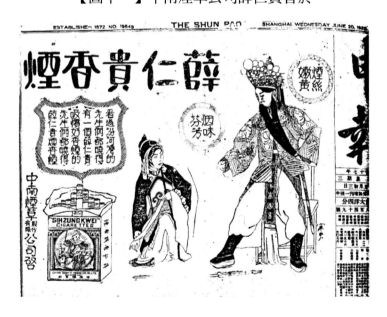

　　廣告主圖是京劇《汾河灣》裡，薛仁貴因爲發現屋裡有隻男鞋，卻又不是自己的，疑心太太柳迎春不守婦道，一怒將鞋擲在柳迎春面前的畫面。畫中薛仁貴位於舞台左側，高坐椅上，左手撚鬚，右手指地上之鞋；柳迎春則

〔註33〕沈鴻鑫：《京劇大師周信芳》（上海：東方出版社，2009 年），頁 44～61。
〔註34〕此三篇文章刊登於一卷九期，篇目爲：劉豁公所作〈三本《封神榜》說明〉、〈三本《封神榜》劇詞〉以及麒麟童所作〈伯邑考與妲己論琴的一幕〉。
〔註35〕《申報》，第 1247 冊，頁 539。

位於舞台右側，屈膝蹲於地，一邊以眼觀察怒氣騰騰的薛仁貴，一邊以右手摸鞋拾起。文字部分除了強調香菸所裝的菸絲品質絕佳、氣味絕不嗆人之外，將香菸與京劇人物薛仁貴聯繫在一起的文字是這樣說的：「看過《汾河灣》的先生們都曉得有一個薛仁貴，吸慣好香菸的先生們都曉得『薛仁貴牌香菸』。」將香菸與《汾河灣》薛仁貴連繫在一起，因為薛仁貴本人是個蓋世英雄，由薛仁貴的形象可以反過來證明此種香菸，也是菸中英雄；二來香菸這種與流行緊密結合的商品，竟以京劇人物命名產品，並將商品形象努力與京劇劇目結合，而且刊登位置在綜合性大報《申報》頭版頭，可見京劇在當時娛樂圈中之影響力，才能讓廣告商願意花大價錢買個顯著的位置登廣告。也就是應用京劇元素的廣告，並不局限於京劇專門報刊中刊登，連綜合性報刊都屢現蹤跡，可以想見當時京劇並非如現代人認為的，只局限於小圈子裡。

這段時期的香煙廣告有個明顯特色，就是常用女子形象或女性喜愛的事物作為廣告或包裝主軸，女觀眾進劇場看戲導致京劇審美觀變化的歷史，在《中國京劇史》〔註 36〕等書已有討論，這裡再引許姬傳在《舞台生活四十年——梅蘭芳回憶錄》中提到梅氏崛起時之說法佐證：

> 以前的北京，不但禁演夜戲，還不讓女人出來聽戲，社會上的風氣，認為男女混雜，是有傷風化的。……民國以後，大批的女看客湧進了戲館，就引起了整個戲劇界急遽的變化。過去是老生武生占著優勢，因為男看客聽戲的經驗，已經有他的悠久的歷史，對於老生武生的藝術，很普遍地能夠加以批判和欣賞。女看客是剛剛開始看戲，自然比較外行，無非來看個熱鬧，那就一定先要揀漂亮的看。像譚鑫培這樣一個乾癟老頭兒，要不懂得欣賞他的藝術，看了是不會對他發生興趣的。所以旦的一行，就成了她們愛看的對象。不到幾年工夫，青衣擁有了大量的觀眾，一躍而居於戲曲行當裡重要的地位，後來參加的這一大批新觀眾也有一點促成的力量的。〔註 37〕

因為女性社交生活的鬆綁，讓原來只能在寂寂深閨的女性，得以嘗試某些男性的社交活動，而使女性群體成為新興客源。京劇旦角因為女觀眾的進場乘

---

〔註 36〕馬少波，《中國京劇史》（北京：中國戲劇出版社，2005 年），頁 627～628。
〔註 37〕梅蘭芳、許姬傳，《舞臺生活四十年：梅蘭芳回憶錄》（北京：團結出版社，2006 年），頁 107～108。

勢而起，則在香菸這一商品與流行文化京劇沾上邊時，「漂亮的」梅蘭芳新戲老戲的戲裝打扮增加女性觀眾賞心悅目的視覺美感，英勇威武的麒麟童武戲扮相則與女性心中可依靠的良人形象不謀而合，將此兩種形象置放香煙廣告上，顯然有意強化對女性消費者的訴求宣傳力。

　　至於京劇名伶對於藥商、菸商在商品上使用其劇照畫像的行為，看起來至少採取了默認的態度。以香菸來說，雖然梅氏本人不見得抽菸，至少不見得就抽這種香菸，但一來在這種商業行為中，從經濟層面而言，廣告商應該會給一筆為數不少的「肖像使用費」，對梅氏之經濟自有相當助益，另一層面的意義是：廣告主相中梅蘭芳代言香菸，證明廣告主認定梅氏不但在劇藝上高人一等，同時也是極有人緣的明星。梅蘭芳的形象出現在香菸廣告裡有助吸引讀者目光，甚至讓讀者因為崇拜偶像而買這牌子的香菸，而若此牌香菸因之普及，曾做過「代言人」的梅蘭芳，其本人的形象、名聲以及劇目的名聲也能隨香菸暢銷而遠揚。京劇戲迷無論抽菸與否，都可以買這種香菸自用或送人；有抽菸習慣的人在攤子上瀏覽香菸時，會注意到這麼漂亮特殊的包裝，以及包裝上漂亮的梅蘭芳，這對梅蘭芳不失為增加知名度與招徠可能新觀眾的好方法。亦即躋身廣告明星的同時，廣告商也承認了梅蘭芳在劇界的地位，理由之一是：為何這麼多有名的京劇演員偏偏只挑中梅蘭芳？可見梅蘭芳在眾多京劇名伶中，商業號召力數一數二；理由之二，如上引南洋兄弟煙草公司「梅蘭芳香菸」的廣告詞，大刺刺的寫著「這個梅蘭芳是『伶界大王』、『香菸泰斗』」，雖然廣告常常用到誇飾法，但稱梅蘭芳為伶界大王卻不僅是信口胡謅，梅蘭芳的劇藝精湛度與劇壇地位的高度必須達到一定水準，連不與京劇圈直接相關的藥商、菸商都曉得且承認梅氏之地位，而且再藉由藥品與香菸的流通，使梅氏之名聲從京劇圈外再流行回圈內，等於「二度肯定與傳播」。這樣的宣傳機會對一個還在唱戲的京劇演員，總是多多益善。即使梅蘭芳本人並不在乎這份虛名，但對於梅蘭芳的擁護者來說，偶像露臉的產品越多，他們越有機會收藏偶像的倩影，何樂不為？

## 三、期刊拓展客源以吸引廣告的方式

　　一份期刊的主要收入來源絕非用戶一份份的訂金，而是各家商行刊登的廣告，因此各家刊物對廣告之重視不言可喻，早在民國十七年上海發行的《戲劇月刊》與《半月戲劇》就清楚的將讀者售價與廣告價位並列於卷首的目錄下方，並依位置與大小之異略有差別。

**【圖十二】《半月戲劇》廣告價目表**

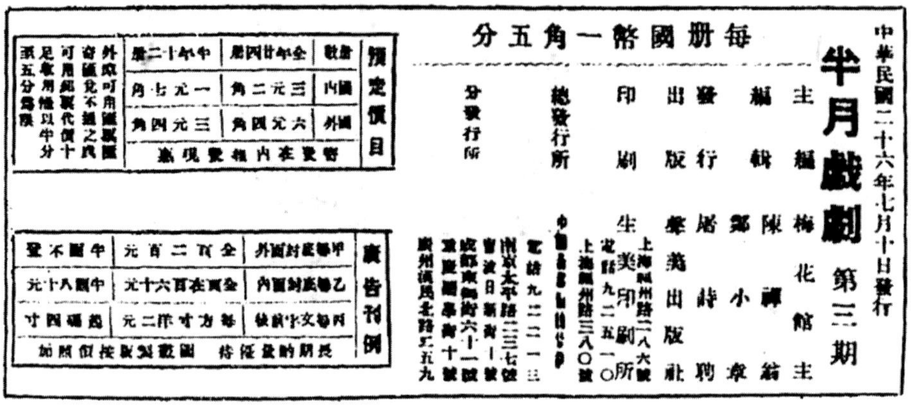

　　最容易受注意的封底廣告不但價位最貴且不分篇幅大小一律同價，在文章與文章中間插入的廣告則依全頁、半頁、四分之一頁定價不同，若依比例原則而言，全頁雖然總價貴，單位價格反而最便宜，長期刊登還有八折優惠；《半月戲劇》甚至連封底外側（就是與封面遙遙相對的那一頁封皮）都允許刊登廣告，廣告價目表裡最上一欄甲等自然是底封面外的位置，而且價格整頁二百元，半面還不登，這一方面是因為這個位置廣告效應最高，奇貨可居，二方面恐怕也是為了視覺美觀著想，畢竟封底外事除了封面之外第二門面，要是切割得零零碎碎，雖然一時賺到廣告費，但畢竟讀者看來不美觀，可能導致購買意願下降；中間乙等是底封面內，價格是封面外的一半以下，但限定最少半頁；丙等在文章之間的廣告最便宜，且允許小小一塊廣告。〔註38〕但是當時一個上海男性工人的最低月收入大約十五元，女性工人最低月收入約六元，工人家庭一月食用米麵類主食的費用約十塊七毛五。以此為基準，則一幅全頁封底外廣告之價格竟要一個工人家庭一年多的薪水，即使是內頁的四吋小廣告也等於半月多的薪水，因此顯然只有財力較雄厚的商家才有能力刊登廣告。不過從廣告效果而言，當然也是一分錢一分貨：封底外的廣告曝光度當然比封底裡更甚，封底裡的廣告還要翻一下才看的到，封底外的廣告很可能當雜誌還在攤子上待售時就讓路人瞄到，內頁廣告雖然得多翻幾頁才見的到，但總比不刊登廣告宣傳效果好。可見刊物為了招攬商業廣告的刊登可說煞費苦心，幾乎能騰出來登廣告的位置一寸不少搜刮殆盡。

---

〔註38〕《中國早期戲劇畫刊》，第三十三冊，頁68。

　　各商店企業願意花錢在期刊上買廣告，也是著眼於這些期刊背後廣大讀者群隱含的巨大商業利益，而爲了使廣告收入來源穩定，期刊自然也得努力拓展讀者量。第一種方法是在售價方面提供優惠，如《十日戲劇》單期兩毛不含郵資，一個月大約四到六毛，一次訂半年十八本四元含國內郵資（以單期價格乘上十八期爲三塊六毛，則原本的郵資一定要比四毛多才有意義）；《半月戲劇》在半年與全年預定含郵資的價格上看起來比《十日戲劇》更爲優惠，單期一毛五不含郵資，一個月兩期約三毛，一次訂半年十二本一塊七含國內郵資，若依原本的定價，不含郵資就該要一塊八了。平均售價一期約一毛四，尚在上述工人家庭月收入可負擔的範圍內，同時，出版社有能力提供這樣的優惠，間接表示其賺取的利益足以支持這些優惠。

　　從內容著手開拓客源，最明確的手法就是推出「演員專號」。在這八種京劇期刊中，抗戰前推出演員專號的是《戲劇月刊》跟《戲劇週報》兩種。《戲劇月刊》推出過「梅蘭芳號」（一卷六期）、「尙小雲號」（一卷八期）、「程艷秋王少樓合號」（三卷二期）、「楊小樓新豔秋合號」（三卷五期）、「荀慧生言菊朋合號」（三卷八號）、「譚鑫培專號」（三卷十二期）等六種演員專號，還在三卷四期大篇幅刊登了現代四大名且徵文得獎作品。《戲劇週報》出過「麒麟童專號」（一卷六期）一種演員專號。演員專號的文章內容，並非本文的討論範圍，這裡著重在京劇期刊以演員專號作爲行銷手段的討論。替演員出專號，對當時的讀者來說，不但前所未聞且大多數人都會往「私交」與「商業利益」聯想，《戲劇月刊》主編劉豁公在「梅蘭芳專號」卷頭語便提到了這種現象：

> 他們大多數以爲本刊同人和梅氏交誼極厚，所以要出這一本專號，
> 替他盡量的宣傳，要不然便是藉此招攬廣告，對於梅氏本人或者反
> 無關係。〔註39〕

姑且不論《戲劇月刊》到底爲了甚麼目的，替梅蘭芳等演員出專號，劉豁公的卷頭語至少證明：當時的確有刊物是爲了增加銷量與廣告收入而爲演員出專號，而且這種專號眞的可能替刊物增加銷量並由此吸引更多廣告收入。因爲至少可以使一些原來並未訂購此種期刊的梅迷、程迷，因爲這期有他們的偶像而願意大肆購買。

　　更讓人注意的是，在這些「演員專號」發行的同時，這些兼具京劇戲迷

---

的文人主編，居然在當期期刊的編排上發揮了不錯的商業頭腦，努力面面俱到。以一卷六期的「梅蘭芳號」而言，共收文章 30 篇，與梅蘭芳相關的文章 11 篇，無關的文章 19 篇，梅氏文章只占三分之一強且集中前半，後半還是維持《戲劇月刊》文章的常規選登。

**【圖十三】《戲劇月刊》「梅蘭芳專號」目錄**

據劉豁公自己的說法是：

> 同時我們還顧慮著專登關於梅氏個人的作品，或者不能滿足閱者的願望，故對於平常所用各欄文字照舊選登，但因限於篇幅，很有些有價值的文稿，本期不及刻入。〔註40〕

---

〔註40〕同前註，頁356。

當時的確還有些評劇家對梅蘭芳不以爲然的，如馮叔鸞（馬二先生）之兄馮小隱，〔註41〕則京劇期刊讀者必定也有部分對梅蘭芳並不感興趣，因此爲了不在開拓新讀者之同時流失舊讀者，《戲劇月刊》與《戲劇週報》的編者，同樣採用了這種「聰明」的方式，也可見當時這些戲劇期刊的商業競爭頗爲激烈。〔註42〕

同一時期，還有很多並非刊登於報刊上的商品廣告，也應用了京劇元素。香港九龍區深水埗有一家專賣女性化妝品的「粉妝鋪」，直接就把店鋪的名字命爲「梅蘭芳」。〔註43〕

## 【圖十四】香港粉妝鋪廣告

此招貼以中英兩種文字書寫相同資訊，上半爲英文下半爲中文，中文部分第一行爲店面名稱「梅蘭芳」，〔註44〕第二行爲店舖地址資訊「香港深水埗

---

〔註41〕 馮小隱在《戲劇月刊》一卷十一期、一卷十二期的〈顧曲隨筆〉中，皆針對梅蘭芳紅極一時的古裝新戲如《天女散花》《洛神》或是爲文明化革除的劇場習慣，大加諷刺批評。

〔註42〕 《中國早期戲劇畫刊》，第一冊，頁 360。

〔註43〕 此照片爲筆者 2013 年 7 月，在香港九龍區尖沙咀「香港歷史博物館」攝得。

〔註44〕 梅蘭芳之名，在此招貼中英譯爲 “MUI LAN FONG”，而非今天習見的 “MEI LAN FANG”，是因爲以廣東話發音直接音譯之故。

南昌街十八號」，英文亦同，唯獨中文最下方以直行行文之店鋪簡介，英文並未翻出，簡介如下：「本號精製各款清香化妝粉類、嬌豔胭脂，專辦南洋群島、呂宋等埠，中外馳名。素蒙各界讚許，一經試用，無不有口皆碑。貴客光顧，請認明飛雁商標爲記，幸勿錯誤。　梅蘭芳粉妝、梅德瑜同啓」。這段店鋪簡介說明本店是賣化妝品的，經營者爲梅德瑜，不但做本地生意也做外銷，商標爲一隻飛雁，且似乎當時已經有仿冒此間店鋪之產品，所以老闆特別叮嚀顧客「認明飛雁商標爲記」。據紀錄，梅蘭芳在抗戰前一共四次赴港演出，第一次是 1922 年 10 月 15 日，應香港太平戲院邀約演出一個月，據說「場場爆滿，盛況空前」，因此也才有接下來的三次赴港，甚至到抗戰爆發一年後，1938 年春，香港利舞台還邀請梅蘭芳赴港演出，也給了梅氏暫隱居港島之機會。也就是梅蘭芳的聲名隨著他的演出，已經從京滬等本國大城傳播到英屬香港，且其演出之成功，讓梅蘭芳也在香港人心中成爲偶像，成爲具有商業號召力的明星，因此連香港的小商號都要想方設法與梅蘭芳掛勾，小商號沒有足夠的財力製造新產品與梅氏攀關係，乾脆把整個店冠上梅氏大名，印招貼時把「梅蘭芳」三字印的特大，吸引過路人多看兩眼。這間店鋪的產品遭仿冒，可以證明此店鋪產品銷路不差，或許是因爲品質佳，或許是因以梅蘭芳爲名的宣傳效果強大。在梅蘭芳相關傳記裡，從未提到梅氏 1949 年前曾有至南洋演出訪問之記錄，若此間店鋪之產品眞的遠銷南洋，則梅蘭芳之名也會隨之遠播國外，一樣是京劇明星藉由商品流通傳播名聲的絕佳例證。

　　華美烟公司則進一步把梅蘭芳的圖像彩色化，華美將菸盒內所附的彩印畫片，印上了梅蘭芳《虹霓關》、《紅綫盜盒》、《四郎探母》……等十種戲裝扮相精美照片，〔註45〕如《虹霓關》畫片，印的是梅蘭芳二本的丫環扮相。〔註46〕

〔註45〕 http://shoucangzhiqu.i.sohu.com/blog/view/105209850.htm，2013 年 5 月 20 日下載。

〔註46〕 梅蘭芳在頭本《虹霓關》裡扮演的是女主人東方氏，但在二本裡卻改演丫環，這是梅氏在上海演出時，爲符合上海觀眾喜好新奇的心理，創出的新演法。《舞台生活四十年——梅蘭芳回憶錄》，頁 133～134。香菸畫片裡選擇了丫環扮相而非東方氏扮相，可能是因爲畫片中已有一張梅蘭芳的《白蛇傳》是全身白衣，若再選東方氏渾身素縞的形象顯得重複，而著短襖背心的丫環扮相，一來色彩鮮豔，二來少見，因此選擇這張劇照印刷。

### 【圖十五】華美烟公司梅蘭芳戲裝畫片正面

　　梅蘭芳在劇照中梳傳統的大頭，滿頭珠翠，上身著鵝黃花鳥繡花圖案上衣搭淺藍滾正藍邊的花鳥繡花圖案短襖背心，下繫鵝黃花鳥繡花圖案裙，腰間繫白色花草繡花圖案腰巾，手端茶盤與茶杯，畫面左邊標題爲「梅蘭芳戲裝錦集」，右下以方框凸顯劇名「虹霓關」三字。

　　背面主要文字講述《虹霓關》的本事，左上註明華美菸公司的名稱與畫片印刷日期，右下角的注意事項相當有趣，提醒顧客「凡常購我公司產品的顧客，都有得錦集十幀的希望」，〔註47〕行銷手法跟現在便利商店集多少點換公仔如出一轍。

─────────────

〔註47〕http://shoucangzhiqu.i.sohu.com/blog/view/105209850.htm，2013 年 5 月 20 日下載。

**【圖十六】華美烟公司梅蘭芳戲裝畫片背面**

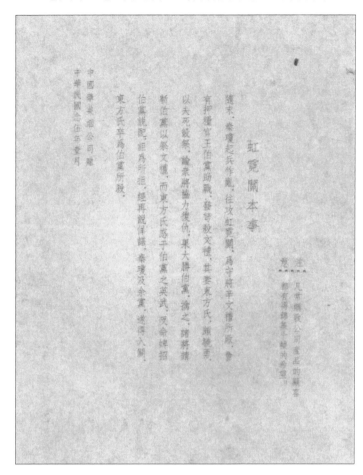

## 第二節　京劇期刊與綜合報紙對名伶的宣傳

　　上一節我們討論了醫藥、香菸等日常生活或流行時尚的商品廣告裡，運用的京劇元素，顯示京劇在當時的流行程度，以及京劇演員、京劇期刊、商品經銷商之間的共榮互利關係。由當時這些運用京劇元素的廣告，我們可以很明顯的發現，大部分廣告的依附重點是在名伶本身，比如韋廉士醫生藥局、富而好施香菸、旗艦牌香菸……等，或以梅蘭芳或以麒麟童的劇照、西裝照為廣告畫面的主要元素，可見「演員」非常受當時京劇觀眾重視。但是廣告使用京劇元素，是從社會活動的角度證明京劇當時的流行性。要全面呈現當時京劇演出與商業宣傳的關係，京劇內部的商業宣傳活動也非常重

要。京劇內部的商業宣傳活動，包括報刊上刊登的戲園廣告或是京劇期刊的宣傳造勢文章。既然京劇觀眾對名伶本身如此重視與熱愛，則完全靠吸引京劇觀眾的消費行為維生的戲園主人與京劇期刊編輯，是運用哪些手法全面為京劇名伶宣傳造勢，滿足觀眾對京劇名伶的好奇心，就是頗值得注意的事。至於綜合性報紙，本節只討論戲園廣告如何替名伶造勢，因為綜合性報紙含括的讀者並不限於京劇愛好者，主編基本不需要為京劇名伶規劃特別宣傳。

## 一、京劇期刊中的演員專號

京劇期刊出的「演員專號」，大部分是因應北京名伶赴滬表演之宣傳而特別企劃，因此是京劇期刊主編主動為名伶造勢宣傳，以獲得商業利益的絕佳例證，且這種專號形式在同時期的綜合性報刊京劇欄目裡並未發現。下表列出當時京劇期刊出版的演員專號基本資料：

| 詳細資料<br>專號名稱 | 期刊名稱 | 卷期 | 日　期 | 文圖篇數 | 頁　數 | 當期所占百分比 |
|---|---|---|---|---|---|---|
| 梅蘭芳號 | 戲劇月刊 | 一卷六期 | 1928年11月10日 | 22 | 75 | 38 |
| 尚小雲號 | 戲劇月刊 | 一卷八期 | 1929年2月10日 | 26 | 88 | 53 |
| 程艷秋、王少樓合號 | 戲劇月刊 | 三卷二期 | 1930年11月〔註48〕 | 程19王14 | 程33〔註49〕王28 | 程11王9總和20 |
| 楊小樓、新豔秋合號 | 戲劇月刊 | 三卷五期 | 1931年2月 | 楊22新12 | 楊52〔註50〕新17 | 楊24新8總和32 |
| 荀慧生、言菊朋合號 | 戲劇月刊 | 三卷八號 | 1931年6月 | 荀29言14 | 荀177言27 | 荀74言11總和85〔註51〕 |

〔註48〕從程硯秋王少樓合號開始，《戲劇月刊》的出版日期就只標年月省略日。

〔註49〕此專號中關於程硯秋之文章，首篇蘇少卿〈觀豔秋全本《柳迎春》〉一文，按頁碼推測本應有三頁，但《中國早期戲劇畫刊》中僅見最後一頁，故此程豔秋之文圖頁數，是筆者自行推測之結果。

〔註50〕此處之楊小樓頁數，僅只有文章部分之統計，劇照部分在本期目錄中有名目，但內頁卻未見。

〔註51〕雖然荀慧生、言菊朋兩人合起來的頁數比例，僅占總頁數比例百分之八十五，但其他百分之十五皆為目錄、卷頭語、出版資料、廣告等類目，故如果將標準放寬鬆些，可以認為整本皆為專號。

| 譚鑫培專號 | 戲劇月刊 | 三卷十二期 | 1932 年 9 月 | 17 | 127 | 56 |
|---|---|---|---|---|---|---|
| 麒麟童專號 | 戲劇週報 | 一卷六期 | 1936 年 11 月 14 日 | 14 | 9 | 35 |

也就是這批七種專號，有六種集中於 1928 年到 1932 年出版，然後就要間隔四年，直到抗戰前一年，才又出了一次演員專號。

不過這七種演員專號，其性質與代表意義並不完全屬於同一類型。1936 年《戲劇週報》出版的「麒麟童專號」，不但是演員專號中最晚出版的，且是唯一以上海京劇名伶為主題的專號。麒麟童是上海的京劇名伶，同樣在上海出版的《戲劇週報》並無特別替其演出宣傳的必要，據《戲劇週報》一卷三期的〈本報輯行麒麟童專號徵文啓事〉裡，編輯者自述要出這本專號的理由：

> 一代藝人周信芳，做工卓絕，南北無第二人，尤推爲表情祭酒！惟世人對於麒藝認識者固多，而僅知皮毛，或未曾領略箇中三昧者，亦大有人在，是以雖有揄揚之詞，亦多物議謗語。本報同人期於乘此機會，特於第五期本報，輯行一麒麟童專號，輯納各方意見，對麒藝做一總檢討。〔註52〕

麒麟童（1895～1975 年），原名周信芳。〔註53〕根據主編的說法，麒麟童的做工與表情爲當時京劇伶人第一，專號的出版目的是對麒麟童的藝術做一個確實的評價。翻閱此專號的文章內容，的確都是評論麒麟童劇藝的文章，或回憶年輕時與家人觀看麒麟童演出，或比較麒麟童今昔表演風格之不同……等等。事實上「確實評價」的背後意義還是在替麒麟童宣傳，只是不是爲他某檔演出宣傳，而是在宣揚麒麟童的藝術地位。畢竟在相隔四年之後，替這一位在南方獨占鰲頭的紅伶出一期評斷藝術成就的專號，顯然帶有南北平衡的意圖，因爲〔註54〕1928～1932 年《戲劇月刊》的專號全是替京伶出的，所以《戲劇週報》替滬上第一紅伶麒麟童出一專號，表示上海也有足與北京伶人

---

〔註52〕《中國早期戲劇畫刊》，第二十五冊，頁 430。

〔註53〕麒麟童，原名周信芳，七歲時在杭州登台演娃娃生，藝名「七齡童」，1907 年在上海演出時傳單誤植爲「麒麟童」，其後便一直沿用。幼年時嗓音條件極好，但由於演出繁重，變聲期後嗓音敗壞，顯得沙啞低沉，麒麟童依嗓音特色創造了以做工表情見長的麒派，與北京著名老生演員馬連良並稱「南麒北馬」。

〔註54〕晴〈北平角兒未必盡佳〉#滬地之張文琴花想容勝過北平來的梁秀娟等 十日戲劇第五期。

抗衡的傑出京劇伶人。

　　《戲劇月刊》1932 年出版的「譚鑫培專號」，完全基於紀念意義，只是這個「紀念」並不完全集中在譚鑫培身上，也是在紀念《戲劇月刊》自己。紀念譚鑫培，因爲譚鑫培在世時是晚清最受觀衆歡迎的京劇演員，民國六年即已去世，專號出版距譚氏去世已十五年，所以並沒有替演員做即時演出造勢的意義，當時譚氏的劇壇宗主地位已確立，這個專號無疑是爲緬懷京劇宗師而作。據劉豁公的卷頭語說：「關於譚鑫培專號，我們在一年前已經預備刊行了，但因蒐集材料非常的困難，所以經過很久的時間，依然沒有舉行。」〔註 55〕譚鑫培主要演出年代在晚清，曾經大量看過譚鑫培演出的故舊耆老，很多已撒手人寰，要得到第一手對譚鑫培藝術的評論非常不容易，大部分蒐集到的資料都是二三手轉述，可是爲京劇大師出版紀念專號，容不得絲毫馬虎，從開始籌備到三卷十二期終於出了譚鑫培專號，至少經過一年。即使如此，劉豁公卻承認他們還是有些急就章，因爲眞正讓他們下決心非出不可的理由是：「本刊只有續出一期的可能，實在不能夠再延緩了。只好召集同仁，大家勉力做去，因此本期纔能完成『譚鑫培號』的宿願。」〔註 56〕也就是《戲劇月刊》雖然是認眞要出「譚鑫培專號」，但若不是只能再出一期，也不會即時出版。爲甚麼只能再出一期？據主編劉豁公的說法是「東瀛帝國主義者大砲一轟，竟把我們慘澹經營的一點根基，完全轟去，致使本刊萬不得已而停刊。」〔註 57〕《戲劇月刊》停刊是因爲 1932 年發生的「一二八事變」，因爲此次戰役日軍直接進攻上海，造成上海局勢急速動盪不安，《戲劇月刊》爲安全起見，只好暫時停刊。也就是譚鑫培專號除了紀念一代名伶，還要加上《戲劇月刊》被迫結束的紀念意義，因此以這個專號作爲最後一期，不但紀念譚鑫培，也紀念《戲劇月刊》自己。

　　其他五本演員專號：《梅蘭芳號》、《尙小雲號》、《程艷秋、王少樓合號》、《楊小樓、新豔秋合號》、《荀慧生、言菊朋合號》，都是在演員蒞滬演出時期出版，而且這五種專號中，有四種是旦角領銜甚至只爲旦角出版的，基於京劇期刊需迎合觀衆趨向以獲利的商業性質，我們可以推知旦角對當時觀衆吸引力的強大。《戲劇月刊》主編劉豁公在「梅蘭芳專號」卷頭語提到出版專號

---

〔註 55〕　《中國早期戲劇畫刊》，第十二冊，頁 225。
〔註 56〕　《中國早期戲劇畫刊》，第十二冊，頁 225。
〔註 57〕　《中國早期戲劇畫刊》，第十二冊，頁 226。

之動機：

> 本刊向以研究戲劇爲主旨，而梅蘭芳乃是現代伶界天縱的驕子，也
> 是我國唯一的名伶。他那演劇的藝術以及在戲劇上的地位，確是值
> 得我們研究一下的。所以我們出這本「梅蘭芳號」，對於個人私交和
> 書中廣告完全不生問題，我們所要討論的，就是梅氏藝術的價值和
> 他在戲劇上所處的地位。〔註58〕

劉豁公雖然極力強調《戲劇月刊》是爲了「討論梅氏藝術的價值和他在戲劇
上所處的地位」的學術目的才出專號，但仍無可避免的透露，正因爲梅蘭
芳是「現代伶界天縱的驕子」、「我國唯一的名伶」，才有出專號研究的必要。
梅蘭芳在觀眾心中爲最受歡迎的第一名伶，不論是以他做表演藝術研究對
象，還是做賞心悅目的觀賞對象，甚至只是純粹紀錄他的八卦，讀者都樂意
買單。

　　既然除了欽佩演員本身藝術之外，更看重出專號能帶來的銷量增加，而
銷量增加又能帶來廣告利益。因此這些爲當紅旦角赴滬演出而出版的專號，
除了詳細分析討論演員表演藝術的文章外，還包括生平簡傳、品題演員之詩
賦、演出劇本、各式照片、演員動態……等類別的文章。演出劇本是刊登演
員演出新編或罕見的拿手劇本，並非直接針對演員本人做宣傳，因此將於下
文討論，此處要討論的是演員專號中，直接針對名伶本人做商業宣傳的文
類。演員是以表演維生，藝術本領的高低當然是討論演員時必須提出比較
的，當時對名伶藝術評論的方式，多半是以實際觀賞演出的經驗，具體指出
某次演出某劇時，演員唱念作打的狀況，表現人物的妥貼度等等，預設讀者
群是對伶人及其表演藝術有研究興趣者，這類文章內容最有深度，但因對這
類文章深感興趣者多半是較資深的戲迷，本來都會是京劇期刊的長期訂戶，
可以想見能增加的新讀者量，與帶來的商業利益增加幅度自然也最小。生平
簡傳主要交代演員生平事蹟，通常行文平實，但間中有時可能夾雜演員本人
的軼事傳聞，足爲茶餘飯後之談資，因此增加新購買者的可能性比藝術論類
文章大。至於照片則因視覺效果華麗，對翻閱者的吸引力最大，最可能大量
吸引新購買者。我們此處首先討論，期刊編輯者在專號裡，將照片、人物軼
聞等容易吸引讀者眼球的內容，透過甚麼樣的編排、選材方式，引起讀者閱
讀的興趣。

---

〔註58〕 《中國早期戲劇畫刊》，第三冊，頁355。

1. 照片

　　照片是視覺圖像，與期刊通常以文字呈現的文章不同，也是更直接對讀者產生閱讀吸引力的期刊元素，因此京劇期刊幾乎都會在封面放上一張精印的大尺寸演員劇照，以作為吸引讀者購買的「招牌」，演員專號更是如此。不過一般期數上的演員照片，可能分屬數個不同演員，而演員專號則只針對專號介紹的演員，全面將劇照、時裝照、其他照片全面刊登。以下我們來看演員專號中蒐集的演員相關照片類型及其功用。

（1）劇照與便裝照

【圖十七】尚小雲《摩登伽女》劇照〔註59〕

---

〔註59〕《中國早期戲劇畫刊》，第三冊，頁183。

　　劇照是演員照片的根本，演員通常也是在劇照中最漂亮出眾，特別是期刊封面，編輯者也一定會放上一張以三色銅版精印的京劇演員劇照。這當然一來是表示對演員的尊重；二來，封面是期刊的門面，也是待售時最易為顧客注意的地方。不過值得我們注意的是，因為封面劇照與期刊商業利益的密切相關，編輯者對封面劇照的標準完全是以視覺的美觀與否為唯一標準，因此如果當期演員專號主打的演員，扮相無法先聲奪人的話，主編是有可能以其他演員之劇照代替的。如三卷十二期「譚鑫培專號」，雖然理應主打譚鑫培，專號內頁也蒐集了一些譚鑫培的劇照，但因為譚鑫培流傳的劇照多為其晚年照片，十足一個「乾瘐老頭兒」〔註 60〕的樣子，無法在視覺上對閱讀者產生立即的吸引力，因此譚鑫培專號的封面放的卻是當時一位著名坤伶盧翠蘭之劇照。這點對照當時《戲劇月刊》六個演員專號的內頁劇照，可以明顯看出原因。生角（楊小樓、王少樓、言菊朋、麒麟童等）的劇照幾乎都是傳統老戲的扮相，麒麟童的照片雖有新編劇目如《路遙知馬力》，但麒麟童在劇中的扮相，還是傳統的路數。可是旦角的劇照卻出現許多新扮相，如梅蘭芳有《西施》西施、《廉錦楓》廉錦楓、《太真外傳》楊貴妃、《俊襲人》〔註 61〕；尚小雲有《林四娘》林四娘、《卓文君》卓文君、《摩登伽女》鉢吉蒂、《秦良玉》秦良玉、《紅綃》紅綃，又以《摩登伽女》劇照特別多；程硯秋就至少有《文姬歸漢》蔡文姬、《聶隱娘》聶隱娘、《紅拂傳》紅拂女等三種新劇扮相；荀慧生也有《釵頭鳳》唐琬等新劇扮相，也就是四大名旦專號裡刊登的劇照，絕大部分都是新編戲的新扮相，或為「古裝」或甚至是西洋扮相。老生的扮相因為基本遵從傳統扮相，因此以靜態的劇照而論，比較缺乏讓人眼睛一亮的特殊性。加上譚氏照片已入老年，比言菊朋、麒麟童等正在壯年的老生演員更無視覺吸引力，因此難怪主編只能將封面照片換成扮相漂亮的坤伶了。

　　至於內頁照片，就一定是專號主打演員的專門照片了，又分劇照與便裝照兩種，因為演員以舞台表演建立名聲，但演員出名之後，觀眾對演員卸妝之後的本來面目也充滿好奇，所以期刊當然也會迎合讀者心理，刊登演員的便裝照。〔註 62〕當然劇照比例一定大於便裝照，一來演員受觀眾喜愛正因其

---

〔註 60〕　見《舞臺生活四十年：梅蘭芳回憶錄》，頁 108。
〔註 61〕　《俊襲人》的照片是齊如山、姜妙香、魏蓮香、梅蘭芳、姚玉芙等本劇演職員，便裝站在布景前之合照，所以是介於劇照與生活照之間的形式。
〔註 62〕　便裝照指的是非穿戲服，也未上戲妝的照片，但所謂便裝是指西裝或長袍，

舞台演出，二來劇照一定比演員生活照多采多姿吸引讀者眼光，三來演員本
就爲演出來上海，可順便收宣傳之效。生活照雖然數量遠比不上劇照，但也
不可或缺，演員的家人照片有時也會夾雜在演員生活照裡，但僅限於演員專
號刊登，且家屬本人也必須是京劇演員。如「荀慧生專號」裡，就有其長子
京劇青衣荀令香的《女起解》劇照。三卷十二期譚鑫培專號，也有譚鑫培之
子譚小培與其孫譚富英的大頭照、劇照各一張，亦即總共四張。值得注意的
是，譚鑫培專號中，譚鑫培相關圖片總共也僅八張，其子孫的照片佔了一半
比例。主編劉豁公自承：「譚老的照片，尤其是劇照，『寥寥無幾』，連他的令
郎小培，也只有這們兩張，外面當然更加少了。」〔註63〕也就是因爲譚氏民
國六年即已去世，專號出版時譚氏去世已十五年，譚氏本人照片或有大部分
已散佚，譚氏本人鼎盛年代又在晚清，照相還沒這麼風行，故譚氏本人沒有
這麼多劇照、便裝照存留可供挑選。加上民國十幾年時，其孫譚富英因爲天
賦佳，在富連成琢磨有成，又打著譚家傳人的旗號，是個很受矚目小有名氣
的青年演員，其子譚小培雖無其子這麼有名，但在譚鑫培去世後，也曾受稱
讚爲最有譚鑫培味道的老生演員。譚門三代都是京劇老生演員，梨園世家祖
孫照片一起刊登，也頗有可看性，因此最後採取了以譚氏子孫照片與譚氏本
人同列的作法。

### （2）書畫作品照

　　京劇演員的專號中，常常也會刊登演員本人的書法條幅或是水墨畫。如
一卷六期梅蘭芳專號，在張肖傖〈梅蘭芳之種種〉一文中，刊登了梅蘭芳所
畫扇面。〔註64〕

　　學習書畫可以讓伶人藉此改變氣質，同時書畫也很容易應用在京劇演員
的舞台演出上，作爲噱頭。如老生演員時慧寶（1881～1943）〔註65〕，演出
《戲迷傳》時一定當場揮毫，1931 年 9 月發生了「九一八事變」，1934 年 11
月時慧寶于天津北洋戲院演出此劇時，當場揮毫「毋忘東北」四字。雖然這
個條幅與時事結合，顯現伶人對時事的關注，但重點在於，時慧寶即使要宣

---

也未必眞是素顏見人，亦即雖然是「便裝」，也不是隨便穿著了事。
〔註63〕　《戲劇月刊》三卷十二期，《中國早期戲劇畫刊》，第十三冊，頁 225。
〔註64〕　《中國早期戲劇畫刊》，第二冊，頁 426。
〔註65〕　時慧寶，字炳文，號智儂。光緒七年生於北京，清末著名青衣演員時小福之
　　　　　孫，工老生，嗓音高亢清澈，聲洪酣暢，但調高腔直少韻味。曾與王鳳卿、
　　　　　余叔岩並稱「青年老生三傑」。從魏鉋公學習書法，筆力道勁。

傳愛國思想，也必須根植於入場觀眾眾多的基礎上，觀眾為何買票入場，看時慧寶當場揮毫也是原因之一，至於揮毫內容就是意外收穫了。

### 【圖十八】梅蘭芳所繪扇面

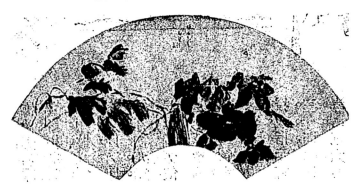

### （3）特殊事件照

如果演員有一些特殊經歷的話，期刊也會刊登這些特殊經歷的照片，比如梅蘭芳籌畫赴美演出的過程裡，曾獲紐約著名劇作家兼劇場負責人哈布欽斯（Hapkins）熱心提供場地：

> 有一天，他（筆者案：司徒雷登〔註66〕）與哈布欽斯君同席，談到這事——哈君是紐約很有名的人，寫的戲劇極受學者們歡迎，他有一個劇場，也極高尚。於是司徒校長，就把這事對哈君詳細說了一遍，並把梅君藝術的精深，品格的高尚、志向的遠大，也說給他聽。哈君異常欽佩，當時就答應說：「梅君到美國來，可以在我的劇場裡出演！只要能夠溝通兩國的文化，我就心滿意足了！至於金錢一層，我是滿不在乎的。」……於是就由司徒校長的介紹，與哈君直接的來往了幾十次電報信件，詳細商量辦法。等到一切都商議的有了頭緒後，又先由傅涇波〔註67〕君前去，當面接洽，梅劇團隨後再

〔註66〕 司徒雷登（John Leighton Stuart，1876～1962 年），出生於杭州，逝世於美國華盛頓。美國傳教士，燕京大學創始人，國府遷台前最後一任美國駐華大使。

〔註67〕 傅涇波（1900～1988 年），原名永清，滿洲正紅旗人，姓富察，生於北京，父親傅瑞卿接受西方思想與及信仰基督教。原就讀於北大，後轉學至司徒雷登任校長的燕京大學，患肺病療養期間，司徒雷登及其家人常來探視，此後傅家與司徒家極為親近。傅涇波交際圈很廣，義務協助司徒雷登的工作，經傅的介紹，司徒雷登認識了不少政經界要人。1949 年司徒雷登和傅涇波一家前往美國，三個月後司徒中風臥床，傅涇波夫婦照顧其飲食起居。司徒雷登去

去美國。〔註68〕

也就是梅蘭芳赴美演出因爲場地問題焦頭爛額的時候，是由清華大學校長美籍的司徒雷登，替梅蘭芳找到熱心的劇作家哈布欽斯提供場地，終於順利成行的。

梅蘭芳接洽訪美，在當時的中國相當轟動。因此與訪美相關的照片，期刊自然也不會放過在專號刊登以做宣傳噱頭的機會。戲劇月刊在梅蘭芳專號裡，與梅氏相關的最後一張照片，居然出現了齊如山《遊美記》裡提到的這幾位解決演出場地問題的重要人物。〔註69〕

## 【圖十九】梅蘭芳與美國友人合照

1 Hapkins 哈君之子
2 M Hankins 哈君夫人
3 Stuart 司徒校長
4 Coawin 克文博士
5 傅涇波君
6 梅蘭芳君

---

世後，傅涇波將其骨灰捧回，希望將來可以將其合葬於燕京大學司徒夫人的墓地。傅涇波於 1988 年在美國去世。

〔註68〕　齊如山口述，齊香整理：《梅蘭芳遊美記》，《齊如山全集》，第二冊，頁 19。
〔註69〕　《中國早期戲劇畫刊》，第二冊，頁 370。

照片裡的六個人物，右手邊數來第二個應是梅蘭芳，右手邊第一個應該是傅涇波，[註70] 其他四個坐在長沙發上的就是哈金斯（哈布欽斯）的妻兒、司徒雷登等人。專號出版於 1928 年 11 月，當時距梅劇團赴美尚有一年時間，而齊如山的《遊美記》並未提過在接洽赴美過程中，梅蘭芳是否曾與傅涇波一同赴美，或是哈布欽斯一家曾訪中。但這張未曾說明時地的照片，事實上意義非凡，它說明了梅蘭芳赴美演出前，曾見過哈布欽斯的家人，會見其家人之舉措，明顯與商議赴美細節有關，正可補齊如山《遊美記》及其他梅氏傳記之不足。這張照片呈現的是梅蘭芳與其他演員比起來最有特殊性的活動，當時京劇界可說無人不知，也可說是梅蘭芳專號有別於其他專號的最大特色。

### 2. 演員專號中對演員軼事的紀錄

京劇期刊的演員專號文章內容，當然不會以名伶的八卦或軼事號召讀者，因爲這些只能作爲茶餘飯後的談資，但是一本京劇期刊，除了《劇學月刊》、《戲劇叢刊》這樣有固定金援的期刊外，其他需要自負盈虧的京劇期刊，有時卻不能不著眼於這類文章潛藏的讀者吸引力，刊登這樣雖不一定與演員演出宣傳直接相關，卻也無傷大雅的小道消息。

演員的軼聞在當時是期刊中經常出現的文類，特別是緋聞八卦一類的消息，更對讀者有莫名的吸引力，即使是一代紅伶也很難避免成爲受到挖掘的對象。比如當時最紅火的梅蘭芳，其感情世界就是當時人最津津樂道的。只是某些當時人會談及的小細節或評價，在現代卻往往因爲事關梅蘭芳的地位問題而有意無意地隱藏了。比如與梅蘭芳半生相隨的福芝芳，今天李伶伶的《梅蘭芳傳》如此形容她：

> 梅家見福芝芳是個漂亮又文靜的小姑娘，便轉了念頭。……福芝芳
> 1905 年出生於北京一個滿族旗人家庭，父親早亡，與母親相依爲
> 命，自幼喜好京劇，與梅蘭芳一樣，師從吳菱仙學習青衣。[註71]

李伶伶筆下梅蘭芳的平妻福芝芳，是一個漂亮文靜、喜好京劇的年輕女性，形象端好，因此深獲梅家喜愛。福芝芳與梅蘭芳結褵四十年，對梅蘭芳照顧周全，還爲梅蘭芳生了紹華、葆玥、葆玖……等子女，正因如此，今天談論梅蘭芳的相關文章，提到福芝芳，也總對她在婚姻裡的賢妻良母腳色讚不絕

---

[註70] 此照片之說明將齊如山書中的傅涇波寫爲傅鏡波，應爲筆誤。
[註71] 李伶伶：《梅蘭芳全傳》（北京：中國青年出版社，2001 年），頁 272。

口。但在當時著名劇評家張肖傖爲梅蘭芳專號所作簡介梅蘭芳生平事蹟的〈梅
蘭芳之種種〉一文裡，卻提到福芝芳婚前的一段往事：

> 及馮【案：馮耿光】與姚玉芙作狹邪遊，始媚女伶福芝芳。福芝芳
> 者，歌伶而兼暗字號者也，福母即不清白，芝芳得其母之開放，頗
> 有聲於時。〔註72〕

福芝芳是滿人後裔，父親早逝，據說其母因爲孤兒寡母身分不太方便，因此
總以男裝扮相示人，以方便替唱戲的福芝芳料理生活。如果就現代眼光來看，
福母之舉動並無可議之處，但在當時人眼裡，女扮男裝整天與男子打交道，
是非常不可取的行爲，縱使不眞的有甚麼見不得人的曖昧事件，就外觀來說
也不雅。張氏說福芝芳兼「暗字號」指福芝芳暗地兼營情色營生，並且認爲
福芝芳在情色態度上未謹守分際，是因爲其母在男女關係上就不清不白，而
且當時福芝芳的「不清白」，早已聲名在外了，還因此曾遭到同列四大名旦之
一的程硯秋拒婚。根據張肖傖的記述，當時人對福芝芳的觀感並不佳，尤其
對她嫁給梅蘭芳之前的名聲特別有意見。張肖傖這小段文字，並非如鄭振鐸
《文學周報》一樣以打擊梅蘭芳爲目的，因爲文章其他部分，對梅蘭芳還是
多有讚揚。況且這本專號裡，還有主編劉豁公跟梅蘭芳及梅氏好友之合照，
專號裡的其他文章也很讚揚梅氏的藝術成就。因此張文在梅蘭芳的家庭感情
這條提到此事，跟今天梅蘭芳相關傳記之略過此事，其實是撰著視角不同產
生的差異，這個視角差異反映的是1928年跟現代梅蘭芳地位的改變。1928年
作者在讚賞梅蘭芳的藝術、性情寬厚等優點之同時，也不避諱梅蘭芳及其感
情對象的性格言行缺陷，因爲對當時的人而言，梅蘭芳只是一個劇藝高超的
紅伶，一個萬人瘋迷的年輕偶像，而不是像今日在廟堂高高供起的民族藝術
大師，所以本無爲之隱晦的必要，且流行文化的偶像，當然是甚麼消息都會
引起戲迷興趣，偶像的八卦更是吸引戲迷閱讀期刊的動機之一，這些八卦最
多只是成爲京劇戲迷口中的談資，而不可能讓梅蘭芳身敗名裂。

即使像《戲劇月刊》主編劉豁公一樣熱衷於「玩特號」〔註73〕，且《戲
劇月刊》還是1928～1937年間出版最多演員專號的京劇期刊，但仔細計算特
號只佔十二分之一強的比例而已，也就是大部分的期數還是以綜合全面呈現
京劇面貌爲主。但是既然最能吸引讀者的是伶人本身，而且排除對演員的劇

---

〔註72〕《中國早期戲劇畫刊》，第二冊，頁430。
〔註73〕《中國早期戲劇畫刊》，第三十四冊，頁532。

藝評論這類學術研究氣息重的文類。當然劇照、軼聞、八卦等在一般期數中也不可或缺，但前文談及演員專號已介紹過，而一般期數中這些文類之撰著模式與演員專號並無差異。因此下文將介紹一些一般期數中特別出現，與演員本身密切相關，乍看或許並非商業宣傳，但實際上也是迎合讀者對名伶全方位感興趣的態度，才產生的文章類別。

## 二、京劇期刊的一般期別

### 1. 名伶基本資料調查

能引起戲迷興趣的演員相關消息，也不僅僅是上文所談的八卦緋聞，名伶現在的基本資料，往往也是戲迷對京劇名伶全面了解的渴望裏，期待知道的材料。只是這類文章，因為要求詳實，所以要費許多功夫調查，所以比例上較演員之軼聞八卦等文章少得多。這裡指的名伶基本資料，並非在演員傳記中常見的名字、祖籍、家世等歷史文獻式的生平資料，而是演員現居何地、現年多少這類更即時的調查。如《戲劇月刊》三卷二期，有一篇張開的〈民

**【圖二十】張開文章書影**

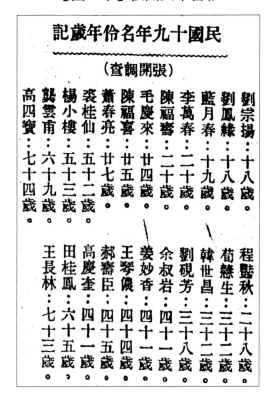

民國十九年名伶年歲記

（張開調查）

| | |
|---|---|
| 劉宗揚：十八歲。 | 程豔秋：二十八歲。 |
| 劉鳳綠：十八歲。 | 荀慧生：三十二歲。 |
| 藍月春：十九歲。 | 韓世昌：三十二歲。 |
| 李萬春：二十歲。 | 劉硯芳：三十八歲。 |
| 陳福壽：二十歲。 | 余叔岩：四十一歲。 |
| 毛慶來：廿四歲。 | 婁妙香：四十一歲。 |
| 陳春亮：廿五歲。 | 王琴儂：四十四歲。 |
| 蕭春亮：廿七歲。 | 郝壽臣：四十五歲。 |
| 裘桂仙：五十二歲。 | 高慶奎：四十一歲。 |
| 楊小樓：五十三歲。 | 田桂鳳：六十五歲。 |
| 龔雲甫：六十九歲。 | 王長林：七十三歲。 |
| 高四寶：七十四歲。 | |

國十九年名伶年歲紀）。〔註74〕《戲劇月刊》三卷二期是民國十九年十一月出版，張開統計的是當年的名伶年歲，考慮調查需費時間，這份調查算是相當迅速即時。張開之調查文，統計了部分名伶至民國十九年之年齡，按照名伶的歲數排列。

由此文之排列看，最小的是武生劉宗揚，十八歲，是京劇著名武生楊小樓之外孫；最老的是名丑高四寶，七十四歲，是京劇著名老生高慶奎之父。四大名旦僅列出程硯秋、荀慧生二人的年歲，或許是因爲梅蘭芳、尙小雲成名較早，年歲已廣爲戲迷熟知之故。

同刊三卷十期，還有一篇張開的〈北平名伶住址調查錄〉，〔註75〕文中羅列了二十位北京當時還健在的名伶，而這個「住址調查」除了住址還列了電話，不過有五分之二的名伶未附電話。

【圖二十一】名伶住址調查書影

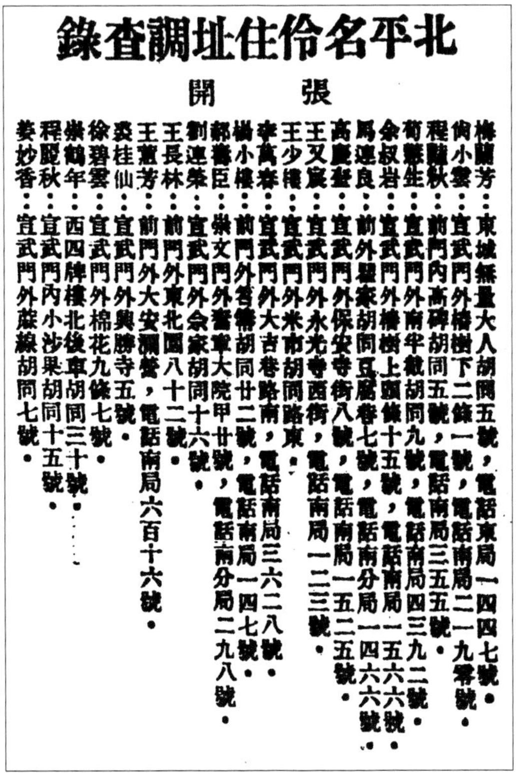

錄查調址住伶名平北
張開

梅蘭芳　東城無量大人胡同五一號，電話東局一四七九零號。
尙小雲　宣武門內高碑胡同五號。
程硯秋　宣武門外南半截胡同九號，電話南局三五五號。
荀慧生　宣武門外棚頭上頭條胡同七號，電話南局一五二一五號。
余叔岩　宣武門外椿樹上二條七號，電話南分局一四六六六號。
高慶奎　前外永光寺西街八號，電話南局一二三號。
王又宸　宣武門外米市胡同路東，電話南局一五二號。
王少樓　宣武門外爛漫胡同甲十六號。
李萬春　前門外鮮魚口大院甲十二號。
楊小樓　宣文門外筆管胡同廿二號。
郝壽臣　樂文門外北會館十六號。
劉連榮　宣門外大吉巷路南，電話南局三六二八號。
王長林　前門外西草廠十二號，電話南分局一四七號。
王蕙芳　宣武門外大安胡同路南，電話南分局二九八號。
袁桂仙　宣武門外棉花九條七號。
徐碧雲　西四牌樓北羊肉胡同三十號。
樂鶴年　宣武門外櫻桃樹胡同七號。
程艷秋　宣武門內小沙果胡同十五號。
姜妙香　宣武門內蘇線胡同七號，電話南局六百十六號。

〔註74〕《中國早期戲劇畫刊》，第九冊，頁488。
〔註75〕《中國早期戲劇畫刊》，第十二冊，頁300。

就文中資料項目看來，四大名旦的資料當然很齊全：

梅蘭芳：東城無量大人胡同五號，電話東局一四四七號。

尚小雲：宣武門外椿樹下二條一號，電話南局二一九零號。

程豔秋：前門內高碑胡同五號，電話南局三五五號。

荀慧生：宣武門外南半截胡同九號，電話南局四三九二號。

而從住址分布可看出，當時大部分的伶人還是住在紫禁城不遠，位於北京城西南方的宣武門一帶。這份通訊錄上，僅有住址無電話者有徐碧雲、姜妙香……等八人，此八人中如王長林是已經故去，可能因此省略其家電話，避免再打擾其家屬，至於王少樓這樣還在舞台上活動的當紅老生，又是梅蘭芳元配王明華的姪子，卻不記載電話，就不知是本身未裝電話，或是記者打聽不出了。

這份通訊錄的調查對象是「北平名伶」，但是研究其排列順序，既非依年齡又非依姓氏筆畫或地址區塊。因為以年齡而論，排於首位的梅蘭芳年齡並非最長，余叔岩、楊小樓、王蕙芳、姜妙香的年齡都比梅氏大。依筆畫來論，若將姓氏筆畫從少到多，則應以王又宸……等四位王姓名伶排在頭先，結果不但四人都排在中段附近，且四人也是兩兩分開排列。若是從姓氏筆劃多排到少，則至少程硯秋的姓氏筆畫多於梅蘭芳。若是以居住區域分類，這些演員中絕大部分居於宣武門外，但排名卻是分散在通訊錄中。因為此通訊錄是以四大名旦為首，我們推測或許是以行當為排序依據，則若將此二十位名伶以行當歸類，可分為以下六組：旦角：梅蘭芳、尚小雲、程豔秋、荀慧生、王蕙芳、徐碧雲、程麗秋。老生：余叔岩、馬連良、高慶奎、王又宸、崇鶴年。武生：王少樓、李萬春、楊小樓。花臉：郝壽臣、劉連榮、裘桂仙。丑：王長林。小生：姜妙香。其中旦角與老生的名伶，都是很一致的切割成兩半，分列於通訊錄的前後兩端，而旦角名伶的前半又通通列於老生名伶前半之前。武生則完全集中接在前半老生名伶之後。武生之後是淨丑集中排列。淨丑之後基本是旦角老生名伶的後半名單。排在最末的是小生姜妙香。也就是這份調查錄，基本按照旦、老生、武生、淨丑、小生，這樣的行當順序排列。當時劇評家的文章，已明確指出旦角當時在劇壇上勢壓老生，成為最紅火的領銜行當。如《半月劇刊》第十二期（1937 年 2 月 16 日）雒公〈談競趨旦行之非宜〉一文：

自梅畹華氏集青衣花旦之各長，融會為一，別創一格，一新觀眾耳

> 目。旦角地位，緣以頓增。梅氏亦因成劇界物望，馳譽中外。……
> 風氣所尚，於是眾相欣羨，起而效尤。馴至習藝者不問才質，唯旦
> 行是騖；聆劇者聞風相習，唯旦角是趨。側重旦角之結果，其他諸
> 行，浸成附庸。〔註76〕

梅蘭芳融會青衣花旦的表演藝術風格，新創「花衫」這一介於青衣與花旦之間的表演模式，並爲自己量身打造新戲，量身打造的新戲因爲能讓演員把各方面長處發揮的淋漓盡致，劇本結構比較精煉紮實，劇本文詞又比較通順優雅，所以吸引大批觀眾的喜愛，帶起了創新的風潮。但是梅蘭芳的名聲雀起，卻導致演員與觀眾都產生唯旦是尚的迷思，觀眾只重視旦角演員及其劇目，演員也爲了盡速名利雙收起見，無論材質是否符合旦角條件，一窩蜂學習旦角。這種狀況對劇壇發展來說，當然不是幸事，但卻證實了當時旦角演員與旦角劇目之風靡，已經超越老生之上。因此我們可推測，這份住址調查錄，是按照名伶本人在劇壇的「偶像等級」排名的。梅尚程荀四大名旦，是當時最受歡迎最走紅的京劇名伶；余叔岩有譚鑫培繼承人的名份，劇藝鑽研深受知識階層肯定，地位是當時老生最崇高，故即使不常出演，還是緊接四大名旦之後，名列第五；〔註77〕馬連良應該是最受商業市場歡迎的老生，但也曾遭劇評家鄭過宜批評他過分趨時標新立異，因此排第六。〔註78〕至於排在接近末尾的，多半都是已去世的名伶如名丑王長林，或是已退出舞台者如名旦王蕙芳、程麗秋，這些人現在很少演出或是已退出舞台，但北京京劇觀眾還是記憶猶新，因此也將他們列入。

### 2. 名伶演出動態

關於名伶基本資料的調查，固然是京劇觀眾感興趣的事物，但是名伶的

---

〔註76〕《中國早期戲劇畫刊》，第二十六冊，頁 231。

〔註77〕當時著名劇評家張肖傖曾於《戲劇月刊》一卷三期發表〈譚譚派〉一文，評論當時號稱譚（鑫培）派之演員，談到余叔岩是這麼說的：「爲學譚之健者，文武崑亂皆通，嗓音不佳而善運用，能以巧勝。工於對付，吊高而不嘶，歌長而不竭，用勁之處，妙在不落痕跡，頗得淡遠蒼勁之致，而餘韻尤饒雋味。身段作打，生動渾脫，峭拔可觀。在今日而推譚派之承先者，當屬此人。《中國早期戲劇畫刊》，第一冊，頁 513～514。

〔註78〕余叔岩因爲多病，因此後來舞台演出大大減少，馬連良則始終是舞台上的名伶。鄭過宜曾於《戲劇月刊》一卷二期發表〈馬連良之「蓮花寶」〉一文，談曾親見馬連良在上海天蟾舞台演《陽平關》，受海派影響忽帶新式頭盔之事。《中國早期戲劇畫刊》，第一冊，頁 202。

基本資料，能調查並公開刊登的畢竟有限，而且住址電話、年齡等畢竟屬於純靜態資料，對觀眾而言，名伶的「動態」如何是他們更感興趣的。名伶動態大體可分演出動態與日常動態兩類。演出動態之刊登，是因為觀眾之所以對名伶著迷，想鉅細靡遺的全面了解名伶，根本上也是源於名伶的舞台演出，而名伶的舞台演出延續期間長頻率也高，完全符合長期的即時新聞報導之特性；名伶日常生活動態，當然就和名伶住址年齡等文章性質一樣，呈現的是名伶在舞台之下的面貌。比如《戲劇月刊》在民國十九年一月到二十年三月，共一年多的時間，刊登張開的〈北平菊事報告〉〔註 79〕就是長期的名伶動態追蹤專欄，對象包括京劇名伶、京劇科班、著名票友以及著名戲園逐日演出劇目。年代稍晚的《戲劇週報》也有汪菊公〈故都菊片〉的專欄，長期刊登北京京劇名伶動態。通訊欄名為「『北平』菊事報告」、「『故都』菊片」，可見訴求的是北平以外的讀者，因為北京伶人的動態，當地京劇迷本來就容易知曉，無須張開或汪菊公特意撰文告知，只有外地京劇迷才需要藉由張汪二人之報導，瞭解北京京劇名伶之活動。兩個通訊報導的名伶動態，從日常生活到演出都包括在內。日常生活方面，如《戲劇月刊》三卷九期刊登的民國二十年二月〈北平菊部大事記〉，「一日于連泉（即小翠花）在宣武門永光寺中街三號本寓設宴為乃父祝壽。」〔註 80〕「在自家替父親擺設壽宴」，即使在伶界應該也不是罕見罕聞之事，但因為設宴人是京劇名花且「小翠花」，才有讀者願意看，記者才有一報的價值。《戲劇週報》一卷五期刊登的民國廿五年十一月〈故都菊片〉：「名坤伶陸素娟，新購汽車一座，號牌係六九號，但車式老舊，聞係以廉價購置者。」〔註 81〕汽車在當時雖屬時髦玩意兒，京劇界購置者也不少，但通常買這種時髦玩意兒，都會越新式越高級越好，陸素娟卻反其道而行，以廉價購置一輛老式車，頗令人納罕，記者因此報導此事。

　　跟演劇相關的，如《戲劇月刊》民國十九年一月「編劇家齊如山，五日由平去津，轉赴上海，隨梅蘭芳渡美。」〔註 82〕梅蘭芳赴美演出，在當時京劇界極為轟動，幾乎可說全國關注，甚至連五四時代大力抨擊梅蘭芳的《新青年》作者群，也有如胡適、劉天華等轉而協助梅蘭芳編輯出國所需應用資

---

〔註 79〕　此專欄有時又略改名為「北平菊部大事記」。
〔註 80〕　《中國早期戲劇畫刊》，第十二冊，頁 205。
〔註 81〕　《中國早期戲劇畫刊》，第二十五冊，頁 475。
〔註 82〕　《戲劇月刊》一卷六期，《中國早期戲劇畫刊》，第六冊，頁 559。

料。因此梅蘭芳訪美團的一舉一動，都是讀者關注的焦點，記者自然不會放過。《戲劇月刊》民國二十年三月，「城南遊藝場於一日至五日五天，印妥梅蘭芳、尚小雲、程豔秋三人合照之照片一種，贈與遊人，凡購入門券一張者，隨贈照片一張，以作紀念。」〔註83〕城南遊藝場，是北京商人仿照上海大世界遊藝場建的，遊藝場跟今天的遊樂園不太一樣，裡面並無遊樂設施，而是集合了戲曲、說唱、雜耍等表演項目，有的表演場地在室內，有的在室外，遊客買票進入遊藝場後，是可以在室內室外、每層樓之間遊走的，因此表演者必須各憑本事吸引遊客駐足。遊藝場中演出的戲曲，包括了京劇。但遊藝場演出的京劇演員，多半以坤伶為主，因為早期坤伶在戲劇藝術上能與男伶一較長短者相當少，因此較有規模的戲園幾乎挨擠不上，尤其是上海新到京的坤伶，只能在遊藝場先號召觀眾打響名聲，才有機會進一步在戲園登台。遊藝場印出梅尚程三人合照的照片，隨門票發送，目的純粹是吸引顧客購買門票，因為三位名伶不可能到遊藝場演出，所以購買門票只是獲得三位名伶合照的方法之一，對遊藝場來說，重點是吸引顧客買門票，即使顧客最後未曾進入遊藝場，他們還是增加了收入。購買門票的人都知道不會在遊藝場裡見到三大名旦演出，可是遊藝場卻可以用這個手段招睞顧客增加收入，可見當時北京城的居民絕大部分都聽過三大名旦的名聲，甚至可能大部分的居民都崇拜喜愛三大名旦。至於北京以外的觀眾，雖然無緣親到城南遊藝場購買合照，但是知道北京居然有場所以自己偶像的名聲招睞顧客，等於將偶像的地位抬的更高，也會相當欣喜。

## 三、戲園廣告的名伶宣傳

其實替演員做商業宣傳活動最常見的，是在戲園的演出廣告上，而且戲園在報刊刊登廣告的唯一目的是宣傳演員之演出，所以戲園廣告其實是從京劇本身出發的商業活動。戲園宣傳演出的方式，除了在報刊登廣告還有發送戲單一途。戲單其實就是戲園的傳單，有時在園外發送，有時在園內發送，這種由人工發送的優勢是，可以用人情攻勢促使接受方來看戲。但是不論在戲園內或外發送，宣傳速度與範圍總是有限，因此戲園也會花錢在報刊上登廣告，以求增加演出訊息的流通速率，當然因為沒有人情的優勢，重點就只在以最經濟的方式明確傳達訊息。我們這裡要討論的是報刊上的戲園廣告，

---

〔註83〕　《戲劇月刊》三卷十期，《中國早期戲劇畫刊》，第十二冊，頁447。

但是首先我們必須了解戲園在報刊刊登的廣告與到處散發的戲單之間，到底有何形式上的差異。這一張是 1929 年 2 月 17 日上海天蟾舞台在《申報》刊登的廣告〔註84〕：

## 【圖二十二】天蟾舞台廣告

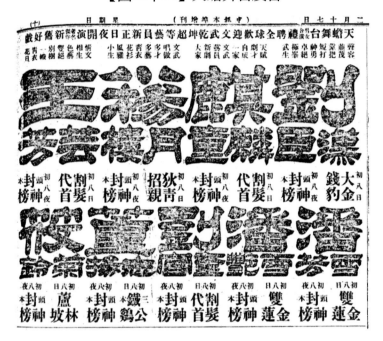

　　從天蟾舞台大手筆刊登的這幅全頁廣告裡，我們可以知道，一幅戲園廣告必備的資訊有：演員陣容、劇目、演出時間、演出地點。天蟾舞台廣告裡列出的演員陣容，有老生麒麟童、旦角小楊月樓……等十三人，劇目有《頭本封神榜》……等七齣，演出時間就是報紙出刊的當天——「民國十八年二月十七日」（農曆「正月初八」）日夜都有戲，演出地點當然就是天蟾舞台。我們可以注意到的是，上述所有必備元素中，「演員陣容」是字體最大也最醒目者，演員名做三角形排列，名字頭一字在上且單佔二分之一的面積，下面兩個字各約頭一字的二分之一大小，而四位主打演員劉漢臣、麒麟童、小楊月樓、王芸芳的字體，又比其他演員字體醒目。不過因演員姓名皆用最粗的毛筆字體印刷，所以無論主從演員其實都很醒目。至於劇目則大部分趕不上演員陣容醒目，甚至跟演員陣容排在一起的劇目，其字體都只有演員名字第

〔註84〕見《申報》，第 255 冊，頁 310。

一字的八分之一大小。因爲戲園廣告的營利目的，我們可以知道，當時戲園的報刊廣告，對「演員」的宣傳力度遠大於對劇目的宣傳。

接下來這一張是 1919 年 2 月 22 日北京新明大戲院戲單〔註85〕：

### 【圖二十三】北京新明大戲院戲單

雖然是戲院以人工發送的宣傳品，但是必備的基本元素（演員陣容、劇目、演出時間、演出地點）也一樣不缺，可見這四件事的確是戲園宣傳必要的元素，因此無論在報刊廣告或戲單都找的到。在演員姓名的排列上，主要演員梅蘭芳、余叔岩、王鳳卿等三人之名字，也是採用三角形排列法，且一樣是頭一字最大後二字合起來約等於頭一字的大小，其他次要演員字體則小的多，排列形式則或採用三角形或採取直行並排，應該完全是戲院爲戲單空間安排所做的機動調整而已。至於劇目字體雖也有大有小，但都不會大於演員名字的字體。與天蟾舞台在《申報》刊登的廣告不同的是，在主要演出資訊的左右邊各有一行小字，右邊的小字「特請諸君早臨雅觀，准五鐘二刻開演」，說明了開演時間。左邊小字「電話南局一千零零二號電話，蓋不定座」，主要提供新明大戲院的電話，並強調演出不提供定位。以戲園角度來說，定位不能保證顧客一定會到，當然是一律現場售票較能保證收益，因爲觀眾進

---

〔註85〕　見杜廣沛收藏，婁悅撰文：《舊京老戲單：從宣統到民國》（北京：中國文聯出版社，2004 年），頁 34。

場帶來的並不僅有票價收入，還會包括喝茶、吃零食、用手巾板……等額外服務。這左右兩邊的小字，之所以在天蟾舞台的廣告上未見，主要原因應該是，刊登在報紙上的戲園廣告，無論是否占據整版，都必須與其他戲園廣告共處鄰近的報刊空間，則能讓自己的戲園廣告在眾多戲園廣告中脫穎而出，更引起觀眾興趣的，只有演員陣容與劇目，至於戲園電話、開演時間完全不是觀眾決定要不要進戲園的因素，因此在戲園獨立發行的戲單上可以附註，因為觀眾比較有耐心細細端詳，而報紙上的廣告就沒必要附註這些資訊，因為觀眾只想在最短時間獲得最重要資訊。

　　從這兩張不同種類的戲園宣傳品，都不約而同地把演員字體排得比劇目醒目，我們可以推測出，當時戲園對演員的宣傳力度大於劇目，形成這種現象絕對與觀眾的喜好趨向有關。戲園在京劇市場的組成裡，是商業取向最明顯，也是最善於觀察觀眾風向盡速迎合的，戲園宣傳的最重點在演員，反應觀眾進戲園最主要目的是看「演員」而不是「劇目」。觀眾為何對著名演員演出拿手戲相當歡迎，因為拿手戲正可讓演員盡展表演藝術之長，而不是因為劇情曲折離奇高潮迭起。正因觀眾對演員比對劇目感興趣的多，因此迎合這趨向到極端時，甚至出現如下圖上海榮記大舞台的戲院廣告這樣，連劇目都省了的狀況〔註86〕。

　　這幅廣告我們可以很清楚地發現，劇目很明顯的缺席了。整張廣告最上一欄同樣是演出地點「榮記大舞台」以及地址電話，最底端一欄是尚小雲演出的票價，依觀眾位置不同而有異，不過當時戲院中位置的票價高低與離舞台的遠近並無必然關係，還牽涉到隱私性與服務，特殊包廂價格往往比最靠近舞台的開放座位貴上許多。佔廣告最主要也是面積最大區域的，是演員名單跟尚小雲的《穆柯寨》〔註87〕裡穆桂英一角之劇照，名單中尚小雲的配角

---

〔註86〕　見《戲劇月刊》一卷八期，《中國早期戲劇畫刊》，第三冊，頁162。
〔註87〕　《穆柯寨》，一名《穆桂英招親》，劇情講述蕭天佐擺設七十二座天門陣，宋營中幸有一鐘道士幫助六郎楊延昭調度破陣，並向太行山五臺山等處，調取金頭馬氏及楊五郎等，來營助戰。楊五郎素知穆家寨後有降龍木二支，必須取得一支，作為斧柄，方能取勝。故必有此木，方肯下山。孟良乃前去盜木，先遇穆桂英在山下打獵，穆桂英射中一雁，為孟良所拾，孟良不肯還，遂起戰爭。孟良敗回，帶同楊宗保再往，交戰數十合，楊宗保為穆桂英所賞識，遂被計擒。既而穆桂英即與楊宗保訂婚，乃放楊宗保回，並約情願輸誠投順。不意楊六郎怒其違犯軍紀，竟欲斬楊宗保以徇，事遂中阻。孟良乃二次探山，放火盜木而去。

【圖二十四】上海榮記大舞台廣告

們使用的排版方式仍然是慣用的三角形排列，主角尚小雲不僅字體最大，且用由右到左的全橫排方式，還在名字外圍加了有立體效果的外框，頗為新穎罕見，而通常在演員名單之下，應該是演出劇目名單，可是這張廣告裡，原本應是劇目的位置，只剩六個小字「准演拿手好戲」。如果比較這張廣告跟一般戲園廣告的排版，我們可以說劇目原來應該佔有的空間，被劇照拿走了，也就是這張廣告完全在宣傳尚小雲這位北京來的名伶，只要有「尚小雲」這三個字，觀眾就買帳，至於「拿手好戲」到底是甚麼，根本不重要。而榮記大舞台在尚小雲名字上加的「本台用禮聘請名角」，就宣傳層面看來是太過平實缺乏吸引力的頭銜。不過我們必須注意的是，這幅廣告是刊登在《戲劇月刊》的「尚小雲專號」上，基本上會翻閱專號的讀者，即使並非尚迷，也是對尚氏的藝術有一定程度愛好的，說不定有很多讀者對尚小雲的表演藝術還

瞭若指掌，因此無須替尚小雲再加甚麼誇張的頭銜以資號召。但是戲園演出廣告大部分還是刊登在《申報》等綜合性報刊，訂閱綜合性報刊的讀者，不一定是資深的戲迷，因此戲園需要用更誇張的廣告手法吸引讀者注意演出廣告。同樣是尚小雲，1934 年赴滬演出《卓文君》等劇目時，《申報》戲曲廣告給尚小雲安了個非常誇張的頭銜：「名震全球色藝雙絕獨樹一幟文武兼擅青衣花衫泰斗」，不過這個頭銜還是點出了尚小雲的表演特色「文武兼擅」，尚小雲早年學武生後改旦角，因此在四大名旦中，他的武功底子數一數二，也排了很多如《青城十九俠》這類的需要武功的劇目。另一個上海舞台在 1929 年 2 月 4 日《申報》的廣告〔註88〕裡：

**【圖二十五】上海舞台廣告**

　　在從北平邀請的著名旦角徐碧雲頭上加的稱號是「挽友禮聘出類拔萃名播遐邇最優等梅派青衣花衫」。說徐碧雲表演出類拔萃，是最優等的梅派。徐碧雲在 1927 年《順天時報》五大名伶新劇選舉中，是與梅尚程荀並列為候選人的，但 1929 年這幅《申報》廣告，卻稱他為「最優等『梅派青衣花衫』」，或許可以從側面解釋為何徐碧雲後來未能有機會成為第五大名旦，極可能因為他的演出，在當時觀眾來看仍然接近梅蘭芳，未能明確創出自己的風格所致。無論加在尚小雲、徐碧雲身上的這些形容詞是否誇張過火，我們大概可以知道，對當時的上海京劇觀眾來說，這些誇張的形容詞，對於吸引他們去看一個不太熟悉的外地名伶，應該是很有效用的，即使像尚小雲已經如此知名，與梅蘭芳並列四大名旦中，但上海觀眾畢竟不常觀賞尚氏演出，所以若不在尚小雲頭上加上聳動誇張的標題，不是行家的觀眾未見得會自動進入戲

〔註88〕見《申報》1929 年 2 月 4 日，本埠增刊第七版，收於《申報》，第 255 冊，頁 115。

園觀賞演出。

當時唯一例外的大概只有最紅火的梅蘭芳，戲園廣告是怎麼形容梅的呢？我們以一張《申報》1929 年 1 月 14 日，榮記大舞台的廣告〔註89〕為例：

【圖二十六】上海榮記大舞台廣告

戲園廣告上完全沒用任何形容詞介紹梅蘭芳。戲園是純粹商業利益取向的機構，所以決定要不要在名伶名字上加上繁複的形容詞，其標準一定也是對商業利益的再增加有無幫助。不在名伶的名字上加形容詞，表示憑名伶本身的知名度就已可吸引大批客人，形容詞的多少對增加觀眾吸引力來說不構成任何助益，因此戲園也就不必再花時間替名伶想頭銜了。也就是梅在《申報》廣告上完全不用任何頭銜幫助打廣告，可以間接證明梅在當時劇壇知名度無人能及，且遙遙領先。

─────────────────

〔註89〕《申報》1929 年 1 月 14 日，本埠增刊第三版，收於《申報》，第 254 冊，頁 361。

## 第三節　京劇期刊對劇目演出的宣傳

　　我們上節提過，當時京劇觀眾關注的焦點是「人」，也就是演員本身，因此無論京劇期刊或戲園廣告，宣傳最重點都在演員。但是既然名伶的名聲建立在演出，則雖然劇目之宣傳不是第一重點，卻也不是能夠輕忽的宣傳點。對由京赴滬之演員而言，劇目之挑選相當重要，因爲名伶的表演藝術固然毋庸置疑，但劇目選擇的適切與否，關係到名伶能否適切的發揮所長，讓自身在上海觀眾心中的地位更上一層樓，況且如果名伶帶來的是在北京轟動多時，爲名伶量身打造的新編劇目，更能引起觀眾狂熱。當時新編劇目多且評價高的都是旦角演員，於是當北京諸位名旦赴滬，其所帶來預備演出的新編劇目，就成爲除演員本人之外，最重要的宣傳點。演員當然也會帶幾齣傳統劇目來與新編劇目搭配演出，不過因爲傳統劇目之劇情觀眾早已熟悉，觀眾看傳統劇目重點完全在看演員的唱念作打，所以在宣傳力度上便不及新編劇目有獨立一欄的空間，而是完全附屬在演員名字之下。對觀眾來說，新編劇目雖然重點也是難演員的表演藝術，但因爲劇情結構也從未見過，因此劇情結構、文詞等也是觀眾注目的焦點之一。因此新編劇目之劇情介紹，甚至完整劇本，也成爲京劇期刊蒐羅的重點對象。劇情介紹與完整劇本刊登，以演員專號密集度最高，因爲演員專號本爲演員來滬演出做宣傳，刊登新編劇目劇情相關資訊，不但可以先期爲演員造勢，也可以藉此展示期刊主編與演員之交情深淺。當然，替劇目宣傳並非只有京劇期刊可以勝任，戲園廣告也是把劇目視爲宣傳重點之一的，只是因爲廣告篇幅畢竟有限，所以戲園廣告不可能像京劇期刊一樣刊登完整劇本或是採錄劇本中全部唱詞，而只能介紹劇本來歷、劇情概要。

　　因爲京劇期刊能負擔的劇目揭露的篇幅較長，意即觀眾在京劇期刊中可以獲得的劇目相關資訊更完整，而劇目宣傳又大部分集中於演員專號，因此我們此處將先討論京劇期刊的演員專號，是用那些形式宣傳劇目。演員專號刊登的宣傳劇目文章，基本可分三種形式：一是完整劇本，內容除了包括唱詞、念白，還有動作提示、人物出場序……等舞台演出必要的項目。二是只披露唱詞。三是唱詞加上本事、劇情說明；四則純粹是劇名加上劇情簡介，而無唱詞。

## 一、完整劇本形式

　　第一種完整劇本發表的形式，並不限於新編劇目，有時也可見到傳統劇目以此形式刊布，但大部分不出現於演員專號中，在演員專號裡用完整劇本形式刊登的傳統劇目，如「楊小樓專號」刊登的《林沖夜奔》、〔註90〕《挑華車》〔註91〕，「譚鑫培專號」刊登的《寧武關》、《一門忠烈》（崑曲）。〔註92〕「楊小樓專號」目錄雖列《林沖夜奔》、《挑華車》兩部作品，但內頁實際刊出的楊小樓完整劇本僅《挑華車》一劇，此戲所唱皆為曲牌，故劇本提供者特別依崑曲曲譜之形式在唱詞旁附註工尺，這是楊小樓專號裡的劇本跟四大名旦專號劇本不同之處，因為四大名旦的新劇皆為皮黃，皮黃因為是板腔體，腔調不像崑曲那麼複雜，因此並無在劇詞旁附註腔譜的習慣。

　　《挑華車》在武生劇目中屬於表演難度較大者，屬於長靠武生戲。因為高寵是將軍，表演時必須全身紮靠、綁上靠旗，做出「起霸」〔註93〕、「走邊」〔註94〕、「摔岔」〔註95〕、「僵屍」〔註96〕等動作，身上的行頭已經不輕，還要做這些非常繁難的身段，還要在演唱崑劇【粉蝶兒】、【石榴花】、【上小樓】、【疊字犯】等曲牌時邊唱邊做身段。現今的京劇演員，很多在演唱這些

---

〔註90〕　此期之目錄本列出了《林沖夜奔》，但未見於期刊內頁。

〔註91〕　《挑華車》一劇，現在多寫作《挑滑車》，但小說《說岳全傳》第三十九回回目作「挑華車」，內文提到高寵挑車時也都做「鐵華車」。因此當時將劇名寫作《挑華車》者始為正確。見〔清〕錢彩編次，鍾平校點：《說岳全傳》（上海：上海古籍出版社，2004年），頁232～235。

〔註92〕　此兩種劇目敘述的是同一個故事，都是講明末李自成作亂時，名將周遇吉為國盡忠故事。

〔註93〕　起霸，是常見的程式動作，集中了基本功當中多種動作和技巧，用以表現古代武將在出征前整盔束甲，準備上陣廝殺的情景，充分表現武將的威武氣概，以烘托渲染舞台的戰鬥氣氛。明代沈采所作《千金記》傳奇中有〈起霸〉一折，專用來塑造霸王威武勇猛的形象，故稱「起霸」而得名。《京劇知識詞典》，頁110。

〔註94〕　走邊，用於夜行、巡營、秘密偵察等行動，走邊要求身手輕捷矯健，突出在曲折小徑上疾走、夜行時腳下崎嶇不平，以及眼觀六路、耳聽八方、嚴密注意周圍環境的感覺。《京劇知識詞典》，頁111。

〔註95〕　岔功，表演者把腿分開，成一字形，用身體重量向下壓去，使腿部肌肉韌帶充分拉開，保持胯部最大跨度，稱為劈岔。兩腿一前一後的劈岔動作，稱豎岔或正岔，如《挑華車》劇中，高寵挑車一場，連續劈岔，表示戰馬疲極伏地。《京劇知識詞典》，頁88。

〔註96〕　僵屍，多用於表示劇中人猝然昏厥或死亡。直身後仰，梗頭，以背部朝下倒於地面。《京劇知識詞典》，頁94。

崑曲曲牌時，往往未能竟全功，最後只能顧及身段而無法唱完。〔註97〕《挑華車》這個劇目，提供劇本的戲迷「祖盫」，特言此劇為「小樓傑作」，也就是認同楊小樓演出此戲的功力，在當代武生裡最高。不過此戲並非楊小樓新編，此戲原為武淨擔綱，至楊小樓之老師俞菊笙始改為武生應工，〔註98〕也就是此戲是傳統劇目。

「譚鑫培專號」刊登了《一門忠烈》及《寧武關》兩個崑劇劇本，事實上算同一齣戲，《寧武關》有〈對刀〉〈拜懇〉〈別母〉〈亂箭〉四齣折子，《一門忠烈》只演出後半〈別母〉〈亂箭〉，也就是兩相比較，《一門忠烈》著重於主角周遇吉的情感層面，包括他對家人的不捨，以及見母妻殉國後的悲痛、盡忠而死的激憤。《寧武關》則文武兼重，並包括了敵兵戰鬥的大場面。以形式論，《一門忠烈》是按照崑曲曲譜形式著錄，唱詞旁附有工尺譜，《寧武關》則是一般劇本形式，包括唱詞、念白、動作提示、舞台提示等，與四大名旦專號中完整新編劇目劇本刊登的形式一樣。譚鑫培的拿手戲有崑曲劇目《一門忠烈》，台灣著名京劇鬚生李金棠，也回憶在中華戲曲學校學藝時，除了學京劇外，學校還曾請當時著名的崑曲著名票友包丹庭教授崑曲《一門忠烈》，就是從〈對刀步戰〉教到〈別母亂箭〉。〔註99〕這反映了京劇界將崑曲視為母體源頭與藝術養料，崇尚的是『京崑一家』、『文武崑亂不擋』的藝術境界，所以把這些崑曲劇目當作演員必學必演的戲，最好也能成為拿手劇目中的一齣。

不過無論如何，新編劇目的完整劇本才是最能滿足觀眾好奇心的，因此新編劇本的完整刊登，也是旦角專號宣傳新編劇目時，會採取的手法之一。值得注意的是，四大名旦並非都採用這種形式刊布新劇，如程硯秋專號就未採用。因為雖然刊布新劇完整劇本，對滿足觀眾好奇心幫助最大，對增加期刊銷量也最有幫助，可是就演員與邀請戲園的立場而言，刊布完整劇本雖不

---

〔註97〕 據林佳儀的研究，《挑華車》一劇雖唱曲牌，但可能是源於弋陽武班又由京劇武生演員創發，因為現今並未見此劇之崑班傳本為據，且經常在〈挑華車〉之前連演之〈牛皋下書〉，牛皋唱的皆是【西皮】，與曲牌無涉。見林佳儀：〈論京劇武戲之套曲應用及崑班承演〉，《民俗曲藝》第 184 期（2014 年 6 月），頁229～278。

〔註98〕 見北京市藝術研究所、上海藝術研究所組織編：《中國京劇史》，頁 408～410。

〔註99〕 見李元皓：《不辭遍唱陽春：京劇鬚生李金棠生命紀實》（宜蘭縣五結鄉：國立傳統藝術中心，2014 年），頁 25。

至於影響觀眾買票進戲園的意願，可是會減少觀眾看戲的新鮮感，畢竟新編劇目雖仍以名伶的唱念作打為主要賣點，但因為劇情結構也是新編，對觀眾也是有吸引力的賣點，因此即使期刊讀者對於刊布完整劇本很有興趣，演員也不會以此做為自身專號裡劇目宣傳的主要手段。

　　在四大名旦個人的專號裡，梅、尚、荀都曾刊登過完整的新編劇目劇本。在「梅蘭芳專號」完整刊登劇本的新編劇目是《全本霸王別姬》〔註100〕，由韓信點兵、九里山大戰、虞姬自盡直至項羽烏江自刎。其形式可以第一場韓信點兵的開頭為例：「（四上手樊噲曹參周勃英布彭越上）（點將）（通名）（彭白）列位諸侯請了。（眾）請了。」劇本不僅列了念白，連上場人員、動作程式、說話順序都列出了，可見的確是完整劇本。

　　這齣戲前半都是項羽主戲，虞姬的主戲在後半「別姬」一段，但是唱作精彩，很受觀眾歡迎。此戲的前身是武生泰斗楊小樓1918年與尚小雲編演的《楚漢爭》，但此版本場次過多且以項羽為主，對虞姬的刻劃少得多，京劇名伶通天教主王瑤卿曾譏諷此劇的虞姬是「高等零碎」。〔註101〕梅蘭芳整編的版本，則大大增加虞姬刻劃的細膩度，也就是在戲份上，項羽虞姬可說勢均力敵，甚至在舞台演出效果上，虞姬可能還比項羽更受觀眾歡迎。梅蘭芳最初在北京演《全本霸王別姬》，是與楊小樓合作，楊小樓武功紮實，梅蘭芳扮相身段美麗，推出之後大受歡迎，1929年就曾由百代與蓓開分別推出過兩面的唱片，但只錄了「別姬」一場虞姬的少數唱腔，直到1931年，由長城唱片出了共12面的完整《霸王別姬》，可是1928年專號上就刊登了此劇之完整劇

〔註100〕《霸王別姬》，劇情講述：漢王劉邦與西楚霸王項羽互爭天下。劉邦拜韓信為元帥，屯兵于九裡山前，調度各路諸侯，十面埋伏。使李左車詐降于楚，誘項羽深入重地，圍於垓下。張良又遍吹洞簫，命軍卒學作楚歌，聲韻淒涼。風送入楚營，而楚將楚兵聞之，皆動思鄉之念。一夜之間，盡行解散；所未去者，止有八百餘人，及周蘭、恒楚二將。項羽無可如何，惟思沖出重圍，以圖再來。乃入帳中，與虞姬作別。虞姬即項羽之妻，歷年戰爭，均在營中隨侍。項羽逞舉鼎拔山之勇，身經七十二戰，戰無不利，奈徒恃勇力，卒中韓信之計。勢促時窮，不得不割捨此愛妻，以免拖帶弱息之累。英雄氣短，兒女情長。置酒與虞姬共飲，泣下數行，作歌以寄慨。虞姬亦歌而和之。黎明時，周蘭、恒楚，催促動身。虞姬明知百萬敵軍，斷非一弱女子所能出險，誆得項羽佩劍，立拼一死以斷情絲。項羽幸無後顧之憂，逃至烏江口，亭長駕船相迎，項羽不肯渡江。蓋自起義有八千子弟相從，至此無一生還，實無面目見江東父老。遂自刎焉，仍得與虞姬在地下結好合之緣也。

〔註101〕《齊如山全集》，第二冊，頁120。

本，可見楊小樓、梅蘭芳合演此劇之風靡程度。不過梅氏到上海演出時，楊小樓因爲生性較懶且年紀較大，並未跟隨梅蘭芳出北京，因此梅蘭芳在上海演出此戲時，是當地花臉演員金少山演的項羽，金少山更從此一砲而紅。不過《戲劇月刊》1928 年刊登的這版《霸王別姬》與今天演出的版本略有不同。比如〈別姬〉一場，舞劍時最著名的【二六】唱段，今天的唱詞是：「勸君王飲酒聽虞歌，解君憂悶舞婆娑。嬴秦無道把江山破，英雄四路起干戈。自古常言不欺我，興亡成敗一刹那。寬心飲酒寶帳坐，待聽軍情報如何。」但當時劇本上的唱詞是：「勸君飲酒聽虞歌，佐君清興舞婆娑。憶把無道嬴秦破，英雄四路起干戈。自古常言眞不錯，富貴窮通一刹那。安心且在寶帳坐，再聽軍情報如何。」〔註102〕也就是《戲劇月刊》的《霸王別姬》劇本，可視爲《霸王別姬》修改歷程重要史料之一。

「尙小雲專號」刊登的兩個劇本《摩登伽女》、《卓文君》都是完整劇本。《摩登伽女》，是尙小雲根據佛經故事改編而成，劇情講述：「旃茶羅族摩登伽夫人，善攝生人魂魄，其女缽吉蒂汲水，遇瞿曇弟子阿難尊者，慕之，求母許婚，母乃施法攝阿難至，缽吉蒂百般調戲，阿難以道力自持。如來乃令文殊菩薩仗慧劍，騎獅前往救護，阿難脫厄，隨至西方。缽吉蒂追至，如來說法，缽吉蒂皈依。」既然是完整劇本，表示形式跟「梅蘭芳專號」的《霸王別姬》一樣，包括唱詞、念白、科介提示，甚至是舞台布置提示。如《摩登伽女》第八場：「（場上設壇四角設四骷髏）（小拉子〔註103〕）（上二侍女）（打掃介）（請貼上）……（喚白）女兒快來。（旦內白）來也。（上換法衣不袒臂手執花上唱）凌波微步魔壇畔，一片痴心爲阿難。今夜萱親施術幻，成就鴛盟頃刻間。」〔註104〕尙小雲這齣戲，不但劇情新穎，服飾採用半長袖的窄身裙，尙小雲請了演奏家上臺彈鋼琴，還請著名琴師楊寶忠西裝登場，伴奏小提琴。尙小雲更在臺上跳起了英格蘭舞蹈。尙氏每貼演此戲必加一元戲價，仍然座無虛席，顯示觀眾十分歡迎。《卓文君》以西漢卓文君與司馬相如

---

〔註102〕《中國早期戲劇畫刊》，第二冊，頁 396。

〔註103〕小拉子，即「行絃」，是京劇中胡琴伴奏的一種。在京劇裡，一大段唱詞有時不一口氣唱完，而在中間插入念白或做表，以抒寫人物的感情，但胡琴伴奏並不間斷。因爲胡琴之演奏是以弓拉絃，因此將這種用以串聯唱、念的胡琴伴奏，稱爲「小拉子」。中國藝術研究院音樂研究所《中國音樂詞典》編輯部：《中國音樂詞典》（北京：人民音樂出版社，1984 年），頁 431。

〔註104〕《中國早期戲劇畫刊》，第三冊，頁 232。

的愛情故事，從卓文君一見傾心與司馬相如私奔演起，到臨邛縣當壚賣酒，最終司馬相如獲漢武帝任命中郎將使四川，卓文君夫妻終與其父卓王孫和解團圓之故事。通常，將新編劇目的完整劇本公布，對演員的票房有可能造成不利影響，但尚小雲不僅放了兩齣新編劇目，且都是廣受歡迎的劇目，顯示尚小雲對自己的演出有信心，即使觀眾是先讀過整本劇本，但真正演出有更多引人入勝的元素，比如尚小雲的唱工、做表、新奇的配樂、異國風情的服飾與舞蹈……等。不過我們還是必須注意，尚小雲此次赴滬演出，並非只帶了《摩登伽女》、《卓文君》兩齣新戲而已，至少還另有《林四娘》、《婕妤當熊》兩齣，因此即使尚小雲以完整形式刊登新劇劇本的比例比其他名伶高，但就他當次演出的新劇而言，比例也只有一半以下。

　　「荀慧生專號」裡有一齣《荀灌娘》是完整劇本。《荀灌娘》之本事取材於《晉書》，此劇主角荀灌娘，為晉代荀崧女，幼有奇節。荀崧為襄陽城太守，被杜曾所圍，荀灌娘當時僅十三歲，率勇士數十突圍夜出，往求救兵。及會戰，杜曾死、兵散，襄陽圍解。最終，荀灌娘與荊州周撫結百年之好。這齣戲裡，荀灌娘先以旦角扮相出現，但劇中有一半篇幅又以戎裝男性扮相出現，雖然荀灌娘並無武打動作，但表演跨越幅度較大，要在舞台上同時展現演員生旦兩行當的功力。此劇的唱工相對念白來說偏少，是一齣以念作為主的戲，念作正是梆子花旦出身的荀慧生強項。荀慧生選擇披露此戲的完整劇本，或許正是因為此戲十分能讓他發揮表演藝術強項，即使觀眾先看過所有的劇情、劇詞、動作提示……等等，還是無法就此揣測荀慧生演出的精采度於萬一。

　　有趣的是，名伶完整演出劇本的提供者，並不僅限於演員自己，有時也有劇本收藏家。演員願意提供劇本，是因為完整劇本對期刊而言，是一種即時又新穎的文章形式，大有宣傳之效，何況只是提供極少數劇本，對演員演出之利益不致有大損害。劇本收藏家提供劇本，如「梅蘭芳專號」裡《霸王別姬》的完整劇本，是由一位叫夢薌的收藏家提供，劇本收藏家提供完整劇本，除了替偶像宣傳之外，也可以說具有分享同好的美德，不過或許還帶有些許出風頭之心理，因為對演員來說，演出的底本是很珍貴而私密的，因此外傳機率很低，伶界以外的人能得到名伶的完整劇本，通常都需要因緣巧合，以及與名伶的深厚交情，因此擁有名伶的完整劇本，並藉由刊登於期刊上廣布同好，其實同時也是在炫耀自己與名伶的交情或是自己因緣際會的好運。

## 二、只披露唱詞與披露唱詞加劇情說明

　　此兩類因為皆以披露唱詞為主，故為行文方便起見，放在一起說明。這種以披露唱詞為主，間或加上劇情說明的形式，則是演員專號最愛用的形式，「梅蘭芳專號」有一篇〈《俊襲人》劇詞〉，將全劇的唱詞都列出供讀者品閱。《俊襲人》取材自《紅樓夢》第二十一回〈賢襲人嬌嗔箴寶玉，俏平兒軟語救賈璉〉的上半回，敘述襲人因為寶玉鎮日和黛玉、湘雲玩耍，對學業、科舉全不感興趣，因此藉故不理寶玉，想藉機勸導，孰料寶玉當日也賭氣不理襲人，直到第二天才主動低頭與襲人講和，並跌碎玉簪發誓。劇詞便是將從頭至尾的唱詞錄下，如「將身離了怡紅院，瀟湘館內看一番。」是襲人發現寶玉大清早便不見蹤影，情知他又去黛玉居住的瀟湘館找黛玉與湘雲，因此也到瀟湘館找人。「猛然間將玉簪一跌兩斷，又見他嗔滿面怒髮衝冠。沒奈何拾玉簪好言奉勸，從今後切莫要信口胡言。」是賭氣一夜之後，寶玉向襲人跌斷玉簪發誓：「我再不聽你說，就同這個一樣！」襲人趕忙阻止他發這樣重的誓。基本上唱詞已經涵蓋了整齣戲。《俊襲人》特別之處在，全劇只有「怡紅院」一個場景，也就是寶玉與黛玉湘雲玩耍的情節，並不會在舞台呈現，最多只是藉由襲人之口轉述，因此舞台上的布景完全寫實，這齣戲的戲幅可以在台上演出兩小時，而就唱詞篇幅看來不可能佔全劇主要比例，意即此劇以念白為主，由唱詞無法推測劇情全貌，更無法由唱詞得知完整表演型態，但是唱詞仍舊可以透露舞台上呈現的部分情節，引動觀眾進劇場看全貌的心思。

　　「程豔秋專號」唯一刊布的劇本《柳迎春》，是將老戲《汾河灣》增益整編成全本，其形式是列出綱目與新增之唱詞。此戲因為只是整編而非新編劇目，整齣戲的情節架構都還以老戲《汾河灣》佔大部分，因此公布完整劇本並無任何引起觀眾新鮮感的效益，因此〈玉霜新劇《柳迎春》〉這篇文章，只公布了《柳迎春》的劇目綱要跟新增的唱詞，展示程硯秋改編的功力。本劇劇目綱要是用章回小說標目的寫法，如「柳員外興工覓良才，薛仁貴困窮投伯父。」新增唱詞大約包括「名園尋梅憐國士，香閨賞雪論英雄」、「薛仁貴寒宵受苦，柳迎春擲衣惹嫌」、「莽員外詢衣逼女，慈安人護愛徇情」、「避古寺感恩敘話，詢家世綺語含情」這四段情節，與現存《汾河灣》劇本比較，《柳迎春》的情節較為完整，但新增情節唱詞比例偏少，顯示程硯秋的整編，雖然讓《柳迎春》的故事首尾完整，但演出重點仍然在老戲《汾河灣》

的部分。

　　「荀慧生專號」裡有〈慧生新劇〉一文，介紹《釵頭鳳》〔註105〕、《還珠吟》〔註106〕、《美人一丈青》〔註107〕、《寶桂娘》〔註108〕、《柳如是》〔註109〕、

〔註105〕　《釵頭鳳》，講述陸游與唐琬的愛情悲劇。南宋山陰才子陸游，幼與表妹唐蕙仙互訂婚約。唐蕙仙稍長，父母病逝於四川任所。陸母唐氏命陸游弟兄接唐蕙仙至山陰。唐氏素信佛，常往娘娘廟焚香禮拜。廟主不空，借佛隱身，蓄養眾小尼暗操賤業。見唐蕙仙貌美，乃與秦檜之侄羅玉書密謀，圖將唐蕙仙獻於秦檜以盡逢迎之能事。不空詭言唐蕙仙妨克長上，只有舍入尼庵才能解救，唐氏果為所惑，於陸游弟兄赴試之際，將唐蕙仙賺入廟中。唐蕙仙進廟，怒斥不空，因此備受折磨。山陰俠士宗子常，早聞不空惡跡，遣義士獨孤策潛入廟中殺死羅玉書，並將不空等賺入莊中殺死。唐蕙仙受驚昏迷，宗子常在其身邊拾得陸遊所題詩扇一柄，知其為陸游未婚妻，決定待陸游返家時從中成全。陸游臨安赴試，為秦檜所忌，擯之落第。歸家後以不得唐蕙仙音信，甚為所感，矢志不娶，而唐氏卻四處托媒與之另求婚配。宗子常疑陸游無義，定計於沈園一試其心。陸游於園中窺見唐蕙仙，甚為驚疑，遂題《釵頭鳳》一詞於帕，寄與唐蕙仙。唐蕙仙讀之，大慟成疾。宗子常知二人情深，邀陸游兄陸子逸往說唐氏。唐氏醒悟，同意迎娶。花燭之期，唐蕙仙因久積悶鬱，病已垂危。缺月終未得圓，致成千古遺恨。

〔註106〕　《還珠吟》，講述詩人張文昌為馬文懿幕賓，偶借宿將軍符鳳家，符妻烏玉英美，張心慕之，暗贈明珠，玉英將珠退還。文昌二次在符鳳面前再贈珠，符收納，玉英感其情，復慕其才，夜往會之，但思及禮法而退。後符鳳犯軍法，文昌勸馬斬之，玉英知而至文昌前代夫求免；文昌感動，自悔不端，乃教玉英往法場生祭，馬果憐而赦符。文昌又以此事，寫成一詩，以卻東平李師道之聘。

〔註107〕　《美人一丈青》，又名《戰濮州》，取材自《蕩寇志》，劇情講述陳希真引兵攻濮州，林沖、扈三娘擒陳部婁熊，又戰敗祝永清。王英疑三娘不貞杖責之，然後出戰，被陳麗卿擒去。扈修書約定走馬換將，既換回王英，已被祝永清害死。三娘哭奠後，夜戰陳麗卿，中箭敗退，與林沖撤屯古寺。陳麗卿兵圍古寺，扈使林沖逃走，自與陳格鬥，復被扼死。

〔註108〕　《寶桂娘》，講述淮西節度使李希烈反，民女寶桂娘為其亂軍所擄。寶乃效漢末貂嬋賺董卓、呂布之計，佯以身許，暗中結李部將陳仙奇，興兵反正，盡殲其眾；寶因失節自殺。

〔註109〕　《柳如是》，劇情講述明禮部尚書錢謙益被參革職，歸金陵，攜任孫錢曾游秦淮訪妓，名妓柳如是慕其名，喬扮男裝訪錢，一見投契，錢納為妾。錢友王鐸與禦史劉孔超往錢處質責錢納妾事，反被柳如是責罵而逃。清兵渡江，福王逃，王鐸等勸錢降清，如是勸阻之，錢卒投降多鐸，如是恨遣家丁戴溺器在清營前行走，被獲，多鐸察系錢僕，怒將錢解京問罪。如是又至京求大學士金之俊營救，錢出獄，告老回鄉。錢曾曾竊其家藏圖書，見錢返，縱火焚樓以滅跡，驚死錢妻陳氏，錢欲將如是扶正，如是不從，堅欲出家，居關帝廟中為道姑遺民鄭孝威罵錢降清，錢憤而死，族人鬧喪，柳如是守靈，痛罵錢曾，自縊而死。

《荊釵記》〔註110〕、《東吳女丈夫》〔註111〕、《魚藻宮》〔註112〕、《春閨記（妒婦訣）》〔註113〕等九齣新劇，是四大名旦中，新劇刊布數目最多者。此九齣新劇，基本以本事、本詩（詞）、劇目、劇詞四大部分組成。本事即劇情原始出處，荀慧生的這九齣新劇，只有《春閨記（妒婦訣）》無本事，此劇出於筆記小說《夜雨秋燈錄》。列出本詩本詞者有《釵頭鳳》、《還珠吟》兩齣，皆與典雅的詩詞作品有明顯關係。這兩齣戲的劇名，《還珠吟》本於著名唐詩〈還珠吟〉，主角是中唐詩人張籍與虛構女性烏玉英；《釵頭鳳》本於宋詞名作〈釵頭鳳〉，主角是南宋愛國詞人陸游與其前妻唐琬。《美人一丈青》取材自《蕩寇志》。《蕩寇志》是以朝廷軍隊為正方，梁山好漢為叛亂盜匪的視角寫作，因此此劇最終扈三娘也殞命於朝廷女將陳麗卿之手，但劇中仍然努力將扈三娘塑造成女英雄形象。《荊釵記》根據明初四大南戲之一的《荊釵記》改編而成。其餘四齣《寶桂娘》、《柳如是》、《東吳女丈夫》、《魚藻宮》則取材於史傳。

　　四大名旦中，梅蘭芳兩個劇目宣傳就有一個使用刊布唱詞之形式，荀慧

〔註110〕《荊釵記》，原為明柯丹邱同名傳奇劇本，劇情講述王十朋有才名，富室錢載和擬以女玉蓮妻之。而錢繼室孫氏則擬許婚己侄汝權，二老互爭，乃使玉蓮自擇；玉蓮徑取十朋所送荊釵，遂許王。十朋赴都中試，忤萬俟卨，謫貶潮州簽判；孫汝權乃假造十朋家書，雲已別娶於相府，逼玉蓮為妾。繼母孫氏遂迫玉蓮改嫁孫，玉蓮不從，被閉於暗室，跳窗出，抱石投江，為浙鎮史衛公所救。錢失女，責孫汝權，孫發狂死，錢並休棄孫氏。十朋母痛玉蓮之死，赴潮州，面數子罪，十朋驚辯。史夫人忽至，偽稱有女，強婚十朋，且索荊釵為聘，婚期始明真相，夫妻重會。

〔註111〕《東吳女丈夫》，據老戲《丹陽恨》改編演出，劇情敘述孫權之弟孫翊為丹陽太守，好鞭撻士卒，妻徐氏屢勸不聽。督將媯覽、郡丞戴員暗使孫從人邊洪刺死孫翊，媯又殺邊洪，脅逼徐氏改婚於己；徐氏佯允，密求助於舊部孫高、傅嬰，設伏以誘媯、戴二人，為夫報仇。

〔註112〕《魚藻宮》，一名《斬戚姬》，劇情講述劉邦寵倖戚夫人，為建「魚藻宮」，擬立戚子如意為太子，呂後急求計于張良，請野老喬妝商山四皓諫止，始作罷。改封如意為趙王。劉邦死，呂後臨朝，心恨戚氏，貶入冷宮，殘害成「人彘」，後復將其母子害死。

〔註113〕《春閨記》，劇情講述淄川狄翁有二女，長女嫁同邑宋生。宋好冶遊，新婚之夜即挾妓歸家；女勸之不聽，悒憤而死。宋見其妹妙才，羨之，求為繼配。婚後妙才故意任宋揮霍，暗使佃戶女紅香喬妝為妓女以惑之；宋被迷，揮金如土，不久金盡，妙才乃請舅父呂甲託名購其產業，將其夫婦逐出。宋流為乞丐，乘夜往盜呂財；妙才暗告呂，設伏捉獲之，大受捶楚，妙才出而痛加指責，宋受此奇辱，頓改前非，呂甲乃以原產還回，妙才善為經營，不久家業復興，宋從此謹聽妻命，不再冶遊。

生十個劇目宣傳，就有九個用刊布唱詞形式。因爲新編劇目通常不可能單由唱詞推敲出完整劇情架構，更不可能由唱詞了解整齣戲的表演型態，但是因爲唱詞仍然代表了部分的劇情架構與表演型態，因此藉由「猶抱琵琶半遮面」，更容易挑起觀眾的好奇心。

## 三、只介紹新編劇目之相關資料

第三種是介紹演員新編劇之劇名，並大略講述編撰此劇的緣由、編撰歷程、相關時事……等，對於詳細劇情以及劇詞一概不錄。這種形式除了在京劇期刊的演員專號出現外，也是綜合性報紙上戲園廣告唯一採用的形式。

京劇期刊的演員專號裡，使用這樣的劇目介紹方式的僅有「梅蘭芳專號」，其他旦角專號都在沒出現過這樣的宣傳類型。「梅蘭芳專號」上這一篇是三十六鴛鴦館的〈梅劇新錄〉一文，文中提到《鳳還巢》〔註114〕、《俊襲人》〔註115〕、《宇宙鋒》〔註116〕、《春燈謎》〔註117〕、《花蕊夫人》〔註118〕等五

---

〔註114〕《鳳還巢》，劇情講述侍郎程浦告老還鄉，有二女，長雪雁，貌奇醜；次雪娥。側室所生，美而慧。程一日與宗室朱煥然遊春，遇故友之子穆居易，喜之，約于己壽辰相會。歸告夫人，擬以雪娥婚穆，夫人則主先嫁雪雁，夫婦爭執，不歡而散。壽日朱煥然先至，亦有意于程女，程妻誤以爲穆，暗認之。穆居易後至，程浦提及姻事留穆於書館。雪雁知而冒雪娥名夜往見穆，穆拒之而逃。中途遇朱煥然，朱喜有機可乘，乃伴贈銀馬，促穆遠行，適程浦奉旨起複，隨周監軍赴軍，遇穆，責之，穆飾詞以對，程乃攜之從軍。朱冒穆名迎娶，程妻故阻雪娥，而以雪雁代嫁。洞房中始明其誤，悔之無及。地方寇亂，程妻欲投朱避難，雪娥不肯隨往。程浦平賊，迎雪娥至軍，重議婚姻，穆不知究竟，仍堅拒絕。元帥洪功及周監軍強主婚，洞房中始知誤會，穆急謝罪。朱煥然被劫，攜程妻、雪雁來投，一家團聚。

〔註115〕《俊襲人》，劇情講述賈寶玉丫鬟花襲人因寶玉喜與姊妹嬉戲，加以諫止，寶玉反唇，襲人故伴嗔以試其心。

〔註116〕《宇宙鋒》，一名《一口劍》，劇情講述秦趙高欲以己女許婚匡扶之子匡忠，匡知其奸不允，趙請二世下詔主婚。匡忠與豔容婚後始知其賢。外地獻鹿，趙高故指鹿爲馬，以測大臣趨向，群臣多順其意，匡扶怒斥趙高，趙高懷恨，與康建定計，遣人盜取御賜匡扶之劍「宇宙鋒」入宮行刺，被武士殺死。二世見劍，疑匡，趙高進讒，下匡全家於獄。匡忠得耗大驚，豔容用僕趙忠之計，使匡忠喬妝逃走，建康領校尉來捕匡忠，誤將趙忠殺死，豔容趁勢哭趙爲夫，以釋眾疑。「裝瘋、金殿」後，豔容逃走，住尼庵。匡忠在外從軍，斬叛將馬龍立功還朝，金殿與趙高質辯，後與豔容團圓。

〔註117〕《春燈謎》，劇情講述韋節度之女影娘，自幼恃父愛，喜作男裝，隨父乘舟。元宵節隨母男裝上岸至黃陵廟觀燈，遇少年宇文彥，一見鍾情，遂伴與唱和而訂婚。狂風起，母女相失，影娘誤入宇文之舟，宇文母認爲義女，攜之而去。宇文彥誤入韋舟，逃出被擒，搜得影娘詩箋，韋節度怒剝其衣，書其背

齣新編劇目，我們可以講述《鳳還巢》的一段為例：

> 此劇係前清昇平署昆曲舊本，清社既屋，流落人間，為北平某收藏
> 家所珍藏。梅蘭芳復以重金易得原本，研幾半載，翻成亂彈，開演
> 之期，譽滿宣南。其時，張作霖夢迷新華，擅作威福。一般具有攀
> 龍附鳳之妄想者，日以諂媚取容為能事。偽大元帥之教育劉總長，
> 偶涉歌場消閒歲月，聆此雅奏忽呈奇想，謂此劇排場詞句意涉淫
> 穢，必欲將劇本重加審查，否則禁止饗演。其實信口雌黃，意另有
> 在。蓋暗中取媚張作霖，危言聳聽謂「鳳奉諧音，實係暗射。鳳還
> 巢不啻實演奉還巢耳。語關惡識，兆似不祥。」正擬興風作浪，禁
> 演此劇。豈料《鳳還巢》尚未頒令禁演，而張作霖欲還奉巢而不可
> 得矣。故《鳳還巢》一劇，在革命成功史中，，具有相當預祝之價
> 值，今者河山統一萬姓歡騰，蘭芳挾此劇南游，或有歌舞昇平之意
> 歟！〔註 119〕

這段講述《鳳還巢》的文字，對《鳳還巢》的劇情隻字未提，只交代了《鳳
還巢》原來是清宮藏劇本，流落民間後復由梅蘭芳重金購回，整編後轟動上
演。並記錄了曾因劇名「鳳還巢」諧音「奉還巢」，差點遭想拍奉系大軍閥張
作霖馬屁的劉姓教育總長禁演的一段故事。此文其他五齣梅蘭芳新戲簡介的
寫作模式，跟這齣《鳳還巢》的寫作模式雷同。作者雖然自稱寫作意圖是「茲
將新劇五齣，略記梗概如次，開演有期，聊為按圖索驥之貢獻耳。」〔註 120〕
但梗概卻不包括劇情大要，如果從實用角度而言，缺乏劇情概要實在很難讓
讀者按圖索驥，畢竟這六齣都是梅蘭芳的新戲，上海觀眾看過者比例應該很
少。不過作者這樣的寫作模式，也反映這段簡介或許是想藉由不一樣的寫作
手法，來吸引讀者目光。因為雖然缺少劇情簡介，會令此文之實用性減少，
可是劇情概要還算是比較容易查找打聽出的資訊，至於劇本的來歷、引起的
事件牽連⋯⋯等是較難得到的資訊，同時也比純粹的劇情簡介更吸引讀者，

---

> 為「獺皮軍賊」，投入水中。為緝私營所救，見背書以為真賊，問斬。其兄宇
> 文義中試，授巡按，勘問此案，不知即己之弟，原情赦之。宇文彥更名盧更
> 生，又中試，與影娘成婚，洞房中始各知種種誤會。
>
> 〔註 118〕 此劇為梅蘭芳 1929 年 9 月新編之劇目。此劇尚小雲亦排過，而以尚氏之版本
> 　　　　較為知名，梅氏此戲劇情如何，現已不易查知。
> 〔註 119〕 《中國早期戲劇畫刊》，第二冊，頁 373〜374。
> 〔註 120〕 《中國早期戲劇畫刊》，第二冊，頁 373。

而作者能打聽到這些劇目的軼聞，其實也能顯示作者的劇界人脈，總的來說也是能讓作者露臉的事。

值得我們注意的是，《戲劇月刊》替武生泰斗楊小樓與老生宗師譚鑫培選登的傑作，都是唱曲牌的劇目，可實際上，至少就譚鑫培而言，他還有一齣皮黃劇目《定軍山》也相當有名，而且《定軍山》演出的頻率應該是高過《寧武關》的，但《戲劇月刊》卻選擇了「譚生平第一擅場之崑劇」作為其專號的代表劇目。這種選擇標準與知識分子之愛好有關，對知識分子而言，崑曲之音樂、文辭較雅，皮黃較俗，崑曲邊唱邊做的表演藝術又較皮黃為難，因此知識份子通常對能演崑劇的京劇演員更為喜愛。《戲劇月刊》的四大名旦專號裡的劇本選刊都是新編劇目，理由跟楊小樓、譚鑫培專號一樣，四大名旦新編劇目雖仍是皮黃而非崑劇，但因為不論是舊本改編或是全新編演，幾乎都出於文人之手，文辭相對來說較為典雅，甚至如齊如山在替梅蘭芳編演《天女散花》時，有很多唱段就是化用崑曲，劇情選取也較向文學性高的作品靠攏，如梅蘭芳的《俊襲人》就是取材自言情小說《紅樓夢》。既然這些刊登的劇本，無論是以曲牌為主的傳統劇目，或是新編的京劇劇目，都有文辭相對典雅的特色，當時戲園中現場演出並無同步字幕，即使是傳統劇目都有可能因為演員傳承統系不同、劇詞有異，造成觀眾看戲的困擾，〔註 121〕新編劇目的文辭典雅就更可能造成觀眾困擾了，則《戲劇月刊》的演員專號刊登這些劇本，除了為演員造勢宣傳，很可能也有便於觀眾帶進劇場作為同步字幕代替品之意義。

## 四、戲園廣告

我們前節討論戲園廣告對演員的宣傳時說過，京劇觀眾進戲園看戲，主要是基於演員的號召力而非劇目的號召力，因此戲園廣告主打得通常也是演

---

〔註 121〕劉曾復曾經講過一個余叔岩學《轅門斬子》的軼聞，恰可作為沒有字幕對觀眾造成困擾的例證：「余叔岩聽譚鑫培演《轅門斬子》時，由於一句戲詞沒聽清楚，琢磨一夜未能入睡（按：即『這女將賽煞神平空降下』一句）。當年名演員礙於名望身分，又不能隨便向人請教，問也只能問真有交情的人，如果都不知道，那就絕望了。其實譚鑫培的這句唱詞，跟賈麗川學過戲的人，例如王鳳卿、陳秀華諸位，他們都知道，譚鑫培的詞跟賈麗川一樣。余叔岩沒想到，以他的身分，也不好各處去打聽。……後來陳秀華公開出版他的《轅門斬子》劇本和唱腔曲譜，『這女將賽煞神平空降下』這句戲詞才算公開。我想，余叔岩當年如有這樣的出版物，何至一夜不眠！」見柴俊為主編：《京劇大戲考》（上海：學林出版社，2004 年），序頁 1。

員，但這並不表示劇目永遠都只能放在演員那一欄的最下面，特別將劇目獨立一欄，並且加放劇情簡介、劇目來歷等狀況，在報紙上的戲園廣告也很常見。只是對戲園來說，會大力宣傳的劇目，通常是新劇目。新劇目通常是新編或整編劇目，比如前文所言四大名旦的新編劇目，或是上海各戲園新編的連台本戲，因為北京名伶並非天天在滬演出，因此報紙上戲園廣告新編劇目的宣傳又以後者更為常見。

　　榮記大舞台介紹梅蘭芳及齊如山為梅氏所編第一齣新劇《牢獄鴛鴦》〔註122〕的廣告〔註123〕：

### 【圖二十七】上海榮記大舞台廣告

---

〔註122〕《牢獄鴛鴦》，本取材自筆記《蘭茗館外史》卷八之《小衛玠》一篇，劇情敘述：太原富戶酈端甫之女珊柯與嫂游五台，見書生衛玉鍾情，思念成病。其父另許婚于吳氏，縫工金二朋嫉之，混入洞房，將新郎刺死，逼脅珊柯，珊柯呼救，金乃拔其金釵而逃。吳家疑女有私情，報官，逮衛玉，屈打成招，與女俱判死刑。巡按楊某重審，疑而不明；乃命獄官將珊柯、衛玉同監一室，在外竊聽，衛怨珊柯，珊柯始悟兇手有口吃、狐臭疾，楊聞而捕金二朋，案白，楊代珊柯、衛玉主婚。

〔註123〕見《申報》1929 年 1 月 10 日，本埠增刊第四版，收於《申報》，第 254 冊，頁 246。

梅蘭芳三字一樣佔一欄中一半面積，下面一半就是《牢獄鴛鴦》介紹，本劇劇名字體僅次於主演梅蘭芳之姓名，劇名上方有一行簡短說明本劇性質的宣傳文字「三十夜准演中外歡迎滬上從未演過之全本新戲」，此行宣傳文字交代了演出時間以及是上海沒演過的新編劇本。《牢獄鴛鴦》因為是齊如山替梅蘭芳編的第一齣新戲，而齊如山自己當時對自己編一齣全新形式劇目的功力並非很有把握，因此這齣《牢獄鴛鴦》據齊如山自己的說法是「一齣舊式的戲」，〔註124〕整體的服裝造型，還是完全延續傳統劇目的梳大頭、穿褶子等裝扮，跟梅蘭芳後來如《黛玉葬花》、《霸王別姬》、《鳳還巢》……等新編劇目，整體來說較為老派，但因為是當年少數特意編寫的新戲，因此也十分轟動，不過後來因為梅氏更受歡迎的古裝新劇等劇目類型陸續出現，此戲演出機會便很少，甚至1929年在上海還是第一次演出此劇。劇名的下方，是約佔全廣告篇幅1/6的本劇簡介。雖是首次演出，但在本劇簡介裡，並未放入首尾完整的劇情簡介，這種模式在北京赴滬的名伶廣告宣傳中並不少見，徐碧雲赴滬演出新編的《全本綠珠傳》時，戲園是將此劇的唱念作打重點結合徐碧雲本身的表演特長作介紹，也並未列出詳細劇情。除了介紹此劇取材之來由外，主要是以類似劇評方式，將梅蘭芳的表演特色結合劇情關鍵，做夾敘夾議的形容，例如：「梅君此劇飾酈珊柯，非惟扮相豔絕、唱工繁重，其表演閨中碧玉，暗地憐才。洞房春暖，忽遭強暴，迨至破鏡重圓，前事恍如夢境。種種神情，有非楮墨形容其佳妙也。」強調的是梅蘭芳的扮相、唱工、神情之佳妙，這跟梅氏演出《宇宙鋒》等劇目時，戲園廣告詳細交代劇情的方式不同。更有趣的是，戲園對梅蘭芳突然在此次赴滬演出貼演此戲做出的解釋：「現在潮流變異，提倡自由，趁此女子解放聲中，乃演此趨時佳劇，實為海上女士所歡迎也。」當然這只是戲園主人的一種宣傳手法，宣傳詞謂此劇呼應「女子解放潮流」，指的應該是女主角酈珊柯最後與心儀對象終成眷屬，趨近於自由戀愛的愛情故事。但事實上這個劇本編演的初衷，據齊如山的回憶，只是梅蘭芳眼見上海來的坤伶林顰卿憑《白乳記》等帶機關布景的海派新戲在北京大受歡迎，為了自己的生計著想，最後才編了這齣劇情新鮮又不至於使梅蘭芳個人演出特質埋沒的言情劇目，跟呼應女子解放等新思想本無關係。這齣戲在梅氏眾多新劇中，也並不算經典劇作，上海劇院老闆理論上不可能特別要求梅演出此劇，因此或許是梅因為雖然這次還是帶了《別姬》

---

〔註124〕《齊如山全集》，第八冊下，頁108。

等經典新編劇目，但總得有新方式維持觀眾的新鮮感，因此才想起這齣塵封較久較趨近老派路子的新編戲。對戲園主人而言，劇目到底是新派路子還是老派路子根本不是重點，重點是這是「梅蘭芳」主演的劇目。

上海本地出產的連台本戲廣告，一樣是把演員名字刊登在劇目之上，因為雖然上海京劇演員之全國知名度不如京伶，但在上海本地，他們仍然是一等一的明星，但是在介紹上海自己的連台本戲時，較詳細的劇情簡介就是必備元素，劇情以外的宣傳重點則在機關布景。如丹桂第一台 1929 年 2 月 18 日為四本《開天闢地》刊登的廣告〔註125〕：

【圖二十八】上海丹桂第一台廣告

很明顯可看出，在劇名大字以下的劇目介紹中，劇情綱要佔了一半比例，另外一半主打此劇特為新年觀眾娛樂排演的宣傳詞中，放在最前面的宣傳詞是「行頭背景一律都新制」、「機關奇幻套套都是新」，強調的是行頭、布景、機關之新奇，放在劇名上方介紹劇目的宣傳詞為「新排太古歷史機關新

〔註125〕見《申報》1929 年 2 月 18 日，本埠增刊第七版，收於《申報》，第 255 冊，頁 337。

劇」，這些宣傳詞的位置順序明白告訴我們，這齣戲除了新劇情之外，主打的
就是機關布景。劇情綱要則是認真在敘述劇情，並不像介紹京伶新劇時結合
演員表演藝術特色寫成類似劇評之形式，顯示了上海京劇連台本戲並非為主
演量身打造，足以突出主角表演特色。從劇名來看，民國時期的上海連台本
戲，已經有部分開始替每一本都獨立命名，而不再只是《四本開天闢地》這
樣在總劇名上直接加「X本」的方式，一來應該是自清末以來連台本戲競爭日
烈，因此想出來的商業競爭招數，二來或許是因為這種連台本戲，常常可以
編到五本以上，而且越後面的本子有時脫離原故事越遠，甚至已經是另一個
故事，導致劇名與實際演出落差太大，應以第二個理由關係較直接。像《開
天闢地》這樣從盤古開天演起，結合歷史、傳說、神話的新編劇目，因為跨
越歷史年代長，每本演出的劇情都分屬不同歷史朝代，因此在每本上都加上
一個標明時代的劇名，更能讓觀眾一目瞭然。不過這種命名方式也非通則，
如果雖然是連台本戲，但是取材範圍限於某本小說，縱然戲班可能在小說內
容之外添加不少情節，但只要主要情節都還是小說內容，那麼不加劇名影響
也不大。

　　當然，劇目宣傳並非只有刊登完整或部分劇本，或是簡介劇情這樣完全
從內緣出發的形式，新戲演出動態報導這樣從外緣出發的形式，也是頗為吸
引讀者的。《戲劇週報》一卷四期，曾刊登過一則廿五年十月尚小雲在北平演
出新戲《青城十九俠》的報導：

> 名旦尚小雲，近將還珠樓主之《青城十九俠》小說，編成本戲定於
> 廿二日在華樂戲院第一次公演，並通告五歲以下幼童，請勿攜帶以
> 為宣傳，藉資號召，屆時定有一番盛況。〔註126〕

這是汪菊公〈故都菊片〉專欄中關於尚小雲新編劇目《青城十九俠》〔註127〕
的報導，此戲改編自還珠樓主李壽民之同名武俠小說，尚小雲在劇中飾演俠
女呂靈姑，尚小雲唱功好武功底子亦佳，演此類俠義劇比其他三位名旦精

---

〔註126〕　《中國早期戲劇畫刊》，第二十五冊，頁448。
〔註127〕　《青城十九俠》，劇情講述：西川雙俠張鴻、呂偉因救書生陳敬與七首真人毛
　　　　　霸結仇。明亡，張殉國，呂攜女靈姑隱莽蒼山中，打獵為生。毛霸尋仇，用
　　　　　朱砂掌打死呂偉，靈姑用指掘墳葬父，遇俠僧軼凡，指點其投劍俠鄭顛仙門
　　　　　下，學成下山報仇。毛霸徒吳玉、王升入府衙採花，殺死小姐，更夫劉三被
　　　　　嫌入獄，其妻欲自盡，靈姑救之，擒吳玉，又助知府陳敬擒王升，劉三無罪。
　　　　　毛霸在貴州擺都天陣擒住青城十八俠，靈姑前往破陣，救出諸俠，斬毛霸報
　　　　　仇。

彩。此報導有部分新劇演出預告之意涵，因爲汪菊公撰寫菊片之時，尚小雲之劇目還未上演（雜誌發行時是已經演過了）。當然汪菊公報導這齣新戲的演出，還是因爲這齣戲是「尚小雲」演的。值得注意的是，汪氏的報導不但將劇目之出處、演出時地標明，更有趣的是把尚小雲宣傳文宣裡，「五歲以下幼童請勿攜帶」的文字特別節錄。或許尚小雲是基於希望建立良好劇場秩序的觀念，作此禁止五歲以下幼童進場之規定，但顯然此規定在當時頗爲新穎，所以汪菊公不但節錄文字以饗讀者，還認爲尚小雲的新規定是「藉資號召」的一種宣傳手段。也就是當時的確存在以各種新立的看戲規矩規範看客，實際目的並非只是爲了建立劇場秩序，還帶有引起觀眾好奇心，吸引更多觀眾進場看戲的商業意圖。

## 小　結

　　本章討論了京劇與商品消費活動的關係，包括刊登於京劇期刊及綜合性報紙上的一般商品廣告，如何大量且多元的應用京劇元素，以及屬於京劇內部組成的戲園與京劇期刊，是用甚麼樣的宣傳方式替京劇演出活動中，最重要的兩個元素：名伶與劇目宣傳，而這些宣傳方式又透露了怎麼樣的一個京劇時代氛圍。

　　觀察京劇期刊中，一般商品廣告的種類、形式，以及期刊發行者用甚麼手法開拓讀者吸引這些廣告商的刊登，可見京劇在當時與消費文化密不可分的關係，也可知當時的京劇絕非在廟堂高高供起的「藝術典範、文化資產」，而是實實在在滲透市民生活，爲廣大市民歡迎的流行文娛。當時這批京劇期刊中的廣告，已經出現跟今天一樣，「代言、集點」這樣的促銷手法。我們現在覺得高不可攀的京劇藝術大師、民族藝術家，在當時人的眼中，卻是像今天周杰倫、蔡依林一樣貼近大眾的偶像明星，是常常在日常生活中的商業宣傳品裡現身的，其中甚至包括香菸這樣與流行、時髦意象緊緊掛勾的商品。同時在這由廣告商、京劇期刊、京劇明星三者共構的商業活動裡，並非僅存在廣告商利用京劇期刊、京劇明星的知名度謀求商業利益的單向關係。期刊發行者利用京劇明星的知名度拓展銷量，以爭取更多廣告商送來的刊登費。京劇明星則藉由京劇期刊的發行以及廣告商品的流通，讓自己的名聲由戲劇圈內及於戲劇圈外，甚至反向回饋於戲劇圈內，更進一步肯定自己的戲劇地

位。這種京劇期刊中廣告的商業行為，無論對廣告商、京劇期刊或京劇明星，都是有利的，三者實呈現互利共生之關係。意即「明星」利用「廣告」，「廣布告知」了自己的名譽、地位，「廣告」則利用「明星」的名聲地位，在期刊讀者心中「明星化」了自己的商品。

　　但是一般商品廣告無論用了多少京劇元素，終究不是京劇內部的商業行為，即使可以從外緣顯示京劇多麼深入民眾生活。京劇最基本的構成就是伶人跟劇目，因此京劇內部的最基礎的商業行為就是對伶人與劇目的消費行為，也因此針對伶人與劇目的宣傳才是真正屬於京劇本身的廣告行為。對伶人與劇目的宣傳，我們最容易想到的就是刊登在報刊上的戲園廣告，尤其是刊登在綜合性報紙如上海的《申報》上的戲園廣告，真是五花八門目不暇給。無論是宣傳伶人或是宣傳劇目，都要加上越聳動越好的標題，例如形容名伶尚小雲為「名震全球色藝雙絕獨樹一幟文武兼擅青衣花衫泰斗」，形容新排連台本戲《開天闢地四本：堯皇出世》為「新排太古歷史機關新劇」。不過值得注意的是，即使戲園也會為新劇目加上較為誇張的宣傳詞，但比較起來，為名伶想出的宣傳詞遠比新劇目聳動誇張許多。甚至在某些刊登於京劇期刊的戲園廣告中，對演出的名伶大肆宣傳，而對於名伶到底帶來甚麼劇目，只用「准演拿手好戲」這樣的字眼帶過。也就是以比例而言，戲園廣告對伶人的宣傳是比對劇目的宣傳著重許多，因為戲園的營收直接受觀眾數量的多寡決定，吸引觀眾的多寡直接關係到戲園的運作維持，戲園廣告的宣傳方式必然直接受觀眾之喜好左右，因此戲園廣告宣傳伶人重於宣傳劇目，就代表觀眾對伶人的注目遠多於劇目，亦即觀眾進戲園要看的是名伶，至於是新編劇目還是傳統戲，觀眾並不是那麼在意。即使是上海新編的連台本戲這樣，完全以曲折的劇情、新奇的機關布景為號召，並非為演員量身打造的劇目，也還是把各主演名字以大字體放在劇目的上方獨立一欄。

　　因此以京劇觀眾的其中一部份為訴求購買對象的京劇期刊，也必須迎合這種趨向，以招徠更多購買者，而招徠顧客的主要目的並非賺取一份份訂閱費用，而是吸引更多廣告商的刊登費用，以維持期刊的運作發行。因為觀眾對伶人的注目遠高於劇目，京劇期刊對伶人的報導也遠多於對劇目之報導，對伶人的報導最突出的手法就是出版演員專號，而由演員專號選擇的伶人與出版順序的先後，可以呈現當時哪些伶人深受觀眾歡迎以及最紅火的伶人為誰，因為既然演員專號具有迎合觀眾喜好的商業性質，則專號選擇為哪些伶

人出以及最先為誰出，必定是以觀眾號召力的大小為優先考量標準。我們知道京劇期刊出版的演員專號中，出版年月最早的是「梅蘭芳專號」，與之相呼應的是在當時應用京劇相關元素的商品廣告裡，可以明確指明是運用哪個名伶、其相關劇目或是其新創的造型等，比例最高的也是梅蘭芳。當時京劇名伶在觀眾眼中是偶像明星而非民族藝術大師，因此觀眾對名伶的興趣，絕不僅止於名伶的表演藝術層面，而是對於其家世、社交圈甚至情感世界都充滿極大好奇，因此京劇期刊也會不遺餘力的挖掘名伶各方面的資訊刊登於期刊以吸引讀者，包括名伶的地址、電話、年歲，甚至名伶有多少段感情韻事，名伶之配偶婚前形象如何，都是京劇期刊挖掘的對象。即使是緋聞韻事之類的消息，只要不到毀人名節的程度，都不至於對名伶產生甚麼形象傷害，因為名伶就只是流行偶像而不是人格典範，觀眾對名伶並不抱有「完美無瑕」的期待，某些無傷大雅的軼事，反而能使演員名字在觀眾間流傳的更廣。演員專號幾乎都是為北京京劇名伶赴滬演出出版，因此除了報導名伶各方面的資訊，對演員劇目的介紹也是必備的文章類型，這些劇目介紹形式相當多元，或以全本劇本方式呈現，或以劇情介紹加唱詞，或是講述與劇目相關的軼事，只是同樣的，這些劇目之所以受到注目，還是因為是這期演員專號主打的名伶演出，也就是這些劇目固然都是知名劇目，劇情結構詞句等等也都很精彩，可是這些劇本本身的優點並不足以讓這些劇目受到觀眾這麼大的注目，真正的幕後推手，還是取決於主演這些劇目的名伶多受觀眾歡迎。也就是在這樣一個京劇觀眾焦點在「演員」身上的時代，京劇的一切事物都是演員的附屬，都是因為演員走紅才會受到關注，即使是分量原應與演員平分秋色的劇目，在這樣的時代裡，也只能屈居演員之下，作為宣傳的第二重點。

# 第四章　四大名旦與京劇報刊

## 前　言

　　京劇劇壇從晚清以降，老生一直是劇壇領銜、掛頭牌的行當，不論是程長庚、張二奎、余三勝等「前三傑」，或是譚鑫培、孫菊仙、汪桂芬等「後三傑」都是老生行當的著名人物，一直到民國初年，梅蘭芳以著名旦角之姿走紅之後，旦角才取代老生成為京劇界掛頭牌之人物。我們在前文曾經提過，1927 年 6～7 月，北京《順天時報》舉辦了「五大名伶新劇奪魁」票選活動，這五大名伶分別是梅蘭芳、尚小雲、程豔秋、荀慧生、徐碧雲等五位旦角演員。1931 年 1 月上海《戲劇月刊》舉辦「『現代四大名旦』徵文活動」，是京劇史上一次相當重要的票選活動，因為我們今天熟知的梅、尚、程、荀「四大名旦」定論的源頭即為此次票選。這五大、四大的接連票選，表示京劇相當流行，才能讓京劇期刊與綜合報紙都投身於這樣的活動。《戲劇月刊》的現代四大名旦的徵文，主要針對這四位旦角的整體風格，包括表演藝術、人際關係等方面，顯示梅尚程荀四位名旦各自藝術風格鮮明，才足以讓劇評家分別論述。當時雖亦有馬連良、言菊朋、譚富英……等名聲也很響亮的老生演員，但有條件讓報刊為之舉辦大規模徵文活動的，只有這五位或四位著名旦角。老生行雖亦有「四大鬚生」，但一來從未有老生足以讓報刊為之舉辦同樣規模之活動，二來這類相似稱謂之出現實晚於「四大名旦」，且時間去「四大名旦」一詞之出現甚遠，[註1] 因此以四大名旦為當時京劇劇壇代表人物實不

---

〔註 1〕　京劇耆宿吳小如先生〈「三大賢」及其它〉一文，曾說：「近年報刊時見『四
　　　　大鬚生』字樣，大約這是從『四大名旦』的稱號引申而來的。我為此曾與朱

過份,也因此以四大名旦作爲本章討論主體。

促成此一代表性稱號之推手,即爲當時之京劇期刊與綜合性報紙。據《戲劇月刊》主編劉豁公在二卷十二期發布的「現代四大名旦的比較」徵文消息,其前提就是「誰都知道梅尚程荀是現代四大名旦」〔註2〕,不過即使大家都有這個觀念,首先把四大名旦是哪四位演員形於文字且公開刊登流布的,還是《戲劇月刊》這次徵文。四大名旦在今日,已經取得流派宗師的地位,其藝術稱爲梅派尚派程派荀派,讓我們好奇的是,在這四位名伶並稱四大名旦的前後,針對四大名旦的劇評中,是否已經呈現了今天所稱的「流派」。

「流派」是京劇表演藝術的重要組成部分,根據《中國京劇史》對「流派」的定義:

> 指流派創始人在他們的唱腔和表演中,在他們所獨創的劇目中,在他們所塑造的一系列的人物形象中,所體現出來的不同的藝術個性和鮮明風格,如梅蘭芳的端莊華貴、程硯秋的幽咽剛烈、荀慧生的活潑嫵媚、尚小雲的剛健婀娜……,以其獨特的音調和色彩,給觀眾以不同的審美享受,而得到觀眾的承認、同行的讚許和後學的模仿。其中特別是由於後學者的的師承、學習和模仿,使得流派創始人的藝術得以推廣開來、流傳下去,從而形成流派藝術。〔註3〕

也就是現在所稱的京劇流派,必須包括創始人、獨特唱腔與表演風格、獨創劇目、獨特劇中人形象、後學傳承等五項元素,少了其中一項,就不適合稱爲「流派」,尤其後學傳承一項更極爲重要。以下我們將由檢視四大名旦徵文及其前後的期刊與報紙劇評,分析這些劇評品評梅尚程荀的項目及內容,與現今的流派條件是否相符,其差異又在何處。

## 第一節　四大名旦徵文之評比項目形式演變

　　四大名旦徵文在京劇史上的重要意義,是首度提出「四大名旦」一詞及

---

　　　家潛先生屢次交換意見,我們共同的結論是當年只有『四大名旦』而無『四
　　　大鬚生』。」見吳小如:《吳小如戲曲隨筆集》(天津古籍出版社,2005 年),
　　　頁 288。
〔註 2〕　《中國早期戲劇畫刊》,第八冊,頁 450。
〔註 3〕　北京藝術研究所、上海藝術研究所:《中國京劇史》(北京:中國戲劇出版社,
　　　2005 年),中卷上,頁 675。

其成員陣容，並試圖爲之排序。這次徵文評選出的前三名都是資深劇評家之文章，三位劇評家分別爲蘇少卿、張肖傖、蘇老蠶，都刊登於《戲劇月刊》上，這三位劇評家的三篇得獎作品，撰著形式有所差異。第一名的蘇少卿與第二名的張肖傖，都先將京劇表演藝術分項，然後在於每一項下將四大名旦之表演藝術特色並排論述。如蘇少卿討論四大名旦的武工，形式是這樣的：

> （戊）武工　慧生爲秦腔花旦出身，刀馬見長，蹻工獨擅。小雲任
> 俠，喜刀馬劇，而功夫不及慧生。艷秋、蘭芳，以舞劍生色。〔註4〕

由此段文字，我們可以明顯看出蘇少卿在武工這一項上，對四大名旦做出的排名順序，是荀尚梅程（梅程排名不分先後）。以及蘇少卿對四大名旦各自在京劇武工上特色之意見：荀慧生因爲出身秦腔花旦，故最擅長蹻工，刀馬旦需要的武工也十分精熟，故武功爲四旦第一。尚小雲因爲性格本來就帶有俠氣，演刀馬旦的戲性格相近，因此也很得心應手，但蘇少卿認爲尚小雲的武工不如荀慧生俐落，因此將之排在第二。至於梅蘭芳與程硯秋，蘇少卿只特別提到他二人的舞劍，〔註5〕顯示蘇少卿對梅蘭芳程硯秋的武工，只認可舞劍這一項可與荀尚比美，也就是認爲梅程的武工比起荀尚缺乏全面性，所以在此項將梅程排於三四名。張肖傖之形式亦類似。此種撰寫模式的優點是可以比較四大名旦在某一項表演藝術，其各自特色與不同處何在，但缺點就是不易對四大名旦個人的表演藝術產生總體印象。與其他二人形式不同的蘇老蠶，是以名旦自身爲論述單位，將其唱念作打扮相等特色一次評析，亦即對四大名旦的表演藝術是採整合性論述而不細分項目。如以荀慧生爲例：

> 荀慧生出身隴畝之間，初入正樂社，名白牡丹。先習梆子，後改皮
> 黃，蹻工、刀馬、花旦，均其拿手。嗓音小而圓潤，以柔見長。扮
> 相極佳，低頭垂眉，媚態橫生。唱工極力取媚，柔若無骨，做念打
> 亦皆取一媚字。舊劇從名家學習，而終以媚故，勁頭不足。新劇自
> 在亦舞臺演《西湖主》後，因其才宜演新劇，故編新劇極多，本子
> 之穿插亦佳。四旦中善演新戲者，以慧生爲第一，演刀馬旦及花旦，
> 亦須讓慧生也。〔註6〕

---

〔註4〕　《中國早期戲劇畫刊》，第十冊，頁256。

〔註5〕　梅蘭芳的《霸王別姬》有雙劍舞，程硯秋的《紅拂傳》也有雙劍舞，都很膾炙人口。

〔註6〕　《中國早期戲劇畫刊》，第十冊，頁277。

蘇老蠶在這段文字裡，評論了荀慧生唱、念、作、打、嗓音、扮相、新劇等方面的表現，及其總體表演風格，讓我們快速而全面的瞭解了劇評家眼中，荀慧生的表演風格，但如要單獨瞭解荀慧生武工方面比起梅尚程之評價如何，則我們只能先從蘇老蠶的論述中，得到「四旦中，演刀馬旦及花旦，亦須讓慧生也」，這樣荀慧生第一的結論，至於荀慧生為何可列第一，以及其他三旦在武工上為何不如荀慧生，則需要另外參考蘇老蠶對其他三旦之評價始得知曉。也就是蘇老蠶這樣論述優點是可對四大名旦的表演藝術有綜合瞭解，缺點則是若要將表演元素中的某一項抽出與其他三人比較，則比較不那麼一目瞭然。三位劇評家對徵文的撰寫模式各有優缺，顯現了綜合性劇評趨向分析性或整合性的不同表現方式。

不過我們要討論這場徵文，是著重此次徵文在劇評史上的意義。因為此徵文並非僅是替四大名旦評個總分以排序而已，更重要的是，每篇文章都將為梅尚程荀評分的各個項目詳細羅列，且三位劇評家用來替四大名旦的打分數的項目，無論是名稱與數量都不完全一樣，表示徵文揭示的劇評項目並非主辦方《戲劇月刊》統一規定，而是由應徵者自行構思出的評審項目，但三位應徵者的評分項目又有不少基本元素相同，可見京劇劇評界還是有一種長期風向薰陶著劇評家們。在每個評分項目之下，劇評家們還針對梅尚程荀四人個別特色做了長篇分析，揭示了當時劇評發展的綜合成果。三位劇評家對四大名旦的個別特色，更有不少不約而同的意見，可見當時四大名旦的個人風格已成形。也就是這三篇得獎徵文，不但可以觀察出四大名旦之排序，更可以看出當時劇評家對於劇評的討論層面有哪些要求，以及四大名旦個人風格的形成過程與後來成流派之關係，因此值得我們詳細討論。

首先我們討論的是四大名旦徵文中評分項目的內容與數量演化，因為這代表了劇評家對名旦演藝生涯中，除了唱念作打這些表演藝術基本功之外，還開始重視那些額外的元素，而這種視野的放寬，也可能同時代表了觀眾趨向的轉變。我們觀察劇評文章時可發現，四大名旦徵文前後，都有與四大名旦徵文作品，形式類似的劇評文章，如舒舍予〈梅荀尚程之我見〉，是《戲劇月刊》刊登的第一篇，綜合品評四大名旦的劇評文章，可知這種類型的劇評文字，並非以四大名旦為最早之起源，而是有發展歷程，但若以內容豐富度而言，還是發展到四大名旦徵文的作品時最全面。

以下我們先討論四大名旦徵文中，三篇文章評分項目之異及其代表意

義。首先我們以表格呈現徵文的三位作者，在作品中為四大名旦列出的評審項目：

| 蘇少卿 | 張肖傖 | 蘇老饕 |
|:---:|:---:|:---:|
| 唱工 | 天資〔註7〕 | 扮相 |
| 做工 | 嗓音 | 嗓音 |
| 扮相 | 字眼〔註8〕 | 表情 |
| 口白〔註9〕 | 腔調 | 身段 |
| 武工 | 臺容 | 唱工 |
| 新劇〔註10〕 | 身段〔註11〕 | 新劇 |
| 師友 | 臺步 | |
| | 表情 | |
| | 武藝 | |
| | 新戲 | |
| | 舊戲 | |
| | 崑戲 | |
| | 品格 | |
| 共7項 | 共13項 | 共6項 |

這個表上，顯示三位劇評家把評分項目分別分成七、十三、六項，不過即使從項目之數量來看，可能差距一倍，事實上絕大部分的評分項目，還是可以以唱念作打四大基本功概括。蘇少卿的七項中，唱工、做工、口白、武工等四項，就是唱念作打。分項最多的張肖傖，雖把評分項目分成了十三項，但其分項中的嗓音、字眼、腔調與唱工有關，臺步、表情與作工有關，武藝即是打，加起來有六項。蘇老饕的六項中，嗓音、唱工是唱，表情、身段

---

〔註7〕 天資，即學戲天賦之高低，包括學習身段、台步等京劇基本功時的領悟速度、進步程度等。

〔註8〕 字眼，即唱唸時對尖團、四聲、陰陽之掌握，特別是唱段中字音與腔調調和的功力，不能因求腔調悅耳而倒字。

〔註9〕 口白，即念白，京劇之念白大體分韻白與京白兩大類。

〔註10〕 新劇，即四大名旦的新編及增益首尾的整編劇目。

〔註11〕 張肖傖這裡的「身段」與作工不相干，乃指四大名旦在台上「身量」的高矮長短胖瘦。

是作，共四項。也就是三位劇評家分項中，都有將近一半是討論唱念作打這種京劇基本功，分項數量的差距，通常只是分項概括或細緻之差異。意即唱念作打這四類京劇基本功，還是劇評家評論演員時必備，也顯示即使京劇從晚清到民國，經過如時事新劇、時式新劇、時裝新劇、古裝新劇等多次變動，對京劇愛好者而言，演員的基本功始終還是京劇之所以為京劇的根本。至於無法歸類於唱念作打的評分項目，包括名伶的扮相與人際關係，雖然在晚清《清代燕都梨園史料》的花譜書籍，就已經有不少紀錄，但花譜書籍終究不算正式的劇評，因此將優伶的扮相、人際關係等層面之發展，與其演藝生涯的成功與否直接掛鉤並詳加論述，是四大名旦徵文前後之劇評特別注意到的關聯，也同時反映了當時劇壇的新趨勢。尤其扮相一點，觀察其在評分項目的位置，蘇老蠶將此項列在首位，蘇少卿與張肖傖也都列在一半之前，顯示旦角的「扮相」是當時觀眾很看重的一件事。四大名旦的表演藝術廣受肯定，但觀眾喜愛四大名旦，也有部分原因是基於他們的扮相好看，因此到四大名旦徵文時，扮相這種完全只能靠先天資質的元素，已經可以公開獨立出來品評，而不用擔心引起情色聯想。讓觀眾看戲普遍重視演員扮相的風氣，跟梅蘭芳的崛起不脫關係。根據著名京劇票友薛觀瀾的回憶，他在宣統二年春天第一次看梅蘭芳的戲，那時梅替奎派〔註12〕鬚生德建堂配演《硃砂痣》，「是日粉紅色的小戲單上竟沒有他的名字」，可是當梅蘭芳一出臺：

> 好像電燈一亮，台下寂靜無聲，全園觀眾靈魂被他迷住了。此因春
> 雲出岫的梅蘭芳的確美而艷，又端麗大方，一顰一笑，宛然巾幗。
> 毫無疑問，梅蘭芳是以「色」瘋魔了全國。〔註13〕

薛觀瀾承認梅蘭芳「以色瘋魔了全國」，當梅蘭芳站上舞臺，就好像有聚光燈之效，所有觀眾的眼睛都只集中在他身上。也就是當梅蘭芳這樣年輕貌美，

---

〔註12〕 奎派，即京劇老生「前三傑」中的張二奎。張二奎（1814～1864），與程長庚、余三勝齊名，並稱京劇三鼎甲，或老生前三傑，道光時任都水司經承，後因以票友身分跨刀為戲班唱戲而罷職丟官，24 歲下海，先搭和春班，後入四喜班，又曾自組雙奎班。唱以京音為主嗓音高亢激越，唱腔樸實無華，大開大闔，氣勢磅礡。扮相雍容端肅，擅演王帽戲。代表劇目有《打金枝》、《四郎探母》等。吳同賓、周亞勛主編：《京劇知識詞典》（天津：人民出版社，1990年），頁 277。

〔註13〕 薛觀瀾：《我所親見的梅蘭芳》（台北：秀威資訊科技股份公司，2015 年），頁80。

而又有藝術修為的旦角演員出現，引起觀眾對舞臺視覺美感的重視。

　　四大名旦徵文是一次有系統有目的的劇評結果，可是這種完整全面的劇評方式，並非從四大名旦徵文開始橫空出世，而是多年累積之下的結果，尤其是京劇劇評已經成為報刊常客之後。我們前文提到，對四大名旦的排序與綜合品評，早在 1928 年 7 月《戲劇月刊》一卷二期，就有一篇舒舍予寫的〈梅荀尚程之我見〉，〔註14〕已經先替梅尚程荀排過名次且分項品評過了。只是舒舍予的文章比較特別的是，他替四大名旦排序的標準不只一種，包括年齡長幼、享名先後與今日之聲譽三種標準，而這三種標準中，年齡長幼是與名旦個人藝術修為完全無關的。舒文的標題將四大名旦的順序排為「梅荀尚程」，而就其解釋「此名次係就四伶年齡之長幼而定」，標題的排序是全篇文章中，最先出現也最引人注目的位置，而舒舍予在此處選擇了年齡長幼這種既安全又中性的標準，因為完全不必牽涉四大名旦的藝術評價，不可能有讀者為此起爭議。舒舍予在內文中，則另外提到以享名先後或今日聲譽排序之標準：「若以享名先後為序，則應為梅尚荀程；倘就今日之聲譽而論，則程非特不能在荀下，且宜居尚之上矣。」若把舒舍予分別以三種標準為四大名旦排名之順序列出觀察：

　　　年齡：梅荀尚程

　　　享名先後：梅尚荀程

　　　今日之聲譽：梅程尚荀

我們發現三種排法都以聲望如日中天的梅蘭芳為第一，所以完全不至於得罪數量龐大的梅蘭芳支持者。以享名先後為標準的排序法，是與出道早晚有關：梅蘭芳年紀最大，在清末民初就已聲譽鵲起；尚小雲在梅蘭芳開始以名伶身分走紅時，雖然年紀略小，但也已夠格躋身著名「童伶」之列，在《順天時報》上接受票選；〔註15〕荀慧生尚小雲是正樂科班同學，在科班時即與尚小雲同列「正樂三傑」中，但坐科時原習梆子，出科後一段時間才改專習京劇，因此比尚小雲成名晚；程硯秋則比其他三人在年齡上有段差距，因此曾拜梅蘭芳為師，真正成名也最晚。不過享名先後比純以年齡排序，還是多包涵了一些演員表演藝術修為高低問題，因為藝術高才有可能獲得肯定而出名。今

〔註14〕　《中國早期戲劇畫刊》，第一冊，頁 203～205。

〔註15〕　1917 年年中《順天時報》曾舉辦過一次規模不小的「菊選」，選舉「劇界大王」「坤伶大王」「童伶大王」各一人，尚小雲以 152525 票榮膺「童伶大王」。

日之名聲則基本完全是以藝術修為與受觀眾喜愛的程度而論，比前兩種排序標準較易有爭議，因為若兩演員聲勢在伯仲之間，則孰先孰後便成問題。也就是以年齡或享名先後排序，對梅尚程荀個人之藝術評論可以牽涉較少，較不會引起四大名旦個別支持者的爭議。

不過舒舍予選擇以年齡排序之結果作為標題，除了避免爭議之外，荀慧生恰恰在第二名，舒舍予曾為荀慧生編過新戲《元宵謎》，同時也是著名的荀黨成員，這種排序法，多少讓人懷疑包含隱性提高荀慧生地位的意味，與梅花館主撰文透露地四大名旦徵文之出現，與荀黨成員捧荀意圖相關之消息，〔註16〕很難不讓人產生聯想。舒舍予這篇文章雖然列了三種排序法，但並未明確替四大名旦在表演藝術與劇壇聲望上評出名次高低。舒舍予的文章形式與徵文第三名的蘇老蟫類似，是以名旦個人為單位，將名旦在表演上所有藝術之評論都歸於名旦名字之下，不過我們還是可以分析出，舒舍予此文給予四大名旦評分的項目有五項：扮相、擅長行當類型、新劇、嗓音與唱腔、表情，這五項品評項目中，除了擅長行當類型之外，都明確以標題形式出現在四大名旦徵文中，而擅長行當類型，則是摻雜在四大名旦徵文裡，討論唱、念、作、打、新劇等元素的內容中。意味四大名旦徵文中的劇評項目，至少從舒舍予發表文章的時代就已逐漸成形，而舒舍予討論四大名旦表演藝術的文章，雖然篇幅比起徵文的文章短小許多，但文章的規制與徵文作品幾乎一樣，可說是四大名旦徵文的先聲。

事實上，舒舍予之文章並非四大名旦徵文之前，唯一一篇與四大名旦徵文作品相似的文章，在舒舍予之後，《戲劇月刊》三卷二期的「程硯秋專號」

〔註16〕 梅花館主在1941年寫過一篇名為〈「四大名旦」專名詞成功之由來〉之文章：「我的主張……最好先來一次『四大名旦』為題的徵文，試試各界對於留香的印象如何，等到徵文揭曉以後，留香在四大名旦的地位已經取得了，將來再出四大名旦特刊，比較名正言順。不但我們可以卸卻標榜的嫌疑，並且於留香面上，似乎格外來的好看些。……過了不久，徵文是揭曉了，蘇少卿的大文錄取第一，留香的大名，居然列在尚小雲之上。」根據梅花館主的說法，劉豁公原受荀黨鼓動，要替荀慧生出演員專號，但梅花館主建議先辦四大名旦徵文，目的是先捧紅荀慧生，使其地位較穩固，再出專號較為穩妥。只是梅花館主原來只想讓荀慧生躋身「四大名旦」行列中即可，而徵文排名結果，荀慧生排名超越尚小雲，甚至足與程硯秋比肩，是非常出乎他意料之外的。也就是梅花館主認為，這次徵文比賽捧荀捧的有些過頭，也間接暗示這次四大名旦的評選結果很可能有很強的主辦單位意志在其中。見《中國早期戲劇畫刊》，第三十四冊，頁532。

中，王勤先〈多才多藝之程玉霜〉一文〔註17〕，也非常類似四大名旦徵文的形式。但王勤先文與舒舍予文不同的是，王文評論的主體僅有程硯秋，而非四大名旦都評論，評論項目分四項：唱工、扮相、作派、能戲。唱工包含嗓音、咬字與行腔，王勤先把程硯秋的唱工放在第一項評論，除了顯示劇評家重視伶人唱工的傳統外，更證明程硯秋的唱工深受肯定，所以在品評程硯秋的表演藝術時，此項是必備的。扮相除了討論程硯秋本身的扮相美醜，還結合了扮飾的劇中人氣質，如「飾小姐則端莊穩重，恰合閨秀身分」。〔註18〕作派一項稱讚程硯秋「一舉足、一摔袖皆有法度」，〔註19〕而王文討論程硯秋作派時比較特別的是，並非純粹討論身段，而是藉由程硯秋在某些重要身段中的「切末」運用，來凸顯程硯秋身段之佳妙：

　　　《打漁殺家》之槳、《虹霓關》丫環之盤、《醉酒》之杯，靈敏新奇，
　　　皆能應絃赴節、技有專長。〔註20〕

《打漁殺家》的蕭桂英，在行船時有大量持槳之身段。二本《虹霓關》丫環在奉茶予東方氏時，藉機觀察出了東方氏有意於王伯黨的私情，丫環當時手上持有茶盤，故其身段表現都與茶盤成為一體。《貴妃醉酒》之楊貴妃，以手持杯或以口啣杯作出醉態身段。都是身段與切末結合的絕佳範例，也正好呼應了我們在第三章劇論中，曾提過的齊如山《中國劇之組織》在介紹各種切末時，基本上都是結合了「演員的動作」來敘述，可見齊如山撰寫劇學叢書時，京劇中切末運用的特殊性，及切末與西洋戲劇中道具運用之不同，其實已經隱約存在於劇評家以及劇學研究者的心中。佔文中最大篇幅的「能戲」一項，討論之內容，包含徵文中談到的新戲、舊戲與崑戲，甚至因為談到程硯秋的刀馬旦戲，所以連帶稱讚程硯秋「幼工精熟緊湊」，卻未更深入討論程硯秋之武工，更未把程硯秋的武工單獨成項來談。我們知道，在四大名旦徵文中，談到武工一項，程硯秋從來都只在三四名。當然能躋身四大名旦之中，武工絕不會差，但是既然此項在四大名旦中並不突出，此文討論對象又只有程硯秋，且演員專號的文章仍是以揄揚名伶為目的，因此自然可把該伶不那麼突出的項目捨去，避免自曝其短。

　　在四大名旦之後，以類似徵文作品的形式，品評名旦表演藝術的文章並

〔註17〕見《中國早期戲劇畫刊》，第九冊，頁379～381。
〔註18〕見《中國早期戲劇畫刊》，第九冊，頁380。
〔註19〕見《中國早期戲劇畫刊》，第九冊，頁380。
〔註20〕見《中國早期戲劇畫刊》，第九冊，頁380。

未斷絕。如發表於《戲劇月刊》「荀慧生專號」上，怡翁的〈荀慧生之面面觀〉一文，就是仿照四大名旦的徵文模式，而專門以荀慧生爲對象的綜合評論文章。「荀慧生專號」是出版於四大名旦徵文之後，但跟出版於徵文前的梅、尚、程專號一樣，也有類似四大名旦徵文的文章出現，不過因爲「荀慧生專號」出版的年代晚於四大名旦徵文，所以評論的項目比在徵文之前的舒舍予與王勤先的同類文章，看來完整的多。怡翁〈荀慧生之面面觀〉跟王勤先〈多才多藝之程玉霜〉一樣，都是以類似四大名旦徵文作品的形式，而專門品評單一名旦的綜合評論文章。怡翁討論的對象是荀慧生，這篇〈荀慧生之面面觀〉從六大方面評述荀慧生，包括天賦、作表、念白、武功、新劇、配戲班底，涵蓋了先天、後天與人際關係三大領域。這幾項評分項目其實都是三篇徵文中，對荀慧生評價不低甚至列爲榜首的項目。荀慧生的武工，我們在談四大名旦徵文時提過，三位劇評家都對其武工大加稱讚。作表，因爲是花旦必備的重要基本功之一，所以荀慧生的評價不是第一也是第二，如果排在第二，也只輸給梅蘭芳。新劇部分，則蘇少卿在四大名旦徵文中，曾誇讚過荀慧生之資質最宜演新劇。配戲班底，荀慧生當時最主要的配戲班底：花旦芙蓉草（趙桐珊）、〔註21〕老生張春彥、〔註22〕小生金仲仁、〔註23〕丑角馬富祿，〔註24〕不但演劇功底深厚，且配戲都能恰如其分，收紅花綠葉之效，並稱荀慧生「留香社」中的「四大金剛」。此文六個項目之分類與徵文之

〔註21〕 趙桐珊（1901～1966），京劇旦角演員，原名同山，藝名芙蓉草，與尚小雲、荀慧生並稱正樂三傑，因技藝廣博，同業稱之爲「能派」。刻畫人物細膩入微，舉止情態真實動人，扮演任何腳色，均能光彩奪目，主演爭相邀聘，程硯秋、荀慧生、王又宸、王玉蓉等均曾與之合作，並倚爲膀臂。《京劇知識詞典》，頁 321。

〔註22〕 張春彥（1892～1954），京劇老生演員，勤奮好學，能戲極多，練工刻苦，常年堅持不輟。曾佐程硯秋，又曾佐荀慧生，與金仲仁、馬富祿、趙桐珊、孫甫亭等，爲荀氏之劇目生色不少。演配角從不喧賓奪主，演出的風格、火候恰到好處，爲硬裡子老生中之領先人物。《京劇知識詞典》，頁 280～281。

〔註23〕 金仲仁（1886～1950），京劇小生演員，清皇族，本名愛新覺羅·春元，世襲奉恩將軍。自幼愛好京劇，初在翠峰庵、肅王府票房串演，下海後正式拜德珺如爲師，與王瑤卿交誼甚厚，多年合作。後佐荀慧生創排新戲三十餘齣，與荀工力悉敵，相得益彰。唱腔與劇情、人物緊密結合，念白小嗓寬而響堂，大小嗓結合圓潤。表情細膩傳神，武功紮實。《京劇知識詞典》，頁 313。

〔註24〕 馬富祿（1900～1969），京劇丑角演員，富連成坐科，天賦好嗓，宏亮響堂，口齒乾淨爽脆，唱念均佳。戲路寬廣，文武兼能，表演鬆弛自然，火候老到。《京劇知識詞典》，頁 240。

前發表的〈多才多藝之程玉霜〉只分四項（唱工、扮相、作派、能戲）相較，分項已經細緻許多，涵蓋範圍也由名伶本人擴展到配戲演員，顯現出在徵文活動之後，類似的文章會不知不覺受徵文作品影響的痕跡。

　　不過我們可以注意，無論是徵文前的程硯秋專號或是徵文後的荀慧生專號，專號中的所有文章，包含上述兩篇類似四大名旦徵文作品的文章，及其他關於專號主角演員的文章，大多數品評重點都放在名伶個人的表演藝術上，最多及於戲班配角之評論。這是因為專號的主要目的是為名伶即將赴滬演出做宣傳，因此把火力集中在名伶的表演藝術與劇目上。荀慧生這篇評藝文與程硯秋專號中〈多才多藝之程玉霜〉相較，我們發現怡翁同樣因為只需品評荀慧生個人，且此文不是為參加徵文這類公開活動而寫，因此略過了荀慧生在表演藝術上較弱之部分以免示弱。所以這六項中，沒有屬於京劇四大基本功之一的唱工，因為怡翁自己都承認荀慧生唱工較弱：「惟唱工因幼時肆力於秦班撲跌工夫，以致嗓受影響。雖亦不乏佳腔，而內力不勁，有時心有餘而力不足，未能唱到神韻。較之梅尚程，自遜一籌。」〔註 25〕就四大名旦徵文來看，荀慧生在唱工的兩大元素嗓音與行腔技巧上，也都只能排在第三名，並不突出。

　　由上文分析，我們可知對伶人表演藝術的條列式品評文章，是從四大名旦徵文之前即有，而以四大名旦徵文之作品集大成，徵文之後仍有同類作品之餘響。文章評分的項目，以四大名旦徵文呈現的最為完整細緻，但雖然在徵文前後的類似文章分項不如徵文數量多，其意義卻不完全一樣。最早的舒舍予的文章，是類似劇評文章的基型，因此項目之總數少，是因為作為發展基點之關係。而王勤先與怡翁的文章，雖然評分項目也較徵文作品少，但主要原因是評論對象從梅尚程荀四位名旦，縮減到了只主打其中一位，因此為了揄揚宣傳起見，把該名伶較不突出或不擅長的表演藝術項目取消，以免造成反效果，也因此王文與怡翁之文，雖然一在徵文前一在徵文後，但並不能說與四大名旦徵文作品有明顯的進化或退化關係。

## 第二節　四大名旦徵文評比之演員表演藝術內容分析

　　前節討論的是四大名旦徵文作品與前後形式類似之劇評中，其評分項目

---

〔註 25〕　《中國早期戲劇畫刊》，第十一冊，頁 505。

演變。本節則是針對四大名旦徵文刊出的三篇得獎作品，分析其在名旦表演藝術各個評分項目中，闡述之內容。因爲三位作者（蘇少卿、張肖傖、蘇老蠶）都是著名劇評家，徵文又是公開活動，因此他們在應徵作品中對名旦的評價，除了可以反映他們個人對此名旦表演藝術之品評，也能歸納出當時觀眾對四大名旦個別表演風格的共同看法，這種共同看法，就是後來流派風格成形的基礎。由第一節對四大名旦徵文形式的討論，我們知道徵文除了品評名伶唱念作打的表演藝術外，還對名伶本身的扮相、師友、品格等項目做出品評，唱念作打的列入品評，表示唱念作打在京劇表演藝術之重要性，因此三位劇評家即使在唱念作打列於評分項目的分項繁簡、先後順序有所不同，但總是必備的評分項目。至於唱念作打以外的評分項目，則表現了觀眾看戲的時代趨向。

## 1. 四大名旦徵文作品對名旦的唱念作打品評

因爲要求多面向的品評，因此三位劇評家在評論唱念作打這四項基本功時，通常並非只依傳統分成這四大類，比如唱工這一類基本功，大約就分成嗓音、唱腔、咬字三個項目來細論。以嗓音來說，尚小雲的嗓音是四大名旦中公認最適合青衣戲的。蘇少卿說：「以青衣嗓著名，嗓音亦屬宮，寬亮高圓，上下無礙。如《祭塔》、《祭江》等難唱青衣劇，小雲獨舉重若輕。」〔註26〕張肖傖說：「小雲嗓音最堅實有勁，自是青衣正宗。故以嗓音論，小雲可稱絕佳。畹華可稱甚佳。」〔註27〕蘇老蠶說：「嗓音高亮，《祭江》、《祭塔》等青衣最難唱之戲，彼能演之舉重若輕，可謂得天獨厚。」〔註28〕都直接點明尚小雲的嗓音是四大名旦中獨占鼇頭者。《祭塔》有【反二黃慢板】〔註29〕「未開言不由人珠淚雙流」三十句，《祭江》有【二黃慢板】〔註30〕「曾記得當年

---

〔註26〕 《中國早期戲劇畫刊》，第十冊，頁 254。
〔註27〕 《中國早期戲劇畫刊》，第十冊，頁 263。
〔註28〕 《中國早期戲劇畫刊》，第十冊，頁 277。
〔註29〕 反二黃，屬於京劇二黃腔的變化，基本是把二黃之曲調降低四度來唱，因爲調門降低故唱腔唱腔音域便加寬，故反二黃唱腔比正二黃唱腔起伏跌宕更大，曲調性更強。反二黃擅長表現悲壯、慷慨、蒼涼、淒楚的情緒。由於反二黃調門比二黃低，故上下句常有提高五度來唱的時候。《京劇知識詞典》，頁 17。
〔註30〕 二黃，與西皮同爲京劇主要聲腔，腔調較平和、穩重、深沉、抒情，節奏較平穩，起音落腔多在板上。由於二黃唱腔較舒緩，比較適合表現沉思、憂傷、感嘆、悲憤等情緒，因此悲劇題材的戲，多用二黃腔。二黃慢板，是京劇二

來辭君」六句及【反二黃慢板】「好夫妻惡姻緣悲哀告稟」二十六句。二黃是節奏比較舒緩平穩的聲腔，適合悲劇使用，慢板是一板三眼的節奏，在西洋音樂中相當於四四拍。因爲聲腔平穩節奏緩慢，故演員底氣需充足，嗓音也以響亮持久爲優。反二黃聲腔常出現上下句提高五度音的行腔，本就較爲難唱，《祭塔》、《祭江》的【反二黃】又有多達二三十句連唱的段落，且戲詞都是怨憤、悼念等情緒之獨白，無閃躲省力之空間，因此是青衣戲中之重頭唱腔。齊如山《京劇之變遷》也曾說：「青衣的戲，以《祭塔》爲最難唱，因爲戲中所行的腔都是高的。從前老輩常說：旦角的《祭塔》，就是生腳中的紅生戲，因爲紅生戲裡頭的腔調也都是高的。」〔註31〕而尙小雲卻能「舉重若輕」的演唱，足見其嗓音之適合傳統青衣戲。以實際演唱效果言，梅蘭芳的嗓音最受觀眾喜歡，因爲最圓潤柔亮，比尙小雲剛健響亮的嗓音悅耳，但梅蘭芳嗓音終究偏柔，演出傳統青衣戲時，在行家眼裡貞剛之氣未免不足。

　　唱腔則以程硯秋最獲好評。程氏嗓音「微澀，如聞胡笳」，〔註32〕可是行腔上卻是「獨創新調，就嗓行腔，打破成法，自成一格。」〔註33〕也就是程硯秋偏低迴幽咽的嗓音，在旦角演員中本不討喜，但卻能善用嗓音的特色，創造適合自身嗓音的腔調，甚至以此新腔威脅到梅蘭芳的劇壇聲勢：「及艷秋新腔風行全國，蘭芳亦稍改絃更張，如《武昭關》之有大鼓味，《太眞外傳》之有四平調。」〔註34〕程氏新腔流行之程度，讓聲望早已如日中天的梅蘭芳都必須向其他說唱藝術吸取養分，創出新腔運用在演出中。張肖倫評論程硯秋之腔調云：「惟玉霜〔註35〕利用其歌音，出奇制勝，獨創新聲，新腔疊出小腔又饒逸韻，遂造成程派之目。故以腔調論，足與畹華〔註36〕對峙者，乃在玉霜。」〔註37〕張肖倫更詳細些形容程硯秋的新腔「疊出小腔〔註38〕」，且其

---

　　黃腔的板式之一，是一板三眼之形式，比原板的一板一眼，在節奏上擴展放慢一倍。二黃慢板長於表現比較複雜的情感，一般來說長於表現感嘆、憂傷的情緒。《京劇知識詞典》，頁 16～17。
〔註31〕　見《京劇之變遷》，頁9，《齊如山全集》，第二冊。
〔註32〕　《中國早期戲劇畫刊》，第十冊，頁 254。
〔註33〕　《中國早期戲劇畫刊》，第十冊，頁 254。
〔註34〕　《中國早期戲劇畫刊》，第十冊，頁 253。
〔註35〕　玉霜，爲程硯秋之字。
〔註36〕　畹華，爲梅蘭芳之字。
〔註37〕　《中國早期戲劇畫刊》，第十冊，頁 264。
〔註38〕　小腔，即花腔，是一種華麗的演唱技巧，主要應用於西洋古典音樂中，以裝飾音多而難度大而著名，京劇中的小腔同樣指在原來的腔調裡加入裝飾音。

小腔富於韻味，用的極佳，可與梅蘭芳分庭抗禮，也就是張肖傖認為程硯秋聲勢驚人幾乎追上梅蘭芳，其自創之新腔助益良多。蘇老饕評論程硯秋：「又就字造調、就音行腔，打破從來規矩，純以己意為之。而唱來沉著異常，無一飄音，花腔以細音出之，靈活婉轉得抑揚控縱之法，且巧而不纖、柔而不媚，蓋有骨子者也。」〔註 39〕蘇老饕一樣指出程硯秋擅使花腔，且靈活婉轉不讓觀眾生厭。三人都指出程硯秋因為懂得創造適合自身嗓音的新腔，反足以與梅蘭芳抗衡的特點，也就是對於名伶的唱工，劇評家們已經注意到需要從先天與後天因素同時品評了。

唱工討論的第三個重點在咬字歸韻，因為對劇評家來說，京劇的咬字歸韻應以湖廣音為準。但關於此項孰長孰短，三位劇評家則莫衷一是。蘇少卿稱讚程硯秋的咬字歸韻「頗為講究」，有意以程硯秋佔此項鰲頭，而認為尚小雲的咬字歸韻「頗欠研究」，以尚為四大名旦之末。〔註 40〕張肖傖則推許梅蘭芳「字眼比較最少疵謬」〔註 41〕荀慧生第二名。尚小雲「發音較高，吐字每有有音無字之弊。」為第三。〔註 42〕程硯秋則是最末：「因新腔多，每好用豁音〔註 43〕，遂致四聲時有倒誤。」〔註 44〕張肖傖認為程硯秋就嗓行腔創出的新腔中，常出現「倒字」，故須敬陪末座。咬字歸韻一項上，蘇少卿以程硯秋為第一，張肖傖卻讓程硯秋敬陪末座，可見四大名旦咬字歸韻之準確與否，其實是劇評家見仁見智，沒有共識的。但是對咬字歸韻的關注，以知識分子為主（包括劇評家與票友等），一般觀眾因為並不見得具備分辨的能力，因此不會那麼注意。也就是三位劇評家徵文中，品評唱工會把嗓音、行腔列於三項要素的前兩名，也反映了大部分京劇觀眾的關注焦點。

做工一項，總共分為表情與臺步兩項，但從劇評家的評論來看，「表情」一項的份量又是重中之重。「表情」從梅蘭芳走紅之後，就特別為大家注意。梅蘭芳以前的京劇演員並非不重表情，但是梅蘭芳之前，表情就含括於做工裡，直到梅蘭芳特別標榜表情，此項才特別為劇評家提摘出來，單獨評論。

〔註39〕 《中國早期戲劇畫刊》，第十冊，頁 276。
〔註40〕 《中國早期戲劇畫刊》，第十冊，頁 254。
〔註41〕 《中國早期戲劇畫刊》，第十冊，頁 264。
〔註42〕 《中國早期戲劇畫刊》，第十冊，頁 264。
〔註43〕 豁音，又稱豁腔、裊腔。常用於去聲字。唱去聲字，出口時音稍低，然後上挑，再落下或接下一字腔，其中上挑的音就是豁音。《中國音樂詞典》，頁 180。
〔註44〕 《中國早期戲劇畫刊》，第十冊，頁 264。

梅蘭芳首先引起劇評家對「表情」的注意，梅氏的表情功力自然廣受劇評家稱讚。蘇少卿將四大名旦之表情排名定爲：梅荀程尚。張肖傖則認爲四大名旦的表情「工力悉敵」、「未易軒輊」。〔註45〕

　　蘇少卿認爲梅蘭芳之表情：「細膩無孔不入，不但臉上有戲，其情緒直從心坎中發出，神乎技矣！常觀其《玉堂春》，堂上問支銷，蘭芳思索久之始唱，蓋事隔多年，非思索不可，其用心類如此，若衝口而出，便是背書矣。」〔註46〕張肖傖評論梅蘭芳是「表情以嬌怯細緻見長，故處處動人憐愛。《汾河灣‧鬧窯》之神色、舉止，隨時變化，眞是絕作。」〔註47〕蘇少卿以梅蘭芳唱《三堂會審》的「審支銷」一段爲例，因爲王公子的三萬六千兩銀子，是蘇三十六歲時帶到青樓中使用的，會審時已事隔多年，不可能時時背誦於心，因此突然問起，的確需要時間回憶，梅蘭芳「思索久之始唱」，完全合情合理。張肖傖舉《汾河灣‧鬧窯》的柳迎春爲例，柳迎春十多年後盼到丈夫歸來，夫妻多年不見，互動是既陌生又新鮮的，所以時不時會出現類似新婚夫妻的嬌羞，面對丈夫突然發怒時的疑惑，發現丈夫誤兒爲野漢子，順勢捉弄丈夫的淘氣，顯現梅蘭芳在這齣戲裡掌握了柳迎春情緒的多層次。可見梅蘭芳表情之注重細節，蘇少卿跟張肖傖都公認。

　　蘇少卿評論荀慧生的表情：「不但細膩，其柔媚處且過於蘭芳。咬唇低頭，風騷異常，但是小家碧玉身分。」〔註48〕荀慧生擅演平民階層、風情萬種的女子，且荀慧生甚至注意到咬唇、低頭這些表情細節，更能凸顯這類女性人物的柔媚、風騷。張肖傖說荀慧生：「以妙曼輕倩、風流蘊藉動人。慧生《全本玉堂春》之表情，隨地隨時皆有分寸。」〔註49〕也強調荀慧生的表演「風流蘊藉」之特質。荀慧生是第一個將原僅含《女起解》、《會審》兩齣戲，主演蘇三受冤昭雪的「玉堂春」故事，擴增成情節首尾完整的本戲，由蘇三在妓院邂逅王三公子開始，一直演到蘇三與王金龍團圓，將蘇三在妓院的情節也具體呈現，而不再是於《會審》裡由蘇三口述而已。既是全本戲劇，則蘇三的情感變化更豐富，從邂逅王三公子時的歡喜嬌羞，含冤受屈的苦惱悲憤，公堂受審的驚懼直到監會團圓的喜出望外，情緒在喜與悲間幾度轉換，且同

〔註45〕　《中國早期戲劇畫刊》，第十冊，頁266～267。
〔註46〕　《中國早期戲劇畫刊》，第十冊，頁254～255。
〔註47〕　《中國早期戲劇畫刊》，第十冊，頁266。
〔註48〕　《中國早期戲劇畫刊》，第十冊，頁255。
〔註49〕　《中國早期戲劇畫刊》，第十冊，頁266。

樣的喜，在邂逅初戀與監會團圓時層次也有差別，荀慧生能將這樣的細微分別掌握的恰到好處。

　　蘇少卿對程硯秋之評語：「表情之細膩不及蘭芳、慧生，而哀情過之。悲時雙鎖眉峰，怒時冷若冰霜。一笑一顰，純是青衣動作，花旦姿態也。」〔註50〕程硯秋在喜劇較常用的喜與嗔這兩種表情上，不及梅蘭芳跟荀慧生，而這兩種表情又是梅荀較擅長的表情，而程硯秋作喜與嗔的表情「純是青衣動作，花旦姿態」，喜與嗔在傳統青衣較少用，最常出現在花旦身上，青衣動作搭配花旦姿態，表示程硯秋在作此兩種表情時，沒有梅與荀來的自然。但是程在哀情情節的表情勝過梅荀，哀情戲的常用表情包括悲與怒。在悲與怒的表情上，梅蘭芳是「宜艷不宜哀」，也就是在哀傷的表情上，不夠怨憤憂鬱，劇評家曾說這是因為梅蘭芳性情沖和。荀慧生是「稍稍能怒」，但劇評家認為及不上花旦前輩路三寶「變臉變色，潑辣如河東獅」〔註51〕，也可見荀慧生的怒視是偏於較外放的潑辣路線。程硯秋的悲與怒則都是內斂風格，悲是以雙鎖眉峰表現出幽怨氣氛，並非掩面而泣，怒則是面容冷若冰霜，有寒竣之氣，兩者都能加強呈現主角內心壓抑的情緒。《鴛鴦塚》是程硯秋的著名新編愛情悲劇，女主角王五姐因為姻緣受阻纏綿病榻，思念情人抑鬱終日，因此全劇大部分時間上場時，都帶著愁苦的情緒，程硯秋演出王五姐時，將其因私訂終身有苦難言的心情，演的如泣如訴，很能引動觀眾一掬同情之淚。程硯秋的怒與悲都帶點冷的氛圍。這種冷正適合青衣端正雅靜的形象，更與蘇少卿談論程硯秋扮相，「如菊花霜天挺秀」正相應和，也隱約透露程硯秋偏於內斂的性格。

　　尚小雲位列殿軍，「如天真爛漫之小女子，面帶春風和氣一團，最宜喜劇，且時對台下憨笑，哀怨表情殊不能至。」尚小雲跟梅荀的優點類似，就是都宜於喜劇，而哀怨情節的表現都不那麼突出，而尚小雲演出喜劇的表現，是天真爛漫且時對台下憨笑，十足毫無心機的小女子，很容易引起觀眾歡喜，但或許因此造成喜劇表情層次不如梅荀多面，比如荀慧生擅演喜劇中小家碧玉的女性，但在面帶春風之餘還多了嬌媚，這點是尚小雲缺乏的。但尚小雲並非不能表現嫵媚之表情，張肖傖曾以尚小雲在《能仁寺・說親》的表情為例：「《能仁寺・說親》時之羞態可掬、神色逼真，確屬傳神之筆。」

〔註50〕　《中國早期戲劇畫刊》，第十冊，頁 255。
〔註51〕　《中國早期戲劇畫刊》，第十冊，頁 255。

〔註52〕「說親」一場是俠女何玉鳳要撮合書生安驥跟第二女主角張金鳳，張金鳳身爲撮合婚姻的當事人，又是閨閣少女，對於何玉鳳直接要求她對婚姻大事表態，自然羞赧，先是不語，後是單擦去不字，讓婚配的答案剩下兩個「願意」，十足呈現少女又羞又喜的心情，而不僅是天眞爛漫憨笑而以。

　　武功，在京劇旦角演員中主要由武旦跟刀馬旦使用。三位劇評家一致認同，荀慧生爲四大名旦中武功最佳者。蘇少卿說荀慧生「爲秦腔花旦出身，刀馬見長，蹻工獨擅。」〔註53〕蘇老蠶說荀慧生：「蹻工、刀馬、花旦，均其拿手。……四旦中，演刀馬旦及花旦亦須讓慧生也。」〔註54〕兩位劇評家都提到荀慧生擅長蹻工，刀馬旦的劇目十分拿手，也就是蹻工在當時劇評家的心中，可以歸類爲武工的一部份，應該是因爲蹻工除了花旦外就是武旦使用，如《盜草》的白素貞，因此蹻工好，表示拿手的身段範圍加大，武打身段也更俐落。張肖傖徵文中的「四大名旦之武藝」一項，可以說根本是荀慧生武藝介紹：「最初習梆子旦，於蹻工外兼工跌撲，如《紅梅閣》、《大劈棺》之類，皆其佳作。故武藝較梅尚程有根柢。因三伶皆青衣出身，不必重視武藝也，但四大名旦兼唱刀馬旦劇，故不能不於武藝上加工，然終不及慧生武藝之有幼工。故慧生之足以與梅尚程合稱四大名旦，其花旦與刀馬旦之卓越，或爲梅尚程所缺，或爲梅尚程所勿逮，實亦一大要素。觀其《頭二本虹霓關》、《戰宛城》、《穆柯寨》、《樊江關》、《新安驛》一類戲便知其優長。又如《全本兒女英雄傳》，梅尚程均飾張金鳳，而慧生獨能飾十三妹勝任愉快。故以武藝論，慧生可稱第一流，而畹華、小雲、艷秋，不得不屈居慧生下矣。」〔註55〕《紅梅閣》主角李慧娘是女鬼、《大劈棺》主角莊周妻田氏是極欲救新歡的婦人、《戰宛城》的鄒氏是未守貞節的寡婦，三人戲份都是踩蹻演出，且因爲有復仇或是急欲劈棺取腦又心虛或是遭姪子追殺的情節，因此跌撲動作很多，已經是需要不少武工基礎訓練的腳色，不過李慧娘、田氏與鄒氏畢竟不是身懷武藝的女性，還不可能有武打動作，而《虹霓關》的東方氏、《穆柯寨》的穆桂英、《樊江關》的樊梨花與薛金蓮都是女將，已經是必須演出武打場面的刀馬旦，而張肖傖說看荀慧生演出這類刀馬旦戲「便知其優長」，比蘇少卿蘇老蠶更具體指出荀慧生的武工強在何處。

〔註52〕　《中國早期戲劇畫刊》，第十冊，頁 266。
〔註53〕　《中國早期戲劇畫刊》，第十冊，頁 256。
〔註54〕　《中國早期戲劇畫刊》，第十冊，頁 277。
〔註55〕　《中國早期戲劇畫刊》，第十冊，頁 267。

## 2. 四大名旦徵文作品對名旦的扮相、新劇與人際關係品評

### （1）扮相

　　三位劇評家對四大名旦的評分，都出現了「扮相」（臺容）這一項目，不過這裡的扮相並不全指長相，還包含了個人氣質。蘇少卿說四旦：「蘭芳如春蘭王者之香，慧生如牡丹佔盡春光，小雲如芙蕖映日鮮紅，艷秋如菊花霜天挺秀。」〔註56〕梅蘭芳「如春蘭王者之香」，表示其扮飾劇中人時之氣質和煦而又端莊大方有王者之風；荀慧生「如牡丹佔盡春光」，牡丹花大引人注目，但卻充滿嬌媚之氣，易於受人注目卻又讓人易於親近，表示其扮飾劇中人時之氣質，都是受人注目又惹人憐惜的小家碧玉；尚小雲「如芙蕖映日鮮紅」，蓮花本來是給人出淤泥而不染的印象，但是在陽光照射下的蓮花，一方面清新出世，一方面散發出熱情的光芒，如同未涉世事、天真活潑的少女，表示其扮飾劇中人之氣質是天真爛漫不具機心，甚至更進一步可以發展成豪爽；程硯秋「如菊花，霜天挺秀」，秋天、菊花、霜都給人清冷蕭瑟之感，也就是程硯秋扮演劇中人時的氣質，都不由自主地帶有悲苦而疏離的感覺。張肖傖品評四旦臺容與身段：「梅面目嬌媚得人憐愛，脫盡鬚眉宛如女子，扮相之美，在小雲、玉霜、慧生上。小雲眉目生動，雙渦尤美，有時雙眉並蹙宜於悲劇，而一笑有傾城之概，惟細心觀察，其面目實一寡臉，而無雍容華貴福澤相，此種批評，與愚表同情者，當屬不尠。玉霜扮相饒閨秀氣，昔時雙頤微嫌清臒，今聞其面龐已較胖，或較諸昔時臺容益勝也。慧生明眸麗質，嫣然一笑百媚俱作，但其面貌以扮花旦較扮青衣為尤勝。……畹華身段以嬌小玲瓏稱。慧生苗條活潑，以丰姿勝。玉霜玉立亭亭，有弱柳當風之致，而有人嫌其身段稍長，蓋人情愛美觀念，對於婦女之身段，往往多數愛嬌小也。四大名旦中，小雲以腰部稍粗，身段上不得不退居末位。」〔註57〕張肖傖說梅蘭芳面目嬌媚身段嬌小玲瓏，扮相最像女子；荀慧生嫣然一笑百媚具作，且身段苗條活潑，充滿女性綽約丰姿，扮花旦比扮青衣更好看；程硯秋富於清雅閨秀氣，較為內斂，身量偏高瘦，與一般人對女子身量嬌小可愛的期待有差距，所以身高就成為美中不足之處；尚小雲眉目生動還有兩個可愛的酒渦，蹙眉或嬌笑皆令人傾倒，可是當時有不少京劇觀眾，覺得尚小雲的扮相是「寡相」，看起來不那麼順眼。蘇老饕：「（蘭芳）扮相如好女子，長短合度

---

〔註56〕《中國早期戲劇畫刊》，第十冊，頁 255。
〔註57〕《中國早期戲劇畫刊》，第十冊，頁 265。

瘦肥適中。……（荀慧生）扮相極佳，低頭垂眉媚態橫生。」〔註58〕蘇老饕只針對梅荀二氏品評，認爲梅蘭芳穠纖合度，荀慧生嬌媚無倫，二人各有優長難分軒輊，至於未曾品評程尙二人，應該可以以此判斷蘇老饕覺得程尙不如梅荀。意即綜合三人對四大名旦扮相的評價，可知梅蘭芳的扮相公認最像女子，而第二名是荀慧生，程尙則在三四名。

扮相這個元素在當時的劇評上，跟唱念作打一樣受重視，跟觀眾看戲的新趨向關係密切。許姬傳在《舞臺生活四十年——梅蘭芳回憶錄》中提到梅氏之崛起：

> 民國以後，大批的女看客湧進了戲館，就引起了整個戲劇界急遽的變化。過去是老生武生占著優勢，因爲男看客聽戲的經驗，已經有他的悠久的歷史，對於老生武生的藝術，很普遍地能夠加以批判和欣賞。女看客是剛剛開始看戲，自然比較外行，無非來看個熱鬧，那就一定先要揀漂亮的看。像譚鑫培這樣一個乾癟老頭兒，要不懂得欣賞他的藝術，看了是不會對他發生興趣的。所以旦的一行，就成了她們愛看的對象。〔註59〕

根據許姬傳之說法，觀眾看戲開始注重演員扮相美麗與否，是因女觀眾進戲園而出現的。因爲女觀眾新進戲園，京劇藝術涵養還遠不及男觀眾，只能先注意演員扮相是否賞心悅目，因此扮相漂亮的梅蘭芳以及其他旦角便趁勢崛起。《戲劇月刊》主編劉豁公在〈從梅蘭芳說到群眾心理的變遷〉裡也談到：

> 他（梅蘭芳）所以能夠達到如此地位，自然得力在噪音清脆、腔調圓潤、做工細膩、表情周到、善於交際，那許多地方。但是我仔細想來，這些雖是造成蘭芳地位的細胞，卻還算不得主要原因。他那主要原因，就在現代群眾的心理，趨於愛美的途徑，而他的扮相裝束作派等項，是恰合於美底原則的。〔註60〕

劉豁公的「美」，指視覺上的刺激性甚至肉感意味，梅蘭芳的時裝與古裝新劇的扮相，合於當時觀眾追求視覺刺激的趨向，因此商業號召力一飛衝天，連當時鼎鼎大名的老生譚鑫培，都要感嘆：「男的唱不過梅蘭芳，女的唱不過劉

〔註58〕《中國早期戲劇畫刊》，第十冊，頁277。
〔註59〕梅蘭芳、許姬傳，《舞臺生活四十年：梅蘭芳回憶錄》（北京：團結出版社，2006年），頁107～108。
〔註60〕《中國早期戲劇畫刊》，第六冊，頁431。

喜奎。」〔註61〕劉豁公所謂刺激、肉感，跟許姬傳所說的漂亮是類似的意思，都是視覺美感。

**梅蘭芳古裝新戲《天女散花》劇照**〔註62〕

---

〔註61〕《中國早期戲劇畫刊》，第六冊，頁 431。

〔註62〕王慧：《梅蘭芳畫傳》（北京：作家出版社，2004 年），頁 74。

　　新設計純白有腰身的戲裝，只在袖口與胸前略作繡花，配上淡色瓔珞與彩色飄帶，梳新創製的古裝頭，〔註63〕只帶少數頭飾，將天女的仙氣空靈淡雅表露無遺，更凸顯了梅蘭芳身形的姣好。這種展現「女性美」的造型設計，不但符合許姬傳說得漂亮，更符合劉豁公說的肉感，加強了視覺吸引力。

（2）新劇

　　三位劇評家還將演員擅長的劇目也列入評分項目，蘇少卿與蘇老蠶只談新劇，張肖傖談了新戲、舊戲、崑戲，不過重點還是放在新劇，表示四大名旦在劇目上的成就，還是以新編劇目最能引起觀眾與劇評家興趣。蘇少卿評論四大名旦的新劇，雖對梅蘭芳評價最高：「推陳出新，頗多佳構。總其所編新劇，皆能充分表現固有之所長，是以優也。」稱讚梅氏之新劇結構佳妙者頗多，而且都是依照梅蘭芳本身的長處量身打造，更能突顯其優點。可是以篇幅而論，卻是對荀慧生著墨最多。蘇少卿會將四大名旦常演的著名新劇盡量列出，以供讀者對照然後再做評論，但相較起來，梅尚程三人都是羅列劇名而已，如梅蘭芳：

> 《黛玉葬花》、《天女散花》、《嫦娥奔月》、《上元夫人》、《麻姑獻壽》
> （此為初期歌舞劇，梅之成功在此等戲）、《花木蘭》、《鳳還巢》、《春
> 燈謎》、《俊襲人》、《太真外傳》（《鄧霞姑》為時裝戲，今不常演）、
> 《廉錦楓》、《西施》、《洛神》諸戲。〔註64〕

《黛玉葬花》在黛玉為花起香塚時安排了一段花鐮舞，《天女散花》在〈雲路〉一場讓天女跳了一段彩綢舞，同時刻意撰著典雅唱詞，「以『清逸空靈』的表演風格追求戲的『詩意』與『仙氣』。」〔註65〕這比當時純以淡雅端秀風格呈現的典型青衣，又多了一些不同的人物氣質面向，讓觀眾耳目一新。蘇少卿也認為「梅之成功在此等戲。」荀慧生則不僅有劇名，還有編者與取材來源：

> 《西湖主》（楊塵因編），取材《聊齋誌異》，此為慧生演新劇第一
> 聲，時為民十，在上海亦舞臺。《竊兵符》（陳墨香編），取材清昇平

---

〔註63〕　古裝頭，京劇旦行腳色一種髮式，為梅蘭芳1915年左右，借鑑古代繪畫中仕
　　　　　女髮型，創造出更加接近古代婦女生活中髮式原型的、髮髻式的古裝頭型，
　　　　　其特點是：多數兩鬢仍貼片子，頭罩假髮或人髮製作的假髻。《京劇知識詞
　　　　　典》，頁61。
〔註64〕　《中國早期戲劇畫刊》，第十冊，頁256。
〔註65〕　王安祈：《為京劇表演體系發聲》（台北：國家出版社，2006年），頁50。

署《竊符記》崑曲本。《陳麗卿》（楊中中、陳墨香合編），取材《蕩寇志》〔註66〕。《江天雪》（楊中中、陳墨香合編），取材明人《江天雪》傳奇。《至孝圖》（楊中中編），取材《左氏春秋》鄭祭足殺婿事。〔註67〕《元宵謎》（舒舍予、張冥飛合編）。《全本玉堂春》（陳墨香改訂），扮蘇三一人到底，爲他人所不能兼長者。《丹青引》（楊中中編），取材《李笠翁十種曲・意中緣傳奇》『董其昌三娶楊雲友』。《香羅帶》（陳墨香編）。《繡襦記》（陳墨香編），取材崑曲《繡襦記》傳奇。《飄零淚》（陳墨香編），取材於清人筆記。《金鐘罩》（即《新安驛》）。《柳如是》（陳墨香編），此戲藉錢牧齋柳如是事，描寫遺老之僞詐，此爲陳君一生心血結晶。（陳亦遺老，此蓋憤極之作。）《十三妹》（王瑤卿脚本、陳墨香改編）。《得意緣》（王瑤卿脚本、陳墨香改訂）。《庚娘》（王瑤卿脚本、陳墨香改訂）。《白娘子》（陳墨香編），取材崑曲《義妖記》，即《白蛇傳》。《妒婦訣》，爲諷浪子之作，全劇立意純以詼諧出之，故縱其夫，設阱以誘，卒使回頭，觀劇名即知劇本之佳，演亦工也。《埋香約》，爲一滑稽趣劇，與《花田八錯》同立意，但湊巧之處過之。《百寶箱》（陳墨香編），即杜十娘故事，與南方本子不同。《魚藻宮》，呂后斬戚姬故事，悲劇也。《釵頭鳳》（陳墨香編），陸放翁休妻故事，演至絕處令人落淚，慧生亦傷悲自哭，平津稱道，唱本詞〔註68〕尤別開生面。《還珠吟》（陳墨香編），案唐代張籍〈節婦吟〉〔註69〕而編，全劇劇詞悉用古人詩句。

---

〔註66〕《蕩寇志》，清代俞萬春所著小説，又稱《結水滸全傳》或《結水滸傳》，以朝廷剿滅梁山爲結局。全書緊接著《水滸傳》第七十回「忠義堂石碣受天文 梁山泊英雄驚惡夢」的故事，從第七十一回到第一百四十回，共七十回，末附「結子」一回。

〔註67〕祭足殺婿，出於《左傳・桓公十五年》：「祭仲專，鄭伯患之，使其婿雍糾殺之。將享諸郊。雍姬知之，謂其母曰：『父與夫孰親？』其母曰：『人盡夫也，父一而已，胡可比也？』遂告祭仲曰：『雍氏舍其室而將享子於郊，吾惑之，以告。』祭仲殺雍糾。」文中之鄭伯爲鄭屬公。【清】阮元審定：《十三經注疏（清嘉慶刊本）》（北京：中華書局，2009年），頁127。

〔註68〕本詞，指陸游【釵頭鳳】原詞。陸游【釵頭鳳】：「紅酥手，黃滕酒。滿城春色宮牆柳。東風惡，歡情薄。一懷愁緒，幾年離索。錯！錯！錯！ 春如舊，人空瘦。淚痕紅浥鮫綃透。桃花落，閒池閣。山盟雖在，錦書難託。莫！莫！莫！」

〔註69〕張籍〈節婦吟〉：「君知妾有夫，贈妾雙明珠。感君纏綿意，繫在紅羅襦。妾

　　《荊釵記》，即王十朋故事。《販馬記》（陳墨香改訂），自販馬起。《張
　　金哥》（陳墨香編），取材《紅樓夢》。〔註70〕

每一齣戲都有劇名、編劇、本事等基本資料，還附帶評論此戲之優點，有時
是稱讚劇本結構之佳，如《妒婦訣》「爲諷浪子之作，全劇立意純以詼諧出之，
故縱其夫，設阱以誘，卒使回頭，觀劇名即知劇本之佳，演亦工也。」雖然
蘇少卿也講到「演亦工也」，但對於如何「工」則沒有交代，反而是對劇本立
意詳細描述，稱讚本劇風格詼諧，同時以欲擒故縱的曲折劇情呈現此種詼諧。
有時是針對荀慧生演出效果評述，如《釵頭鳳》「陸放翁休妻故事，演至絕處
令人落淚，慧生亦傷悲自哭，平津稱道。」《釵頭鳳》是齣悲劇，荀慧生出演
劇中的唐琬，演到最悲傷處不但令觀眾落淚，連荀慧生自己都動了真情，這
種以我心爲你心的演出效果，很獲觀眾稱道。蘇少卿在此項末尾給荀慧生的
評語是：「荀之資質演新戲最宜，以其嬌媚絕倫也。演義烈武俠哀豔諸路戲，
亦復頭頭是道，加以編劇之陳墨香以名票兼擅文學，所排各劇大有意思。慧
生又擅演新劇，故相得益彰。慧生之所以能儕於四大名旦之列，新戲功也。」
〔註71〕闡明蘇少卿認爲荀慧生的新劇演出是四大名旦中最佳的，佳妙之因一
是荀慧生嬌媚絕倫的演出風格很適合演出新戲，並且除了小家碧玉兒女風情
之外，即使是俠義、悲劇等類新劇，演來也都勝任愉快，幾乎可說是新劇全
能旦角演員，二是爲之編劇的陳墨香既爲票友又兼通文學，編寫之劇本結構
佳妙謹嚴。又指出荀慧生能列名四大名旦的排序名單，擅演新劇正是最大的
助力。也就是蘇少卿認爲，雖然演出量身打造的新劇是梅蘭芳帶起風潮，但
荀慧生才應佔鰲頭，且「荀劇經過數次調查，故獨詳。」四大名旦中，蘇氏
只對荀慧生的新劇資料特別多次調查，可見對荀慧生愛戴之甚。

　　張肖傖認爲「四伶之新戲，大都不能全劇均佳、通體完璧。」〔註72〕據
張肖傖自己提出新戲該有的標準是：「新戲之要著，必須賓主相均、花葉相
襯，彼此發揮精神，觀者始覺劇中人無不精彩十足，益顯主角之十分美滿。」
〔註73〕亦即張肖傖認爲新劇之佳否，最要緊的條件是主配角之相輔相成，無

---

　　家高樓連苑起，良人執戟明光里。知君用心如日月，事夫誓擬同生死。還君
　　明珠雙淚垂，恨不相逢未嫁時！」

〔註70〕　《中國早期戲劇畫刊》，第十冊，頁257～259。
〔註71〕　《中國早期戲劇畫刊》，第十冊，頁259。
〔註72〕　《中國早期戲劇畫刊》，第十冊，頁268。
〔註73〕　《中國早期戲劇畫刊》，第十冊，頁269。

論是戲份與演技都不能讓配角淪爲可有可無。四人中最能達成此兩標準的是
程硯秋：「玉霜之戲，取配角於同等重要地位，而其搭配之伶工，亦不弱於畹
華」，〔註74〕梅蘭芳「配角齊全」但安排戲分時「以畹華自身爲主腦，其他配
角皆極輕鬆」，〔註75〕荀慧生、尙小雲的新劇，在主配角「慧生、小雲對於以
上數點，皆相形見絀」，就是荀尙二人的新戲，無論在配角演技齊整度或是配
角與主角的戲份比之安排上，都比不上梅程，而因爲「慧生以《丹青引》《釵
頭鳳》兩齣爲勝，小雲新戲則不免瑕瑜互見。」荀慧生雖然大部分新戲離張
肖傖的標準還有段距離，但還有《丹青引》《釵頭鳳》兩齣是張肖傖認爲符合
標準的佳作，終究以荀在尙前。案張肖傖評語來看，程硯秋的新劇理應列於
第一，梅蘭芳次之，但最後張肖傖還是讓兩人並列，恐怕跟梅蘭芳當時如日
中天的地位與聲勢相關。

### （3）人際關係

張肖傖提到「梅之新戲負盛譽……利用新聞界鼓吹宣傳甚力」。〔註76〕顯
現了當時劇壇的一種新趨勢，就是演員之成功，除了本身的表演藝術佳妙之
外，運用外力相助的能力在地位上至少與表演功力本身同等重要。蘇少卿在
四大名旦徵文的結論裡，也提到了外力相助對於演員成名的重要性：

> 徐碧雲年與程荀尙相若，而嗓音甜潤、唱法甚美，刀馬工夫亦堪與
> 慧生、小雲伯仲，而不能入列名旦之林者，謂『由於扮相不媚』固
> 也，而其關鍵則在幕中無人爲之宣傳。四大名旦口號，其先蓋出於
> 白黨。……碧雲若有人焉爲之提攜鼓吹，未必不能與四旦分庭抗禮。
> 又芙蓉草冰雪聰明，唱念作打行行出色而名不彰，殆亦由於幕中無
> 人歟！〔註77〕

在 1927 年《順天時報》「五大名伶新劇奪魁」票選活動中，徐碧雲也是與梅
尙程荀同列的，但是到1931 年的四大名旦徵文卻排除了徐碧雲。蘇少卿認爲
這並非因爲徐碧雲表演藝術功力遜於梅尙程荀，也不僅因徐碧雲扮相較差，
主要原因是徐碧雲身邊缺乏如支持荀慧生的「白黨」這樣一群不遺餘力的支
持者。蘇少卿認爲「唱戲亦如創業之難，非有良師友從而提攜，多士從而運

---

〔註74〕 《中國早期戲劇畫刊》，第十冊，頁 269。
〔註75〕 《中國早期戲劇畫刊》，第十冊，頁 268～269。
〔註76〕 《中國早期戲劇畫刊》，第十冊，頁 268。
〔註77〕 《中國早期戲劇畫刊》，第十冊，頁 260。

籌，不能成功。」〔註78〕顯示當時四大名旦成名，需要顧及的層面並不僅是表演藝術上的精進，也不僅是在多編新劇吸引觀眾即可，社交關係的經營也越形重要。蘇少卿對四旦師友的評論是這樣的：「蘭芳之師有喬蕙蘭、陳德霖等十餘人，友有李釋勘、齊如山、黃秋月【湉茵案：應為『黃秋岳』】等數十人，或為編戲、或為顧問、或為宣傳、或為交際，每一劇編成，對於穿插場子、配置行頭、斟酌詞句、安排腔調，必群策群力、集思廣益，務求善美。……艷秋師事羅癭公而友金仲蓀，不著名者不計焉。慧生師吳、王，友十餘人：如陳、舒、楊、張為之編劇、宣傳，故成功甚速。小雲性甚驕，不能容人，早師孫怡雲不能變化，近有清逸居士〔註79〕為之編戲，而參贊乏人未能盡善。」〔註80〕輔助者多則分工處理之下，更能加快塑造旦角成為明星的速度。四旦中當屬梅蘭芳師友團陣容最龐大，且齊如山、李釋勘等都是名人；程硯秋的輔助者早期最著名的是羅癭公，羅癭公不但為程硯秋出資贖回自由身，還憑著自己與梅蘭芳和梅黨的交情，讓程硯秋得以拜王瑤卿與梅蘭芳為師，也藉著梅黨的勢力拉抬了程硯秋一把；荀慧生則有舒舍予（老舍）、楊少山、楊塵因、陳墨香、張冥飛等多人，協助其演藝生涯。其中楊塵因曾於民初受《申報》之聘，擔任該報副刊編輯，也就是楊塵因本人曾是新聞界人士，則其過去與報界人士建立的交情多少會在為荀慧生宣傳時起作用。尚小雲是四旦中輔助人士最少的，似乎只有清逸居士一人，〔註81〕蘇少卿認為尚小雲出現如此狀況，乃因其性格傲氣較重，張肖傖也提到類似情況：「據其同科師兄弟言，小雲出身雖寒，而傲慢頗甚。」〔註82〕張肖傖甚至認為，以四大名旦之品格論，尚小雲「品格上比較稍差」。〔註83〕但張肖傖評斷品格優

---

〔註78〕　《中國早期戲劇畫刊》，第十冊，頁259。
〔註79〕　清逸居士，即愛新覺羅・溥續，清皇族，襲封莊親王，民國以後取莊為姓，稱莊續，一名清逸（清季逸民之意）。少讀詩文，嗜好京劇，與京劇界人士有廣泛交往，有時亦粉墨登場自娛。民國初年，偶有劇評發表，後專為名伶編寫京劇劇本。如為尚小雲編寫《婕妤當熊》、《摩登伽女》、《林四娘》……等新劇。《京劇知識詞典》，頁335。
〔註80〕　《中國早期戲劇畫刊》，第十冊，頁259～260。
〔註81〕　《順天時報》戲劇版面主筆日人辻聽花，曾在其主筆期間，對尚小雲多所讚譽，甚至遭當時於天津，由梅黨成員馮耿光姪子馮武越任發行人的《北洋畫報》暗指為有不正當關係。不過至少證明尚小雲還是曾與報界人士建立過情誼，只是也許隨辻聽花離去而煙消雲散了。
〔註82〕　《中國早期戲劇畫刊》，第十冊，頁270。
〔註83〕　《中國早期戲劇畫刊》，第十冊，頁270。

劣的標準，是著重在尚小雲待人接物的謙和度。梅蘭芳廣受稱讚，就是因為梅蘭芳無論對誰都一樣溫婉謙和。但是張肖傖又特別提到，尚小雲「接近官僚後，傲視一切」〔註84〕，也就是張肖傖認為尚小雲是因為得與官場中人交往，才自覺高人一等，而張肖傖這類劇評家，在官場中多半不得意，因此對這樣的事非常敏感。也就是這四大名旦徵文中提出的評分項目，特別是人際關係層面，其實是文人思考模式下的產物。

第一節裡，我們提到過在四大名旦徵文前後，還有一些刊物或類似劇評討論四大名旦的個人風格，比如舒舍予〈梅荀尚程之我見〉、王勤先〈多才多藝之程玉霜〉、怡翁〈荀慧生之面面觀〉……等。這些文章與報紙劇評以及四大名旦徵文，共同呈現了四大名旦表演藝術的演變史。舒舍予〈梅荀尚程之我見〉，刊登在 1928 年 7 月《戲劇月刊》一卷二期，〔註85〕是採取以名旦為單位的綜合品評模式，與四大名旦徵文中蘇老蠶的方式類似，也可見品評四大名旦，對劇評家來說其實就是品評單一名旦的擴大，因此品評四大名旦的文章一開始，也只是將四位單一名旦論述完畢一起並列而已，至於以分項形式將四大名旦的各方面特色條分縷析的解構，那應該是更後來的發展。舒舍予在這篇文章裡共分析品評了四大名旦的扮相、擅長行當類型、新劇、嗓音與唱腔等四項元素。其中嗓音與唱腔是唱工，表情屬作工，擅長行當類型本應是其他三項綜合出的個人風格結果，但舒舍予卻常常是與嗓音連類論及。

值得我們注意的是，舒舍予雖然是以四大名旦個人為單位品評，但他品評每位名旦時，放在開頭的是「扮相」，再次證明當時觀眾重視旦角扮相的風氣，而這種風氣已經盛行到成為一種尋常事，不再是民國初年女觀眾初進戲園剛帶起這種風潮時，總會讓人覺得是因為缺乏京劇藝術涵養，只能「揀漂亮的看」，這種尋常，也讓劇評家能正大光明的把對旦角扮相的品評放進專業劇評裡，甚至列於品評首位。舒舍予為四大名旦的扮相下評語：梅蘭芳「扮相秀，身材和稱，有富麗堂皇之致。」秀除指外貌之美麗，也包含氣質的含蓄溫雅，富麗堂皇則與雍容華貴類似，是一種端莊大度的氣質，也就是梅蘭芳的旦角扮相，不但有內外兼具的閨秀氣，更多了開闊持重的氣度。荀慧生「扮相麗，有蹺工，身材以不踩蹺為相稱。」荀慧生的麗，比起梅蘭芳的秀

---

〔註84〕《中國早期戲劇畫刊》，第十冊，頁 270。
〔註85〕《中國早期戲劇畫刊》，第一冊，頁 203～205。

字多了明豔外放之感，更有小家碧玉的感覺，舒氏明確指出荀慧生擅長蹺工，但認為荀慧生的身材並不適合踩蹺，推測應該是因為荀慧生扮相俏麗，而踩蹺會讓個人視覺上的身高偏高，減損了荀慧生的嬌俏感。尚小雲「扮相俊，身段合稱。」俊，有英俊、俊爽之意，凸顯尚小雲旦角扮相上特殊的英氣，這份英氣源於尚小雲個性中的豪俠不拘小節。程硯秋「扮相靜，身材微長」身材微長，點出了程硯秋在四大名旦中身高較高的特點，「靜」一字除了溫和之外還隱約含了一種淡然的距離感。從舒舍予對「扮相」的評論可看出，舒的品評也把名伶的個人氣質包括於內。正與後來四大名旦徵文中，蘇少卿以花比擬四大名旦扮相的評語相呼應。

嗓音與唱工是劇評家品評伶人時不可或缺的項目。尚小雲「嗓音厚實，惟略帶木氣，喜用剛音，近雖稍見柔和，運腔仍嫌稍拙。演正青衣之戲富足有餘。」由前文提到的四大名旦徵文劇評，我們知道尚小雲是四大名旦中，公認最擅長正工青衣戲的，由舒舍予對尚小雲嗓音唱腔的評語，我們也可以分析出當時人認為，適合傳統青衣的旦角演員，首先一定要嗓音厚實，能應付高低差異大的唱腔音域，但行腔的柔和以及靈活與否則並不是重點，即使喜用剛音、略帶木氣也無所謂。因為正工青衣要求的是端莊凝重的氣質，因此嗓音厚實而剛的旦角，較能展現這樣的氣度。梅蘭芳是「唱音甜潤而媚，能使人動憐愛情感」，但是「正工青衣不及所謂花衫戲」，根據舒舍予的意見，梅蘭芳演花衫戲比正工青衣戲合適，主要也是因為其嗓音是甜潤而媚，與正工青衣強調的剛正有別，因此雖非絕不適合正工青衣，但比起尚小雲來總是有些缺憾。荀慧生「嗓音以傷於唱秦腔，雖得中和之氣，惜犯寬音太多之弊，惟頗輕柔而善運用。近來細音已見增多，寬音自覺漸少，然尚未臻結實之境。」寬音太多，指的是音域較低，而舒舍予說荀慧生音域低，乃因早年唱秦腔傷嗓，但後來努力擴展音域，已稍稍有成，只是在舒舍予看來還不夠穩定。值得注意的是，舒舍予稱讚荀慧生「乃花旦底子能唱者，亦即在溶冶『花』、『衫』時代最為相宜，而無有其匹者。」將荀慧生評為四大名旦中，最適合唱「花衫」行當的一人。因為花衫的名稱本就是結合「花旦」與「青衫」而成，因此花旦工底對有意演花衫之演員應是不可或缺，四大名旦中，惟荀慧生本工花旦，其他三位旦角皆出身青衣，花旦功夫僅是聊備一格，因此如果純就技藝的完備方面，自然比不上荀慧生，而荀氏比其他花旦名角（如筱翠花）能勝任花衫的原因是，雖然嗓音不甚佳，但也懂得

揚長避短所以「別有獨到之處，應認為善於對付者」，因此可以以花旦本工兼跨青衣而成為花衫。程硯秋「嗓音別有天賦，不能認為甚佳，特以善運腔，支配均合，深入化境。可稱聰敏絕頂。」舒舍予說程硯秋是嗓音過於特殊，但善於依照嗓音獨出新腔，與尚小雲嗓音佳而運腔拙恰成對比。雖因嗓音關係吃虧，但能自闢蹊徑而風靡京劇界，引起競學風潮，亦難能可貴。不過舒舍予雖然對程硯秋運腔深入化境大加讚賞，卻認為：「惟此種逼音（假定逼字，非敢論斷），如無工候最易毀嗓，在程雖不見毀，亦似有傷。嘗見其唱腔中高降低或低升高間，發現有中斷不連之象，殊為惋惜。又嘗見什九票友，因模仿不能相肖，而終至將音帶造成苦澀者甚多。……蓋謂非具有程之特種嗓音，斷不能用其腔也。」舒舍予強調，程氏新腔乃因程氏嗓音別有天賦而生，所以若無程氏那般特殊嗓音，冒然學程只是徒然毀嗓，且舒舍予進一步提出其觀察，指出程硯秋的行腔方式似乎對程硯秋自身的嗓也隱約有傷，使其在高低音變換時，偶爾出現轉折處中斷之現象，只是因為畢竟是根據嗓音特色量身打造之新腔，所以不至於毀嗓。程硯秋這種「若斷似續」的行腔方式，在當時是程硯秋個人特色，今日也傳承下來成為「程派」的一項招牌，但當時劇評家也常出現與舒舍予一樣，對程嗓「一旦有不支之虞」的類似擔憂，可見程之嗓與腔，在當時劇評家的觀點裡，是很有「弄險」成分在的。

　　量身編排新劇，自梅蘭芳開始形成風潮，名旦無不仿效。因此當劇評家評論四大名旦時，新劇是必談元素。舒舍予在四大名旦中，對新劇評價較高的是荀程，而又隱以荀慧生排名第一。荀慧生「所編新劇，悲喜兩類亦覺傳神。又喜以舊戲重排全本。」舒舍予稱讚荀慧生的新劇無論悲劇或喜劇，在編排與演出上都能將劇情與人物精神掌握得恰到好處，簡直推崇到極點，與後來四大名旦徵文中，認為荀慧生喜劇比悲劇好的評論略顯不同。程硯秋「所編新劇中之《鴛鴦塚》，一平常簡單之情節，而演來淒楚動人。不僅以表情見長，且擅音韻之變化也。」舒舍予舉出的程硯秋之代表新劇《鴛鴦塚》，不但是悲劇，且只是發生於尋常人家的愛情悲劇，故事本身談不上甚麼可歌可泣、驚天動地，但是舒舍予認為程硯秋以細膩之表情與變化多端之音韻，讓此劇演來淒楚動人，成為膾炙人口的劇目。這與後來四大名旦徵文對程硯秋的評論是一致的，可見程硯秋擅演悲劇的特色，是他成名後不久就明確建立了，這跟程硯秋特殊嗓音很有關係。梅蘭芳「所編新劇，惜多偏重取材大人物，

雖曰高尚，惜難通俗。」四大名旦徵文中張肖傖對梅蘭芳新戲的評價則看似更詳細呼應舒舍予的說法：「其吃力處、吃虧處，則在於取材歷史小說之偉人物，如西施太真林黛玉洛神等，……不及玉霜之取一事一物之可供歌泣者為之，居然緊要不繁，恰到好處。」舒與張都認為梅的新劇厥負盛譽，但多半只在中上階層受到歡迎，而較難普及到一般市井小民階層，原因乃是取材對象多是史傳名人或佛經、小說中階級較高的人物，如天女、虞姬、楊貴妃等，與一般市民的距離較遠，不易使這些觀眾產生共鳴。舒舍予對尚小雲擅長新劇的評價是這樣的：「所編新劇，以唱見長作次之，但宜悲劇，《林四娘》是其傑作，《摩登伽女》之西裝未能與梅之古裝競勝。」照舒舍予的說法來看，尚小雲以唱見長的特色，不僅發揮在正工青衣戲，也延續到新編劇目。擅唱因此適合演悲劇，因為悲劇的情緒較哀怨沉重，可以容許較大段唱腔，喜劇則多半是看作表。若將舒舍予所舉尚小雲兩齣知名劇作《林四娘》與《摩登伽女》兩劇比較，《林四娘》是悲劇，《摩登伽女》是佛經故事且結局可歸喜劇，因此尚小雲在《林四娘》中的唱段明顯比《摩登伽女》多得多，而演出《摩登伽女》採取以做工及短而輕快的唱腔為主的路子，因此舒舍予認為《林四娘》比《摩登伽女》更能凸顯尚小雲的特長。

王勤先〈多才多藝之程玉霜〉一文，以唱工、扮相、作派、能戲等四個項目評論程硯秋。唱工一項，談論程硯秋的嗓音與行腔，程之嗓音「無粗大之患，無尖亢之病。」前文提過，程之嗓音屬「腦後音」且音域偏低也偏窄，因此尖亢之病不太容易發生於程硯秋身上，程硯秋比較有可能出現的是「粗大之患」，因為音域低且本為男性，程硯秋既無此病，顯示其控制嗓音的功力頗佳。行腔「婉轉自如，運氣紆徐曲折」，作者說程硯秋的行腔運氣是婉轉紆徐，顯示程之唱腔在劇評家眼中偏柔，與尚小雲的偏剛恰成對比。扮相「溫柔娟秀，媚骨天成。見者如遊群玉山頭，不作塵世間想。」形容程硯秋扮為旦角，其扮相之美麗與不俗。後半講到「飾小姐則端莊穩重，恰和閨秀身分；飾丫環則天真爛漫，不落一毫呆詮。演《起解》則憂憤滿腔、如怨如訴；演《醉酒》則薄怒伴嗔、似真若幻。大凡做劇中人，必將劇情領會融貫、細意揣摩，然後出之。」已經牽涉對劇中人的揣摩，與演員本身扮相如何關係較遠，與作工身段表情等關係較近，因為是因應不同身分的劇中人，表現出合宜的對應氣質，其實更適合放在「做派」項下，作為「扮一人有一人之態度」之實例。「做派」一項，在一開頭提到程硯秋「深得乃師衣缽，一舉足一撢袖

皆有法度」，讚美程硯秋身段基本功之紮實，因此做出身段中規中矩。「演一劇有一劇之精采，扮一人有一人之態度」，其後所提之實例：「《打漁殺家》之槳、《虹霓關》丫環之盤、《醉酒》之杯，靈敏新奇，皆能應絃赴節，技有專長，固不獨聲容並茂、適人觀聽也矣。」只對應了「演一劇有一劇之精采」這句，也就是純粹在討論「身段」，而表現劇中人的身份氣質這部分，王勤先是放在扮相一項討論的。

「能戲」一項，如前所述，包含了新戲、舊戲、崑戲，王勤先對於程硯秋在這三類戲的演出卻都是讚譽有加。新戲方面：「其自編之劇，如《聶隱娘》、《金鎖記》、《紅拂傳》等，文情並茂、歌舞俱全，劇情之構造、場子之穿插，濃淡適宜，不蹈偏枯之弊，而腔調新穎亦不落他人窠臼，每一登場，萬人空巷。」討論了程硯秋新編戲的劇詞、歌舞、劇情、場次結構等，而著重在程硯秋新劇的場次結構與唱腔，我們根據王勤先的敘述不難看出，程硯秋此時的新劇，與梅蘭芳新劇同樣對歌舞很留意，很可能意圖與梅蘭芳較勁，而梅蘭芳的新劇，因為如齊如山所說，主要是在「靠梅蘭芳」〔註 86〕，因此四大名旦徵文中也提過梅氏新劇在場次結構與演員戲份安排上不如程硯秋新劇。舊戲方面：「《宇宙鋒》、《女起解》、《武家坡》、《汾河灣》、《虹霓關》、《御碑亭》等無不佳妙，而最工者則為《六月雪帶法場》、《審頭刺湯》、《玉堂春》、《探母回令》數劇，是皆晼華指授，又得瑤卿為之改訂新腔者，以故柔婉淒切、巧妙絕倫。」舊戲主要還是著重程氏新腔，王勤先又特別點出程硯秋演得特別好的舊劇都是師承自梅蘭芳的，是有抬高程硯秋身價的意味。不過比起新劇來，程硯秋在舊劇部分能讓人眼睛一亮的似乎只有新腔，比起來還是新劇更吸引人。崑劇是：「能者不下二三十齣，以艱於配角不常演唱，憶前年曾聆其《思凡》一齣，北方伶人此劇亦頗盛行，顧念白吐字多帶北音，否則身段粗率多帶火氣，均不足令人滿意。而玉霜純然崑曲字音，毫無皮黃氣味，出場『昔日有個目連僧』數句，已博得滿堂叫好，姿態流逸法度精嚴，洵為劇界全才、梨園驕子。」王勤先極力稱讚程硯秋「純然崑曲字音，毫無皮黃氣味」，唱崑曲時不帶北京音與京劇味，且動作完全依照崑曲規矩不帶火氣，但終究只舉了《思凡》一齣，證據力稍嫌薄弱。與評論新劇相比，顯然力道削弱許多。

---

〔註 86〕 齊如山：《齊如山全集》（台北：齊如山先生遺著編印委員會，1964 年），第八冊，頁 112。

　　怡翁〈荀慧生之面面觀〉，〔註87〕以才質、作表、念白、武功、新劇、配戲班底等六項品評荀慧生。其中才質一項主要是討論荀慧生的先天條件，包括扮相與才能。怡翁十分認同蘇少卿對荀慧生扮相「如牡丹佔盡春光」的評語，因為荀慧生「天生清麗，眉目之間，善作嫵媚。顰笑多姿，尤稱絕妙。」怡翁認為荀慧生的扮相是清麗嫵媚、善於顰與笑，因此演出喜劇「即有一種天然逼肖之神情」，也就是荀慧生的才質演出喜劇是渾然天成，完全不假做作，而怡翁更進一步認為荀慧生的悲劇演出，因為從小浸淫多悲苦劇目之秦腔，因此天賦適合喜劇，後天才能卻能將悲劇也演的甚佳，使二者各臻絕妙。

　　本章多次提到由梅蘭芳帶起的重視表情風潮，因此有關四大名旦的劇評，表情都是必備重點。怡翁說：「慧生演劇，專攻描摹。演悲情則聲淚俱下；演喜劇則駘蕩春風；演驚逃則柔絲風嫋，演忿恨則玉厲珠稜，此不過就七情之作用，人生常感及者論之。他若描摹處女，則儼然春水；描摹少婦，則絕肖東風；描摹歌妓，則曲狀流鶯；描摹寡女，則如對曉月。一人有一人之身分，一劇有一劇之特徵。」〔註88〕怡翁並未對荀慧生的指法眼神臺步做詳細解說分析，而是著重於荀慧生是否能準確傳達出劇中人整體氣質，而傳達的重點當然就是臉上的表情，演悲傷情節能至聲淚俱下，聲淚即為表情具體之顯示。怡翁藉由稱讚荀慧生在演出人類七情這樣最平凡卻又最難表現的事物，凸顯荀慧生作工之精采傳神。而討論作工之篇幅也是此文中比例最多的。

　　荀慧生的武工在四大名旦徵文中也常獲推許為四大名旦第一，雖然荀與尚的武功都是幼有根柢，尚小雲還曾在科班中學過武生，但四大名旦徵文對荀的評價還是一致高過尚。怡翁也一樣，他在武工這一項說：「伶人之必有武工，不專在起打用也。一切臺容身段作派，皆賴武功之著實。……四大名旦中，慧生小雲皆出身科班，故武工僉有根柢。慧生且兼撲跌工夫，其武工尤稱獨步。惟慧生不矜才不使氣，負有武工，而不以武技自炫如小雲。惟於身段臺容中，具見其武工之有根柢。」〔註89〕怡翁強調，武工並非只用在武戲情節，也不是只有武旦才需精練，即使是青衣花旦也有許多暗藏武工應用的

<hr>

〔註87〕　《中國早期戲劇畫刊》，第十一冊，頁503～510。
〔註88〕　《中國早期戲劇畫刊》，第十一冊，頁508。
〔註89〕　《中國早期戲劇畫刊》，第十一冊，頁508。

身段，如《戰宛城》的鄒氏，在逃避張繡追殺時也須應用跌撲身段，若武工不佳則身段必不俐落。怡翁更講出了為何劇評家多數對荀慧生之武功評價高於尚小雲，主要是尚小雲會因為自己武工底子深厚而刻意編演大秀武工的橋段，不像荀慧生是在本來之身段臺容中顯現自身武功之根柢。

新劇一項，荀慧生的評價雖不是四大名旦中最高的，通常評價最高的若不是梅就是程，但是怡翁在這裡明確歸類出四大名旦以及其他名旦排演的新劇特質，尤其對荀慧生的新劇描寫特別詳細：「蘭芳之新劇，偏重神仙富貴之選。小雲性近俠，且好動，故多排演文武兼重之劇。豔秋新劇，或演劍俠，或演豪貴。……惟慧生所排諸新劇，多表演民間生活，對於平民之愛情悲情，表演極多。……其中穿插，香豔愛情之情素，佔其大半，然皆為民間的，而非貴族的。」〔註90〕梅蘭芳的新編戲，如《天女散花》《洛神》是神仙戲，《太真外傳》《霸王別姬》是富貴戲，而劇評家談到梅蘭芳新戲，若要論其缺點時，都會提到因為選取歷史上之偉人物，導致編制宏大不易討好。尚小雲編的戲多半在同一齣戲會同時兼顧唱工與武工，因為這兩項是尚小雲的強項，尚小雲也喜歡特意表現，如《林四娘》一劇，劇評家就認為唱工比例不輸傳統劇目，而劇中林四娘除了有舞劍場面，還有率兵為恆王復仇的武戲場面。程硯秋的新劇如《聶隱娘》是劍俠，《梅妃》是豪貴，但因為程硯秋擅演哀情劇，所以《梅妃》主角江采蘋雖是豪貴身分，但演出卻受到很多稱讚。怡翁特別強調，只有荀慧生的新劇取材最近平民。荀慧生的新劇取材平民生活，主要因為他本工花旦，所以在表演時的整體氣度上缺乏梅蘭芳的雍容大度、尚小雲的剛健貞烈及程硯秋的清冷幽怨，但卻有梅尚程都缺乏的小家碧玉嬌俏可愛，因此新劇中的主人公多為地位較低的女性，如《紅娘》、《杜十娘》、《霍小玉》，而荀慧生的新劇也以愛情戲為主，與荀慧生清麗嫵媚的氣質，易於表現纏綿俳惻的意態，演出愛情戲能收事半功倍之效不無關係。

荀慧生的念白也是怡翁大加稱讚的：「其口白一如其人，柔媚清脆。無小雲之剛健而得其簡勁，無豔秋之淒婉而得其嫵媚。大體似蘭芳，而氣口過之（蘭芳不能念大段白）。」〔註91〕怡翁認為荀慧生的念白為四大名旦中最全面的，因為集合了梅尚程之長處而避其短處。尚小雲的念白剛健簡勁，但是旦角畢竟是女性，念白不宜過剛；程硯秋念白淒婉嫵媚，但是淒婉只適合用於

〔註90〕《中國早期戲劇畫刊》，第十一冊，頁 509。
〔註91〕《中國早期戲劇畫刊》，第十一冊，頁 507。

悲劇，而嫵媚則適用於所有旦角念白；梅蘭芳因為為旦角戲路開山，地位崇高之故，所以梅氏的念白通常會讓其他演員奉為模範，怡翁也說荀慧生之念白「大體似蘭芳」。但荀慧生優於梅蘭芳的是，因為念白是花旦的兩大基本功之一，所以荀慧生幼年在念白上即花了相當大的功夫鍛鍊，因此在念大段念白的氣口調節上，明顯比梅蘭芳優秀許多。

### 3. 從徵文系列作品體現的四大名旦整體風格

　　上文我們分析了對四大名旦表演藝術，以及扮相、人際關係等層面分項具體評論的一系列文章，包括四大名旦徵文作品及其前後的類似文章。從這些劇評家的點評，可以統合出四大名旦的個人藝術風格。王安祈教授曾說：「流派幾乎可以說是演員有意識的以表演藝術建構『自我』的過程。演員將個人氣質投射到諸劇中人身上、人格特質與表演風格融合為一、劇中人與演員形象重疊的過程，流派藝術中演員的主體性即因此而體現。」〔註92〕在這幾篇重要劇評中，我們知道四大名旦扮相顯現的氣質，就是性格特質的外顯投射，梅蘭芳氣質溫婉和煦又不失雍容大方；尚小雲本人則是明朗豪爽沒有機心，性格較為外放剛強；荀慧生性格也是偏柔缺剛強之氣，但其柔比梅氏更多，因此外顯氣質上沒有梅那種中和雍容的大度之氣；程硯秋雖然性格內有稜角，因此扮相上外顯的悲苦疏離氣質，顯示其內心對人的距離感，但因為鋒芒不像尚小雲那樣外露，所以不易覺察。

　　這種性格的特質，同樣也反映在表演風格各方面，進而塑造其整體表演風格與創作的人物類型。梅蘭芳唱工的表現是寬亮而圓潤，有純正中和韻味，唯一瑕疵是剛音稍顯不足，念白明爽，做工表情細膩，而詮釋之劇中人常有雍容華貴且一團和氣之相，與人交往能從善如流，故師友極多使之能成名甚速，這點相當受當時劇評家稱讚。尚小雲嗓子特佳而唱工剛多柔少，但對傳統青衣唱工重頭戲能舉重若輕，因為傳統戲中的青衣多半強調其貞烈性格，唱腔自然較剛，但因性格開朗，故扮飾劇中人都有天真爛漫之氣質。演出時喜好選擇刀馬旦劇目，並常受當時劇評家批評的咬字大而化之，可是不拘小節的任俠之氣，也同時使尚小雲在人際關係上易生摩擦。荀慧生唱工是圓潤刻意取柔媚，在其擅長的京白上雖爽脆但仍避剛強，做工細膩也刻意向柔媚風騷靠攏，因此與梅蘭芳表演風格雖都偏柔，但比起梅氏大氣不足，飾演小

---

〔註92〕　《為京劇表演體系發聲》，頁31。

家碧玉最爲合適，正呼應其早年學花旦之經歷。程硯秋是四大名旦中，唯一擅演哀情劇者，因爲其內心正是有稜有角，早年與榮蝶仙的師徒經歷，使之對人際較爲疏離，對於悲與怒這種較爲負面的情緒，能準確表達，故演出悲劇人物的哀怨鬱結，頗能動人心脾。

今天學者對梅尙程荀四大旦角流派風格已有定論，我們可以《中國京劇史》所述爲代表。梅派「表演風格雍容華貴，典雅清新。唱工方面，嗓音甜亮、吐字清晰，行腔圓潤流暢、韻味醇厚，創制新腔，精而不俗，俏麗質樸。唱腔中能吸收其他劇種與其他行當的曲調，巧妙化在自己的演唱之中。念白也有深入研究，注重四聲講求五音，聽來剛而無稜，柔而不弱，婉轉圓潤、韻味醇厚。做表、舞蹈、武功也多有創發。表情細膩、身段優美，梅蘭芳在扮相和服裝改革方面最大的貢獻是首創古裝戲中的『古裝』扮相和服飾。」〔註93〕尙派「尙小雲扮相俊秀，嗓音寬甜脆亮，調門高亢，中氣充沛。演唱頓挫有力，拔高轉調，遊刃有餘，從不偷工減料。又能在以剛爲主的唱法上，翻作婀娜嫵媚之音，形成內剛外柔，從剛勁中見婀娜，在英武中顯嫵媚的演唱風格。念白爽朗流利，尤其是京白清脆流暢，字眼清晰，結合人物的思想、感情豐富而逼眞，有骨有肉，聲情洋溢。在表演上堪稱全才，無論是唱念作打，也無論青衣花旦刀馬，他均稱拿手。尙小雲以剛爲特色的表演風格，使他創造許多俠女、女將、烈女類的劇中人。」〔註94〕程派「13 歲倒倉後，嗓音帶有『鬼音』，而且欠寬亮圓潤之音，習旦殊爲不利。於是刻苦鍛鍊，又由王瑤卿根據他的嗓音特點爲之變新聲，程以極深之功力改變了晦澀的嗓音，創造性的練出了腦後音，爲旦角聲腔唱法開闢了新的領域。唱腔迂迴曲折，似斷又續，長於表達淒楚哀怨的思想感情。一時譽爲『新聲』。特別在悲劇中，最擅於表達淒楚哀怨，纏綿悱惻的內心感情。……在表情上，善於挑眉蹙眉，斂目凝視，女兒家含情脈脈嬌羞喜嗔之態溢於眉宇之間。程雖文武崑亂無所不能，但他成名後擯棄花旦，專工青衣，尤致力於悲劇研究，在京劇界以擅演悲劇執牛耳。」〔註95〕荀派「體態婀娜，長短合度，扮相俊美，唯中年以後嗓音欠佳（略帶沙音）。在唱的方面，避高亢之音，創柔媚之調，化剛爲柔，力求圓潤。演唱表現以『柔』爲主的特點，以柔起腔，以柔

---

〔註93〕 《中國京劇史》，頁 708～710。
〔註94〕 《中國京劇史》，頁 710～712。
〔註95〕 《中國京劇史》，頁 712～713。

行腔，以柔收腔。所創新腔，既注意花哨柔美的特點，更遵循著切合劇中人物身分、性格、感情這一前提。做工表情身段方面，善於將傳統表演程式，生活化地靈活運用。他在舞臺上創造的各種眼神，以及垂頭、晃肩、弄手、投足、捶胸等描寫少女姿態的特有動作，都是過去旦角表演中所未有的。在武打與舞蹈方面，如圓場、水袖及撲跌技巧等，荀均有深厚功力，熟諳蹻工，但後來卻毅然將之廢棄。」〔註96〕

　　將《中國京劇史》的敘述與四大名旦徵文提出的名旦個人整體風格相較，我們發現在四大名旦徵文時期，梅尚程荀的整體派別風格，與《中國京劇史》所述已可說相同。但與現代所稱「流派」仍有不同，根據前言所引《中國京劇史》對流派之定義，流派構成的要件，包括創始人、獨特唱腔與表演風格、獨創劇目、獨特劇中人形象、後學傳承等五項元素，少了其中一項，就不適合稱為「流派」，尤其後學傳承一項更極為重要。將上面從四大名旦徵文中歸納出的四大名旦風格，對照現代學者的論述，我們發現：當時四大名旦的個人風格皆已成形，只是徵文聚焦的是四大名旦本身，而未曾討論拜四人為師的後學，而後學統系的壯大與否，正是流派形成的重要因素，因此當時四大名旦還未發展出今日的流派。或許是因當時拜四大名旦為師的後起旦角，尚未出現劇評家眼中真正稱得上足以繼承衣缽者，。

## 第三節　演員專號與報紙劇評評比之演員表演藝術內容分析

　　第二節我們已經討論過劇評家對四大名旦綜合風格的品評，本節我們要討論的是四大名旦徵文系列劇評以外，與之時間接近的京劇期刊與綜合報紙上，已經呈現出四大名旦哪些表演藝術風格。上文分析整理了四大名旦綜合品評文章的內容，以見這種將四大名旦並比而凸顯四人個人風格差異的文章，在形式與內容上演變之過程，並且此種差異中呈現了那些四大名旦一以貫之的個人風格。本節我們想討論的是，在期刊的演員專號與報紙劇評裡，呈現對四大名旦哪些個人藝術風格的關注。挑選四大名旦專號為主要討論對象之一，因為雖然四大名旦專號其實是期刊商業宣傳手法的產物，但因為京劇期刊畢竟是以京劇戲迷為訴求對象，除了商業宣傳效果外，內容專業形

---

〔註96〕　《中國京劇史》，頁714～715。

象也必須留意。這些演員專號都是針對名旦個人出版，因此其中有很多專門針對個別演員表演風格的評論，可以集中反映當時劇評家對四大名旦風格的觀察。

### 1. 梅蘭芳專號

《戲劇月刊》一卷六期是「梅蘭芳專號」，梅蘭芳專號是爲梅蘭芳赴滬演出而出版，但因爲專號出版在赴滬演出之前，因此劇評家以全面品評梅蘭芳的表演藝術爲重點。三十六鴛鴦館〈梅劇新錄〉一文，介紹了梅蘭芳此次赴滬所帶之五齣新編戲，〔註97〕此文提到梅蘭芳一項很受後世注意的表演藝術重點，「今者以表情獨重」，對照這次赴滬帶來的《宇宙鋒》，是梅蘭芳特別提過，在「表情」上多次加工的戲。〔註98〕因爲梅蘭芳致力對表情的鑽研，引起劇評家的重視，因此到四大名旦徵文時，表情一項就成爲重要的評比元素。本文一開頭提到梅蘭芳新編劇目的特色，在當時更是正反意見互見，廣受討論的特色：「注重歷史，專意歌舞，妙譜新聲，甌飪生色。」〔註99〕凸顯了梅氏新編戲「注重歷史，專意歌舞」的特性。柔絲館〈《西施》劇本贅言〉一文，在詳述《西施》一劇編排過程時，即提到最後以「西施」爲新劇題材，是因爲梅蘭芳自己的一段話：「廉玩立懦之作，最易發人激揚之志，又或於歷史教育稍有關係，故此遭劇本，尤擬以具有家國之關係者爲準。」〔註100〕意指從歷史偉人物取材而非只取一事可歌泣者，與梅蘭芳個人意志關係相當大，並不全是梅黨文人左右編劇的結果。也就是最晚在民國十七年時，梅氏新劇以歷史上有名人物爲主角，以歌舞爲演出重點的特色，已經具體成形。

---

〔註97〕 文章介紹的五齣新戲分別爲《鳳還巢》《俊襲人》《宇宙鋒》《春燈謎》《花蕊夫人》，這五齣新戲，梅氏以前赴滬並未演出過。

〔註98〕 梅蘭芳在《舞台生活四十年》一書中，曾詳細分析過他在《宇宙鋒》這齣戲裡，對女主角趙豔容的表情揣摩。這齣戲裡表情層次最豐富的段落，是〈裝瘋〉一場，因爲趙豔容初次裝瘋，對象是共同生活了十幾二十年的父親，而同時場上又有教她裝瘋的啞奴，趙豔容必須同時與此二人互動，對啞奴是本來的正常理性面目，對趙高卻要裝出自己瘋了的神氣，而又不能讓趙高發現自己是裝的，對自己除了正常理性面目之外，因爲覺得啞奴的主意很能解決當下的困境，可是又不忍心欺騙父親，加上裝瘋必須做出不少逾越父女界線的舉動，內心的掙扎可想而知，因此沉吟思索進退兩難的表情，更需明顯讓觀眾看見，以使觀眾明白趙豔容的內心活動。《舞台生活四十年》，頁 148～149。

〔註99〕 《中國早期戲劇畫刊》，第二冊，頁 373～376。

〔註100〕 《中國早期戲劇畫刊》，第二冊，頁 419。

我們在分析綜合品評四大名旦的劇評文章時，也經常提到劇評家認為梅氏新劇常有取材歷史人物、體制規模宏大的特色，可見這的確是當時公認的梅氏新劇風格。不過我們也提過這種新劇風格，在四大名旦徵文作品裡，就曾經指出在舞台演出上不易討好。甚至早在《戲劇月刊》一卷一期，張肖傖的〈蒨蒨室劇話〉就表達過同樣的意見：

> 梅伶所編新劇，其吃力處在專取歷史上婦女界中一等人物，如太眞西施之類。故場子結構上不取壯麗紛華、堂皇闊大，便失之簡陋；若取簡純白描又與歷史不符。故愚終以爲，程硯秋之新劇大都取一人一事而可歌可泣者，或香豔風流者，編劇上之易著手，與演唱時之易見好，較梅實爲省力而佔便宜。關於京津滬三地人士之一致歡迎豔秋新劇，非無故也。〔註101〕

梅蘭芳的新編劇目多以楊貴妃、虞姬、天女……等歷史或神話人物爲主角，因爲這些人物大眾較爲熟悉，觀眾心中較容易出現既定形象，所以編劇有很大程度受限於「既定形象」而無法自由發揮，同時由於這些女性腳色有一定地位，所以分場結構必須壯麗紛華，不僅是外在的服裝切末須華麗、上場人物多，演員的表演也必須相應的複雜華麗，比如楊貴妃跳翠盤舞、虞姬舞雙劍，導致演出比較費力。程硯秋編演的新劇主角大部分位階不像梅蘭芳扮飾的人物那麼顯赫，有的甚至只是普通百姓。一方面劇中人的地位更貼近大部分觀眾，另一方面是這些劇中人較少「公眾印象」，因此編排空間較大，可以針對劇情重點著意刻畫，且因爲觀眾沒有既定印象，即使是后妃一類人物，也可僅選擇一事一物可歌可泣者加以渲染，較易吸引觀眾。

在四大名旦徵文中名列第一的蘇少卿，在〈憶梅〉一文中，〔註102〕提到民國十七年以前觀看梅劇之經驗，就已大談梅之扮相、新腔、品行，且尤以扮相與品行爲文章重點。蘇少卿在回憶梅蘭芳初演《黛玉葬花》時，最清楚的是梅蘭芳「新裝乍試，如出水芙蓉，令人眼花撩亂口難言矣。」《黛玉葬花》是梅蘭芳第一齣紅樓戲，無論詞句、身段都刻意精雕細琢，而蘇少卿印象最深刻的卻是梅蘭芳穿上量身打造的新戲服後，清新脫俗、令人驚呆的氣質。梅蘭芳第一次到上海，是跟隨著名鬚生王鳳卿而來，蘇少卿恭逢其盛觀賞其打泡戲《彩樓配》，「當時梅正在妙齡，儀態萬方，容光煥發，嗓子亦清

〔註101〕《中國早期戲劇畫刊》，第一冊，頁127。
〔註102〕《中國早期戲劇畫刊》，第二冊，頁409～412。

－233－

和暢達，調子如何不能記憶，新腔則斷然無有。」《彩樓配》演出王寶釧薛平貴故事，是一齣傳統老戲，蘇少卿紀錄的重點在扮相與新腔，扮相上年輕的梅蘭芳，不但漂亮且有精神。也就是早年的梅蘭芳，扮相的確是他能先聲奪人的強項，到了 1931 年《戲劇月刊》的「荀慧生專號」中，怡翁的〈荀慧生面面觀〉仍然指出：「四大名旦中，色以蘭芳。」〔註103〕正呼應了第一節提到薛觀瀾在宣統二年初見梅蘭芳的記憶。關於新腔之使用，指的是演唱傳統戲時，在原來腔調中摻入其他劇種或曲藝的行腔。蘇少卿的文章明確指出，梅蘭芳在傳統戲中使用新腔，是後來才出現的現象。因為梅蘭芳第一次到上海時，蘇少卿的回憶紀錄斬釘截鐵地說「新腔則斷然無有」，而後來（蘇少卿已不記得年月）唱《武昭關》之「獨坐在大佛殿自思自恨」一段八句，在唱「奔天涯走地角淒淒慘慘無處安身」一句時，蘇少卿說「琴音襯托，頗似大鼓調」，〔註104〕可見蘇少卿認為這句新腔，很可能是化用了大鼓書的腔調，而蘇少卿認為「刺激性過大」，〔註105〕故頗不以為然，因為刺激性大的聲腔，觀眾固然愛聽，但若如年輕的傳字輩學員朱傳茗，在正規唱腔根基未穩時，就先受梅蘭芳以大鼓調摻入《武昭關》之影響，後來很可能改不回規矩唱腔。後來在四大名旦徵文中，他再次提到梅蘭芳以大鼓調創新腔的事，並明確指出是因為當時程氏新腔大受歡迎，聲勢幾乎壓過梅，因此梅不得不編新腔回應。〔註106〕

### 2. 尚小雲專號

　　尚小雲是四大名旦中第二個出演員專號的。尚小雲的表演藝術，最突出的就是天賦嗓音及唱工，尤其是演唱傳統戲時，唱工更受劇評家大加稱讚。如雲舫〈小雲初試《玉堂春》〉一文，談論尚小雲唱工「近年運用低音最為婉轉動聽，如『在院內住了有九春』及『在周倉足下敘一敘舊情』二句，一以舒徐為妍，一以嬌羞為媚，皆絕妙好音韻也。」尚小雲的嗓子剛勁，高音特別突出，此處雲舫卻轉而稱讚尚小雲的低音運用，是意圖凸顯尚小雲唱工修為的全面性，且同樣是低迴的唱腔，回憶在院中住幾年時，情緒較為平靜，所以唱腔舒徐，而回憶到王金龍落魄關王廟，自己去探望他，兩人因為舊情

---

〔註103〕《中國早期戲劇畫刊》，第十一冊，頁505。
〔註104〕《中國早期戲劇畫刊》，第二冊，頁410。
〔註105〕《中國早期戲劇畫刊》，第二冊，頁411。
〔註106〕《中國早期戲劇畫刊》，第十冊，頁253。

如火行歡愛之事時，則是內心澎湃激動但又不好表現於外，因此充滿嬌羞。
這同時也展現尙小雲對劇中人情緒層次掌握的功力，不是一味賣弄嗓子。尙
小雲的好嗓與唱工之表現，劇評家屢次舉出的例子就是青衣唱工戲《祭江》、
《祭塔》。林老拙〈談尙小雲〉提到：「至《祭江》、《祭塔》爲青衣最難唱之
劇，……晚近多避重就輕，《祭江》、《祭塔》久已寂寂無聞，惟小雲能之，豈
不可貴哉。……擬儘此數日，一演《祭江》以酬知音。是劇近三十年，海上
從未有人演過，小雲此來舊調重翻，又不啻爲舊劇開一新紀元也。」〔註107〕
《祭江》與《祭塔》都是以唱工爲主的青衣戲，《祭江》已經有三十年未曾有
演員在上海唱過，因爲一般演員沒有足夠的嗓子與唱工來應付這齣戲，且此
戲情節起伏不大，很容易吃力不討好，但尙小雲仍無所畏懼，願意在臨別之
時排入演出劇目中，顯示對自身藝術的自信。不過林老拙撰寫此文時，尙小
雲還未登臺演出《祭江》，因此林老拙只能稱讚尙小雲提出「爲舊劇開一新紀
元」《祭塔》，則撰文時林老拙已實際看過，因此對尙小雲的唱功描寫較具體：
「細聆其所唱【反二黃】兩段，尙能一氣團結。『爲娘的盜靈芝高山行走』，『高
山行走』四字，調應特別翻高，向聽余紫雲歌是劇，眞有響入雲霄之妙，小
雲高音饒足，大可法余之妙唱。『娘只望做夫妻天長地久天長地久，我的兒
呀』，『天長地久』之節節高，行腔甚酣暢條達。次段『四好比』四句，應分
作兩高兩低，以免蹈合掌之弊，似唱者亦注意及之，故歌來如峰巒起伏，妙
有層次。末句『青史名標五鳳樓』亦收束得佳。」〔註108〕林老拙對尙小雲在
兩大段二黃中特別需要高音的唱句，比如：『高山行走』四字，腔調必須特別
翻高，『天長地久』四個字的唱腔必須一字比一字高，都特別稱讚，尤其是
『高山行走』的腔調，以前輩余紫雲響入雲霄做比，認爲尙小雲實有此天賦
效法余紫雲之唱。同時更進一步推崇尙小雲高音雖擅場，卻不僅是一味賣
弄，對於唱腔該具備的層次也一點不馬虎，『四好比』四句指得是：「娘好比
月當空被烏雲遮透，娘好比瓦上霜日出方休，娘好比弓斷弦不能解救，娘好
比水東流入海不回頭。」這四句是白蛇形容自己鎭壓在雷峰塔下的困境就好
像自然界的現象，無法憑人力解除。四句唱詞爲排比句，所以唱者若皆以高
音或低音腔出之，則易有沉悶之感，林老拙認爲應唱成兩句走高音兩句走低
音。「合掌」即雙手合十之貌，因爲左右手掌對掌合在一起時是完全重合的，

---

〔註107〕《中國早期戲劇畫刊》，第三冊，頁195～196。
〔註108〕《中國早期戲劇畫刊》，第三冊，頁195～196。

只有左右對稱之不同，因此用來形容演唱排比句時，戲詞雖略有不同，但唱腔大部分重複，很像雙手合十的重複感。而尚小雲演唱此四句排比句時，也注意到了林老拙說的「合掌之弊」，採取了兩高兩低的唱法，表現在藝術上的用心。

對尚小雲唱工的注目，也不僅限於專門面向京劇觀眾的京劇期刊，連綜合性報紙的劇評都願意花不少篇幅討論，可見尚小雲的唱工之佳妙，是廣受肯定與歡迎的。1929 年 3 月中旬尚小雲赴滬演出，上海最大的報紙《申報》，在 1929 年 3 月 21 日的自由談，刊登了棘公所撰「綺霞劇訊」一文，〔註109〕評論尚小雲 3 月 18 日演出的《紅鬃烈馬》一劇。〔註110〕棘公評論尚小雲《紅鬃烈馬》一劇，首先就對其唱工稱讚不已：

> 開場之【慢西皮】，新聲婉轉，頗有珠圓玉潤之妙。與軍爺對唱各句，聲應氣求，極多精彩。【快板】『這錠銀子三兩三』一段，鶯聲嚦嚦，又好聽，又清楚，猶之珠走玉盤、鳥鳴春樹，非工夫老到者不辦。……《大登殿》一場，……『急急忙忙上金殿』一段【二六】，圓轉如意。救父段中三個『來』，時似斷似續，且抑且揚。比譚叫天《空城計》中三個『來』字，殊無多讓。〔註111〕

《紅鬃烈馬》是傳統老生青衣戲，劇中唱段極多，板式有慢板、快板、搖板、二六等，不過若與期刊中同樣評論尚小雲傳統劇目唱工的文章比較，棘公此文看似也將尚小雲在《紅鬃烈馬》一劇重要唱段上的唱腔特質分析了一遍，但多半是以運用許多形容詞，如新聲婉轉、聲應氣求、鶯聲嚦嚦等，意象式的讚美一番。分析尚小雲在《大登殿》向王允訴心聲的一段【二六】之末句「來來來隨兒上金殿」句首三個「來」字的行腔，是以將之與老生魁首譚鑫培在《空城計》對司馬懿所唱「你就來、來、來，請上城樓，聽我撫琴」裡的三個「來」字相提並論的方式呈現，雖然仍未曾仔細分析尚小雲的行腔模式，但仍比純粹意象式的讚美具體的多。這種並比式的寫法，明顯建立於劇評閱讀者對譚鑫培唱腔的熟悉上。《順天時報》1917 年 7 月 7 日第五版「檀板綺聞」專欄，金子岩〈觀尚小雲演劇記〉，評論尚小雲的《彩樓配》一劇，「第二場首句倒板上場，接唱搖板，句句緊練、響遏雲霄。又轉二六，字字珠璣，

〔註109〕《申報合訂本》（上海：上海書店，2008 年），第 256 冊，頁 607。
〔註110〕根據棘公自己的說法，文章是演出隔天就寫成，也就是從投稿到實際刊登又隔了兩天，但比起期刊已經是甚為快速了。
〔註111〕《申報合訂本》，第 256 冊，頁 607。

聲如裂帛。全劇以此段爲至難唱，句既多板又屢易，至形容句句皆有更變，末段數句慢板清晰可聽。非腔調嫻熟，何克臻此。」〔註112〕也是以響遏雲霄、聲如裂帛等形容詞進行意向讚美，而未曾像期刊句平那樣詳細分析尚小雲之行腔。報紙劇評這種與期刊劇評不同的行文模式，與二者本質差異有關。京劇期刊面對的讀者純粹是京劇觀眾，且其中有不少是對京劇有鑽研興趣的觀眾，因此在評論演員唱工時，可以針對精華唱腔，逐字逐句討論其行腔特長，但報紙劇評有可能只是讀者翻閱報紙時，隨意瀏覽的一小部分，因此偏向以美麗的修辭、形象化的形容這樣，類似文學作品的方式撰寫劇評，才能迅速呈現重點，吸引讀者目光。

「表情」在專號劇評中，也是一項必定出現的元素，因爲梅蘭芳對「表情」的著意鑽研，受到劇評家注意且認同，因此表情之細膩與否，也延伸到對其他名旦的評論標準中。雲舫〈小雲初試《玉堂春》〉，談到尚小雲演出的著名傳統老戲《玉堂春》。這齣老戲是尚小雲生平傑作之一，在荀慧生整編爲首尾完整的本戲之前，《玉堂春》基本單指〈會審〉這部分。雲舫評論尚小雲這次的演出，對其表情之細膩大表稱讚：「其表情細貼處，尤覺不一而足。譬如『鴇兒他買我七歲正』，尚未啓口時，小雲轉眼向上、頻數其指，作回想狀。又如唱至『十六歲開懷是那王公子』之掩笑含羞狀皆妙。」〔註113〕因爲小時被賣距今已久，因此驟然問及，通常必須略作回想，尚小雲此處將眼神望向上方而暫不與觀眾對視，並以手指作出數數狀，表現蘇三精神遊離回過往的神態淋漓盡致。至於講到十六歲的初夜與初戀，因爲王金龍是知情識趣的翩翩佳公子，正合她意的理想對象，跟王金龍的愛情細節，時時刻刻都縈繞心頭，因此回答時無須再做出需要回憶狀，但那畢竟是情竇初開的少女時期，即使已經過人生風波，當憶起過去那段美好，所有的羞澀甜蜜一起湧上心頭，少女之態也不禁出現。這與梅蘭芳演出《玉堂春》時，「審支銷」一段，在回答之前略停做思索狀，都是表情細膩的佳例。

自梅蘭芳開旦角量身編演新戲之風後，有幾齣量身打造的新戲，就成爲旦角成名的要件，名旦編出新戲，不僅要在北京露演，到外地跑碼頭也要帶幾齣新編戲以資號召。尚小雲此次赴滬，最受注目的新戲就是《摩登伽女》。這齣取材自佛經故事的新戲，與其他一樣取材自佛經的新編戲如梅蘭芳《天

---

〔註112〕金子岩：〈觀尚小雲演劇記〉，《順天時報》1917 年 7 月 7 日，第五版。
〔註113〕《中國早期戲劇畫刊》，第三冊，頁 194。

女散花》最大的不同，是在扮相、佈景、配器、身段上，都用了相當多異國元素，因此引起劇評家多次評論。雲舫的〈紀小雲《摩登伽女》〉，對這齣戲佈景、衣飾與舞蹈等新奇事物，都做了詳細評論。第二幕「佛陀講道」的道場，〔註114〕「佈景彩電數百，有機旋動，頗為壯麗。」〔註115〕劇中的衣飾更讓觀眾嘆為觀止，因為「此劇所製衣裳，綜計值八千金，所飾花邊，尤極琳瑯璀璨。聞係去年陶宅為選自南京路綺華公司者。」〔註116〕衣服都在上海特別訂製，總共花了八千元，這在當時是相當大的數目，所以不但質料好、顏色美，連衣服的花邊都是五顏六色讓人目不暇給。尚小雲在劇中也毫不掩飾的展示這些所費不貲的新行頭：「小雲最初出場，衣呈蓮花色，左鬢綴有綠羽一束，富有美感。旋復數易其衣，或則金碧輝煌，或則綺羅隱約，悉與繡幕雕簾交相掩映。……末幕摩登伽女懺悔，小雲素衣淡雅，於佛殿中出彩絲一束，忽為佛劍斬斷，此時萬縷情絲，竟似曇花一現。」〔註117〕尚小雲在第四幕第一次出場，而第一次出場的衣飾必須予人耳目一新之感，尚小雲初出場的衣服是「蓮花色」，這裡的蓮花指的應是紅蓮，亦即衣服的顏色是淡桃粉色，嬌豔無比，不但象徵摩登伽女的青春嬌俏，也象徵她的情竇初開，荷花又有出淤泥而不染的形象，象徵摩登伽女內心的天真純潔，而鬢邊綠羽的顏色又可以聯想到荷葉，荷葉與荷花結合是完整的佛陀與觀音象徵，也暗示了摩登伽女隱藏的佛性，埋下最後懺悔悟道的伏筆。中間因應劇情變化衣服或華麗或飄逸，最末一幕因為即將入道，摩登伽女改穿淡雅的素衣，象徵道心萌發，但是若摩登伽女一味素雅，則視覺上缺乏變化，因此讓尚小雲於佛殿中拋出一束彩絲。

當然這齣戲最受人注目的還是尚小雲在結尾跳的踢踏舞：「於是摩登伽女獻舞，小雲御金縷之衣作『英格蘭女兒』舞，周旋折旋無不中節，殿以旋舞，舞衣成一覆碗狀，而彩聲四起。」〔註118〕以金縷衣形容尚小雲的舞衣，可見舞衣質感之佳，而尚小雲的舞技更「可於跳舞場中佔一席也。」〔註119〕周旋

---

〔註114〕 查閱《摩登伽女》劇本，道場情節出現在第一場，摩登伽女初出場在第二場，亦即以舞台表演實況而言，一場至少有兩幕，因此作者才會說道場為第二幕，摩登伽女於第四幕出場。

〔註115〕 《中國早期戲劇畫刊》，第三冊，頁 196。

〔註116〕 《中國早期戲劇畫刊》，第三冊，頁 197。

〔註117〕 《中國早期戲劇畫刊》，第三冊，頁 197。

〔註118〕 《中國早期戲劇畫刊》，第三冊，頁 197。

〔註119〕 《中國早期戲劇畫刊》，第三冊，頁 195。

是指一次轉三百六十度的完整圓圈，折旋指先轉一百八十度，然後再返身由原路轉回原出發點，而尚小雲在作出這些難度較高的舞姿時，完全未曾出現任何瑕疵，最後結束前的高潮，是尚小雲在場中不停轉圈，讓舞衣維持一個完美的覆碗狀，精湛而新奇的舞蹈演出，惹得全場彩聲雷動。雲舫這樣詳細的紀錄，可見《摩登伽女》不但讓上海觀眾印象深刻更充滿讚譽與驚奇。無涯〈記小雲之《摩登伽女》〉也說：「末場跳舞，佐以五彩電燈、全班西樂，則更如置身廣寒宮中，不復作凡塵之想，堪嘆觀止。」〔註120〕無涯紀錄的跳舞場景，重點不在尚小雲的舞姿，而提到了五彩電燈、西樂這樣的新奇舞臺搭配。把雲舫與無涯對《摩登伽女》一劇的重點敘述結合，可以勾勒出對當時大部分的上海觀眾而言，《摩登伽女》之所以能「每一貼演，必告滿座。上次來申連演數天，而其賣座力始終不衰」，〔註121〕就是因為在京劇舞臺上從不曾出現的西舞、西樂、西式機關燈彩這樣的新鮮事物。

　　值得我們注意的是，通常名旦的新編戲都不會把唱工列為首要賣點，最多唱作並重，尚小雲的《摩登伽女》既取材佛經，又使用許多西化事物，更不可能仍舊以唱為主幹，但是因為尚小雲在舊戲時期，就以一副標準青衣嗓著稱，開始編演新戲後，仍常推出青衣唱工重頭戲「以酬知音」，因此即使是《摩登伽女》，劇評家們也會花費不少心思注意尚小雲的唱。林老拙〈談尚小雲〉提到「【西皮慢板】中『生在這旃荼羅異族家門』，『羅』字行一長腔，極迂徐縈折，句似將中斷，乃又銜接『異族家門』，『門』字又使一長腔，唱法頗費騰挪，具見匠心獨運。又【西皮原板】『驀然間巧相逢井邊遇見，可愛他容俊美才貌雙全』，字正腔圓，亦甚動聽。」〔註122〕雲舫〈記小雲《摩登伽女》〉：「摩登伽女與阿難邂逅於旃旎井邊一幕，小雲所歌【西皮慢板】舒徐為妍，能將女兒心事曲曲傳出。還家求母時之【西皮原板】與春宵共枕時之【南梆子】，新聲迭出美不勝收。小雲【南梆子】千般嬝娜，確能獨樹一幟，其走低音處，旃旎極矣。」〔註123〕無涯〈紀小雲之《摩登伽女》〉：「一聆綺霞之唱白，調正字圓，其藝更益孟晉。如第四幕之【西皮搖板】『女兒身如白玉豈肯輕賤』一段，第七幕之【西皮慢板】『惜年華如逝水韶光一瞬』一段，第八幕之【西皮原板】『驀然間巧相逢井邊遇見』一段，無不抑揚婉轉沁人心

〔註120〕　《中國早期戲劇畫刊》，第三冊，頁270。
〔註121〕　《中國早期戲劇畫刊》，第三冊，頁270。
〔註122〕　《中國早期戲劇畫刊》，第三冊，頁194。
〔註123〕　《中國早期戲劇畫刊》，第三冊，頁197。

肺。至『除卻了阿難他兒我不向人歡』句,尤其一唱三折,非一般人可學步。」
〔註124〕這三篇文章都特別將第八幕之【西皮原板】『驀然間巧相逢井邊遇見』
提出,可見摩登伽女對阿難一見鍾情的這段唱腔,應當是特別琢磨過的。不
過雖然三位劇評家都對尚小雲在此劇的唱腔十分注意,但嚴格來說評論新編
劇跟評論傳統戲唱腔仍然大不相同,雲舫重在尚小雲的唱腔傳達了劇中人甚
麼樣的情緒,無涯雖然比較詳細的舉出戲詞分析,但只說了「無不抑揚婉轉
沁人心肺」「一唱三折」等,評論的較為概略。林老拙舉出了兩句戲詞,但只
有第一例【西皮慢板】詳細析論哪一字拉長腔哪一字似斷又續等。與分析尚
小雲演出《祭塔》反二黃兩段,連何處高音何處低音都詳細論述,其細膩度
之差別顯而易見。

### 3.程硯秋專號

程硯秋在四大名旦之中,嗓音最特殊,因此專號劇評討論其嗓音與唱工
自然也最多。味蒓〈憶畹華兼弔玉霜〉,回憶看程硯秋演出《武家坡》:「玉霜
善於運用低音,使用小腔疊句墊字的功夫也比旁的人強。」〔註125〕程硯秋音
域窄且偏低,但卻根據自己的嗓音特質加工低音,並多以小腔疊句墊字等不
同行腔方式,使唱腔富於變化,讓阻力化為助力。瘦竹軒主〈艷秋之嗓與唱
腔〉,專門討論程硯秋的嗓音特質與其唱腔的琢磨功夫,開宗明義就提到:「工
夫之嗓,則無人能勝艷秋。」〔註126〕工夫之嗓是跟天賦之嗓做對照的,天賦
之嗓指天生嗓音脆亮,瘦竹軒主所舉代表是青衣宗師陳德霖;工夫之嗓則是
在天賦嗓音不佳的狀況下,自行琢磨運腔方式,使嗓音呈現另一種悅耳型態,
瘦竹軒主認為程硯秋是這種型態的代表:「蓋艷秋之嗓近左,論理,天賦左嗓
〔註127〕即不能與琴絃和合,永世不能唱戲。而艷秋之嗓,高可裂石驚雲,低
似線串絲裊,登高一呼,遂為青衣魁首、伶界副王,此無它,即應用之適當
耳。」〔註128〕天賦嗓音與胡琴不搭調的演員,論理只能棄伶從事其他行業。
但程硯秋卻能把自己的嗓音練出獨一無二的韻味,可以有高音有低音且分別

---

〔註124〕 《中國早期戲劇畫刊》,第三冊,頁 207。
〔註125〕 《中國早期戲劇畫刊》,第二冊,頁 417。
〔註126〕 《中國早期戲劇畫刊》,第九冊,頁 369。
〔註127〕 左嗓,主要指男聲中一種不正常的嗓音,特點是能高而不能低,另外聲音剛
而扁,圓潤不足。另外,左嗓有時亦用作另一解釋,指嗓音與伴奏樂器不合,
即一般所謂的「不搭調」。《京劇知識辭典》,頁 15。
〔註128〕 《中國早期戲劇畫刊》,第九冊,頁 369。

明顯。「低似線串絲裊」，形容程硯秋的低音幽微嗚咽若斷似續的特質，這在四大名旦徵文中也提到過。程硯秋的嗓子有一個絕無僅有的優勢就是「耐長」，程硯秋可以在演《文姬歸漢》的一小時內，「大段【西皮慢板】、大段【二黃慢板】及大段【反二黃】接連而唱，其中休息時間極少，且間有口白。以一小時之中，連唱此三段，能不聲嘶力竭，有幾人哉！」〔註129〕《文姬歸漢》的【西皮慢板】出現在第十二場，為文姬隨周近歸漢，剛上路時所唱：「整歸鞭行不盡天山萬里，見黃沙和邊草一樣低迷。又聽得馬嘯嘯悲風動地，雖然是行路難卻幸生歸。悔當日生胡兒不能捐棄，到如今行一步一步遠足重難移。從此後隔死生永無消息，反叫我對穹廬無限依依！」【二黃慢板】出現在第十三場，是文姬在歸漢途中宿於客棧，唱《胡笳十八拍》中的第十四拍時所用：「身歸國兮兒莫知隨，心懸懸兮長如饑。四時萬物兮有盛衰，唯有愁苦兮不暫移。山高地闊兮見汝無期，更深夜闌兮夢汝來斯。夢中執手兮一喜一悲，覺後痛吾心兮無休歇時。十有四拍兮涕淚交垂，河水東流兮心是思。」【反二黃】出現在第十五場祭昭君墓時：「我文姬來奠酒訴說衷情：你本是誤丹青畢生飲恨，我也曾被娥眉累苦此身。你輸我及生前得歸鄉井，我輸你保骨肉倖免飄零。問蒼天何使我兩人共命？聽琵琶馬上曲悲切笳聲。看狼山聞隴水夢魂猶警，可憐你留青塚獨向黃昏。」因為第十四場只是過場，因此可以說此三大段唱腔出現在連續三個正場中，而此三正場的總時間僅約一小時，每場都有一段重頭唱腔，還加上不少念白，演員嗓子負擔極大，程硯秋卻能一派從容的應付。且程硯秋對於唱腔的駕馭能力，也無人能及：「艷秋唱腔喜走險板，當其由高而下時，往往一宕，由低旋轉而高時，又喜一宕。聽者往往以將脫板為憂，而不知其處之泰然也。其加花腔，非濫加者可比，外行者往往以濫加花腔責之，實為大謬。艷秋之花腔新穎動人，故習之者甚眾，而得精華者極尠。」〔註130〕程硯秋在高低腔轉換處，喜歡以暫停之方式弄險，常讓觀眾以為程硯秋要跟不上節奏出糗了，殊不知這完全在程硯秋計畫中，且觀眾因此集中全副精神聆聽程硯秋之唱，讓程硯秋也趁機宣傳了他的獨特新腔，風靡京劇愛好者。正因善於運用嗓音之優缺創造適合的新腔，程硯秋的聲名因此幾有追上梅蘭芳之勢，成為旦行第二把交椅。

　　1928 年 11 月 19 日《申報》自由談的「紅氍毹」專欄，刊登了看雲樓主

---

〔註129〕《中國早期戲劇畫刊》，第九冊，頁 369。
〔註130〕《中國早期戲劇畫刊》，第九冊，頁 370。

人的〈海上秋聲〉，〔註131〕評論程硯秋的新編戲《梅妃》。據看雲樓主人所言，程硯秋此次赴滬，這齣《梅妃》「已三度演唱」，可見其受歡迎的程度，尤其對程硯秋在這齣戲裡以唱腔詮釋梅妃心情的準確大加讚賞。「蘭台罷宴一幕，且歌且舞，美不勝收。梅妃當日之驚鴻舞，恐亦未必能動人如是也。隔院笙歌一場，穿插雅致，【二黃】一段，淒涼不忍卒聽。」程硯秋在梅妃聽聞唐皇與楊妃飲宴享樂的樂音時，自思自嘆的一段【二黃慢板】，看雲樓主人與前文《申報》評論尚小雲的劇評一樣，都未詳細分析如何行腔，而是以點評的方式，指出程硯秋唱這段慢板，將梅妃失寵獨坐的「淒涼感」完全表現，讓觀眾經由心領神會，領略程硯秋唱腔的幽迴低咽。蘭台飲宴程硯秋安排了梅妃跳驚鴻舞的身段，並且搭配一段意象式形容驚鴻舞舞姿的【西皮快板】演唱，顯示程硯秋不只能唱悲情唱段，對於歡宴唱段也下了功夫。我們也發現，報紙敘述除了如前文所言，慣以較文學之方式行文外，也會特別選取歌舞並重這類比較熱鬧，有可看性的場面，以增加讀者接著閱讀的興趣。

　　程硯秋的新劇，許姬傳〈談程艷秋之藝〉〔註132〕一文認為：「謹守舊劇法度，唱作之種種，往往倍於舊劇。」程硯秋新劇「新」的型態與梅尚荀三人的新劇不一樣。首先表現在唱腔上，梅尚荀三人新劇唱腔的比例，比起傳統劇已大大減少，甚至已有轉以念白為主的劇目，且也出現過行頭、佈景大量寫實化的實驗劇目；程硯秋的新編劇目受注意，主要是在程氏新腔上，表現了程氏在唱工這一層面的創新與對觀眾的吸引力。次之是表現在劇本的場次結構安排上，此點常與梅蘭芳的新編戲放在一起討論。徐筱汀〈程硯秋之《紅拂傳》〉〔註133〕認為，程硯秋戲劇結構最佳的新編戲是《紅拂傳》，劇中送別虯髯客之宴會上，程硯秋邊唱【南梆子】邊舞雙劍，常與梅蘭芳《霸王別姬》的劍舞相提並論。更重要的是，劇中有一段相當好看的紅拂女載歌載舞的畫面，紅拂女邊手持雲帚做身段，邊唱【西皮二六】：「見春光三月裡百花開遍，撩人春色是今年；隨風弱柳垂金線，靈和殿裡學三眠。紅襟紫頷銜泥燕，飛來飛去把花穿；紛飛滿地桃花片，一雙雙蝴蝶舞階前。耳旁又聽新鶯囀，好一似珠喉一串圓；半空中又只見游絲百轉，渾不覺拖逗墜花鈿。」拂塵舞是梅蘭芳在新編劇《上元夫人》首先使用，程硯秋此處頗有模仿之

〔註131〕　《申報合訂本》，第 252 冊，頁 534。
〔註132〕　《中國早期戲劇畫刊》，第九冊，頁 359～361。
〔註133〕　《中國早期戲劇畫刊》，第九冊，頁 375～376。

意，加上雙劍舞與《霸王別姬》也類似，顯見程氏編排此戲是暗含與梅蘭芳一較高下的意思。此戲的編制穿插很靈活緊湊，極有可能也是因為與梅蘭芳暗中比拚，而徐筱汀評《紅拂傳》重點也是放在編制穿插，比如開頭紅拂女出場的【二黃慢板】〔註134〕：「在相府每日裡承歡侍宴，也不過眾女子鬥寵爭妍；雖然是相府中常承恩眷，辜負了紅拂女錦瑟華年；對春光不由人芳心繚亂，想起了紅顏老更有誰憐。」徐筱汀並未評論程硯秋這一段慢板的行腔如何，氣口咬字如何，而是說：「上場時唱慢【二黃】一段，甚有見地。蓋前劇甫畢，觀客方紛紛評騭於優劣，亦有如廁休息者，秩序故形混亂。若用引子、定場詩自敘之成例出場，似乎嫌瘟，不若隨唱上場，可以立時引起觀者之注意，易於恢復安靜之原狀，法至善也。」完全在評論程硯秋「唱上」能夠立時控制場面，吸引觀眾注意，實為絕佳安排。

### 4.荀慧生專號

荀慧生專號出版於四大名旦徵文之後。這本專號，大力凸顯荀慧生本工花旦的表演藝術修為，在四大名旦中的特殊性，進一步鞏固荀慧生在四大名旦中的地位。如求幸福齋主〈荀慧生之特長〉一文，〔註135〕指出「慧生之難能可貴，不更在其他三名旦之上乎。」〔註136〕理由是社會雖普遍認同四大名旦皆以花衫見長，且「花衫」這個行當本是由梅蘭芳結合青衣與花旦而成的。梅尚程皆是本工青衣兼學花旦，但作者認為梅尚程的「兼學」，「要皆半途剽竊附習，求其大致不差而已，本不能謂為兼長兼擅，而此所不能長不能擅之半部工夫，又為平均各半中之極難者。」作者的看法是，雖然花衫是結合青衣與花旦而成，但大部分以花衫見長的旦角，包括梅尚程都是側重青衣而花旦只求大致不差，因為「青衣重唱，有好嗓好腔即足應付；而花旦則技藝至繁，舉凡身段作派口白扮相以及蹺工把子等，均須盡善盡美，非專練不能成。」〔註137〕青衣重唱，因此先天嗓音如何佔重要比例，後天的功夫就是專注於鑽研好腔即可，而花旦除了較不重唱之外，其他念、作、打、蹺工等技藝都相當重視，必須從小幼工紮實才能真正有成，甚至因為行當特質比青

---

〔註134〕此處作者說程硯秋演唱的是【二黃慢板】，今日演唱《紅拂傳》此段依舊是【二黃慢板】，惟《戲考》刊行的《紅拂傳》開頭是【西皮慢板】，未知是否為《戲考》誤記。

〔註135〕《中國早期戲劇畫刊》，第十一冊，頁479～481。

〔註136〕《中國早期戲劇畫刊》，第十一冊，頁481。

〔註137〕《中國早期戲劇畫刊》，第十一冊，頁480。

衣活潑，因此對扮相亮麗俏皮與否的要求很高，演員若扮相不佳便不易討好。在扮相的部分，四大名旦毋庸置疑都符合，梅蘭芳更是開青衣重視扮相之先河。至於花旦必備的各種技藝，則唯有荀慧生廣獲稱讚，在四大名旦徵文裡就曾將荀慧生的念白、蹻工與武功列為四大名旦之首，特別蹻工部分是公認最佳者。荀慧生不但花旦必備技藝絕佳，還有好嗓好腔，比梅尚程三位名旦來說，在花衫這一旦行分類而言，更顯名副其實。張肖傖〈第一花旦荀慧生〉一文，也提到荀慧生是四大名旦中唯一全才：「慧生能兼畹華、小雲、玉霜之長，而慧生個人獨具根柢最深之花旦技藝，如刀馬旦戲，如純粹之閨門旦戲，其蹻工之佳妙、身段之活潑、表情之細緻、刀馬之嫻熟，雖畹華、玉霜每以舞劍為新劇生色，小雲亦喜演刀馬劇，而卒以慧生係秦腔花旦出身，武藝蹻工在在過人，故畹華、玉霜、小雲三人藝術上有不及慧生之處，亦即慧生可以稱雄之處。」〔註 138〕同樣是從荀慧生能演梅尚程本工的青衣戲，卻又擅長梅尚程不善的花旦技藝稱讚荀慧生。對照其在四大名旦徵文中談到「四大名旦之武藝」時所言：「慧生最初習梆子旦，於蹻工外兼工跌撲，如《紅梅閣》、《大劈棺》之類皆其佳作，故武藝較梅尚程有根柢，因三伶皆青衣出身，不必重視武藝也。」也是強調荀慧生在花旦與刀馬旦所需之蹻工跌撲上，比梅尚程優秀許多，因此有資格與梅尚程並列四大名旦。可見作者對荀慧生的喜愛與推崇。由以上文章我們看出，當劇評家闡述荀慧生何以得躋身四大名旦，都是以不停稱讚荀慧生擅長且贏過梅尚程的花旦技藝為基礎，再進一步提到荀慧生也有好嗓能兼學青衣，藉由凸顯荀慧生的「全才」捧荀讚荀。

　　荀慧生專號裡另一個經常談論的主題，是荀慧生整編老戲而成之「本戲」，因為與劇評家推崇的荀慧生「全才」特色緊密結合。本戲指故事首尾完整的長劇幅之戲。張肖傖說：「蓋老戲翻新之本戲，非有慧生之全才，無以勝任愉快也。」荀慧生以老戲翻新整編之全本戲，都是橫跨花旦、青衣甚至刀馬旦的，尤其是《全本玉堂春》與《十三妹》這兩齣本戲，更極受劇評家注意，因為這兩齣戲，其他三位名旦也可演出，但無法像荀慧生這麼全面且精彩。張肖傖說：「《十三妹》一劇為玉琴〔註 139〕、瑤卿〔註 140〕之名作，但後部

---

〔註 138〕《中國早期戲劇畫刊》，第十一冊，頁 489。

〔註 139〕余玉琴（1868～1939），京劇武旦、花旦演員，武功精嫻，擅於表演，能將文武演技融合運用，武旦戲有花旦的俏媚靈巧，花旦戲亦有武旦的武功技藝，

之《青雲山》、《弓硯緣》，玉琴、瑤卿亦非擅長。梅蘭芳程硯秋尙小雲皆工張金鳳一角，而非十三妹之才。玉霜僅能唱《弓硯緣》一折，而不能演《紅柳村》、《悅來店》、《能仁寺》，性非所近，即演亦不能工也。此全劇中，《紅柳村》《能仁寺》以武功重，《悅來店》《青雲山》以道白神情勝，《弓硯緣》《安樂村》以唱工表情勝，合青衣、刀馬、閨門旦三種於一戲，慧生一身兼擅之，此慧生難能可貴者。」〔註141〕《十三妹》一劇的故事源自晚清文康小說《兒女英雄傳》，女主角何玉鳳又名十三妹。荀慧生將京劇舞臺上以何玉鳳爲主角的摺子戲，組合整編出劇情首尾較爲完整的《十三妹》本戲，大致包括《紅柳村》、《悅來店》、《能仁寺》、《青雲山》、《弓硯緣》、《安樂村》六段戲。「《紅柳村》《能仁寺》以武功重」：《紅柳村》講述何玉鳳逃避仇家追殺，並替師傅鄧九公打退敵人；《能仁寺》講述何玉鳳殺死能仁寺之惡僧，解救安驥與張金鳳父女，劇中都有不少打鬥場面，顯示此兩折應以刀馬旦應工。「《悅來店》《青雲山》以道白神情勝」：《悅來店》是何玉鳳發現跟隨安驥的二驢夫有歹意，勸說安驥趕快逃走，念白講求爽脆明白，身段要求俐落乾脆，偏於花旦表演；《青雲山》是鄧九公、安水心使計讓何玉鳳同安水心扶柩回鄉，因此雖也以念白爲主，但何玉鳳畢竟原是官宦人家千金，談話對象又都是自己的長輩，念作必須帶幾分羞赧莊重，偏於閨門旦。「《弓硯緣》《安樂村》以唱工表情勝」：此兩戲演出何玉鳳與安驥成婚，與張金鳳共事一夫，同爲官家媳婦之團圓結局，因爲父仇已報，何玉鳳卸下女俠身分，同時嫁爲人婦，因此必須以青衣應工，顯示其沉穩端莊。四大名旦中，梅蘭芳、程硯秋、尙小雲三位名旦，若要演出較全本《十三妹》，只能擔任完全偏於閨門旦與青衣的張金鳳一角，而若演出必須兼跨刀馬旦的十三妹一角，則顯吃力。如果非演出何玉鳳一角不可，程硯秋則僅能擔綱《弓硯緣》一折的何玉鳳，

---

在《貴妃醉酒》中增加「臥魚」、「下腰」等技巧，是其首創。《京劇知識詞典》，頁 271。

〔註140〕 王瑤卿（1881～1954），京劇旦角演員、教育家，其貢獻之一是，是拓寬青衣行當，融花旦、刀馬旦的表演於一爐，創造了新的花衫行當，豐富旦角的表演技藝。唱功明麗剛健，善創新腔。韻白自然生動，京白尤其俏麗流暢，富有生活氣息。他廢除踩蹻，並打破此前京劇界不收女弟子的陳規。王瑤卿戲路寬、閱歷廣，博學多聞，擅於因材施教，使不同條件的學生在藝術上能各闢新徑，創出自家風格，甚至形成一派。當時有「通天教主」稱號。四大名旦都曾在他的門下受業。《京劇知識詞典》，頁 248。

〔註141〕 《中國早期戲劇畫刊》，第十一冊，頁 492。

除了因爲《弓硯緣》以唱爲主，較符合程硯秋青衣本工之外，張肖傖認爲主
要是《紅柳村》、《悅來店》、《能仁寺》的何玉鳳氣質較外向活潑，而程硯秋
的個性氣質偏向內斂，所以程硯秋個人氣質與前半的何玉鳳差異明顯，演起
來也容易吃力不討好。

# 小　結

　　本章藉由討論京劇史上重要的四大名旦徵文，以及此次徵文前後刊登於
期刊報紙的劇評，了解當時劇評從那些方面評論四大名旦的整體藝術風格，
包括項目形式與內容，但關注重點不是四大名旦孰高孰低，而是要證明報刊
捧出四大名旦，是京劇處於鼎盛期的反映，因爲只有京劇發展到鼎盛期時，
才會有陣容龐大的劇評家群，願意花費時間精力藉由評論名伶表演藝術，捧
出四大名旦這樣的代表明星，也更進一步顯示京劇觀眾市場之龐大，才能支
撐這樣一批劇評家撰寫文章，同時也把京劇更推向顚峰。四大名旦徵文首度
提出「四大名旦」一詞及其成員陣容，且每篇文章都將爲梅尚程荀評分的各
個項目詳細羅列。在每個評分項目之下，劇評家們還針對四人個別特色做長
篇分析，揭示當時劇評發展的綜合成果。此數篇徵文之劇評，對四大名旦的
個別特色，更有不少不約而同的意見，可見當時四大名旦的個人風格已成形。
這些評分項目的內容與數量演化，代表了劇評家對名旦演藝生涯中，除了唱
念作打這些表演藝術基本功之外，還開始重視那些額外的元素，這也可能同
時代表觀眾趨向的轉變。唱念作打這四類京劇基本功在劇評中之始終保留，
顯示對京劇愛好者而言，演員的基本功始終還是京劇之所以爲京劇的根本。
將優伶的扮相、人際關係等層面之發展，與其演藝生涯的成功與否直接掛鉤
並詳加論述，是四大名旦徵文前後之劇評特別注意到的關聯，也同時反映了
當時劇壇的新趨勢。

　　不過四大名旦徵文這種完整全面的劇評方式，是多年累積之下的結果。
最早的舒舍予〈梅荀尚程之我見〉，給予四大名旦評分的項目有五項：扮相、
擅長行當類型、新劇、嗓音與唱腔、表情，這五項品評項目中，除了擅長行
當類型之外，都明確以標題形式出現在四大名旦徵文中，而擅長行當類型，
則是摻雜在四大名旦徵文裡，討論唱、念、作、打、新劇等元素的內容中。
意味四大名旦徵文中的劇評項目，至少從舒舍予發表文章的時代就已逐漸成

形，而舒舍予討論四大名旦表演藝術的文章，雖然篇幅比起徵文的文章短小許多，但文章的規制與徵文作品幾乎一樣，可說是四大名旦徵文的先聲。《戲劇月刊》「程硯秋專號」中，王勤先〈多才多藝之程玉霜〉一文，也非常類似四大名旦徵文的形式，但評論的主體僅有程硯秋，評論項目分四項：唱工、扮相、作派、能戲。徵文之後，以類似形式品評名旦表演藝術的文章並未斷絕。《戲劇月刊》「荀慧生專號」上，怡翁的〈荀慧生之面面觀〉一文，就是仿照四大名旦的徵文模式，而專門以荀慧生爲對象的綜合評論文章。不過因爲年代晚於四大名旦徵文，所以評論的項目比在徵文之前的舒舍予與王勤先文章，看來完整的多，從六大方面評述荀慧生，包括天賦、作表、念白、武功、新劇、配戲班底，涵蓋了先天、後天與人際關係三大領域。

　　以內容論，這些討論梅尙程荀的劇評中對這幾位名旦的品評，除了可以反映劇評家個人對此名旦表演藝術之品評，也能歸納出當時觀眾對四大名旦表演風格的共同看法，這種共同看法就是後來流派風格成形的基礎。唱念作打始終列入劇評品評對象，顯示四項基本工在京劇表演藝術之重要性，因此即使唱念作打列於評分項目的分項繁簡、先後順序有所不同，並不妨礙其作爲京劇表演藝術的必備條件。唱工包括嗓音與唱腔兩部分。以嗓音來說，尙小雲是四大名旦中公認最佳，最適合傳統青衣戲的。唱腔則以程硯秋替自身類似鬼音的嗓音打造的新腔最獲好評，因爲是靠工夫磨出來的。「表情」從梅蘭芳走紅之後，就特別爲大家注意，當時劇評家對表情的評賞標準是，細膩且情緒須從心中發出，而不只是臉上作戲。梅蘭芳跟荀慧生的表情功力最受劇評家稱讚。梅蘭芳是重視表情風潮的引領者，劇評家幾乎都認梅蘭芳之表情最符合表情的評賞標準，但也有劇評家如蘇少卿推崇荀慧生荀慧生在演平民階層、風情萬種的女子時，甚至注意到咬唇、低頭這些表情細節，更能凸顯這類女性人物的柔媚、風騷，因而對其大加稱讚。武功，在京劇旦角演員中主要由武旦跟刀馬旦使用。劇評家在此項一致認同，荀慧生爲四大名旦中武功最佳者，特別是蹺工一項。也就是蹺工在當時劇評家的心中，可以歸類爲武工的一部份，蹺工好，表示拿手的身段範圍加大，武打身段也更俐落。

　　不屬於四大基本工以外的評分項目，反映的是觀眾看戲的新趨向。我們多次提到的扮相一點，在劇評中屢屢提出，甚至位置常列於文章前部，顯示旦角的「扮相」是當時觀眾很看重的一件事。不過劇評裡所稱「扮相」並不

局限於五官長相，還包含了個人氣質。比如蘇少卿說梅蘭芳：「如春蘭王者之香。」表示其扮飾劇中人時之氣質和煦而又端莊大方有王者之風，與其在現代一致評為雍容端莊的流派風格近似。許姬傳在《舞臺生活四十年——梅蘭芳回憶錄》中提到觀眾看戲開始注重演員扮相美麗與否，是因女觀眾進戲園而出現的。《戲劇月刊》主編劉豁公在〈從梅蘭芳說到群眾心理的變遷〉裡也談到梅蘭芳的時裝與古裝新劇的扮相，合於當時觀眾追求視覺刺激的趨向，因此商業號召力一飛衝天。四大名旦在劇目上的成就，以新編劇目最能引起觀眾興趣。有不少劇評家如舒舍予，認為荀慧生的新劇演出是四大名旦中最佳，一因荀慧生除了小家碧玉兒女風情之外，即使是俠義、悲劇等類新劇，演來也都勝任愉快，幾乎可說是新劇全能旦角演員，二是為之編劇的陳墨香既為票友又兼通文學，編寫之劇本結構佳妙謹嚴。演員之成功，除了本身的表演藝術佳妙之外，運用外力相助的能力在地位上至少與表演功力本身同等重要。蘇少卿認為「唱戲亦如創業之難，非有良師友從而提攜，多士從而運籌，不能成功。」顯示當時名伶成名，社交關係的經營越形重要。

最後我們回頭討論梅尚程荀這四位京劇流派開山宗師，其藝術風格與今天的差異有多大，以及當時姜梅蘭芳這樣的名伶稱為「派」的意義，與今天的「流派」有何不同。今日我們習慣將這些流派冠以創始人之姓或藝名之頭一字，稱為「○派」，如梅蘭芳是「梅派」。值得我們注意的是，這樣的詞彙在民國十七年以降的《戲劇月刊》上已見蹤影。《戲劇月刊》一期三號，（張）肖傖就有〈譚譚派〉一文，〔註142〕在標題上明顯標出「派」字，這個「譚」指的是譚鑫培，〔註143〕而此文主要討論打著譚鑫培繼承者旗號的著名老生，如余叔岩、〔註144〕馬連良、〔註145〕言菊朋〔註146〕……等人，學到譚表演藝

〔註142〕 《中國早期戲劇畫刊》，第一冊，頁 513～515。

〔註143〕 譚鑫培，京劇演員，工老生，本名金福，藝名小叫天，初學武生，後改文武老生，嗓音甜潤沙亮，剛柔相濟，改變老生聲腔的直腔平調，運用閃板、耍板技巧，增強了老聲唱腔的華麗迂曲，清光緒末年被稱為「伶界大王」，與汪桂芬、孫菊仙並稱「老生後三傑」，「新三鼎甲」。見《京劇知識辭典》，頁 350。

〔註144〕 余叔岩，京劇演員，工老生，名第棋，曾用藝名小小余三勝，25 歲拜入譚鑫培門下，嗓音略帶沙啞，但清醇圓潤，別具蒼勁剛健韻味，演唱挺拔流利餘味無窮，做工細膩分寸適度，為老生余派創始人。祖父余三勝為京劇老生「前三傑」之一，父親余紫雲（小余三勝）為京劇旦角演員。見《京劇知識辭典》，頁 272。

〔註145〕 馬連良，京劇演員，工老生，字溫如，北京人，回族，富連成科班「連」字

術風格之何點、優於譚為何處、不如譚為何處。雖然主要談後學，但我們必須了解，談後學的前提是建立在譚鑫培個人表演藝術風格已為讀者熟知。不過如果按照前言所引《中國京劇史》關於流派的定義，譚鑫培實際上不符合流派成立要件，因為譚鑫培雖有後學，但本身並無為自己量身打造的新劇目，其著名劇目，如《定軍山》、《賣馬》等都是傳統老戲。至於創立京劇重要流派的的四大名旦，當時只有梅蘭芳受劇評家稱為「梅派」，如蘇少卿在〈憶梅〉中稱梅蘭芳為「梅派開山宗主」。〔註147〕但並未更進一步詮釋他所稱「梅派」之定義。陳達哉〈梅派戲之將來〉，除了標題直接使用「梅派」一詞，內文中也多次使用此詞，如「今日梅派古裝戲之風行」、「此二點乃梅派之所當注意也」、「梅派戲之美」等，作者指出：「戲劇以美為本位，合乎此美者而後可以成功，而後可以得令譽，而後可以垂永久。顧梅派戲之美，細按之其在古裝，洵稱至美。」〔註148〕作者認為「梅派戲」的代表就是古裝新戲，尤其是梅蘭芳在古裝新戲中的扮相，經過精心設計，賞心悅目無人能及。這裡提到的古裝新戲，就是梅氏為自己量身打造的新劇目。由陳達哉在文中使用「梅派」、「梅派戲」的時機，我們可知陳達哉所稱的「派」，只包含了我們現今所稱流派一詞的部分意涵，因為陳氏的派只含括了梅蘭芳個人創作的劇目及其編排與表演風格，並未談到傳承梅氏的徒子徒孫們，前面蘇少卿之文看來亦同，亦即缺少《中國京劇史》認為最重要的「後學」一項。至於未獲「派」稱號的尚、程、荀等其他三位名旦，我們一樣可以發現，評論他們的劇評，在創始人、獨特唱腔與表演風格、獨創劇目、獨特劇中人形象、後學傳承這五項流派必備要素中，同樣獨缺了後學傳承的討論。那麼當時劇評家對譚鑫培、梅蘭芳冠以「派」一詞，極可能只是針對其開創京劇新局，表演風格獨樹一幟並因此塑造出其劇壇地位與影響力，因此以之表示尊敬的詞彙。當時劇評家是尚無嚴格完整的流派概念的。

---

　　菁學生。念作極佳，兼容眾家之長，是京劇馬派老生創始人，京劇「四大鬚生」之一，舞台生涯長紅不衰，拿手戲目有《借東風》，《甘露寺》，《青風亭》等。見《京劇知識辭典》，頁363。

〔註146〕言菊朋，京劇演員，工老生，原名延錫，字悟陶，蒙族，北京人，民初曾於蒙藏院任錄事，後下海成為職業京劇演員。在譚鑫培唱腔基礎上，借鑑青衣老生老旦唱腔唱法及大鼓書曲調，創出言派唱腔，對尖團、四聲運用非常講究，為「京劇四大鬚生」之一。見《京劇知識辭典》，頁300。

〔註147〕《中國早期戲劇畫刊》，第二冊，頁411。

〔註148〕《中國早期戲劇畫刊》，第二冊，頁411。

也就是從綜合報紙發起五大旦角新劇票選到京劇期刊舉辦現代四大名旦徵文，從選劇（五大旦角新劇）到選人（四大名旦之排序），演員的扮像、身段、嗓音、新戲……各方面都攤在大眾面前以供評選。意即讓京劇相關活動成為全體民眾都有機會參與之活動，京劇期刊與綜合性報紙這樣的大眾傳媒力量，是我們研究京劇鼎盛期之劇壇時，絕對不可忽略的。

# 結　論

　　本論文討論的是 1917～1937 年京劇鼎盛期的京劇劇壇，主要藉由京劇期刊與綜合性報紙之相關資料，建構京劇仍然是大眾流行文化、京劇名伶仍是可迷、可追、可捧的偶像明星時期，京劇劇壇的各面向。亦即本文一方面去分析京劇期刊與綜合性報紙中實際討論的京劇理論、評論、商業宣傳之內容，再由這些具體文獻進一步建構還原當時的京劇發展狀況。雖然過去有許多經歷過京劇鼎盛期的京劇演員或戲迷，曾出版過傳記或回憶錄，但傳記或回憶錄，很可能因為撰著者心態改變、記憶誤差或刻意美化，而產生失真的可能。報刊文字是當時京劇劇壇的有形紀錄，反映京劇劇壇樣貌，可能比伶人傳記、回憶錄等更為真實，因此本論文主要以當時的報刊作為取材來源，試圖藉由這些更為即時的劇壇現象反映，還原一個更接近真實的京劇鼎盛期劇壇概況。這二十年報刊資料中，筆者選擇了新舊劇之爭、京劇知識之挖掘、京劇之商業宣傳、四大名旦等四大主題作研究，因為前兩者屬於京劇理論層面，後兩者則屬京劇以表演藝術建構的商業活動層面，恰是京劇的兩大支柱。

　　基本上，以《新青年》為代表的新舊劇互動關係，其影響貫串了整個京劇鼎盛期，因此新舊劇之爭雖然只是京劇鼎盛期各項發展的背景思想，但卻具有極其重要的地位。因此第一章完全聚焦於《新青年》等刊物中，呈現的新舊劇論爭變化。支持新劇的知識分子對京劇的批評，以《新青年》最嚴厲影響也最大，《新青年》對京劇最嚴厲的攻擊點在臉譜，直指這完全是野蠻民族的遺留，毫無存在價值，但對京劇愛好者而言，臉譜卻是京劇很重要的藝術構成元素。論戰當時，身為舊劇支持者的張厚載就試圖為臉譜辯護，但也

只能籠統提出臉譜有一定打法並隱寓褒貶，而無法提出更具體的論述，以致在論辯中處於下風。這種知識層面的劣勢，刺激了愛好京劇的知識份子，思考京劇作爲中國之傳統戲劇，理應像西洋戲劇有資格做爲一門學問，因而嘗試挖掘京劇的知識，讓京劇知識的規模開始形成。我們也發現，「臉譜」的畫法規則之整理，也是當時各京劇刊物必備的申說內容。亦即可以說，京劇界對於京劇知識的大規模整理挖掘，是直接受《新青年》影響而產生的。因此在討論《新青年》新舊劇論爭的內容後，立刻接著探討京劇界如何藉由挖掘京劇基礎知識，回應《新青年》的評論，以見出京劇界對京劇知識挖掘的動機並非天外飛來，而是受《新青年》論爭的影響，試圖爲自身尋一立足之地。但是京劇知識挖掘的內容，眞正彰顯的是，當時京劇愛好者對京劇的那些方面覺得需要整理出基礎知識，亦即京劇知識挖掘者有其自主性，而非只能對《新青年》的批判亦步亦趨的回應。《新青年》知識份子對舊劇之攻擊論辯，本是試圖打倒京劇，但是在他們心目中的戲劇典範——話劇形成之後，話劇並未能取代京劇，更未影響京劇的流行。其證據除了大量知識份子投身京劇知識挖掘之外，更直接的證據是，報紙、期刊的商業廣告都處處出現京劇的身影，可見當時京劇的商業活動之熱絡，以及京劇名角受歡迎之程度。因此第三章利用普及性的報紙、期刊廣告這樣的第一手原始資料，直接呈現京劇是大眾流行文娛的特性，以及京劇名伶的市場號召力，才能讓廣告願意以他們個人爲主打。當然，商業行銷與京劇演員知名度傳播相輔相成，商業行銷能增進一般民眾對京劇名伶之熟悉度，替名伶增加崇拜者數量，反過來看，京劇名伶也是因爲原已有一定數量的崇拜者，廣告的這些行銷策略才可能有用武之地。第四章研究四大名旦各方面劇評，正是第三章由商業行銷結合名伶個人知名度，捧出劇壇天王的標竿案例。因爲大量劇評的刊登，表示劇評是相當能引起讀者興趣的文類，期刊或報紙才願意頻繁刊登。同時，劇評中出現的演員，也必須有一定程度的話題性與知名度，才能引起劇評家評論，換言之，劇評家討論的頻率越高、層面越複雜，表示該演員的名聲越響亮。四大名旦從唱念作打等京劇傳統表演藝術、個人新編劇目等藝術層面，到師友、性情等屬於人際關係的層面，都受到廣泛關注，正可證明四大名旦的名聲響亮度及讀者號召力。以四大名旦作爲當時報刊宣傳捧紅的代表性伶人，因爲晚清以來的確一直是老生掛頭牌，民初梅蘭芳走紅之後，旦角開始掛頭牌並一躍而成觀眾注目焦點，當時的廣告邀請京劇明星代言，也幾乎都是旦

角天下，老生雖然行當發展比旦角先達到巔峰，老生劇目也比旦行累積劇目多，但爲廣告商代言的比例卻少得多，比如當時在舞台上甚受歡迎的鬚生馬連良，雖廣有觀眾緣，卻未見廣告代言，因此旦角無疑才是當時京劇劇壇最受矚目的行當，而四大名旦又是箇中翹楚。

以這四大主題間相互的關係而言，表演藝術是京劇發展的基礎，商業活動是支撐京劇延續的經濟來源，而京劇的商業活動興盛與否，又與表演藝術的發展息息相關，觀眾觀賞演員表演的意見，發表爲文字就是劇評，因此劇評不但反映了觀眾的意見，也間接反映了演員的表演藝術型態，若是劇評的建議能使演員的表演藝術更上層樓，則劇評也能刺激京劇商業市場的發展，也就是劇評、演員表演、京劇商業市場其實有共生共榮的關係。京劇基礎知識的挖掘，則讓京劇能藉由有邏輯與條理的文字彰顯出其深厚底蘊，如果缺乏基礎知識的挖掘，舞台上的京劇固然精妙絕倫，終究說不清道不明，無法回應對京劇的批判。劇論整理出的基礎知識同時也可從劇評中分析出來，也就是劇評展現的是如何以這些基礎知識去評價演員與劇目，而運用基礎知識評價演員的方式，也可歸納出「評價演員」的知識。而進一步說，劇評劇論的大量出現，也顯示京劇發展繁榮，因爲若無強大市場規模支撐，就不可能足以支持這麼多知識分子投身其中，甚至以撰著劇評劇論爲經濟來源之一。看似與京劇發展關係較遠的新舊劇互動論辯，因爲多半集中在戲劇寫實寫意的爭論，尤其是《新青年》爲代表的新舊劇之爭，其批判的內容與立論的方式，其影響都貫串了京劇鼎盛期京劇知識挖掘活動，而新舊劇論辯之出現，也正因爲京劇的流行，而使論辯者認爲京劇足以影響社會風氣之良窳，才要以京劇作爲批判討論對象，因此新舊劇之爭也是研究京劇鼎盛期不可或缺的研究對象。

本論文在綜合研究這四大主題後，對京劇鼎盛期研究成果可以下列三個議題總結：

1. 京劇知識大量整理挖掘爲京劇知識系統的建立奠基
2. 京劇演員中心現象影響下的京劇商業宣傳型態
3. 四大名旦是京劇演員中心現象與京劇商業宣傳完美結合的代表

也就是從當時的報刊資料來說，京劇鼎盛期的劇壇，在京劇理論發展方面，是以京劇知識的大量整理挖掘爲主要成果，此成果看似簡單，卻是京劇界第一次著力於基礎知識的挖掘，而因爲這樣大規模的整理成果，才讓後來

京劇知識能快速的形成系統。在商業宣傳層面來說，商業宣傳的形式其實是最受京劇本身特質影響的，因此不論是京劇界自身的廣告宣傳還是非京劇界的商品廣告借重京劇元素宣傳，宣傳形式的重點都必定圍繞著當時京劇演員中心的特性，因爲京劇演員中心的特性之形成，也多少是受京劇觀眾喜好趨向影響，而京劇商業宣傳訴求對象正是對京劇感興趣的觀看者。

### 1. 京劇知識大量整理挖掘爲京劇知識系統的建立奠基

京劇鼎盛期的京劇知識是以大量挖掘整理爲主要成績。當時整理京劇知識的著作，包括專書與刊登於期刊中的文章。專書部分，最知名的是齊如山的《劇學叢書》，主打京劇基礎知識的整理介紹，面向的是對京劇不熟悉或從未接觸過的讀者，特別是外國讀者，引導他們先了解京劇的各項專有名詞之意義，再進一步考慮觀看京劇演出。齊如山在這些書裡發表自己看法的頻率很少，絕大部分只做資料蒐集整理分類解釋的工作，更凸顯這套書作爲京劇基礎知識彙整著作的特色，《劇學叢書》裡大部分的著作，包括《中國劇之組織》、《戲班》、《上下場》……等書籍，都是以列出名詞並於其下加以解釋的形式的形式寫作，內容略去這些元素在京劇實際演出中的應用差異，把重點放在學術論述式的整理歸納，以建立這些層面在京劇知識體系上的共性，與今日之京劇辭典類似。但是與今天辭典的分類又有不同，比如今天辭典統一歸爲「行頭」的衣服、頭盔……等，齊如山是分爲衣服、盔帽靴鞋兩大類的，這或許是齊如山爲了顧及本書訴求的是剛接觸京劇的讀者，若以「行頭」作爲分類名稱，就必須另行解釋「行頭」這一名詞的釋義，因此乾脆分成兩部分，而今天的京劇辭典是直接在「行頭」一類的第一條，就解釋「行頭」這一詞彙的意義，藉以統整腳色之穿戴裝束。也就是以現代傾向「以簡馭繁」的京劇基礎知識分類標準來看，齊如山的分類方式偏於繁瑣。以京劇念白形式中很常出現的「引子」來說，齊如山介紹「引子」的第一句話是：「腳色上場最初開口者爲引子。」直到第三句才提出「念時亦有工尺，惟只乾念，不用音樂且不打板。」〔註 1〕對照京劇知識辭典本條的第一句是：「京劇念白形式之一。」〔註 2〕直接清楚的告訴讀者「引子」屬於念白，齊如山分類的層級關係，在列出的條目釋義中無法清楚顯現。因爲齊如山將「引子」歸於第一章「唱念」中，也就是第一章涵括了京劇表演藝術中最基礎的兩大類語言表

---

〔註 1〕 見《中國劇之組織》，頁 1。
〔註 2〕 見《京劇知識辭典》，頁 30。

現型態，則齊氏在「引子」一條開宗明義的第一句話，以今天的標準來看，其實對「引子」到底屬於唱或念白形式，解釋的並不夠清楚。關於京劇史的撰著則與今天的標準差異更明顯，齊如山在當時的代表著作是《京劇之變遷》，雖然齊氏自己說，書名的「京劇」指的是北京之戲劇，但因書中大部分紀錄的還是京劇相關的事情，所以我們還是可以把此書視爲「京劇史」的領域，可是書中內容是以多年聽聞之劇目或伶人軼事，隨聽隨紀輯錄而成，雖然詳細分析各軼聞之內容，還是可對清代中晚期以來，京劇的發展有所了解，但因爲必須由閱讀者自行歸整研究，比對今天《中國京劇史》的行文，是以年代分期爲主幹，下列各時期京劇發展特點、著名人物、代表劇目……等京劇重要標的來說，《京劇之變遷》之形式顯然更接近古代筆記之類的「第一手資料」，而與現代講求有經有緯、分層明確的「京劇史」學術著作標準相去甚遠。

　　期刊上介紹京劇知識的文章，則面向熟悉京劇且有意願進一步鑽研京劇知識的讀者，著重在讀者擁有豐富基礎知識的前提下，對京劇各層面做更深更廣的談論，此類文章所探討的主題，以及自身對這些主題的意見，往往頗有見地，以齊如山自身爲例，齊如山曾在《戲劇月刊》發表過〈論戲劇之中州韻有統一語言之能力宜竭力保存之〉一文，討論崑曲、京劇使用的正宗聲韻——中州韻之價值，在足以統一語言，因爲在全國語言中，中州韻是聽的懂的人口比例最多者。齊氏的文章雖是從戲劇聲韻出發，但碰觸到了在大範圍土地上，不同語言使用族群如何溝通的問題，齊如山提出了以最大公約數作爲共同語音的辦法，頗爲有效，而這個建議背後也間接凸顯，京劇是當時最流行、最深入民眾日常生活的娛樂型態。但這些期刊中談論京劇知識的文章，其行文都較爲散漫趨近閒談，即使是如上文齊如山論中州韻的文章，已經比其他劇論文章的行文嚴謹，但在如何加強例證對本身意見的支撐力方面仍顯單薄，只舉了自身見聞爲例，而自身見聞無法查證，因此其學術性仍嫌不足，無法稱爲「論文」。

　　總而言之，齊如山等當時的京劇知識挖掘者整理出的京劇知識，幾乎已經涵括絕大部分現代京劇辭典列出的京劇知識項目，而未涵括的項目，其原因已在第二章文末之比較表與解釋文字裡說明過，此處不再贅述。齊如山等挖掘出的京劇知識面相，許多仍是今日京劇研究者積極追隨研究的主題，如臉譜的顏色、勾法，與劇界各種信仰的整理。期刊劇論文章最特殊的聲韻主

題，如尖團字、上口字受演員自身習慣語言影響的問題，直到今日仍是京劇
劇壇關注的重要面向。意即齊如山等京劇鼎盛期撰著者挖掘整理的京劇知
識，規模龐大且切中要害，因此後來的研究者足以踩著巨人肩膀繼續研究，
但爲何無法直接稱其建立了京劇的「知識系統」，乃因時代較早，以今日學術
統系發展完整，對基礎知識介紹已形成一套趨近科學的分類、行文法則的觀
點來看，這些書籍文章的行文，難免仍有趨於鬆散不夠簡潔明確之嫌，鬆散
不夠簡潔明確則容易使知識的分層界線模糊化，導致在知識大量整理之後，
缺乏更明確的分層概念，因此無法建立「系統」。

### 2. 京劇演員中心現象影響下的京劇商業宣傳型態

本論文討論的京劇商業宣傳，包括刊登於報刊上運用京劇元素的一般商
品廣告，以及戲園與京劇期刊的名伶與劇目宣傳。我們一再強調，京劇期刊
中大量出現非京劇相關商品廣告，可見當時的京劇絕非在廟堂高高供起的「藝
術典範、文化資產」，而是實實在在渗透市民生活，爲廣大市民歡迎的流行文
娛。當時這些刊登於報刊的商品廣告，在運用京劇元素時，或請京劇紅伶代
言，或以京劇戲畫爲廣告主畫面吸引讀者，戲園廣告則多以名伶姓名占據廣
告最顯眼位置，期刊也以大量刊登演員照片與出版演員專號爲賣點。這些現
象之頻繁出現，事實上是深受當時京劇演員中心特性影響下的結果。

如當時維廉士醫生藥局、南洋兄弟煙草公司……等橫跨日常生活必需品
與時髦舶來品類別的廣告，都不約而同以梅蘭芳作爲宣傳招牌。維廉士醫生
藥局刊登梅蘭芳本人西裝照與證實藥效的親筆信，富而好施香菸使用梅蘭芳
《太眞外傳》戲畫作爲主畫面，梅蘭芳香菸則不但香菸外包裝、廣告主畫
面，都是梅蘭芳戲畫，甚至香菸名稱直接使用梅蘭芳三字。稍晚的旗艦牌香
菸，則以上海著名老生麒麟童的劇照做廣告主畫面，以麒麟童西裝照印在菸
盒包裝上。即使是乍看以爲是以劇目爲廣告主畫面的商品廣告，仔細考察仍
能發現這張劇目畫實際仍是因名伶而雀屏中選，如《申報》頭版頭的「薛仁
貴香菸」，香菸名稱是京劇人物，廣告主畫面是《汾河灣·鬧窰》的戲畫，乍
看只是主打《汾河灣》這齣戲，但事實上這幅戲畫中的人物扮相，很容易在
梅蘭芳走紅後的《汾河灣》劇照找到一模一樣的對應。因此我們也可以大膽
推測，此例仍屬以梅蘭芳爲主打的範圍。這些本與京劇無甚關聯的廣告，使
用京劇元素，除了凸顯京劇在人民日常生活中的流行度，廣告大量依賴名伶
劇中或現實的「形象」吸引消費者眼光，更凸顯了當時京劇的演員中心特

質。演員中心，指京劇當時各方面的活動，都以演員本人為重點，觀眾進劇場要看的是演員的表演，戲園的營生靠的是演員的號召力，劇目的創作也是為演員量身打造，音樂伴奏也只能為烘托演員的唱腔。京劇這種演員中心的現象，除了演員本身對藝術琢磨精深，讓自己成為舞台上的看點這一原因外，京劇畢竟是表演藝術，所以觀眾的觀賞重點若在演員，也是促使京劇演員中心現象產生的重要推手。這些商品廣告形式訴求的對象既然是對京劇多少感興趣的消費者，當然不可能對消費者觀賞京劇的喜好視而不見，也因此當時的商品廣告會出現這麼多請名伶代言、以名伶的相片、姓名為元素的宣傳方式了。

不過以上所言的商品廣告，畢竟只是從外部借用京劇元素做廣告，京劇界內部的最基本的商業宣傳，是刊登在報刊上的戲園演出廣告。因為戲園的營收直接受觀眾數量的多寡決定，戲園廣告的宣傳方式，比一般商品廣告更直接受觀眾之喜好左右，因此戲園廣告更直接受京劇「演員中心」的特性影響。戲園廣告中通常占據較大篇幅的都是伶人與劇目，且對伶人的宣傳更為重視。戲園廣告為名伶想出的宣傳詞，永遠比新劇目宣傳詞聳動誇張，甚至可能出現對演出名伶大肆宣傳，而對於劇目絕口不提的奇特現象。即使是上海連台本戲這樣，完全不是為演員量身打造的劇目，也還是把各主演名字以大字體放在劇目的上方獨立一欄。至於京劇期刊，以京劇觀眾為訴求對象，其行銷策略也必然受演員中心的趨向左右，因為觀眾對伶人的注目遠高於劇目，京劇期刊最能與演員中心相對應的行銷策略，就是出版演員專號跟大量蒐集刊登演員各式照片。由演員專號選擇的伶人與出版順序的先後，可以呈現當時哪些伶人深受觀眾歡迎以及最紅火的伶人為誰。大量蒐集刊登演員各式照片，則同時凸顯了當時京劇觀眾對演員在各種情境下的「形象」相當感興趣，對演員的各種造型好奇，自然也是因為觀眾的焦點都在演員身上，同時也凸顯觀眾對京劇的視覺層面日益重視，才會對演員不同樣貌大感興趣，更凸顯作為平面傳媒的報刊，在視覺層面的宣傳上佔有的優勢。

### 3. 四大名旦是京劇演員中心現象與京劇商業宣傳完美結合的例證

我們以四大名旦作為京劇報刊商業宣傳成功的具體例證，而更進一步說，四大名旦是京劇演員中心現象與京劇商業宣傳結合的典範。四大名旦的名稱與成員陣容，是由《戲劇月刊》的「四大名旦徵文」建立。「四大名旦徵文」的內容完全都是劇評，一次評論比較四位聲名如日中天的旦角，可見當

時劇評已發展得非常成熟。由徵文之劇評內容，可以了解當時劇評是從那些方面評論四大名旦的整體藝術風格，以及四大名旦在觀眾眼中可能的個人演出風格為何，而由評分項目的名稱與數量差異，可以反映觀眾觀劇重點在唱念作打之外，又產生哪些新趨向，也就是可以從中了解當時觀眾看戲的風氣。因此這次徵文活動可以視為劇評發展成熟的標誌。

但是「四大名旦徵文」，並不僅是劇評發展成熟的標誌，更是京劇演員中心現象與京劇商業宣傳結合的成果。這次徵文的主題是「四大名旦」，主要目的是確認這四大名旦的成員組合與地位，重點是「四大名旦」的成員名單，從一開始就由主辦單位確定了，因此投稿文章評論的對象絕不能逸出梅尚程荀四位名旦之外，完全說明了當時旦角當家的劇壇轉變，而徵文能以四大名旦作為名稱，則更肇因於京劇的演員中心特質。因為要以梅尚程荀這四位名伶作為徵文主角，不但此四位名伶必須知名度高，還必須是觀眾優先注目的焦點，不但優先注目還必須有頗高意願響應一切與他們有關的活動，否則徵文活動即失去舉辦意義。

從京劇商業宣傳的角度可分兩個方向來看，以徵文內容論，本次徵文劇評，在唱念作打這一類傳統觀賞重點的評分項目外，出現了「扮相」這一評分項目，徵文得獎作者中，不只一人提出類似概念，顯示旦角的「扮相」是當時觀眾很看重的事，前文提過，京劇觀眾當時逐漸出現重視視覺美感的趨向，而報刊大量刊登京劇名伶的各式照片，正是這種趨向的反映，而這次徵文出現以扮相評分的現象，正是觀眾對京劇表演中視覺元素關注趨勢升高的直接證明。以形式論，這次徵文標舉「四大名旦」，對當時京劇觀眾無疑是個頗為大膽的創意，因為此前只出現過「五大名伶新劇票選」，而新劇票選雖實際上劇目仍附屬於演員之下，但至少是票選劇目，而四大名旦則連劇目這樣的輔助都捨棄，直接單獨標舉演員並希望為此四位演員排座次，若以名次而論，除了梅蘭芳坐首位較無爭議之外，其他三旦孰先孰後都難免引起不小議論，況且主辦單位列於四旦中的荀慧生，其資格多少是產生爭議的。但即使荀慧生的資格有爭議，主辦單位卻還是要辦，可見爭議在期刊主編眼中，反而是可以吸引讀者眼球的本錢。因為這次徵文透過評選四大名旦，實則意在吸引讀者為了知道徵文評選結果而持續購買《戲劇月刊》。雖然十幾年後，熟知內情的人透露，這次徵文主要是為替荀慧生拉抬聲價，最好能將之捧到與梅尚程並駕齊驅的地位，但這恰好更足以證明這次徵文活動的商業宣

傳目的，因爲以梅尚程荀爲評選對象，必定可以吸引名旦們各自的擁護者，即使是抱持荀慧生不夠格與其他名旦並列的反對者，必定也會想知道徵文作者對荀慧生的看法而購買《戲劇月刊》，而越多人購買《戲劇月刊》又更能反過來增加荀慧生的知名度與討論度，也就是四大名旦徵文的舉辦，其實植基於期刊創辦者的獲利心態。由以上所論，則本次徵文仍可說屬於商業活動一員。

　　談到京劇的商業宣傳，不能不提的是當時的京劇唱片也是商業宣傳一員，四大名旦的出現，報刊徵文居功厥偉之外，梅尚程荀在 1931 年曾由長城唱片公司邀請共同灌錄一張《五花洞》唱片，唱片版心就寫著「四大名旦」，此唱片之發行與流通，使四大名旦的地位更加穩固，而此次灌錄唱片的籌畫者就是與《戲劇月刊》主編劉豁公是好友的梅花館主鄭子褒，因此灌唱片跟《戲劇月刊》徵文可視爲同一系列的活動，目的就是要確立四大名旦的陣容，只是報刊徵文活動較早，因此仍以報刊徵文爲四大名旦確立的時間點。也就是唱片的宣傳效果不亞於報刊，甚至更勝報刊，因爲唱片是有聲的，其宣傳效果相當受京劇演員本身重視，例如羅亮生曾回憶著名老生余叔岩年輕時就明瞭唱片的宣傳效力：「譚派老生王雨田自有唱片後，其名望即大著（當時王雨田的唱片很風行，幾乎與老譚同），因而要我與百代接洽灌製唱片的事宜，並聲明決不計較代價。」〔註3〕這裡的譚派老生王雨田，本是著名票友，後下海成爲京劇演員，以譚腔著名。王雨田當時已出約十八張唱片，〔註4〕據羅亮生的說法，王雨田名聲大著，顯與其唱片的風行有關，且這之間的關係可由余叔岩寧願不計代價也要灌唱片的行爲獲得證實。關於唱片與京劇發展史的關係，王安祈教授與李元皓教授都做過多篇研究，而如能將唱片納入京劇商業宣傳這一脈絡思考，對還原京劇鼎盛期京劇市場的商業環境當更有助益。但本論文關注的焦點在從文字記錄顯現的京劇鼎盛期劇壇，因此對唱片這類的有聲資料，只得暫時割愛，留待日後擴展題目時重新納入，以期獲得更宏觀完整的京劇鼎盛期面貌還原。

　　本論文以上研究的四大主題，仍有許多因篇幅與論文主旨所限，必須暫

〔註3〕　中國戲曲志上海卷編輯部編輯：《上海戲曲史料薈萃》（上海：上海藝術研究所，1986 年），頁 101。

〔註4〕　見李元皓：〈早期譚派票友與京劇流派藝術：以 1912 年以前的京劇老唱片爲切入點〉，《戲劇學刊》（臺北：國立臺北藝術大學戲劇學院，2011 年），頁117。

時割捨但卻相當值得延伸討論的研究方向：

## （一）齊如山與京劇期刊劇論文章在京劇理論發展史上的位置

本論文第二章聚焦在齊如山《劇學叢書》，與同時的京劇期刊文章作者，挖掘出的京劇知識內容。因爲齊如山與其他劇論文章作者的撰述，是京劇理論發展中將基礎知識從劇界中人的口耳相傳，第一次轉爲大規模有形文字記錄，因此本章原本聚焦在這些京劇知識的內容爲何，以及齊如山的行文著重點、撰文目的與期刊作者有何差異。由此基礎延伸，可以更宏觀的比較齊如山等撰著者挖掘出的基礎知識型態，與現今已成系統的京劇知識領域有何差異，更重要的是這些作者與他們挖掘闡述的理論，在京劇理論發展過程中的位置，除了是開山祖之外，還有哪些更重要的身分與貢獻。

比如，論文中已對批判舊劇的《新青年》陣營，使喜好京劇的知識份子在哪些方面有所啓發多所討論，但當時屬於新劇界的知識份子並非僅有《新青年》知識分子群，論文第一章第三節推動「國劇運動」的余上沅、趙太侔等新知識分子，研讀的是戲劇領域，雖屬新劇從事者但對京劇並不排斥，且希望融合新劇與京劇之長建立「中國人的戲劇」，他們在文章中也多次論及京劇的寫意特性，那麼余上沅等人的文章與齊如山以及期刊之討論京劇基礎特質的文章有何差異，齊如山等作者又是以甚麼方式統合挖掘出的零散而大量的京劇知識，是否曾針對不同對象顯現整理方式的差異，如《劇學叢書》中《國劇簡要圖案》一書，內容都是京劇各種行頭砌末的圖書，並以中英文同時陳述其名稱，但將在《劇學叢書》裡《中國劇之組織》一書所介紹的行頭樣式、使用人物身分、使用場合介紹等性質相關簡介省略，使這本書篇幅十分輕薄短小。因爲這本書是爲梅蘭芳赴美演出宣傳而作，因此這種撰著方式，除了新奇之外，還包含了如何面對不同語言且文化差異極大的新觀眾介紹京劇的跨文化思考，因爲梅蘭芳出國的第一站雖然不是美國而是日本，但美國卻是梅蘭芳第一個到訪的文化截然不同的國家，因此在文化差異如此巨大的狀況下，要如何介紹京劇便是值得注意的，而且既然是演出宣傳品，篇幅不宜走厚重路線，內容更不宜繁瑣。因此即使此書可以說擷取《中國劇之組織》部分內容而來，而《中國劇之組織》已經因爲預設向不懂京劇的讀者介紹京劇，而已將京劇基礎知識介紹簡化到只有最基本的通則，但對做爲一個更及時的演出宣傳品來說，在每樣行頭砌末之下講解其性質還是太繁瑣，必須省去。因此類似《國劇簡要圖案》這樣的宣傳品，不僅是一本介紹京劇的簡單

小冊子而已，同時也彰顯了做為演出的即時宣傳品的特性，以及當時京劇界面對跨文化觀眾時，如何應對，而這種新宣傳方式的出現與時代環境的關係，也必須進一步研究。

### （二）演員中心過渡到編導中心

京劇向來是以演員為中心，因此不論是前三傑（程長庚、張二奎、余三勝）、後三傑（譚鑫培、孫菊仙、汪桂芬）還是四大名旦（梅蘭芳、尚小雲、程硯秋、荀慧生），都是因為他們個人的表演藝術精湛受到注目，而不是因為他們新編了多少劇目，甚至當紅名伶也有可能直接與京劇畫上等號，例如梅蘭芳。本論文第二章第三節，討論當齊如山等京劇陣營的知識份子，在努力挖掘京劇基礎知識的期間，屬於新劇陣營的《文學週報》的鄭振鐸、魯迅等人曾對梅蘭芳「以男身扮女形」的旦角特性大加詆毀，究其原因並非對梅蘭芳個人有意見，而是將梅蘭芳這樣京劇的標竿人物當作京劇的具體化身，因此意圖藉由攻擊詆毀梅蘭芳這個如日中天的紅伶，達到打擊舊劇之目的。魯迅等人的攻擊，雖然可以看作不支持舊劇的知識份子，在齊如山等人努力挖掘京劇知識，意圖證明京劇學術價值的同時，因為京劇仍然欣欣向榮而又無力改變此現狀，而對舊劇由《新青年》時期看似較為理性的批判轉向產生的情緒反應，但卻也從另一個側面，佐證了京劇「演員中心」的特質。因為京劇以演員為中心，京劇一切事物都是圍繞著演員而生，對京劇觀眾而言，提到京劇就會自然想到名伶，梅蘭芳這樣風靡四海的紅伶，在觀眾眼裡自然幾乎等同於京劇化身，因此《文學週報》作者群才以對梅蘭芳的猛烈批判，作為打倒舊劇的手段。因此本節雖然主要研究對象是新劇支持者對舊劇的態度，卻正可以做為第二章京劇劇論過渡到第三章京劇商業宣傳的重要關鍵。因為京劇本為演員中心，因此包括戲園廣告都以演員占據宣傳版面的最主要位置。所以《文學週報》作者群的批判與京劇演員中心特質的關係也值得留意。

不過在當時也有某些商業宣傳似乎不完全屬於演員中心的範疇，特別是第三章第三節提到的戲園廣告對劇目的宣傳，戲園為劇目打出誇張的宣傳詞並將之放在宣傳廣告中的醒目位置。第四章《戲劇月刊》舉辦的「四大名旦」徵文中，荀慧生的新劇調查，是四大名旦中唯一在新劇劇名之下，列出編劇姓名的，其餘三位名旦都只列劇名。其他三位名旦的新劇表列形式，非常符合京劇演員中心的特質，新劇劇目吸引期刊讀者，只因為是梅尚程等名伶演

出，而荀慧生的新劇之下列出編劇姓名，從另一個角度凸顯，荀慧生的新劇受到矚目，並非全靠荀慧生的個人魅力，為他編撰新劇的文人與新劇目本身的劇情架構，也擔負了拉抬荀慧生知名度的重任，而當時荀慧生在四大名旦中，只算是後起之秀，甚至連是否夠格與前三位名旦並列都有質疑聲浪。而同一時期，上海的連台本戲，其廣告宣傳形式出現演員與劇目字體比例同樣大小的模式，也就是將演員與劇目放在同等地位。連台本戲，是公認最能代表上海京劇特色的京劇形式，主打的是劇情結構，演員的表演藝術在這種本戲裡，只是配合劇情並想辦法吸引觀眾持續進場的工具，沒有連台本戲是以某個紅伶參與演出為唯一主打的。顯示在京劇的廣告宣傳策略上，若演員名聲不夠響亮，不完全足以一肩擔起吸引觀眾的責任時，劇目的劇情與編劇家，也可能同列宣傳重點以加強演員聲勢。這個現象在當時的京劇劇壇，尤其是向被視為正宗主流的北京京劇劇壇雖屬少數，但卻極可能是京劇從演員中心向編劇中心過渡的證據，京劇的編導中心現象，主要出現在 1949 年之後，這種變化一般視為當／現代京劇形成的關鍵特質，也就是演員的地位弱化，京劇由人捧戲轉變為戲捧人，劇目不再是某個演員專屬。藉由爬梳資料的過程，這種轉變很可能在京劇鼎盛期已經現蹤，雖然當時的人可能只把這個關鍵轉變，視為伶人名聲不夠響亮時的輔助宣傳手法。

## （三）訴諸視覺手法的廣告行銷

第三章以京劇商業宣傳為研究主題，涵括琳瑯滿目的商品廣告、戲園演出廣告，以及期刊刊登的演員照片、演員專號。廣告原有廣布告知之意，表示廣告的目的，是把訊息有效率的傳達給最大範圍的接受者，因此了解或預先設定接受者的屬性，才能更有效率的使廣告達到傳播商品的目的。因此可以進一步從視覺圖像、消費者對廣告行銷與設計模式等角度切入，分析當時大量不同型態、以京劇為主要元素的商品廣告以及戲園廣告。在報刊這樣平面媒體上的廣告，明顯需要訴諸視覺，或為文字或為圖像，而圖像對視覺的衝擊，明顯比文字效果大得多。因此大部分刊登於報刊的商品廣告都是使用圖像為主要元素，而京劇這樣的表演藝術，更是視覺聽覺的結合體，不論是將京劇元素運用於商品廣告上，還是直接廣告京劇演出時，使用圖像或類圖像為廣告主體素材的機率更高。這些運用京劇元素以及直接發布京劇演出的廣告，明顯都是訴求喜愛京劇的觀者，但不限定資深戲迷，因此這些廣告的運用京劇元素的形式，勢必受接受者的喜好左右。

### 1. 一般商品廣告的京劇名伶畫像使用

一般商品指的是醫藥、香菸等與京劇並無關係的商品，有的是日常生活必需品，有的是時髦舶來品，這些商品不約而同的大量運用京劇元素，印證了京劇的流行，而這些廣告運用的京劇元素都包含圖像，甚至香煙廣告都是以京劇圖像為廣告主體。這些圖像包括名伶便裝照以及名伶戲畫，也就是包括照片與圖畫兩類，而又以戲畫佔大宗，不過戲畫通常出現在香菸廣告或香菸包裝上。上海韋廉士醫生藥局的廣告，曾邀請梅蘭芳作為藥效的見證者，畫面的主要部份由梅蘭芳的親筆信與梅氏本人西裝照組成，親筆信佔據最大部分的廣告畫面，而親筆信看似文字實則仍是圖畫，但介於文字與圖畫之間的特質，能讓廣告多了幾分穩重，名伶西裝照相對於劇照而言，是較能顯現名伶廬山真面目的，因此西裝照加上親筆信，是意圖讓觀看者將產品與穩重真實這樣的意念連結，畢竟醫藥是日常生活用品，需要建立具可信賴感的形象。香菸習慣以劇照或戲畫為廣告及包裝主畫面，因為華麗的戲畫與扮相漂亮的劇照，更能凸顯香菸與時髦的連結性。也就是商品廣告使用京劇元素的類型，並不只著眼與華麗與炫目度，而更著重此京劇元素與商品本身特質及與建立的形象間之關係。

### 2. 期刊專門刊登的名伶劇照與便裝照

當時的期刊多半會刊登為數不少的演員照片，或為劇照或為便裝照，兩者顯現的是演員不同情境下的樣貌。劇照是演員工作成果的照片，而因為京劇演員是通過「扮飾」成為劇中人，因此劇照在視覺上通常較為美麗，至少視覺刺激性比較強，在吸引讀者目光上有先聲奪人之效。便裝照或穿著西式服裝或穿著中式長袍，雖然便裝照通常沒有劇照的視覺效果華麗，但是便裝照卻比劇照更接近真實的反映演員的廬山真面，正滿足了觀眾對演員的好奇心，到底演員五官長相如何，身段如何？而便裝照也能讓演員的本尊辨識度提高，在公眾場合讓觀眾認出的可能性也大增，也算是間接提升知名度的方法。因此，期刊越常刊登劇照的演員，表示觀眾越感興趣，知名度也越高。換言之，若能在期刊頻繁刊照片，則演員的形象與名姓隨期刊流布的範圍也越廣。

### 3. 戲園廣告演員名字排列的形式

戲園廣告基本是以演員姓名、劇目等文字構成，但正如我們前文所言，文字跟圖畫具有模糊地帶，乍看是文字的事物未見得不具備圖畫特性。戲園

演出廣告中，演員姓名排列的方式有三種，一是由右到左完全橫向排列，戲稱「躺著」，這種排列方式所佔廣告面積最大，因此能以這種方式排列姓名的演員，往往知名度最高。二是姓在上名在下方分左右排，成為三角形排列，戲稱「坐著」，一般戲園廣告都是使用這樣方式排列演員姓名，只以字體大小分出演員地位，因為既可節省版面空間，又不至於同一行排列太多演員，使畫面過於凌亂。三是將演員姓名從上到下排成直行，戲稱「站著」，以這種形式排列的演員，地位最低。也就是演員姓名雖為文字，但文字的排列形式，卻足以形成象徵演員地位的「圖示」。因此，觀眾觀看戲園廣告時，對於演員主從的地位，以及以誰為主打一目瞭然。

## （四）上海與北京京劇期刊反映的京劇地域性差異

這項屬於文化史議題屬於本論文的研究材料延伸。因為本論文主要研究的八種京劇期刊，分由上海與北京兩大都市出版。這兩大都市中，北京是歷史悠久的全國政治文化中心，即使民國後，首都已移往南京，但北京基於數百年文化積累的氛圍，仍是大部分人心中的「首都」。上海是華洋雜處的商業中心，中西文化碰撞融合出既開放又不失典雅的城市風華。雖然北京的京劇藝術仍然在當時京劇界具備宗主地位，因此即使八種京劇期刊大部分出版地都在上海，卻都有不少篇幅評論北京京劇演出，可是京劇期刊既是分別在京滬兩大城市出版，其讀者必定以當地京劇觀眾為主要群體，則期刊整體風格必受當地居民喜好與城市環境氛圍影響，那麼兩地期刊在形式與內容上有何異同？比如期刊上廣告有甚麼類別與形式風格的不同？期刊中刊登的京劇劇評、劇論文章關注的焦點又有何差異？以及由這些廣告、劇評、劇論反映出怎麼樣的京劇觀賞重點的地域性差異？而這些差異又肇因於一個怎麼樣的城市氛圍？但這些主題因為牽涉層面較廣，實足以自成一本論文，與上述其他延伸議題性質不同，須待上述議題處理完畢之後，始能更進一步研究。

# 參考書目

## 專書

1. 〔明〕臧懋循編：《元曲選》，北京：中華書局，1989 年。

2. 〔清〕阮元審定：《十三經注疏（清嘉慶刊本）》，北京：中華書局，2009 年。

3. 〔清〕錢彩編次，鍾平校點：《說岳全傳》，上海：上海古籍出版社，2004 年。

4. 〔清〕譚嗣同等：《清末民初報刊叢編》，台北：華文書局，1966～1969 年。

5. 丁秉鐩：《國劇名伶軼事》，臺北：大地出版社，1989 年。

6. 丁秉鐩：《孟小冬與言高譚馬》，臺北：大地出版社，1989 年。

7. 丁秉鐩：《青衣‧花臉‧小丑》，臺北：大地出版社，1989 年。

8. 上海申報館，《《申報》影印本》，上海：上海書店，2008 年。

9. 么書儀：《晚清戲曲的變革》，北京：人民文學出版社，2006 年。

10. 么書儀：《程長庚‧譚鑫培‧梅蘭芳：清代至民初京師戲曲的輝煌》，北京：北京大學出版社，2009 年。

11. 王大錯述考，鈍根編次，燧初校訂：《戲考》，台北：里仁書局，1980 年。

12. 王安祈：《為京劇表演體系發聲》，台北：國家出版社，2006 年。

13. 王慧：《梅蘭芳畫傳》，北京：作家出版社，2004 年。

14. 田本相、丁羅男、焦尚志主編：《中國現代戲劇理論批評書系》，南京：鳳凰出版社，2014 年。

15. 北京藝術研究所、上海藝術研究所：《中國京劇史》，北京：中國戲劇出版社，2005 年。

16. 余上沅：《國劇運動》，上海：新月書店，1927 年。

17. 余上沅：《余上沅戲劇論文集》，湖北：長江文藝出版社，1986 年。

18. 李元皓：《京劇老生、旦行流派之形成與分化轉型研究》，台北：國家出版社，2008 年。

19. 李元皓：《不辭遍唱陽春：京劇鬚生李金棠生命紀實》，宜蘭縣五結鄉：國立傳統藝術中心，2014 年。

20. 李伶伶：《梅蘭芳全傳》，北京：中國青年出版社，2001 年。

21. 李伶伶：《尚小雲全傳》，北京：中國青年出版社，2009 年。

22. 李伶伶：《程硯秋全傳》，北京：中國青年出版社，2007 年。

23. 李伶伶：《荀慧生全傳》，北京：中國青年出版社，2010 年。

24. 李孝悌：《清末下層社會的啟蒙運動》，台北：中研院近史所，1992 年。

25. 李孝悌：《戀戀紅塵：中國的城市、慾望與生活》，台北：一方出版有限公司，2002 年。

26. 李洪春述、劉松岩整理：《京劇長談》，北京：中國戲劇出版社，1982 年。

27. 吳江楓等編輯：《荀慧生專集》，上海：黃金出版社，1941 年。

28. 佟晶心：《新舊戲曲之研究》，台北：東方文化供應社，1971 年。

29. 谷曙光，吳新苗主編：《京劇歷史文獻匯編・清代卷》，南京：鳳凰出版社，2011 年。

30. 吳同賓，周亞勛主編：《京劇知識詞典》，天津：天津人民出版社，2007 年。

31. 杜廣沛收藏，婁悅撰文：《舊京老戲單：從宣統到民國》，北京：中國文聯出版社，2004 年。

32. 沈鴻鑫：《京劇大師周信芳》，上海：東方出版社，2009 年。

33. 林幸慧：《京劇發展 VS.流派藝術》，台北：里仁書局，2004 年。

34. 林幸慧：《《申報》戲曲廣告所反映的上海京劇發展脈絡：1872～1899》，台北：里仁書局，2008 年。

35. 阿英：《晚清文學叢鈔：小說戲曲研究卷》，臺北：新文豐出版公司，1989 年。

36. 柳亞子主編：《二十世紀大舞台》，北京：中華全國圖書館文獻縮微中心，1990 年。

37. 姜亞沙、經莉、陳湛綺：《中國早期戲劇畫刊》，北京：全國圖書館文獻微縮複製中心，2006 年。

38. 洪鈐：《洪深文抄》，北京：人民文學出版社，1991 年。

39. 胡適等：《新青年》，上海市：上海書店，1988 年影印本。

40. 胡曉林主編：《近代上海戲曲繫年初編》，上海：上海教育出版社，2003年。

41. 祝均宙：《圖鑑百年文獻——晚清民國年間畫報源流特點探究》，新北市：華藝學術出版社，2012年。

42. 馬龍：《我的祖父馬連良》，北京：團結出版社，2007年。

43. 徐慕雲：《梨園影事》，上海：華東印刷公司，1933年。

44. 孫玫：《中國戲曲跨文化研究》，北京：中華書局，2006年。

45. 翁思再：《京劇百年叢譚錄》，北京：中華書局，2011年。

46. 翁思再：《余叔岩傳》，上海：上海古籍出版社，2011年。

47. 柴俊爲主編：《京劇大戲考》，上海：學林出版社，2004年。

48. 馬冀等選編：《新青年選粹》，瀋陽：遼寧大學出版社，2001年。

49. 夏曉虹：《閱讀梁啓超》，北京：三聯書店，2006年。

50. 陳白塵、董健主編：《中國現代戲劇史稿》，北京：中國戲劇出版社，1989年。

51. 陳志明等選編：《立言畫刊京劇資料選編》，北京：學院出版社，2009年。

52. 陳芳：《晚清古典戲劇的歷史意義》，台北：學生書局，1988年。

53. 陳芳：《清代戲曲研究五題》，台北：里仁書局，2002年。

54. 陳紀瀅：《齊如老與梅蘭芳》，台北：傳記文學，1969年。

55. 張次溪：《清代燕都梨園史料》，北京：中國戲劇出版社，1991年。

56. 張肖傖：《菊部叢譚》，上海：大東書局，1929年。

57. 張厚載等著：《民國京崑史料叢書》，北京：學苑出版社，2008年。

58. 章詒和：《一陣風留下了千古絕唱》，台北：時報文化，2009年。

59. 許志豪、凌善清：《戲學全書》，上海：上海書店，1993年。

60. 梅葆琛、林映霞等編撰：《梅蘭芳全集》，石家莊：河北教育出版社，2000年。

61. 梅蘭芳、許姬傳：《舞臺生活四十年：梅蘭芳回憶錄》，北京：團結出版社，2006年。

62. 《順天時報》社編：《順天時報》，北京：順天時報社，1904～1930年。

63. 馮叔鸞：《嘯虹軒劇談》，上海：中華圖書館，1914年。

64. 曾永義：《說俗文學》，台北：聯經出版事業公司，1980年。

65. 曾永義：《參軍戲與元雜劇》，台北：聯經出版事業公司，1992年。

66. 曾永義：《戲曲源流新論》，台北：立緒文化事業有限公司，2000年。

67. 曾永義：《戲曲之雅俗、折子、流派》，台北：國家出版社，2006年。

68. 曾永義：《曾永義學術論文自選集》，北京：中華書局，2008 年。

69. 葛一虹主編：《中國話劇通史》，北京：文化藝術出版社，1997 年。

70. 傅謹主編：《京劇歷史文獻匯編・清代卷・續編》，南京：鳳凰出版社，2013 年。

71. 楊彭年：《平劇戲目彙考》，上海：上海會文堂新記書局，1933 年。

72. 齊如山：《國劇學會陳列館目錄》，北平：國劇學會，1935 年。

73. 齊如山：《齊如山全集》，台北：齊如山先生遺著編印委員會，1964 年。

74. 齊崧：《談梅蘭芳》，台北：傳記文學出版社，1988 年。

75. 鄭振鐸主編：《文學週報》，第八卷一～四號合訂本（1929 年 1 月）。

76. 潘鏡芙著，張褚、王雲鵬校點：《梨園外史》，北京：寶文堂書局，1989 年。

77. 劉紹唐、沈葦窗主編：《平劇史料叢刊》，台北：傳記文學出版社，1974 年。

78. 劉雁聲、沈正元：《名伶新劇考略》，北京：立言畫刊社，1939 年。

79. 劉達（劉豁公）主編、苦海餘生編：《戲劇大觀》，上海：交通圖書館，1918 年。

80. 劉達（劉豁公）主編、苦海餘生編：《戲學大全》，上海：大東書局，1920 年。

81. 薛觀瀾：《我所親見的梅蘭芳》，台北：秀威資訊科技股份公司，2015 年。

82. 羅駕新編：《戲學指南》，台北：廣文書局，1978 年。

83. 〔日〕辻聽花：《菊譜翻新調：百年前日本人眼中的中國戲曲》，杭州：浙江古籍出版社，2011 年。

## 論文集論文

1. 蔡欣欣：〈圖文顯影：「戲單」史料的解構與重整〉，白鷺鷥文教基金會、國立臺灣戲曲專科學校、漢學研究中心：《戲話粉墨：2005 戲曲藝術國際研討會論文集》（臺北：國立臺灣戲曲專科學校，2005 年），頁 111～179。

## 學位論文

1. 王烜：《論《劇學月刊》時期文人與伶人的戲曲理論革新：以徐淩霄和程硯秋為主》，天津：南開大學中國古代文學領域碩士論文，2010 年。

2. 王照璵：《清代中後期北京品優文化研究》，南投：國立暨南大學中國文學研究所碩士論文，王安祈先生指導，2008 年。

3. 馬奎元：《五四現代戲劇中的文化衝突與轉變》，台北藝術大學戲劇系博士論文，2008 年。

4. 鍾欣志：《走向現代：晚清中國劇場新變》，台北：台北藝術大學戲劇系研究所博士論文，2012 年。

## 期刊論文

1. 王安祈：京劇名伶灌唱片心態探析——物質文化與非物質文化相遇（以京劇爲例之二），《清華學報》新四十一卷第一期（2011 年 3 月），頁 195～221。

2. 王蘇生：〈論齊如山戲曲本體研究的創新精神〉，《山西師大學報（社會科學版）》（2011 年 5 月），頁 63～67。

3. 李元皓：〈京劇視聽媒介的演進——物質文化與非物質文化相遇（以京劇爲例之一），《清華學報》新四十一卷第一期（2011 年 3 月），頁 171～194。

4. 李孝悌：〈民初戲劇改良論〉，《中研院近史所集刊》第 22 期（下），頁 281+283～307。

5. 沈達人：〈齊如山及其劇學〉，《戲曲藝術》第 35 卷第 1 期（2014 年 2 月），頁 1～11。

6. 宋寶珍：〈對胡適戲劇批評的再認識〉，《戲劇文學》2003 年第 2 期，頁 35～38。

7. 林佳儀：〈論京劇武戲之套曲應用及崑班承演〉，《民俗曲藝》第 184 期（2014 年 6 月），頁 229～278。

8. 苗懷明：〈齊如山的戲曲研究與治學特色〉，《上海師範大學學報（哲學社會科學版）》第 40 卷第 6 期（2011 年 11 月），頁 87～95。

9. 孫俊士：〈《劇學月刊》：劇學理論建構的嘗試〉，《戲曲研究》第 85 輯（2012 年 2 月），頁 299～312。

10. 陶靜：〈無可奈何花落去：《十日戲劇》對於舊劇保存和改良的探索〉，《藝術百家》2006 年第 2 期，頁 63～67。

11. 趙維國、陳佳：《申報》與晚清海派京劇的傳播〉，《上海戲劇學院學報》2009 年第 4 期（總 150 期），頁 77～84。

12. 劉方政：〈「五四」時期舊戲批判述評〉，《文史哲》2002 年第 2 期，頁 108～112。